教育部高等学校道路运输与工程教学指导分委员会"十三五"规划教材
"十三五"江苏省高等学校重点教材(2018-2-060)

Qiche Yunyong Gongcheng
汽车运用工程

潘公宇　主编
许洪国　主审

人民交通出版社股份有限公司
China Communications Press Co.,Ltd.

内 容 提 要

本书是教育部高等学校道路运输与工程教学指导分委员会"十三五"规划教材之一。其主要内容有：汽车运用基础、汽车主要性能、汽车的环保性和安全性、汽车运行材料及合理使用、汽车在特殊条件下的使用、汽车技术管理、汽车性能试验、电动汽车运用技术。

本书可作为高等院校交通运输专业和其他相关专业汽车运用工程课程的教材，对汽车运用部门、交通管理、车辆工程方面的工程技术人员和管理人员学习也有所裨益。

图书在版编目（CIP）数据

汽车运用工程/潘公宇主编. —北京：人民交通出版社股份有限公司，2019.12

ISBN 978-7-114-15858-2

Ⅰ.①汽… Ⅱ.①潘… Ⅲ.①汽车工程—高等学校—教材 Ⅳ.①U46

中国版本图书馆 CIP 数据核字(2019)第 211399 号

书　　名：	汽车运用工程
著 作 者：	潘公宇
责任编辑：	时　旭
责任校对：	赵媛媛
责任印制：	张　凯
出版发行：	人民交通出版社股份有限公司
地　　址：	(100011)北京市朝阳区安定门外外馆斜街 3 号
网　　址：	http://www.ccpress.com.cn
销售电话：	(010)59757973
总 经 销：	人民交通出版社股份有限公司发行部
经　　销：	各地新华书店
印　　刷：	大厂回族自治县正兴印务有限公司
开　　本：	787×1092　1/16
印　　张：	17.25
字　　数：	418 千
版　　次：	2019 年 12 月　第 1 版
印　　次：	2019 年 12 月　第 1 次印刷
书　　号：	ISBN 978-7-114-15858-2
定　　价：	42.00 元

(有印刷、装订质量问题的图书由本公司负责调换)

前言

为深入贯彻落实《国家中长期教育改革和发展规划纲要(2010—2020年)》及国务院关于《统筹推进世界一流大学和一流学科建设总体方案》，根据教育部《深化教育教学改革的指导意见》及教育部、科技部《关于加强高等学校科技成果转移转化工作的若干意见》，进一步提高(道路)交通运输本科专业核心课程教材的质量，打造高质量、高水平的精品教材，充分发挥教材建设在人才培养过程中的基础性作用，教育部高等学校道路运输与工程教学指导分委员启动了"十三五"规划教材的编写申报工作。经过各高校老师申报及材料初审、专家评审和教指委秘书处审定，(道路)交通运输专业第一批有9本教材被列为教指委"十三五"规划教材计划出版发行。

《汽车运用工程》是教育部高等学校道路运输与工程教学指导分委员"十三五"规划教材之一，同时也是"十三五"江苏省高等学校重点教材。本书在介绍汽车基本使用性能的基础上，重点介绍了汽车运用技术及其保障、汽车环保技术、汽车节能技术等内容，系统阐述了汽车运用工程学科的内在规律，增加了电动汽车的应用技术等方面的内容。为了把握汽车运用技术的前瞻性、科学性、知识性和实用性，本书的编写参阅了大量技术资料和最新研究成果，力求突出基本概念和基本理论。

本书由江苏大学潘公宇教授担任主编，河南农业大学李冠峰教授、江苏大学雷利利副教授、河北工业大学王志强老师担任副主编。其中第一章、第二章、第七章、第八章由潘公宇编写，第三章、第四章由雷利利编写，第五章由王志强编写，第六章由李冠峰编写。全书由潘公宇统稿，许洪国担任主审。

在本书撰写过程中，参考了国内外公开出版的相关教材、专著及学术论文，在此表示衷心的感谢。

由于编者水平所限，书中难免存在不足或错误，敬请各位读者批评指正。

编者
2019年7月

目录

第一章　汽车运用基础 ………………………………………………… 1
　第一节　概述 …………………………………………………………… 1
　第二节　汽车运用条件 ………………………………………………… 1
　第三节　汽车运行工况 ………………………………………………… 11
　第四节　汽车使用性能的评价指标 …………………………………… 13
　复习思考题 ……………………………………………………………… 17

第二章　汽车主要性能 ………………………………………………… 18
　第一节　汽车动力性 …………………………………………………… 18
　第二节　汽车燃料经济性 ……………………………………………… 34
　第三节　汽车制动性 …………………………………………………… 46
　第四节　汽车操纵稳定性 ……………………………………………… 58
　第五节　汽车行驶平顺性 ……………………………………………… 70
　第六节　汽车通过性 …………………………………………………… 73
　复习思考题 ……………………………………………………………… 77

第三章　汽车的环保性和安全性 ……………………………………… 79
　第一节　汽车公害 ……………………………………………………… 79
　第二节　汽车排气污染物及防治 ……………………………………… 81
　第三节　汽车噪声及其防治 …………………………………………… 91
　第四节　汽车被动安全技术 …………………………………………… 103
　第五节　汽车主动安全技术 …………………………………………… 113
　复习思考题 ……………………………………………………………… 118

第四章　汽车运行材料及合理使用 …………………………………… 119
　第一节　汽车燃料及合理使用 ………………………………………… 119
　第二节　汽车润滑材料及合理使用 …………………………………… 122
　第三节　汽车轮胎的合理使用 ………………………………………… 130
　复习思考题 ……………………………………………………………… 134

第五章　汽车在特殊条件下的使用 …… 135
第一节　汽车走合期的使用 …… 135
第二节　汽车在高、低温条件下的使用 …… 138
第三节　汽车在高原和山区条件下的使用 …… 149
第四节　汽车在拖挂运输条件下的使用 …… 154
复习思考题 …… 156

第六章　汽车技术管理 …… 158
第一节　汽车技术状况 …… 158
第二节　汽车的选配及鉴定评估 …… 169
第三节　汽车使用寿命 …… 181
第四节　汽车检测诊断 …… 192
第五节　汽车维护与修理 …… 211
复习思考题 …… 228

第七章　汽车性能试验 …… 230
第一节　概述 …… 230
第二节　汽车动力性的试验 …… 233
第三节　汽车燃料经济性试验 …… 238
第四节　汽车制动性能试验 …… 241
第五节　汽车操纵稳定性的试验 …… 245
第六节　汽车平顺性试验 …… 246
复习思考题 …… 248

第八章　电动汽车的运用技术 …… 249
第一节　电动汽车的分类及其特点 …… 249
第二节　驱动电机及其应用 …… 252
第三节　动力电池及其应用 …… 256
第四节　电动汽车的充电设施 …… 262
复习思考题 …… 267

参考文献 …… 268

第一章 汽车运用基础

第一节 概　　述

汽车是由动力装置驱动、具有四个或四个以上车轮的非轨道、无架线的车辆,主要用于包括运输货物和载送人员,以及其他特殊用途。历经百余年的发展,汽车已成为重要的运输工具,是社会物质生活发展水平的标志。汽车在我国现已普及千家万户,促使人们的社会生活方式发生着日益深刻的变化。汽车是科学技术发展水平的一个标志,新技术、新工艺、新材料等无一不在汽车上采用和体现。汽车工业是资金密集、技术密集、人才密集、综合性强、经济效益高的产业。世界各工业发达国家都把汽车工业作为国民经济的支柱产业,汽车工业及其相关产业与国民经济各部门息息相关,对社会经济、科学技术及各项事业的发展起着巨大推动作用。

汽车给人们带来了极大便利,既满足了物资运输和人员移动的需要,也满足了人们对现代生活更高质量的需求。科学技术的进步使汽车比以往更安全、更节能、更舒适和更环保,能够更加满足人们对汽车动力性、燃料经济性、安全性和环保性、智能化的要求。现代汽车的安全设备,如防抱死制动系统(ABS)、辅助约束系统(SRS)等已经成为汽车的基本配置;舒适的空调系统、音响系统、导航系统、网络系统等给人们在驾乘过程中提供了更加舒适的乘坐环境,有利于提高驾驶人的工作效率和驾驶安全性。

但汽车性能的发挥受到外界条件的限制,即使汽车的性能相同,但由于它的使用者素质及外界条件的不同,使用效果也不尽相同。气候条件和道路条件等运用条件、汽车自身的运行工况、驾驶人驾驶水平等对汽车使用效果都有很大影响。

第二节 汽车运用条件

汽车运用条件是指影响汽车完成运输工作的各类外界条件,主要包括气候条件、道路条件、交通状况、运输条件和汽车安全运行技术条件等。

一、气候条件

汽车是全天候的载运工具,无论是春夏秋冬、风沙雨雪,还是晴阴昼夜、酷暑严寒,都可能是汽车的工作环境。气候条件对汽车运用的主要影响因素有环境温度、降水量和湿度、风力风向,以及太阳辐射热等。不同的季节及不同的地理位置,气候条件存在着明显差异。

汽车只有在适宜的气候条件下,其技术性能方可得以正常发挥。而在严寒或炎热的季节,汽车技术状况将会下降,甚至难以起动或正常使用。我国幅员辽阔,各地气候条件差异很大。

大多数地区一年四季温度和湿度差别很大。例如,东北部分地区最低气温可达-40℃以下,南方炎热地区夏季气温高达40℃以上,而西北、西南地区的气候条件变化又极为复杂。

环境温度对汽车,特别是对发动机的热工况影响很大。在寒冷地区,发动机起动困难,运行油耗增加,机件磨损增大,风窗玻璃容易结霜、结冰,冰雪、湿滑道路易发生交通事故。在寒冷气候条件下,为了保证驾驶人处在适当的工作条件、乘客的舒适和安全、货物的防冻等,需从结构上对汽车采取相应措施。

在炎热地区,发动机容易过热,工作效率低,燃料消耗增加。汽车电气系统元器件、燃料供给系零部件易过热,将导致故障。环境温度过高,若散热不良或燃料品质不佳,容易在燃料供给系统形成气阻和气湿,影响发动机正常工作。高温可能造成润滑脂熔化,被热空气从密封不良的缝隙挤出。高温也会逐渐烘干里程表、刮水器等机件中的润滑脂,增加机件磨损,导致故障。高温还会导致制动液黏度下降,在制动系统中形成气阻,导致制动故障。高温会加速非金属零件的老化及变形。另外,高温影响驾驶人的工作条件,同时也影响行车安全。

在气候潮湿和雨季较长的地区及沿海地区,如果发动机、驾驶室、车厢的防水和泄水不良,因潮湿引起电气系统零件锈蚀而降低可靠性。雨季行车视线不清,高速行驶容易发生水滑,还时常遇到塌方、滑坡和泥石流等地质灾害危险。另外,大气湿度过高,将会降低发动机汽缸充气效率,从而降低发动机的动力性和燃料经济性。

风力和风向不仅影响行驶阻力和油耗,侧向风还影响行驶稳定性。在气候干燥、风沙大的地区,汽车及其各总成的运动副易因风沙侵入而加剧磨损。在高原地区,空气稀薄,大气压力低,水的沸点下降,且昼夜温差大,冷却液易沸腾,造成气压制动系气压不足,引起驾驶人体力下降。

不同气候条件对车辆结构和使用提出了不同的要求。应针对具体的气候和季节条件,使用相应的变型汽车或对标准型汽车适当进行技术改造,以提高车辆与气候的适应程度。汽车运输企业需要针对当地的气候特点,合理选用汽车,并制定相应的技术保障管理体系,努力克服或减少因气候条件产生的各种困难,做到合理使用,取得较佳的使用效果。

二、道路条件

道路条件是指由道路状况决定的,并影响汽车运用的因素。它直接影响汽车的各项使用指标和使用寿命。汽车结构、汽车运行工况、汽车技术状况都与汽车运行的道路条件密切相关。道路条件主要指来自公路等级和道路养护水平等因素,对汽车运行速度、行驶平顺性及装载质量利用程度都有重要影响。行驶在高等级或者良好路面上,可获得较高车速和良好燃料经济性;在崎岖不平的道路上,平均技术速度低,需要频繁换挡和制动操作,增加了油耗和驾驶人工作强度;路面不平也使零部件冲击载荷增加,加剧汽车行驶系统损耗和轮胎磨损。《公路工程技术标准》(JTG B01—2014)对公路分级、速度、路线中的车道宽度等参数、服务水平、路基路面、桥涵、汽车和人群荷载、隧道、路线交叉、交通工程及沿线设施等都作了规定。

1. 公路分级

根据功能和适应的交通量,《公路工程技术标准》(JTG B01—2014)将公路分为高速公路、一级公路、二级公路、三级公路及四级公路等五个技术等级。

高速公路为专供汽车分方向、分车道行驶，全部控制出入的多车道公路。高速公路的年平均日设计交通量宜在15000辆小客车以上。

一级公路为供汽车分方向、分车道行驶，可根据需要控制出入的多车道公路。一级公路的年平均日设计交通量宜在15000辆小客车以上。

二级公路为供汽车行驶的双车道公路。二级公路的年平均日设计交通量宜为5000~15000辆小客车。

三级公路为供汽车、非汽车交通混合行驶的双车道公路，二级公路的平均日设计交通量宜为2000~6000辆小客车。

四级公路为供汽车、非汽车交通混合行驶的双车道公路或单车道公路，双车道四级公路年平均日设计交通量宜在2000辆小客车以下。单车道四级公路年平均日设计交通量宜在400辆小客车以下。

公路技术等级选用应遵循下列原则：
(1) 公路技术等级的选用应根据路网规划、公路功能，并结合交通量论证确定。
(2) 主要干线公路应选用高速公路。
(3) 次要干线公路应选用二级及二级以上公路。
(4) 主要集散公路宜选用一、二级公路；次要集散公路宜选用二、三级公路。
(5) 支线公路宜选用三、四级公路。

2．速度

各级公路设计速度应符合表1-1的规定。设计速度的选用应根据公路的功能与技术等级，结合地形、工程经济、预期的运行速度和沿线土地利用性质等因素综合论证确定，并应符合下列规定：

(1) 高速公路设计速度不宜低于100km/h，受地形、地质等条件限制时，可以选用80km/h。

(2) 作为干线的一级公路，设计速度宜采用100km/h；受地形、地质等条件限制，可采用80km/h。作为集散的一级公路，设计速度宜采用80km/h；受地形、地质等条件限制，可采用60km/h。

(3) 高速公路和作为干线的一级公路的特殊困难局部路段，且因新建工程可能诱发工程地质病害时，经论证该局部路段的设计速度采用60km/h，但长度不宜大于15km，或仅限于相邻两互通式立体交汇之间的路段。

(4) 作为干线的二级公路，设计速度宜采用80km/h；受地形、地质等条件限制，可采用60km/h。作为集散的二级公路，设计速度宜采用60km/h；受地形、地质等条件限制，可采用40km/h。

(5) 三级公路设计速度宜采用40km/h；受地形、地质等条件限制，可采用30km/h。

(6) 四级公路设计速度宜采用30km/h；受地形、地质等条件限制，可采用20km/h。

各级公路设计速度 表1-1

公路等级	高速公路			一级公路			二级公路		三级公路		四级公路	
设计车速(km/h)	120	100	80	100	80	60	80	60	40	30	30	20

3. 路线

1) 车道宽度

车道宽度应符合表1-2的规定,并应符合下列规定:

(1) 八车道及以上公路在内侧车道(内侧第1、2车道)仅限小客车通行时,其车道宽度可采用3.5m;

(2) 以通行中、小型客运车辆为主且设计速度为80km/h及以上的公路,经论证车道宽度可采用3.5m;

(3) 四级公路采用单车道时,车道宽度应采用3.5m;

(4) 设置慢车道的二级公路,慢车道宽度应采用3.5m;

(5) 需要设置非机动车道和人行道的公路,非机动车道和人行道等的宽度,宜视实际情况确定。

车道宽度　　　　　表1-2

设计车速(km/h)	120	100	80	60	40	30	20
车道宽度(m)	3.75	3.75	3.75	3.50	3.50	3.25	3.00

2) 车道数

各级公路车道数应符合表1-3的规定。高速公路和一级公路各路段车道数应根据设计交通量、设计通行能力确定,当车道数为双车道以上时应按双数增加。

各级公路车道数　　　　　表1-3

公路等级	高速公路、一级公路	二级公路	三级公路	四级公路
车道数	≥4	2	2	2(1)

注:四级公路应采用双车道,交通量小或困难路段可采用单车道。

3) 视距

视距应符合下列规定:

(1) 高速公路、一级公路的停车视距应不小于表1-4的规定;

(2) 二、三、四级公路的停车视距、会车视距与超车视距应不小于表1-5的规定;

(3) 互通式立交、服务区、停车区、公共汽车停靠站等各类出、入口应满足识别视距要求;

(4) 双车道公路应间隔设置满足超车视距的路段;

(5) 高速公路、一级公路以及大型车比例较高的二、三级公路,应采用货车停车视距对相关路段进行检验;

(6) 积雪冰冻地区的停车视距应适当增长。

高速公路、一级公路停车视距　　　　　表1-4

设计车速(km/h)	120	100	80	60
停车视距(m)	210	160	110	75

三、四级公路停车、会车与超车视距　　　　　表1-5

设计车速(km/h)	80	60	40	30	20
停车视距(m)	110	75	40	30	20
会车视距(m)	220	150	80	60	40
超车视距(m)	550	350	200	150	100

4）圆曲线最小半径

圆曲线最小半径应符合表1-6的规定。

圆曲线最小半径　　　　　　　　　　　　　　　　表1-6

设计车速（km/h）		120	100	80	60	40	30	20
最大超高	10%	570	360	220	115	—	—	—
	8%	650	400	250	125	60	30	15
	6%	710	440	270	135	60	35	15
	4%	810	500	300	150	65	40	20
不设超高最小半径（m）	路拱≤2.0%	5500	4000	2500	1500	600	350	150
	路拱>2.0%	7500	5250	3350	1900	800	450	200

注："—"为不考虑最大超高的情况。

公路圆曲线半径小于表1-6"不设超高最小半径"时，应设置圆曲线超高。最大超高应符合下列规定：

（1）一般地区，圆曲线最大超高应采用8%；

（2）积雪冰冻地区，最大超高值应采取6%；

（3）以通行中、小型客车为主的高速公路和一级公路，最大超高可采用10%；

（4）城镇区域公路，最大超高值可采取4%。

5）最大纵坡应符合表1-7的规定，并应符合下列规定：

（1）设计速度为120km/h、100km/h、80km/h的高速公路受地形条件或其他特殊情况限制时，经技术经济论证，最大纵坡值可增加1%；

（2）公路改扩建中，设计速度为40km/h、30km/h、20km/h的利用原有公路的路段，经技术经济论证，最大纵坡值可增加1%；

（3）二级及二级以下公路的越岭路线连续上坡（或下坡）路段，相对高差为200～500m时，平均纵坡不应大于5.5%；相对高差大于500m时，平均纵坡不应大于5%。任意连续3km路段的平均纵坡不应大于5.5%。

（4）高速公路、一级公路应论证采用合理的平均纵坡。对存在连续长、陡纵坡的路段应进行安全性评价。

最　大　纵　坡　　　　　　　　　　　　　　　　表1-7

设计车速（km/h）	120	100	80	60	40	30	20
最大纵坡（%）	3	4	5	6	7	8	9

不同纵坡的最大坡长应符合表1-8的规定。

不同纵坡的最大坡长（m）　　　　　　　　　　　　表1-8

纵坡坡度（%）	设计车速（km/h）						
	120	100	80	60	40	30	20
3	900	1000	1100	1200	—	—	—
4	700	800	900	1000	1100	1100	1200

续上表

纵坡坡度(%)	设计车速(km/h)						
	120	100	80	60	40	30	20
5	—	600	700	800	900	900	1000
6	—	—	500	600	700	700	800
7	—	—	—	—	500	500	600
8	—	—	—	—	300	300	400
9	—	—	—	—	—	200	300
10	—	—	—	—	—	—	200

公路纵坡变更处应设置竖曲线。竖曲线最小半径和最小长度不应小于表1-9的规定值。

竖曲线最小半径和最小长度　　　　　　　　　　　　　表1-9

设计车速(km/h)	120	100	80	60	40	30	20
凸形竖曲线最小半径(m)	11000	6500	3000	1400	450	250	100
凹形竖曲线最小半径(m)	4000	3000	2000	1000	450	250	100
竖曲线最小长度(m)	100	85	70	50	35	25	20

4. 服务水平

公路服务水平分为六级,各级公路设计服务水平应不低于表1-10的规定,并应符合下列规定:一级公路用作集散公路时,设计服务水平可降低一级;长隧道及特长隧道路段、非机动车及行人密集路段、互通式立体交叉的分合流区段以及交织区段,设计服务水平可降低一级。

各级公路设计服务水平　　　　　　　　　　　　　表1-10

公路等级	高速公路	一级公路	二级公路	三级公路	四级公路
服务水平	三级	三级	四级	四级	—

目前,发达国家都已建设了与本国经济社会发展相适应的高速公路网。根据经济发展与高速公路增长之间的关系,世界发达国家高速公路的发展历程一般分为四个阶段。

(1) 发展起步期:经济总量较小,高速公路认知度低,规模不大且里程增长缓慢。

(2) 快速发展期:经济加速增长,高速公路需求旺盛,通车里程迅速增长。

(3) 接近饱和期:经济稳定增长,资源紧俏,高速公路通车里程增长趋缓,以提高路网质量为主。

(4) 相对稳定期:资源紧缺,高速公路网规模趋于稳定,主要依靠现代化交通管理技术提高路网运行质量,如智能运输系统。

目前,我国正处于工业化、城市化关键阶段,汽车普及率迅速提高,类似于发达国家20世纪70~80年代的情况,我国高速公路仍处于成长性的快速发展阶段。

近年来,我国公路建设得到了快速发展。截至2017年年底,我国公路网总里程已达约477.35万km,其中高速公路总里程达13.65万km。但快速增长的交通需求与公路设施有效供给不足的矛盾仍是交通发展的主要矛盾。我国已制定了宏伟的公路发展规划,它的实现将使我国的道路状况发生根本性的转变,对我国现代化建设将起到巨大的推动作用,快捷发达的道路网络,可以节约大量燃料,减少大量运营开支。

5. 汽车高速公路使用条件

高速公路与高速运输是密切相关的。高速运输的最显著特点就是运输车辆的持续高速运行。高速运输对汽车的动力性、制动性、操纵稳定性、加速性、舒适性的要求更加严格。许多在普通公路上运行不存在的问题,在高速行驶中却变得至关重要。有关资料表明,在高速公路的交通事故中,汽车机械故障造成的比例逐年升高。为此,《中华人民共和国道路交通安全法实施条例》第四章第五节对高速公路作了特别的规定。

高速公路应当标明车道的行驶速度,最高车速不得超过120km/h,最低车速不得低于60km/h。在高速公路上行驶的小型载客汽车最高车速不得超过120km/h,其他机动车不得超过100km/h,摩托车不得超过80km/h。

同方向有2条车道的,左侧车道的最低车速为100km/h;同方向有3条以上车道的,最左侧车道的最低车速为110km/h,中间车道的最低车速为90km/h。道路限速标志标明的车速与上述车道行驶车速的规定不一致的,按照道路限速标志标明的车速行驶。

机动车从匝道驶入高速公路,应当开启左转向灯,在不妨碍已在高速公路内的机动车正常行驶的情况下驶入车道。机动车驶离高速公路时,应当开启右转向灯,驶入减速车道,降低车速后驶离。

机动车在高速公路上行驶,车速超过100km/h时,应当与同车道前车保持100m以上的距离,车速低于100km/h时,与同车道前车距离可以适当缩短,但最小距离不得少于50m。

机动车在高速公路上行驶,遇有雾、雨、雪、沙尘、冰雹等低能见度气象条件时,应当遵守下列规定:

(1) 能见度小于200m时,开启雾灯、近光灯、示廓灯和前后位灯,车速不得超过60km/h,与同车道前车保持100m以上的距离。

(2) 能见度小于100m时,开启雾灯、近光灯、示廓灯、前后位灯和危险报警闪光灯,车速不得超过40km/h,与同车道前车保持50m以上的距离。

(3) 能见度小于50m时,开启雾灯、近光灯、示廓灯、前后位灯和危险报警闪光灯,车速不得超过20km/h,并从最近的出口尽快驶离高速公路。

遇有上述规定情形时,高速公路管理部门应当通过显示屏等方式发布速度限制、保持车距等提示信息。

机动车在高速公路上行驶,不得有下列行为:

(1) 倒车、逆行、穿越中央分隔带掉头或者在车道内停车。

(2) 在匝道、加速车道或者减速车道上超车。

(3) 骑、轧车行道分界线或者在路肩上行驶。

(4) 非紧急情况时在应急车道行驶或者停车。

(5) 试车或者学习驾驶机动车。

在高速公路上行驶的载货汽车货厢(箱)不得载人。两轮摩托车在高速公路行驶时不得载人。

三、交通状况

交通状况对汽车的运用过程和运用效果有很大影响。路面和交通状况良好时,汽车能够经常采用高挡在经济工况下运行,换挡操纵次数减少,所承受的冲击载荷大大减轻,因而运行平稳,平均行驶速度和运输效率高,燃料消耗少。反之,交通状况不良会影响汽车速度性能的发挥,且运行消耗增大。

交通流密度是常用车速的分布范围和均值的重要影响因素。它是指一条车道上车辆的密集程度,即在某一瞬间单位长度一条车道上的车辆数,又称车流密度。车流密度、速度及车流流量是交通流的三大参数。在市区复杂的运行条件下车速均值为 20~50km/h;而在公路运行条件下,高速运行工况所占时间比例可达到50%以上。按时间统计,公路行驶车辆的高挡利用比例可达到92%~96%,低挡的利用比例只占1%~2%;而公共汽车在市区运行时,最高挡利用比例明显低于公路行驶,空挡的利用比例接近30%,低挡的利用比例有所提高。

交通流密度的大小则可直接判定拥挤程度,由此决定采用何种交通管理和控制措施,而道路交通控制设施是道路交通安全、畅通的必要前提条件。道路交通控制设施分为交通信号和交通安全设施。交通信号是指挥车辆和行人前进、停止或者转弯的特定信号,包括用光色、手势表示的信号和用标志标线表示出的指挥、引导意图,如交通信号灯、交通标志、交通标线和交通警察的指挥等,其作用是对道路上车辆、行人合理地分配通行权,使之有秩序地顺利通行。道路交通安全设施是保证行车安全、防止交通事故、减轻交通事故后果的重要手段,包括安全护栏、隔离设施、防眩设施和诱导设施等。

四、运输条件

运输条件是指由运输对象的特点和要求所决定的,影响车辆使用的各种因素。汽车运输主要分为货运和客运。货运条件主要包括货物类别、货物运量、货运距离、装卸条件、运输类型和组织特点等。客运对汽车使用性能的最基本要求是为旅客提供最便捷的服务。

1. 货物类别

货物是指从接受承运起到送交收货人止的所有商品或物资。货物可以有以下几类:

(1) 按装卸方法分类。可分为堆积、计件和灌装三类。堆积货物是指没有包装的不能计个数的货物,如煤炭、砂、土和碎石等。计件货物是指可计个数的货物,如桶装、箱装、袋装的包装货物及无包装货物。灌装货物是指无包装的液体、粉状货物等。

(2) 按运输和保管条件分类。可分为普通货物和特殊货物。普通货物是指那些在运输过程中无特殊要求、可用普通车厢运输的货物。特殊货物是指那些在运输过程中,必须采取特别措施才能保证完好无损的承运货物。特殊货物包括那些特大、沉重、危险和易腐的货物。

(3) 按货物批量分类。按一次托运货物的数量,可分为小批和大批货物。小批货物又称零担货物,如食品、邮件和行李等个别少量运输的货物。大批货物指大批量运输的货物,又称大宗货物。货物批量是选用车辆类型的主要依据。

运输特殊货物,需选用大型或专用汽车,但是汽车总体尺寸必须符合国家标准《汽车、挂车及汽车列车外廓尺寸、轴荷及质量限值》(GB 1589—2016)的要求。

2. 货物运输量

货运量和货物周转量统称为货物运输量。货运量是指在汽车运输中,完成或需要完成的货物运输数量,通常以吨(t)为计量单位。在汽车运输中,完成或需要完成的货物运输工作量,即货物的数量和运输距离的乘积称为货物周转量,它以复合指标吨公里(t·km)为计量单位。

按托运货物的批量,货运量可分为零担和整车货物两类。在我国,凡是一次托运货物在3t以上为整车货物,不足3t为零担货物。需要较长时间和较多车辆才能运完的整车货物为大宗货物,而短时间内或少数车辆即能全部运完的货物为小宗货物。

3. 货物运距

货物运距是货物由装货点至卸货点间的运输距离,一般以公里(km)为计量单位。货物运距对运输车辆利用效率指标具有重要影响,对车辆的结构和性能参数提出了不同的要求。当运距较短时,期望能更加便于货物装卸,以缩短车辆货物的装卸作业时间,提高生产率。

4. 货物装卸条件

货物的装卸条件决定了汽车装卸作业的停歇时间、装卸货物的劳动量和费用,从而影响运输生产率及运输成本。运距越短,装卸条件对运输效率的影响越明显,应要求较高的装卸条件。

装卸条件受货物类别、运量、装卸点的稳定性、机械化程度以及装卸机械等诸多因素的影响。一定类别和运量的货物要求相应的装卸机械,也决定了运输车辆的结构特点。如运输砂石、煤炭等堆积货的车辆,要考虑铲斗装卸货物时,货物对汽车系统及机构的冲击;汽车的装载质量和车厢容积与铲斗容积一致时,可获得最高装运生产率。

5. 货物运输类型及组织特点

货物运输有多种分类方法,如短途货运、长途货运、城市货运、城间货运、营运货运、自用货运、分散货运、集中货运等。分散货运是指在同一运输服务区内,若干汽车货运企业或有车单位各自独立地调度车辆,分散地从事货运工作。集中运输是在同一运输服务区内的车辆和完成某项货运任务的有关单位车辆,集中由一个机构统一调度,组织货物运输工作。这种运输类型可提高车辆的装载质量利用率和时间利用率,从而有利于提高汽车运输生产率,降低运输成本。

运输组织特点主要取决于车辆运行路线。由于货运任务的性质和特点、道路条件、所用车辆类型存在差异,即使在相同收发货点间完成同样的货运任务,也可采用不同的运输方案,产生不同的运输效益。

6. 客运的基本要求

客运分为市内客运和公路客运,各种客运应配备不同结构形式的客车。市区公共客车采用车厢式多站位车身,座位与站立位置之比为1∶2,通道要宽,车门数目多,车厢地板较低。有的客车为方便残疾人轮椅上下,车门踏板采用可自动升降结构。市区公共汽车为了适应乘客高峰满载的需要,要求有较高的动力性。为了适应城市道路的特点,还要求汽车操纵方便。城间客车,要求有较高的行驶速度和乘坐舒适性。通常希望座位宽大舒适,椅背倾斜可调,车门数少,其他辅助设施较齐全。为了适应旅游的需要,高级旅游客车还配备卫生间、微型酒吧以及汽车两侧下部设有较大空间的行李舱。

五、汽车运用水平

汽车运用水平主要包括驾驶人操作技术水平、汽车运输组织管理水平、汽车维修管理水平以及汽车运行材料供应水平等。

汽车货运组织、管理水平主要依据装载质量利用系数和里程利用率来评价。显然,运输组织、管理水平越高,装载质量利用系数和里程利用率就越高。

汽车驾驶操作水平对汽车零件磨损、燃料经济性和污染物排放等具有重要影响。熟练驾驶人在平路、下缓坡等有利条件下,经常保持车速稳定或滑行状态,很少采取高强度制动。熟练驾驶人不仅能保证汽车安全运行,而且能提高汽车行驶技术速度15%~20%,延长汽车大修里程40%~50%,在相同的交通和道路条件下可节约燃料20%~30%。

汽车维修费用占汽车运输成本的15%~20%。我国一些地区维修市场宏观管理混乱,维修工作原始,手工作业占有相当大的比例,加之配件质量不稳定,检验设备少,诊断技术尚未真正用于控制汽车技术状况。由此导致汽车维修质量低下,降低了汽车利用的经济效益。高水平的汽车维修标志是:汽车完好率达90%~93%,总成大修间隔里程较定额高20%~25%,配件消耗减少15%~20%,燃料、润滑材料的消耗减少20%~30%。

六、汽车运行技术条件

1. 机动车运行安全技术条件

为保证车辆安全行驶,运行可靠,必须符合《机动车运行安全技术条件》(GB 7258—2017)的规定,主要技术条件包括:

(1) 车辆外观整洁,装备齐全、紧固可靠,各部件应完好,并具有正常的技术性能。

(2) 发动机动力性能良好,运行平稳,不得有异响;燃料、润滑油消耗正常,无漏油、漏水、漏气、漏电现象。

(3) 底盘各总成连接牢固,无过热,无异响,性能良好,各润滑部位不缺油、钢板弹簧无断裂或错开现象,轮胎气压正常,汽车、挂车连接和防护装备齐全、可靠。

(4) 转向轻便灵活,转向节、转向横拉杆及球销不得松动,性能良好,四轮定位参数符合要求。

(5) 车辆制动性能符合规定,挂车与牵引车意外脱离后,挂车应能自行制动,牵引车的制动仍然有效。

(6) 客车车厢、货车驾驶室门窗应密封良好,无漏水现象,开启灵活;风窗玻璃视线清晰;客车座椅齐全、整洁、牢固;货车车厢无漏洞,栏板销钩牢固、可靠。

(7) 车辆噪声及废气排放应符合有关规定。

(8) 灯具、信号、仪表和其他电气设备应配备齐全,工作正常、可靠。

2. 汽车危险货物运输规则

车辆运载具有易爆、易燃、有毒、放射性等危险货物时,必须符合交通运输部颁布的行业标准《危险货物道路运输规则》(JT/T 617)的规定。该标准包含以下7个部分:

(1)《危险货物道路运输规则 第1部分:通则》(JT/T 617.1—2018)。
(2)《危险货物道路运输规则 第2部分:分类》(JT/T 617.2—2018)。
(3)《危险货物道路运输规则 第3部分:品名及运输要求索引》(JT/T 617.3—2018)。
(4)《危险货物道路运输规则 第4部分:运输包装使用要求》(JT/T 617.4—2018)。
(5)《危险货物道路运输规则 第5部分:托运要求》(JT/T 617.5—2018)。
(6)《危险货物道路运输规则 第6部分:装卸条件及作业要求》(JT/T 617.6—2018)。
(7)《危险货物道路运输规则 第7部分:运输条件及作业要求》(JT/T 617.7—2018)。

3. 特种货物运输运行技术条件

车辆装载散装、粉尘、污秽货物时,应使用密闭车厢或加盖篷布,以免洒漏,污染环境。

4. 特殊条件下车辆运行技术条件

车辆在等外道路、危险渡口和桥梁上通过时,或在遇有临时开沟、改线、水毁、塌方、冰坎、翻浆等情况时,必须采取有效的技术措施,以保障行车安全。

第三节 汽车运行工况

汽车运行工况是指运行过程中汽车各部分的状态参数,即在完成一定任务时,汽车及其各零部件、总成的各种参数变化及技术状态。

汽车运行工况的参数主要包括车速、变速器挡位、发动机转速、节气门开度、制动频度等。在特定的汽车运行工况研究中,还包括发动机曲轴瞬时转速、输出功率、输出转矩、油耗、冷却液温度、各总成润滑油温度、各挡使用频度、离合器接合频度等。

汽车运行工况是一个随机过程,受到许多因素的影响,如道路状况、交通流量、气候条件以及汽车自身技术性能的变化等。汽车运行工况调查及分析将为合理运用汽车打下基础。

一、汽车运行工况调查

汽车运行工况测试是汽车运行工况调查的重要步骤。汽车运行试验及试验后的数据处理和统计分析得到的运行工况调查结果,为评价车辆的合理运用,汽车的性能、结构能否满足使用要求提供基础资料。

汽车运行工况主要调查内容包括选择能够反映汽车运行状况的代表性路线,并取得道路资料和交通状况的调查数据;同步测试汽车车速、发动机转速、油耗、节气门开度及挡位使用和变化情况;在调查路线(或路段)内的累积停车次数和累积制动次数等。必要时记录交通流情况,如交通量、交通构成等。

在测试汽车运行工况时,风速、气温、海拔等试验条件应符合试验规范和有关规定,或对测试参数进行修正。汽车运行试验所用车辆必须符合国家标准规定。

运行试验中所做的记录称为汽车运行记录。在汽车运行试验中,主要使用非电量的电测法,即在测量部位安装将非电量状态参数转换为电信号的传感器,将电信号直接或经放大后传送至测量仪表和记录器(如磁带机、光线示波器、记录仪或计算机硬盘),供统计分析使用。

图 1-1 所示为某型载货汽车在某地市区行驶时的运行记录。图 1-2 所示为城市公共汽车典型运行工况分布。

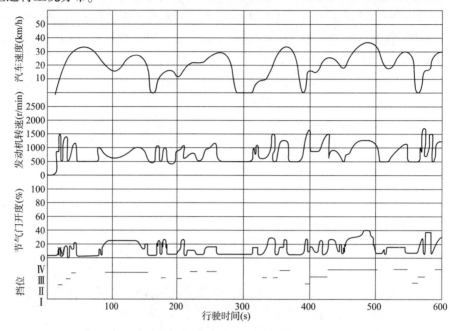

图 1-1 某型载货汽车在某地市区行驶时的运行记录

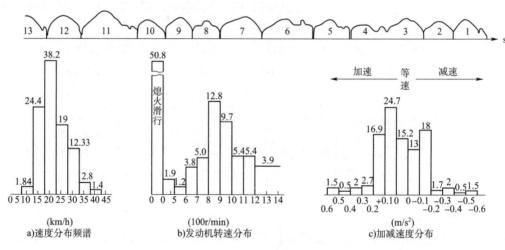

图 1-2 城市公共汽车典型运行工况分布

在汽车运行试验中得到的试验数据经处理后,才能得到汽车运行工况的统计特征和分布。在汽车运行记录中的速度、转速、节气门开度、曲轴转矩等模拟量曲线需要进行数字化处理,然后才能进行分布及统计特征分析。通过频率分布图可了解运行工况样本的一些分布特征,如数据的密集位置、离散程度以及分布的大体情况等。这样,就可对汽车运行工况记录中的挡位使用情况、发动机转速变化情况及节气门开度变化情况等进行数据处理。在汽车工况调查中,当有特殊要求时,除了要按需增加测量参数之外,在数据处理时,还可进行数学特征计算、区间估计和分布检验,以便对运行工况进行定量分析。

二、汽车运行工况分析

汽车运行工况数据主要用于确定汽车的常用工况及其特征,并结合汽车的结构特点,评价汽车常用工况的合理性及其影响因素。

车行驶的影响因素很多,如车辆性能、道路性质与状况、交通状况、气候条件和驾驶人技术水平等。因此,汽车常用工况也随时间和行车路线变化。我国汽车运行速度有如下特点:

(1)车速分布具有统计规律。市区运行车速分布是多种随机因素综合作用的结果,一般近似于正态分布。公路运行车速分布多为具有偏态特征的威布尔分布,常用威布尔概率纸法检验。

(2)交通流密度是常用车速的分布范围和均值的重要影响因素。市区运行条件下,车速均值多在 20~50km/h,且因各个城市交通状况而差异很大。市区平均车速受车辆本身结构和动力性的影响不大。车辆在公路上运行时,高速运行工况概率可达到 50% 以上。公路行驶车速主要受交通安全限制,并与汽车动力性和平顺性有密切关系。

(3)常用车速偏低,反映出车辆动力利用率不高,将造成车辆使用效率下降。因为常用车速是油耗量最多的行驶工况,汽车节约燃料的重点应放在努力改善常用车速下的燃料经济性。

(4)按时间统计,公路行驶车辆的高挡利用率可达到 92%~96%,低挡只占 1%~2%。市区运行时,低挡利用时间略有增加。

(5)公共汽车由运行方式所决定,空挡利用时间约占 50%,而最高挡的利用率明显低于公路行驶,其他各挡的利用率高于公路行驶。因此,城市行驶车辆的低速挡齿轮和离合器片磨损高于公路行驶车辆。由于连续起步、加速、等速、滑行,要重视改善公共车辆发动机过渡工况的燃料经济性,并注意改善驾驶操作条件和提高驾驶技术。

(6)据统计分析,汽车行驶的道路条件越好,功率利用率越低。节气门开度经常处于 20%~40%,发动机功率利用率约 60%。在汽车运行中,发动机转速处于不稳定工况,油耗比稳定工况高。

汽车运行工况在外界条件不变的条件下,还会因自身的装载或拖载质量的改变发生变化。汽车拖挂运行试验表明,当拖载量增加时,将导致汽车运行中换挡次数增加,直接挡使用的时间相对减少,节气门开度加大,发动机功率利用率增加。

第四节 汽车使用性能的评价指标

在一定的使用条件下,汽车以最高效率工作的能力,称为汽车使用性能。它是汽车选配的主要依据,也是汽车运用的先决条件。汽车使用性能指标见表1-11。

汽车使用性能指标 表1-11

使用性能	量标和评价参数
容载量	额定装载质量(t),单位装载质量(t/m³),货厢单位有效容积(m³),货厢单位装载质量面积(m³/t),座位数和可站立人数
动力性	最高车速,加速能力,爬坡能力,平均行驶车速

续上表

使用性能		量标和评价参数
燃料经济性		百公里最低燃料消耗量,百公里平均最低燃料消耗量
制动性		制动效能,制动效能恒定性,制动方向稳定性
操纵稳定性		操纵轻便性,回正性,纵向、横向倾翻条件等
乘坐舒适性		振动频率,振动加速度及变化率,振幅等
通过性几何参数		最小离地间隙,接近角,离去角,最小转弯半径,转弯通道圆等
环保性		噪声,排放及电磁干扰等
使用方便性	出车迅速性	汽车起动暖车时间
	乘客上下和货物装卸方便性	车门和踏板尺寸及位置,货厢地板高度,货厢栏板可倾翻数,有无随车装卸工具
	可靠性和耐久性	大修间隔里程,主要总成的更换里程,可靠度、故障率、故障停车时间
	维修性	维修工时,每千公里维修费用,对维修设备的要求

本节着重介绍容载量、质量利用、使用方便性等,其他使用性能将在后续各章节叙述。

一、容载量

汽车容载量就是汽车能够装载货物的数量或乘坐旅客的人数。汽车容载量与汽车的装载质量、车厢尺寸、货物密度、座位数和站立乘客的地板面积等有关。载货汽车的容载量常用比装载质量和装载质量利用系数评价,即:

$$比装载质量 = \frac{汽车装载质量}{车厢容积} \quad (t/m^3) \tag{1-1}$$

$$装载质量利用系数 = \frac{货物容积质量(t/m^3) \times 车厢容积(m^3)}{汽车装载质量(t)} \tag{1-2}$$

比装载质量、装载质量利用系数表征了汽车结构对各种货物需要的适应能力。它决定了某车型装载何种货物能够装满车厢,或充分地利用汽车的全部装载能力。普通货车装载密度低的货物时,不能充分利用汽车的装载质量,但为了避免汽车超载,不宜用增加栏板高度的方法来适应轻泡货物的需要。汽车栏板的标准设计高度一般不超过600mm。汽车装载质量越大,就越不适合装载低密度的货物。

二、汽车质量利用

汽车质量利用描述了汽车整备质量与装载质量的关系。通常将质量利用系数或整备质量利用系数作为汽车质量利用优劣的指标评价。有的汽车技术资料不列出汽车的总质量,只给出汽车整车质量,所以,通常采用汽车整备质量利用系数来评价,其计算公式为:

$$整备质量利用系数 = \frac{汽车装载质量(t)}{汽车整备质量(t)} \tag{1-3}$$

整备质量利用系数与汽车的部件、总成、结构的完善程度以及轻型材料的使用率有关。它表明了汽车主要材料的使用水平,进而反映了该车型的设计、制造水平,也间接反映了汽车使用经济性。在运输过程中,汽车整备质量将引起非生产性油耗,加速轮胎磨损以及发动机功率的损耗。在装载质量相同和使用寿命相同的条件下,整备质量利用系数越高,该车型的结构和制造水平就越高。

整备质量利用系数的提高是现代载货汽车制造技术进步的重要标志之一。除了不断完善汽车结构和制造技术外,降低汽车整备质量的主要途径是利用轻质材料,特别是应用强度高、质量轻的高强度铝合金和复合塑料。

汽车整备质量利用系数随装载质量的增加而提高,轻型货车约为1.1,中型货车约为1.35,重型货车为1.3~1.7,所以,目前在国际上流行重型汽车列车运输。

平头汽车的整备质量利用系数一般比长头汽车的高。由货车变型的自卸汽车,因改装后整备质量的增加,整备质量利用系数比基本车型低。

三、汽车使用方便性

汽车使用方便性是汽车的一项综合使用性能,用于表征汽车在运行过程中,驾驶人和乘客的舒适性和疲劳程度,以及对保证运输货物完好无损和装卸货物的适用性。

1. 操纵轻便性

操纵轻便性是指驾驶人在驾驶汽车的过程中的劳动强度的高低。良好的操纵轻便性,对减轻驾驶人的疲劳,保证行车安全具有重要的作用。它的主要评价指标为操纵力、操作次数、驾驶人座位参数与调整参数,驾驶人的视野参数。

驾驶人的操作次数通常用换挡、踏离合器踏板和制动踏板的次数来表征。驾驶操作次数是通过在该类车常见路况下,在典型道路上的使用试验确定,并将试验路段上各类操作次数换算为100km行程的操作次数。一般选用多辆同型号汽车进行试验,以排除驾驶人技术水平和操作习惯差异的影响。

驾驶人座椅结构形式与操纵杆件布置是否舒适方便,也影响汽车使用方便性。适当增加驾驶座椅的高度,减小坐垫与靠背的倾角,可显著改善驾驶人的劳动条件。为了保证不同身高的驾驶人都能有适合的驾驶操作姿势,驾驶座椅设计成可沿着水平和垂直方向调节式,并且座椅和靠背的倾角也可调节,即驾驶座椅应具有多维调节的功能,以及可调节转向盘等满足驾驶人的需要。

为了提高汽车的操纵轻便性,各种操纵机构应有良好的接近性,应设置车速、机油压力、胎压监测、润滑油和冷却液温度、燃料耗量以及电参数等的显示仪表。当被控制参数进入临界值时,发出声光报警信号,以便驾驶人及时掌握车辆状况。控制显示仪表应具有必需的显示精度,以利于驾驶人观察。

为了改善驾驶人的工作环境,提高劳动效率,在驾驶室内应设空调及采暖通风装置。另外,驾驶人的视野性能主要取决于座椅的布置、高度以及坐垫和靠背的倾角,车窗尺寸、形状、布置和支柱的结构等。

2. 乘客上下车方便性

乘客上下车方便性作为使用方便性之一,影响城市公共汽车站点的停车时间,从而影响汽车的线路运行时间。乘客上下车的方便性,主要取决于车门的布置和踏板的结构参数。对于轿车,主要取决于车门支柱的布置;特别是两门轿车保证后座出入方便尤其重要。对于客车,主要取决于踏板高度、深度、级数、能见度及车门的宽度。踏板高度和深度应与日常生活中所习惯的楼梯台阶相同。有的城市公共汽车,为了方便残疾人轮椅和童车的上下,将踏板设计成高度可调或自动升降式。

3. 装卸货物方便性

装卸货物方便性是指车辆对装卸货的适应性,以车辆装卸所耗费的时间和劳动力为评价指标。

装卸货物方便性的结构因素主要包括货厢和车身地板的装卸高度;从一面、两面、三面或上面装卸货物的可能性;厢式车车门的构造、布置和尺寸;有无随车装卸装置等。在载货汽车的技术规格中,一般不给出货厢地板的高度。但此参数在汽车使用中很重要,尤其在人工装卸或货物批量小的场合,货厢地板的高度越大,装货时间和劳动力消耗就越大。目前,对汽车货厢地板高度尚无统一的标准和要求。在机械化装卸的场合,货厢地板高度对装卸效率无明显影响。

4. 出车迅速性

出车迅速性是指汽车开动前必须准备的时间长短,主要取决于发动机的起动性。我国有关标准规定,不采用特殊的低温起动措施,汽油机在 $-10℃$、柴油机在 $-5℃$ 以下的气温条件下,起动时间应不大于 15s。

汽车在低温条件下使用时发动机起动困难,尤其是柴油机,由于起动阻力大、起动转速高等原因,使低温起动性能更差。如果露天停放,除使用中应采取预热等措施外,选购汽车时应考虑柴油机是否有改善起动性能的起动辅助装置,例如独立预热装置、起动液喷射器、电热塞及进气管火焰加热器等。

5. 乘坐舒适性

乘坐舒适性在很大程度上取决于座椅结构。座椅结构设计应符合人体工程学的要求,为乘客提供最佳的方便性和最舒适的乘坐姿势。

座椅应具有良好的柔和性。通常用其振动特性(振幅、频率)和消振速度评价座椅的柔和性。当座椅上乘员的自振频率与车身振动频率的比值为 1.6~2.0 时,座椅的舒适性最好。座椅的宽度和深度、靠背高度和倾角以及乘员的上下自由空间都影响着乘坐舒适性。

另外,乘坐舒适性也与车身的密封性有关。保护乘员空间不受发动机气体排放物的污染,防止尘土侵入、保暖、供冷、通风、调温等,也是提高客车舒适性的重要措施。

6. 最大续航里程

汽车的最大续航里程是指加满燃料或充满电后所能连续行驶的最大里程,即除了汽车的技术水平外,汽车运行燃料消耗量也取决于车辆的实载率、道路条件、运行速度等使用因素。因此,它将随使用条件而变化。合适的最大续航里程可减少中途停车,提高汽车运输效率。汽车最大续航里程的确定,应保证汽车在最大的昼夜行驶里程内,不需中途停车添加燃料。

7. 可靠性和耐久性

汽车的可靠性和耐久性是评价汽车技术水平的综合性的使用性能。

1) 汽车可靠性

汽车可靠性是指汽车在规定的条件下和规定时间内,完成规定功能的能力。汽车可靠性主要取决于零件的强度、主要部件结构的合理性、主要机构总成的技术水平、制造工艺水平和质量,以及使用水平(驾驶水平、汽车维修技术水平和质量)。

汽车可靠性的常用指标有平均首次故障里程、平均故障间隔里程、故障率和当量故障率。

2) 汽车耐久性

汽车耐久性是指汽车在规定的使用和维修条件下,达到某种技术或经济指标极限时完成规定功能的能力。汽车极限技术状况是汽车技术状况参数达到了技术文件规定的极限值的状况。汽车耐久性一般用汽车从投入使用到进入极限状况时的总行程或使用延续期表示。

汽车耐久性的评价指标主要有第一次大修前的平均行程(大修里程)、大修间的平均行程(大修间隔里程)和 $\gamma\%$ 行程。$\gamma\%$ 行程是指汽车以 $\gamma\%$ 的概率使用到极限状况的行程,如 80% 的汽车第一次大修里程不低于 20 万 km,又称 80% 的耐久性(寿命)。大修间隔里程是指车辆两次大修之间的行程,主要是用来考核评价车辆大修的质量。在修理技术水平和配件供应水平相等的条件下,车辆大修间隔里程取决于车辆原有的技术水平。

8. 使用寿命

汽车使用寿命是指汽车从出厂开始使用,直至注销为止的总使用时间(或行程),分为技术使用寿命、经济使用寿命和合理使用寿命。

汽车运行到完全不可用的状况,在技术上无法恢复(不含更换基础件)其工作能力时总的使用延续期或总行程,称为汽车的技术使用寿命。

汽车在使用过程中有了严重耗损,若经修复继续使用,经济上不如重置使用同类新型汽车合算,即注销报废前所运行的总时间或总行程,称为汽车经济使用寿命。汽车合理使用寿命是考虑国民经济的承受能力和整个社会的节约原则所确定的汽车使用寿命。汽车合理使用寿命大于经济使用寿命,小于技术使用寿命。

9. 维修性

汽车维修性是指汽车在规定的条件下和规定的时间内,按规定的程序和方法维修时,保持或恢复到完成规定功能的能力。

决定汽车维修性的结构特性主要有:要求定期维护(润滑、紧固、调整和技术状况检测)点的数量;要求维护的部件、机构的易接近性;总成和部件的连接方式,单独拆卸、更换总成的可能性,总成部件在整车中紧固的简便性,取下沉重总成的简便性;总成和部件拆装的简便性;易损件更换和修理的简便性;同一总成中各零件具有等寿命和相等的耐磨性;零、部件规格的统一和互换性,以及采用的工具、器具和润滑材料规格的统一和互换性。汽车维修性的评价指标包括技术利用系数、完好率、修复率、维护周期等。

复习思考题

1. 汽车运用条件主要包括哪些技术条件?
2. 五种等级公路的交通量有哪些不同?
3. 在高速公路上行驶应注意哪些事项?
4. 机动车运行安全技术条件主要包括哪些内容?
5. 危险货物道路运输规则主要包括哪些内容?
6. 汽车运行工况主要调查哪些内容?
7. 汽车使用性能指标有哪些?其量标和评价参数是什么?

第二章　汽车主要性能

汽车的动力性、经济性、制动性、操纵稳定性、行驶平顺性以及通过性作为汽车的主要性能,反映了汽车技术水平的高低。合理利用或改善汽车的使用性能,可以充分发挥汽车的功能,提高汽车运输生产率和降低运输成本。

第一节　汽车动力性

汽车动力性是指汽车以最大可能的平均行驶速度运送货物或乘客的能力。汽车作为一种高效率的运输工具,其运输效率的高低在很大程度上取决于汽车的动力性。因此,汽车动力性是汽车各种使用性能中最基本、最重要的一种性能。

一、汽车动力性评价指标

从获得尽可能高的汽车平均行驶速度的观点出发,汽车的动力性可由汽车最高车速、汽车加速时间和汽车最大爬坡度等指标来评价。提高汽车的平均行驶速度,可提高汽车的运输生产率。

1. 最高车速

汽车的最高车速是指汽车在风速不大于3m/s的条件下,在干燥、清洁、平直的良好路面(混凝土或沥青路面)上满载行驶所能达到的最高行驶速度(km/h)。汽车最高车速对长途运输车辆的平均行驶速度影响最大。随着汽车制造业水平的提高,汽车最高车速有增加的趋势。

2. 加速时间

汽车加速时间表示汽车的加速能力,它对平均行驶车速有着很大影响。汽车加速时间是指汽车在风速不大于3m/s的条件下,在干燥、清洁、平直的良好路面上,满载时由某一低速加速到某一高速所需的时间(s)。常用原地起步加速时间和超车加速时间来表示汽车的加速能力。原地起步加速时间是指汽车由1挡或2挡起步,并以最大的加速强度,选择恰当的换挡时机逐步换至最高挡后到某一预定车速所需的时间。一般常用0~100km/h的秒数来表明汽车原地起步加速能力。原地起步加速时间越短,则使用低速挡的时间就越短,汽车平均行驶速度就越高,这对市区运输车辆有较大的影响。超车加速时间是指用最高挡或次高挡由30km/h或40km/h全力加速行驶至某一高速所需的时间。它对长途运输车辆的平均行驶速度及安全行车有较大的影响。超车加速时间越短,则表示加速性能越好,超车能力越强,超车时两车并行的行程短,行驶安全性高,平均行驶速度大。

3. 最大爬坡度

汽车上坡能力用汽车最大爬坡度 i_{max} 来表示。最大爬坡度 i_{max} 是指汽车在良好的路面上满载等速行驶所能通过的最大坡度。显然,它就是汽车最低挡时的最大爬坡度。汽车的类型不同,则对最大爬坡度的要求也不同。由于货车在各种路面上行驶,故要求具有较高的爬坡能力,一般货车的 i_{max} 在 30% 左右。而越野车由于经常在差路或无路条件下行驶,故应有更高的爬坡能力,通常越野车的最大爬坡度在 60% 左右。轿车通常在较好路面上行驶,一般不强调其爬坡能力,但由于轿车第 1 挡的加速能力大,故轿车的爬坡能力也较强。汽车最大爬坡度对于在山区行驶车辆的平均行驶速度有很大的影响。

二、汽车行驶原理

欲使停止的汽车开始行驶,必须有与行驶方向相同的驱动力作用于汽车上。驱动力用来克服汽车行驶中的各种阻力,使汽车产生运动。若要汽车正常行驶,则必须满足汽车行驶的驱动与附着条件。

1. 汽车驱动力及驱动力图

汽车驱动力是指汽车行驶时,由地面提供给驱动轮的克服各种行驶阻力推动汽车前进的作用力。汽车驱动力产生原理如图 2-1 所示,汽车行驶时,发动机的输出转矩经由传动系统的离合器、变速器、传动轴、主减速器施加一个驱动力矩 T_t 至驱动轮上,力图使驱动轮旋转。当驱动轮转动时,在轮胎与地面接触点,车轮对地面施加一个向后的切向作用力 F_0,与此同时,路面对车轮也施加了一个数值相等、方向与汽车行驶方向相同的切向反作用力 F_t,就是推动汽车行驶的驱动力。驱动力的数值与发动机的转矩、传动系统的参数和车轮滚动半径有关,其大小为:

$$F_t = \frac{T_t}{r} = \frac{T_{tq} i_g i_0 \eta_t}{r} \tag{2-1}$$

式中:F_t——驱动力,N;
　　T_t——作用于驱动轮上的转矩;
　　T_{tq}——发动机输出的有效转矩,N·m;
　　i_g——变速器传动比;
　　i_0——主减速器传动比;
　　η_t——传动系统效率;
　　r——车轮半径,m。

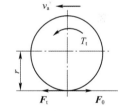

图 2-1 汽车驱动力

不同类型的汽车,其传动系统也各有所异。对于装有分动器、轮边减速器、液力传动等装置的汽车,式(2-1)应计入相应的传动比和机械效率。

一般用驱动力与车速之间的函数关系曲线 $F_t - v_a$ 来全面表示汽车的驱动力,称为汽车驱动力图。汽车驱动力图直观地显示变速器处于各挡位时,驱动力随车速变化的规律。

在发动机外特性曲线、传动系统的传动比、传动系统的机械效率、车轮半径等参数已知或确定后,首先通过式(2-1)求出汽车变速器处于各挡位、不同发动机转速时的驱动力 F_t 值,再根据发动机转速 n 与汽车行驶速度 v_a 之间的转换关系:

$$v_a = 0.377 \frac{rn}{i_g i_0} \tag{2-2}$$

求出各发动机转速 n 和在变速器处于不同挡位时的车速 v_a，即可求得各个挡位的 $F_t - v_a$ 曲线，即汽车驱动力图。图 2-2 是 5 挡汽车的驱动力图。

图 2-2 是汽车装有普通变速器时的驱动力图。如果汽车装有液力变矩器，计算汽车驱动力图时则需考虑液力变矩器的无因次特性(图 2-3)及液力变矩器的输出特性(图 2-4)，并利用该输出特性和式(2-3)，就可求出汽车的动力特性图(图 2-5)。

$$\left. \begin{array}{l} v_a = 0.377 \dfrac{rn_T}{i'} \\ F_t = \dfrac{T_T i' \eta_T}{r} \end{array} \right\} \quad (2-3)$$

式中：i'——液力变矩器后面传动装置的传动比；

η_T——液力变矩器后面传动装置的传动效率。

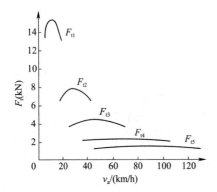

图 2-2　5 挡汽车的驱动力图

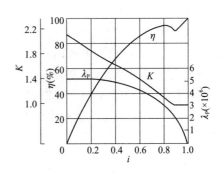

图 2-3　综合式透过性液力变矩器的无因次特性

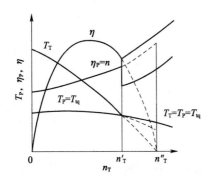

图 2-4　综合式透过性液力变矩器的输出特性

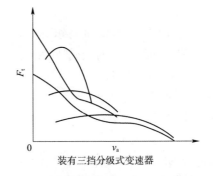

图 2-5　装有液力变矩器汽车的驱动图

2．汽车行驶阻力

汽车行驶过程中，阻止汽车前进的阻力有滚动阻力、空气阻力、坡度阻力和加速阻力，这些阻力合称为汽车行驶阻力。

1）滚动阻力

滚动阻力是指车轮在路面滚动时，轮胎与路面之间的相互作用和相应变形所产生的阻力。它主要由轮胎与路面变形所产生的能量损失引起。

弹性车轮在硬路面上滚动时，路面的变形很小，轮胎的变形是主要的。轮胎的弹性迟滞损失是产生滚动阻力的根本原因。车轮在沿松软路面(如松软土路、沙地、雪地等)滚动时,轮胎的变形较小,而路面的变形较大,路面变形引起的能量损失占主导地位。此外,轮胎与路面存在纵向、横向的局部滑移以及汽车减振系统和车轮轴承内部都存在着摩擦。车轮在滚动时产生的这些变形和摩擦都要消耗发动机一定的动力,因而形成滚动阻力。

汽车滚动阻力是以滚动阻力力偶矩表现出来的。从动轮在硬路面上滚动时的受力情况如图 2-6 所示。欲使从动轮在硬路面上等速滚动,必须在车轮中心施加一个推力 F_{p1}。它与地面切向反作用力构成一个力偶矩来克服上述滚动阻力力偶矩。由力矩平衡得:

$$F_{p1} r = T_f \tag{2-4}$$

故:

$$F_{p1} = \frac{T_f}{r} = \frac{F_z a}{r} \tag{2-5}$$

若令 $f = \dfrac{a}{r}$,且考虑到 F_z 与 W 大小相等,常将式(2-4)和式(2-5)写作:

$$F_{p1} = W \cdot f \quad \text{或} \quad f = \frac{F_{p1}}{W} \tag{2-6}$$

式中:f——滚动阻力系数。

可见,滚动阻力系数是车轮在一定条件下滚动时所需推力与车轮负荷之比,即单位汽车重力所需推力。换而言之,滚动阻力等于滚动阻力系数与车轮负荷之乘积。

$$F_f = W \cdot f \quad \text{且} \quad F_f = \frac{T_f}{r} \tag{2-7}$$

这样,在分析汽车行驶阻力时,不必具体考虑车轮滚动时所受到的滚动阻力力偶矩,而只要知道滚动阻力系数就可求出滚动阻力(当然,滚动阻力无法在真正的受力图上表现出来,它只是一个数值)。这将有利于动力性分析的简化。

图 2-7 是驱动轮在硬路面上等速滚动时的受力图,图中 F_{x2} 为驱动力矩 T_t 所引起的道路对车轮的切向反作用力。F_{p2} 为驱动轴作用于车轮的水平力。法向反作用力 F_z 也由于轮胎迟滞现象而使其作用点向前移动了一个距离 a,即在驱动轮上也作用有滚动阻力力偶矩 T_f。

图 2-6 从动轮在硬路面上滚动时的受力情况　图 2-7 驱动轮在硬路面上等速滚动时的受力图

由平衡条件,得:

$$F_{x2} \cdot r = T_t - T_f \tag{2-8}$$

$$F_{x2} = \frac{T_t}{r} - \frac{T_f}{r} = F_t - F_f \tag{2-9}$$

对照图 2-1 可知,图 2-1 没有考虑车轮滚动阻力而求得驱动力 F_t。由式(2-9)可知,真正作用在驱动轮上驱动汽车行驶的力为地面切向反作用力 F_{x2}。它的数值为驱动力 F_t 减去驱动轮上的滚动阻力 F_f。所以，图 2-1 只是一种定义，和滚动阻力一样，在受力图上驱动力是画不出来的。

滚动阻力系数一般由汽车道路试验确定。滚动阻力系数的大小与路面的种类、行驶车速以及轮胎的构造、材料、胎压等有关。表 2-1 给出了汽车在不同路面上以中、低速行驶时滚动阻力系数的大致数值。

滚动阻力系数 f 的数值　　　　表 2-1

路面类型		滚动阻力系数
良好的沥青或混凝土路面		0.010 ~ 0.018
一般的沥青或混凝土路面		0.018 ~ 0.020
碎石路面		0.020 ~ 0.025
良好的卵石路面		0.025 ~ 0.030
坑洼的卵石路面		0.035 ~ 0.050
压实土路	干燥的	0.025 ~ 0.035
	雨后的	0.050 ~ 0.150
泥泞土路（雨季或解冻期）		0.100 ~ 0.250
干沙		0.100 ~ 0.300
湿沙		0.060 ~ 0.150
结冰路面		0.015 ~ 0.030
压实的雪道		0.030 ~ 0.050

行驶车速对滚动阻力系数有很大影响。货车及轿车轮胎在车速低于 100km/h 时，滚动阻力系数随车速增加而逐渐增大但变化不大。轿车轮胎在 140km/h 以上时增长较快，车速达到某一临界车速（如 200km/h）时，滚动阻力系数迅速增大，此时轮胎发生驻波现象，轮胎、周缘不再是圆形而呈明显的波浪状，轮胎温度也很快增加到 100℃ 以上。胎面与轮胎帘布层脱落，几分钟内就会出现爆破现象。这对高速行车是一件很危险的事情。

轮胎的结构、帘线和橡胶的品种对滚动阻力都有影响。子午线轮胎的滚动阻力系数较低。轮胎充气压力对 f 值有很大影响，气压降低时 f 值迅速增加。这是因为气压降低时，滚动的轮胎变形大，迟滞损失增加。

径向载荷对滚动阻力系数的影响很小，可认为滚动阻力系数不随径向载荷的大小而变化。

可以用经验公式，大致估算在良好路面上滚动阻力系数的数值。例如，有人推荐轿车轮胎的滚动阻力系数可用式(2-10)估算：

$$f = f_0 + \frac{v_a^2}{19400} \tag{2-10}$$

式中，f_0 值，良好沥青或混凝土路面为 0.014，卵石路面为 0.025，砂石路面为 0.020。

货车轮胎气压高，推荐用式(2-11)计算滚动阻力系数：

$$f = 0.0076 + 0.000056 v_a \tag{2-11}$$

上面讨论滚动阻力时，是在汽车直线行驶条件下进行的。在转弯行驶时，轮胎发生侧偏现象,滚动阻力大幅度增加。试验表明,这种由于转弯行驶增加的滚动阻力,已接近直线行驶时的 50% ~ 100%。

2)空气阻力

汽车直线行驶时受到的空气作用力在行驶方向上的分力称为空气阻力。空气阻力分为压力阻力与摩擦阻力两部分。作用在汽车外形表面上的法向压力的合力在行驶方向的分力称为压力阻力。摩擦阻力是由于空气的黏性在车身表面产生的切向力的合力在行驶方向的分力。压力阻力又分为四部分:形状阻力、干扰阻力、内循环阻力和诱导阻力。形状阻力占压力阻力的大部分,与车身主体形状有很大关系;干扰阻力是车身表面凸起物如后视镜、门把、引水槽、悬架导向杆、驱动轴等引起的阻力;发动机冷却系统、车身通风等所需空气流经车体内部时构成的阻力即为内循环阻力;诱导阻力是空气升力在水平方向的投影。

在轿车中,这几部分阻力的大致比例为:形状阻力占 58%,干扰阻力占 14%,内循环阻力占 12%,诱导阻力占 7%,摩擦阻力占 9%。

汽车空气阻力的数值通常都总结成与气流相对速度的动压力成正比的形式,即:

$$F_W = \frac{1}{2} C_D A \rho v_r^2 \qquad (2-12)$$

式中:C_D——空气阻力系数,由试验测得;

ρ——空气密度,一般 $\rho = 1.2258\text{N}\cdot\text{s}^2\cdot\text{m}^{-4}$;

A——迎风面积,即汽车行驶方向的投影面积,m^2;

v_r——相对速度,在无风时即为汽车行驶速度,m/s。

如汽车行驶速度 v_a,单位为 km/h,则空气阻力 F_W(单位为 N)为:

$$F_W = \frac{C_D A \rho v_a^2}{21.15} \qquad (2-13)$$

式(2-13)表明,空气阻力是与 C_D 及 A 值成正比的。A 值受到乘坐使用空间的限制不易进一步减少,所以降低 C_D 值是降低空气阻力的主要手段。20 世纪 50 ~ 70 年代,轿车 C_D 值维持在 0.4 ~ 0.6。但在 20 世纪 70 年代"世界能源危机"后,为了进一步降低燃料消耗,各国都致力于设法降低 C_D 值,在 20 世纪 90 年代 C_D 值已减小到 0.25 ~ 0.40。

目前,对货车与半挂车的空气阻力也很重视,半挂车的牵引车驾驶室上已装用导流板等装置,以减小空气阻力、节约燃料。

值得指出的是,汽车的 C_D 值实际上随着车身的离地距离、俯仰角以及侧向风的大小而变化。一般应给出额定载荷下(如轿车为半载)、无侧向风时的空气阻力系 C_D 值。

3)坡度阻力

当汽车上坡行驶时,如图 2-8 所示,汽车重力沿坡道的分力表现为汽车坡度阻力 F_i,即:

$$F_i = G\sin\alpha \qquad (2-14)$$

式中:G——作用于汽车上的重力,N。

道路坡度以坡高和底长之比来表示,即:

$$i = \frac{h}{S} = \tan\alpha \qquad (2-15)$$

根据我国的公路工程技术标准,平原微丘区

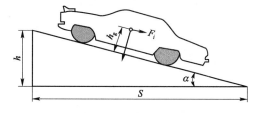

图 2-8 汽车的坡道阻力

1级路面最大坡度为4%,山岭重丘区1级路面最大坡度为9%。所以在一般路面上坡度较小,此时:

$$\sin\alpha \approx \tan\alpha = i \tag{2-16}$$

故:

$$F_i = G\sin\alpha \approx G\tan\alpha = Gi \tag{2-17}$$

由于坡度阻力与滚动阻力均属于与道路有关的阻力,而且均与汽车重力成正比,故可把这两种阻力合在一起称为道路阻力,以 F_ϕ 表示,即:

$$F_\phi = F_f + F_i = Gf\cos\alpha + G\sin\alpha \tag{2-18}$$

当 α 不大时,$\cos\alpha \approx 1$,$\sin\alpha \approx \tan\alpha = i$。则:

$$F_\phi = Gf + Gi = G(f + i) \tag{2-19}$$

令 $\phi = f + i$,ϕ 称为道路阻力系数,则:

$$F_\phi = G\phi \tag{2-20}$$

4)加速阻力

汽车加速行驶时,需要克服其质量加速运动时的惯性力,就是加速阻力 F_j。汽车的质量分为平移质量和旋转质量两部分。加速时不仅平移质量产生惯性力,旋转质量也要产生惯性力偶矩。为便于计算,一般把旋转质量的惯性力偶矩转化为平移质量的惯性力,并以系数 δ 作为计入旋转质量惯性力偶矩后的汽车质量换算系数。因而汽车加速阻力(单位为N)可写作:

$$F_j = \delta m \frac{dv}{dt} \tag{2-21}$$

式中:δ ——汽车旋转质量换算系数,$\delta > 1$;

m ——汽车质量,kg;

$\frac{dv}{dt}$ ——行驶加速度,m/s²。

δ 主要与飞轮的转动惯量、车轮的转动惯量以及传动系统的传动比有关。

汽车旋转质量换算系数 δ 的定义可写成式(2-22)

$$\delta = \frac{F_j' + F_j''}{F_j'} \tag{2-22}$$

式中:F_j' ——汽车加速时,平移质量产生的惯性力;

F_j'' ——汽车加速时,旋转质量产生的惯性力偶矩的转化力。

如果以 I_f 和 $\sum I_w$ 分别表示发动机飞轮的转动惯量与所有车轮的转动惯量之和,ε_f 和 ε_w 分别表示发动机飞轮和车轮的角加速度,则汽车加速时,发动机飞轮和全部车轮产生的惯性力偶矩分别为 $I_f\varepsilon_f$ 与 $\sum I_w\varepsilon_w$,它们转化到车轮边缘的力之和为:

$$F_j'' = \frac{I_f\varepsilon_f i_g i_0 \eta_T + \sum I_w\varepsilon_w}{r} \tag{2-23}$$

由于:

$$\varepsilon_f = \varepsilon_w i_g i_0, \quad \varepsilon_w = \frac{1}{r} \cdot \frac{dv}{dt} \tag{2-24}$$

则:

$$F_j'' = \frac{I_f i_g^2 i_0^2 \eta_T + \sum I_W}{r} \frac{dv}{dt} \qquad (2\text{-}25)$$

注意到 $F_j' = m\frac{dv}{dt}$，由此可求出汽车旋转质量换算系数：

$$\delta = 1 + \frac{F_j''}{F_j'} = 1 + \frac{1}{m}\frac{\sum I_W}{r^2} + \frac{1}{m}\frac{I_f i_g^2 i_0^2 \eta_T}{r^2} \qquad (2\text{-}26)$$

式中：I_W——车轮的转动惯量，kg·m²；
$\quad\quad I_f$——飞轮的转动惯量，kg·m²。

在进行动力性初步计算时，若不知道 I_W、I_f 的值，则作如下经验处理。

令：

$$\delta_1 = \frac{\sum I_W}{mr^2}$$

$$\delta_2 = \frac{I_f i_0^2 \eta_T}{mr^2}$$

则：

$$\delta = 1 + \delta_1 + \delta_2 i_g^2 \qquad (2\text{-}27)$$

系数 δ_1 和 δ_2 对一般汽车为 0.03~0.05，可取其平均值，则：

$$\delta \approx 1.04 + 0.04 i_g^2 \qquad (2\text{-}28)$$

3. 汽车行驶的驱动—附着条件

1）汽车行驶方程式

汽车行驶过程中，处于一种动态平衡状态，受到的驱动力和行驶阻力相等，即：

$$F_t = F_f + F_W + F_i + F_j \qquad (2\text{-}29)$$

或

$$\frac{T_{tq} i_g i_0 \eta_T}{r} = Gf + \frac{C_D A}{21.15}v_a^2 + Gi + \delta m \frac{dv}{dt} \qquad (2\text{-}30)$$

这个等式就是汽车行驶方程式，表示驱动力与行驶阻力之间的关系。可以根据对汽车各部分取隔离体进行受力分析推导出汽车行驶方程式。式(2-30)只是表示了各物理量之间的数量关系，有些项并不是真正作用于汽车的外力。例如 $F_t = \frac{T_{tq} i_g i_0 \eta_T}{r}$ 被称为驱动力，但它并不是真正作用于驱动轮的地面切向反作用力，只是为了分析方便起见，才把它称为驱动力。此外，作用在汽车质心的惯性力为 $m\frac{dv}{dt}$，并不是 $\delta m\frac{dv}{dt}$；除此之外，飞轮的惯性力矩是作用在汽车横截面上的，所以 $F_j = \delta m\frac{dv}{dt}$ 只是进行动力性分析时代表惯性力和惯性力矩总效应的一个数值而已。

2）驱动条件

由汽车行驶方程可得：

$$\delta m \frac{dv}{dt} = F_t - (F_f + F_W + F_i) \qquad (2\text{-}31)$$

即汽车驱动力必须大于滚动阻力、坡度阻力和空气阻力后才能加速行驶。若驱动力小于这三个阻力之和,则静止的汽车无法开动起来,正在行驶的汽车将减速直至停车。所以汽车行驶的第一个条件为:

$$F_t \geq F_f + F_W + F_i \tag{2-32}$$

式(2-32)就是汽车驱动条件的表达式。

3)附着条件

汽车行驶的驱动条件不是汽车行驶的充分条件。松软路面或建筑工地上有时会见到汽车驱动轮陷入泥坑,驱动轮相对地面产生滑转,汽车不能行驶的现象,驾驶人采用加大节气门的方法,力图增大汽车驱动力,其结果只能使驱动轮加速旋转,汽车仍不能行驶。这种现象说明,地面作用在驱动轮上的切向反力,受地面接触强度的限制,并不能随意增大。汽车行驶除满足驱动条件外,还要满足地面接触强度提供的条件即附着条件,汽车才能正常行驶。

地面对轮胎切向反作用力的极限值称为附着力 F_φ。在硬路面上附着力取决于轮胎与地面间的相互摩擦,与驱动轮法向反作用力 F_Z 成正比,常写成:

$$F_{xmax} = F_\varphi = F_Z \varphi \tag{2-33}$$

式中: φ ——附着系数,它是由路面与轮胎决定的。

所以地面切向反作用力不能大于附着力,否则将发生驱动轮滑转现象,即对于后轮驱动的汽车:

$$F_{x2} = \frac{T_t - T_{f2}}{r} \leq F_{z2} \varphi \tag{2-34}$$

$$F_t \leq F_{z2}(\varphi + f) \tag{2-35}$$

比起附着系数 φ 来,滚动阻力系数 f 的值很小,可近似写成:

$$F_t \leq F_{z2} \varphi \tag{2-36}$$

或更一般地

$$F_t \leq F_{z\varphi} \varphi \tag{2-37}$$

式中: $F_{z\varphi}$ ——作用于所有驱动轮上的地面法向反作用力。

此即为汽车行驶的第二个条件——附着条件。

把汽车的驱动条件和附着条件两个公式合起来写,则有:

$$F_f + F_W + F_i \leq F_t \leq F_{z\varphi} \varphi \tag{2-38}$$

这就是汽车行驶的必要与充分条件,称为汽车行驶的驱动——附着条件。

三、汽车动力性分析

1. 驱动力—行驶阻力平衡图

汽车驱动力平衡是指汽车行驶时驱动力恒等于行驶阻力。即:

$$F_t = F_f + F_W + F_i + F_j \tag{2-39}$$

或

$$\frac{T_{tq} i_g i_0 \eta_T}{r} = Gf + \frac{C_D A}{21.15} v_a^2 + Gi + \delta m \frac{dv}{dt} \tag{2-40}$$

当发动机的转速特性、变速器的传动比、主减速比、传动效率、车轮半径、空气阻力系数、汽车迎风面积以及汽车质量等初步确定后或已知,便可利用式(2-40)分析在附着性能良好的典型路面(混凝土、沥青路面)上的行驶能力,即确定汽车的最高车速、加速能力和爬坡能力。

为了清晰而形象地表明汽车行驶时的受力情况及其平衡关系,一般将汽车行驶方程式用图解法来进行分析。

图 2-9 为一具有五挡变速器汽车的驱动力-行驶阻力平衡图,图上画出了各挡的驱动力、滚动阻力及滚动阻力和空气阻力叠加后得到的行驶阻力曲线。

1)确定汽车最高车速

当汽车处于最高车速时,其坡度阻力和加速阻力均应为零,由汽车行驶方程式分析可知,此时 $F_t = F_f + F_w$,F_{t5} 曲线与 $(F_f + F_w)$ 曲线的交点便是最高车速 v_{amax}。

从图 2-9 中还可以看出,当车速低于最高车速时,驱动力大于行驶阻力。这样,汽车就可以利用剩下来的驱动力来加速或爬坡。当需要中速或低速行驶时,驾驶人可以关小节气门开度(图 2-9 中虚线),此时发动机只用部分负荷特性工作,相应地得到虚线所示驱动力曲线以使汽车达到新的平衡。

2)确定汽车加速能力

当车速小于最高车速时,驱动力就大于行驶阻力,当汽车在水平路面行驶时,多余的驱动力就可用来加速。根据汽车行驶方程式可求得汽车在水平良好路面的加速度为:

$$\frac{dv}{dt} = \frac{1}{\delta m}[F_t - (F_f + F_w)] \quad (2-41)$$

由图 2-9 和式(2-41)可计算得到各挡节气门全开时的加速度曲线,如图 2-10 所示。

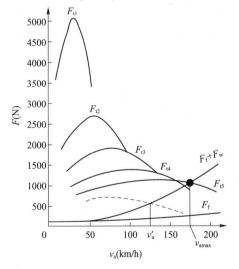
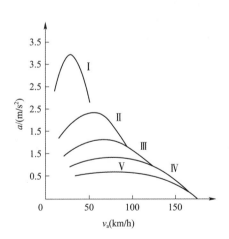

图 2-9　汽车的驱动力-行驶阻力平衡图　　图 2-10　各挡节气门全开时的加速度曲线

有的汽车 1 挡 δ 的值甚大,2 挡的加速度可能比 1 挡的加速度还大。根据加速度图可以进一步求出由某一车速 v_1 加速至另一较高车速 v_2 所需的时间。

由运动学可知:

$$dt = \frac{1}{a_j}dv \quad (2-42)$$

$$t = \int_0^t dt = \int_{v_1}^{v_2} \frac{1}{a_j} dv = A \qquad (2\text{-}43)$$

即加速时间可用计算机进行积分或用图解积分法求出。用图解积分法时,将 a_j-v_a 曲线转化成 $\frac{1}{a_j}$-v_a 曲线(图2-11),曲线下两个速度区间的面积就是通过此速度区间的加速时间;常将速度区间分为若干间隔,通过确定面积 Δ_1,Δ_2…来计算(总)加速时间(图2-12)。

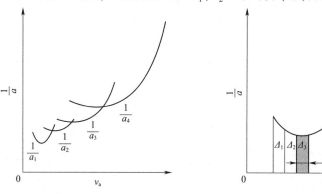

图 2-11　加速度倒数曲线　　　　图 2-12　面积的计算方法

在进行一般动力性分析而计算原地起步加速时间时,可以忽略原地起步时的离合器打滑过程,即设在最初时刻,汽车已具有起步挡的最低车速来计算。加速过程中的换挡时刻可根据各挡的 $\frac{1}{a_j}$-v_a 曲线来确定。若1挡和2挡的加速度倒数曲线有交点,显然,为了获得最短加速时间,应在交点对应车速由1挡换2挡,若1挡和2挡加速度倒数曲线不相交,则应在1挡加速行驶至发动机转速达到最高转速时换入2挡。其他各挡的换挡时刻亦按此原则确定。换挡过程所经历的时间常忽略不计。

3) 爬坡能力

一般所谓汽车的爬坡能力,是指汽车在良好路面上克服 $(F_f + F_W)$ 后的余力全部用来克服坡度阻力时能爬上的坡度(汽车等速行驶),所以 $\frac{dv}{dt} = 0$,故

$$F_i = F_t - (F_f + F_W) \qquad (2\text{-}44)$$

式中,F_f 应为 $Gf\cos\alpha$,但 F_f 的数值本来就小,且 $\cos\alpha \approx 1$,故可认为:

$$F_f + F_W = Gf + \frac{C_D A}{21.15} v_a^2 \qquad (2\text{-}45)$$

从而:

$$F_i = G\sin\alpha = F_t - (F_f + F_W) \qquad (2\text{-}46)$$

或

$$\alpha = \arcsin\frac{F_t - (F_f + F_W)}{G} \qquad (2\text{-}47)$$

汽车最大爬坡度 i_{max} 为1挡时的最大爬坡度。直接挡最大爬坡度 i_{0max} 亦应引起注意,因为汽车经常是以直接挡行驶的,如果 i_{0max} 过小,迫使汽车遇到较小的坡时经常换挡,这样就影响了行驶的平均速度。图2-13所示为一轿车的爬坡度图。

2. 动力特性图

也可用动力特性图来分析汽车的动力性。将汽车行驶方程式两边除以汽车重力 G 并整理如下：

$$F_t = F_f + F_W + F_i + F_j \tag{2-48}$$

$$\frac{F_t - F_W}{G} = \frac{F_f + F_i}{G} + \frac{\delta m}{G}\frac{dv}{dt} \tag{2-49}$$

令 $\dfrac{F_t - F_W}{G} = D$，称为汽车的动力因数。注意到：

$$\frac{F_f + F_i}{G} = \frac{G(f + i)}{G} = f + i = \phi$$

故：

$$D = \phi + \frac{\delta}{g}\frac{dv}{dt} \tag{2-50}$$

汽车在各挡下的动力因数与车速的关系曲线称为动力特性图（图2-14）。在动力特性图上作滚动阻力系数曲线 f-v_a，显然，f 线与 D-v_a 曲线的交点即为汽车的最高车速。

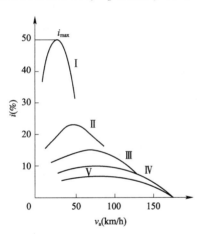

图 2-13　汽车的爬坡度图

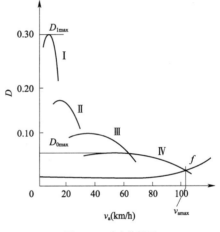

图 2-14　动力特性图

在求最大爬坡度时，$\dfrac{dv}{dt} = 0$，则：

$$D = \phi = f + i \tag{2-51}$$

因此，D 曲线与 f 曲线间的距离就表示汽车的上坡能力。1挡时，坡度较大，此时 $i_{max} = D_{1max} - f$ 计算误差较大，计算式应为：

$$D_{1max} = f\cos\alpha_{max} + \sin\alpha_{max} \tag{2-52}$$

用 $\cos\alpha_{max} = \sqrt{1 - \sin^2\alpha_{max}}$ 代入式（2-52）并整理得：

$$\alpha_{max} = \arcsin\frac{D_{1max} - f\sqrt{1 - D_{1max}^2 + f^2}}{1 + f^2} \tag{2-53}$$

$i_{max} = \tan\alpha_{max}$ 即为最大爬坡度。

加速时，$i = 0$，故：

$$\frac{dv}{dt} = \frac{g}{\delta}(D - f) \tag{2-54}$$

用动力特性图亦可求得加速度值,然后换算为加速时间。

3. 功率平衡图

汽车行驶时,不仅驱动力和行驶阻力互相平衡,发动机功率和汽车行驶的阻力功率也是互相平衡的。即在汽车行驶的每一瞬间,发动机发出的功率始终等于机械传动损失和全部运动阻力所消耗的功率。

汽车运动所消耗的功率有滚动阻力功率 P_f、空气阻力功率 P_W、坡度阻力功率 P_i 及加速阻力功率 P_j。将汽车行驶方程式两边乘以行驶车速 v_a,并经单位换算整理出汽车功率平衡方程式(功率单位为 kW)为:

$$P_e = \frac{1}{\eta_T}\left(\frac{Gfv_a}{3600} + \frac{Giv_a}{3600} + \frac{C_D A v_a^3}{76140} + \frac{\delta m v_a}{3600}\frac{dv}{dt}\right) \qquad (2\text{-}55)$$

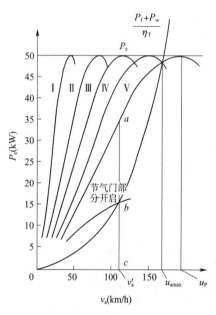

图 2-15 汽车功率平衡图

与力的平衡处理方式相同,功率平衡方程式可用图解法表示。若以纵坐标表示功率,横坐标表示车速,将发动机功率 P_e、汽车经常遇到的阻力功率 $\frac{1}{\eta_T}(P_f + P_W)$ 对车速的关系曲线绘在坐标图上,即为汽车功率平衡图,如图 2-15 所示。

发动机功率与行驶车速的关系曲线 $P_e\text{-}v_a$ 可根据发动机外特性及公式 $v_a = \frac{0.377nr}{i_g i_0}$,将发动机转速转换成车速绘得。显然,在不同挡位时,功率大小不变,只是各挡发动机功率曲线所对应的车速位置不同,且低挡时车速低所占速度变化区域窄;高挡时车速高所占速度变化区域宽。

最高挡时与发动机最大功率相对应的车速 v_a 一般等于或稍小于最高车速。图 2-15 中直接挡发动机功率曲线(或超速挡)与常阻力功率曲线交点处的车速,便是在良好水平路面上汽车的最高车速 v_{amax}。

当汽车在水平良好路面上以车速 v'_a 行驶时(等速),汽车的阻力功率为:

$$\frac{1}{\eta_T}(P_f + P_W) = \overline{bc} \qquad (2\text{-}56)$$

此时,驾驶人部分开启节气门,以维持汽车等速行驶。但是发动机在汽车行驶速度为 v'_a 时能发出的功率(节气门全开时)为 $P_e = \overline{ac}$(图 2-15),于是:

$$P_e - \frac{1}{\eta_T}(P_f + P_W) = \overline{ac} - \overline{bc} = \overline{ab} \qquad (2\text{-}57)$$

可用来加速或爬坡。

$P_e - \frac{1}{\eta_T}(P_f + P_W)$ 被称为汽车的后备功率。就是说,在一般情况下维持汽车等速行驶所需的发动机功率并不大,发动机节气门开度较小。当需要爬坡或加速时,驾驶人加大节气门开度,使汽车的全部或部分后备功率发挥作用。因此,汽车的后备功率越大,汽车的动力性越好。图2-16是各个排挡的后备功率。利用后备功率也可以具体地确定汽车的爬坡度或加速度。

利用功率平衡定性分析、设计使用中有关动力性问题较为方便,因为它是从能量转换角度研究汽车动力性,利用功率平衡图可以形象地表明后备功率,能看出汽车行驶时发动机的负荷率,所以燃料经济性分析中常用它。

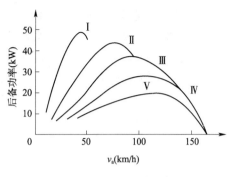

图2-16 汽车的后备功率

四、影响汽车动力性的因素

为了提高汽车动力性,使汽车具有合理的动力性参数和良好的使用条件,必须对影响汽车动力性的主要因素进行分析。

1. 发动机参数

发动机的最大功率和最大转矩对汽车动力性影响最大。发动机最大功率、最大转矩越大,汽车动力性就越好。但发动机功率过大,也是不合理的。一方面发动机功率过大导致发动机尺寸、质量、制造成本增大,同时还导致发动机负荷率过低使汽车燃料经济性显著下降;另一方面,汽车驱动力的提高受到附着条件的限制,不可无限制地增大,所以过高的发动机功率、转矩也是无益的。

通常用汽车比功率(kW/t)来衡量汽车发动机功率是否匹配。汽车比功率是指发动机最大净功率与汽车最大允许总质量之比。汽车比功率与汽车的类型有关,总质量小于4t的货车为11~15kW/t,总质量大于5t的货车为7.35~11kW/t,一般货车约为10kW/t,大型客车应不小于14.5kW/t,轿车的比功率更大。我国《机动车运行安全技术条件》(GB 7258—2017)规定,低速货车比功率不应小于4.0kW/t,除无轨电车外的其他机动车的比功率不允许小于5.0kW/t。

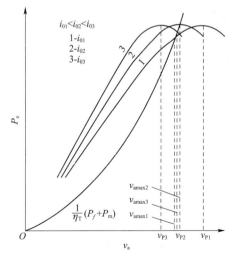

图2-17 不同主传动比下的功率平衡图

2. 传动系统参数

1)传动系统机械效率

发动机发出的功率经传动系统传至驱动轮的过程中,必然会消耗一部分功率。常用传动系统机械效率 η_T 来描述其消耗程度。传动系统机械效率的大小决定于传动系统各传动副的效率和润滑状况。

2)主减速器传动比

变速器处于直接挡时,主减速器传动比 i_0 将直接影响汽车动力性。对于变速器无超速挡的汽车,主减速器传动比将决定汽车的最高车速和克服行驶阻力的能力。图2-17 表示其他条件相同而主减速器传动比不同的直接挡功率平衡图。当选择 $i_0 = i_{02}$ 时,汽车最高车速等于发动机最大功率点的车速,此时汽车最高车速是最大的。如增大 i_0，使其 $i_0 = i_{03}$，则汽车的后备功率增大，汽车的加速能力和爬坡能力提高，汽车低速动力性较好，但汽车最高车速降低；若减小 i_0，使其 $i_0 = i_{01}$，则汽车的后备功率减小，同时汽车的最高车速也有所降低，动力性变差，但发动机功率利用率提高，燃料经济性较好。因此，为了提高汽车动力性，i_0 应选得适中。

3）变速器挡数

变速器挡数增多，发动机在最大功率附近高功率工作的机会增加，发动机的平均功率利用率高，后备功率大。例如，在两挡变速器的1挡与直接挡之间增加两个挡位时，汽车的最高车速和最大爬坡度均不变，但在一定的速度范围内，可利用的后备功率增大了，有利于汽车的加速和爬坡，汽车的动力性好。

当变速器挡数很多时，汽车行驶的驱动力特性就接近理想的动力特性，汽车就具有良好的加速性和爬坡能力。另外挡数较多，可使换挡容易，操纵性好，同时汽车在低燃料消耗率区间工作的机会加大。但挡数过多，会使变速器的结构大为复杂，同时操纵机构也相应复杂。通常，轿车变速器采用3~5个挡，轻、中型货车变速器采用4~5个挡，重型汽车变速器多于5个挡。为保证有足够多的挡位而结构又不复杂，不少重型汽车的变速器后还接上一个具有2个挡位或3个挡位的副变速器，在越野汽车的变速器后带有一个具有高、低挡的分动器。

4）变速器传动比

汽车以最低挡行驶时，必须保证汽车具有足够的驱动力，以使汽车具有克服最大行驶阻力的能力。如其他条件相同，1挡传动比直接影响汽车起步加速性能和最大爬坡能力。这是因为1挡传动比越大，该挡的最大驱动力和动力因数也就越大。因此，1挡传动比应足够大。当然，1挡传动比增大的程度必须满足附着条件，当1挡发出最大驱动力时，驱动轮不应产生滑转。

有些汽车变速器的最小传动比为1，但有很多汽车特别是小轿车变速器的最小传动比小于1。变速器传动比小于1的挡位，称为超速挡，利用超速挡的目的主要是提高汽车在良好路面上行驶时的发动机负荷率，从而提高汽车的燃料经济性。

3. 空气阻力系数

根据动力因数的公式可知，若汽车总重力与驱动力不变，空气阻力越小，则汽车动力因数 D 越大，汽车最高车速也越高，汽车的动力性就越好。但汽车在高速行驶时，空气阻力很大。为提高汽车的动力性，应减少空气阻力。而减少空气阻力的主要手段是降低空气阻力系数 C_D，现代汽车设计师都注重改善车身的流线形，对轿车车身常采用下列方法来降低空气阻力系数。

(1) 整车。整个车身应向前 1°~2°；水平投影应为"腰鼓"形，后端稍稍收缩，前端呈半圆形。

(2) 车身前部。车身前部的发动机罩应向前下倾；面与面交接处的棱角应为圆柱状；风窗玻璃应尽可能躺平且与车顶圆滑过渡；前支柱应圆滑，侧窗应与车身相平；尽量减少灯、后视镜等凸出物，凸出物的形状应接近流线形。

(3) 汽车后部。汽车后部最好采用舱背式或直背式车身，舱背式车身是指后窗玻璃与水平线呈25°~50°角的车身，而直背式车身是指后窗玻璃与水平线夹角小于25°的车身。若采用折背式车身，则行李舱盖板应高而短，后面应有鸭尾式结构。

(4)车身底部。底部用平滑的盖板将车身下平面内面的所有零部件盖住,其盖板从车身中部或由后轮以后向上稍稍升高。

现代轿车的空气阻力系数已大大降低,高级轿车的空气阻力系数值已达0.3以下,有的车身空气阻力系数值已接近0.2。这对减少高速行驶时的功率消耗是非常有利的,可提高汽车动力性。

4. 汽车质量

汽车质量对汽车动力性影响很大。除空气阻力外,其他行驶阻力都与汽车质量成正比。而动力因数则与汽车质量成反比。因此,随着汽车质量的增大,其行驶阻力增加,动力因数降低,汽车的动力性下降。

汽车作为一种运输工具,不能通过减少装载质量来提高汽车的动力性,而最有效的方法就是减轻汽车的整备质量来提高汽车动力性。因此,汽车轻量化设计是汽车设计的主要研究方向之一。减轻汽车整备质量的主要措施是:用计算机优化设计;增加铝与复合材料在汽车上应用的比例;改善汽车各总成乃至零件的结构,使强度充分发挥,减小结构尺寸和用料量;采用承载式车身;提高轮胎的可靠性,去掉备胎等。

5. 汽车驱动形式

汽车驱动形式不同,汽车的附着条件就不同,汽车所能获得的最大驱动力就不同,因而对汽车的动力性就有影响。

单轴驱动汽车,一般以后轴作为驱动轴,有利于提高汽车的动力性。当汽车上坡、加速、高速行驶需要加大驱动力时,地面作用于驱动轮的法向反作用力增大,附着力也随之增大,汽车容易获得足够的附着力而保证所需的驱动力。

采用全轮驱动的汽车比单轴驱动汽车具有更好的动力性,因为它能够利用的附着力是最大的,同时当某一驱动轴失去驱动能力时,则另外的驱动轴仍可继续驱动。四轮全驱也存在汽车结构复杂、质量大、燃料消耗大等不足。

6. 汽车轮胎

汽车行驶时轮胎的滚动阻力和附着性能对汽车动力性产生较大的影响。为了提高汽车动力性,应尽量减少汽车轮胎的滚动阻力,同时增加道路与轮胎间的附着力。根据这一原则,在硬路面上行驶的汽车,应采用子午线轮胎,细而浅的花纹,较高的轮胎气压;在松软路面上行驶的汽车,应采用粗而深的轮胎花纹,较低的轮胎气压。

轮胎的尺寸对动力性也有影响。当其他条件相同时,其驱动力与轮胎半径成反比,而车速又与轮胎半径成正比,这说明轮胎半径对动力性有关的驱动力和车速的影响是矛盾的。现在,行驶于良好路面上的汽车,轮胎尺寸有减小的趋势,因为汽车在良好路面行驶时,附着力较大,若用小直径的轮胎,可得到较大的驱动力,而车速的提高可用减小主减速器传动比的方法来解决。另外,采用宽系列轮胎,可增加轮胎与路面间的附着系数,改善其附着性能,提高汽车的动力性。

7. 使用因素

(1)发动机技术状况。发动机技术状况是保证汽车动力性的关键。发动机是汽车动力的来源,若发动机技术状况不良,其功率、转矩下降,则汽车动力性就会下降。因此,应对发动机加强维护,保证发动机具有良好的技术性能。

(2)底盘技术状况。汽车底盘技术状况从多方面影响汽车动力性,如传动系统技术状况不良,则动力传递时的功率损失会增大,驱动轮获得的功率会减少;如行驶系统技术状况不良,则汽车的行驶阻力会增大,汽车行驶平顺性、操纵稳定性会变差,汽车高速行驶是不可能的;如转向系统、制动系统技术状况不良,则会直接影响汽车的行车安全,汽车的动力性就得不到充分发挥。若底盘技术状况不良,则汽车的平均行驶速度会降低,动力性会变差。因此,应加强对汽车底盘的检查、维护,确保汽车底盘具有良好的技术性能。

(3)驾驶技术。熟练驾驶,适时和迅速地换挡以及正确地选择挡位,对发挥和利用汽车的动力性具有很大作用。同一辆车,同样的行驶条件,不同的驾驶人驾驶,可能具有不同的平均行驶速度,这就是驾驶技术在起作用。

(4)汽车行驶条件。行驶条件中的气候和路面对汽车动力性的影响较大。汽车长时间在高温条件下工作,由于发动机过热,进气温度高,引起功率下降,致使汽车动力性降低;汽车行驶在高原地区,由于充气量与压缩压力下降,引起发动机功率下降,导致汽车动力性下降;汽车在坏路面行驶时,路面和轮胎间的滚动阻力较大,附着系数较小,汽车的动力性下降。

第二节 汽车燃料经济性

汽车燃料经济性是指汽车以最少的燃料消耗完成单位运输工作量的能力,它是汽车的主要使用性能之一。在汽车运输成本中,燃料消耗费用占20%~30%,减少单位运输工作量的燃料消耗,意味着汽车运输成本的降低和经济效益的提高。因此,对现代汽车燃料经济性的要求就越来越高。

一、汽车燃料经济性的评价指标

由于现代汽车既有使用汽油柴油等燃油的发动机,又有使用压缩天然气等燃料的发动机,还有使用动力电池或燃料电池等的新能源汽车,因此,汽车燃油消耗量或其他燃料消耗量及其电能消耗量的大小等是评价其燃料经济性好坏的标志。

1. 单位行程的燃料消耗量

单位行程的燃料消耗量常用一定运行工况下汽车行驶百公里的燃料消耗升数(L/100km)来表示。它可用来评价相同容载量汽车的燃料经济性,也可用于分析不同部件(如发动机、传动系统等)装在同一种汽车上对汽车燃料经济性的影响,其燃料消耗的升数越小,则汽车的燃料经济性就越好。根据汽车燃料消耗试验工况的不同,单位行程的燃料消耗量主要有下面两种表示方法。

1)等速百公里燃料消耗量

等速百公里燃料消耗量,是常用的一种评价指标,指汽车在一定的载荷下[《汽车燃料消耗量试验方法 第1部分:乘用车燃料消耗量试验方法》(GB/T 12545.1—2008)、《汽车燃料消耗量试验方法 第2部分 商用车辆燃料消耗量试验方法》(GB/T 12545.2—2001)],以最高挡在水平良好路面上等速行驶100km的燃料消耗量。通常是测出每隔10km/h速度间隔的等速百公里燃料消耗量,然后在图上连成曲线,称为等速百公里燃料消耗量曲线,用它来评价汽车的燃料经济性,如图2-18所示。

不同车型的等速百公里燃料消耗曲线差别较大,但大多数车型在中等车速范围的百公里燃料消耗较低。

2)循环工况百公里燃料消耗量

等速百公里燃料消耗不能全面反映汽车的实际运行情况,特别是在市区行驶中频繁使用的加速、减速、怠速、停车等行驶工况。因此,各国根据本国的道路、交通状况制定了一些典型的循环工况来模拟汽车的实际运行工况,并以其百公里燃料消耗

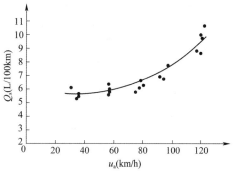

图 2-18 等速百公里燃料消耗量曲线

来评定相应工况的燃料经济性。车型不同时,实际行驶的状况有所差异,因此其百公里燃料消耗检测的多工况循环、多工况规范也不一样。如百公里燃料消耗检测时,我国城市客车和双层客车(包括城市铰接式客车)采用四工况循环,货车采用六工况循环等。

循环工况百公里燃料消耗是一项综合性评价指标,能实际反映汽车的运行工况,可全面评价汽车的燃料经济性。我国及欧洲一些国家多采用单位行程的燃料消耗量(L/100km)作为汽车燃料经济性评价指标。而美国、英国等一些国家则采用汽车消耗的单位燃料量所经过的里程作为汽车燃料经济性评价指标,单位是 MPG 或 mile/gal,即每消耗 1 加仑的燃料汽车行驶的英里数[1mile = 1.6093km, 1gal(英加仑) = 4.546L, 1usgal(美加仑) = 3.785L]。对于这种评价指标,其 MPG 数值越大,则汽车燃料经济性就越好。这种评价指标其实质与上述的单位行程的燃料消耗量评价指标是一致的。

多工况燃料消耗量是按照规定的多工况循环试验得出的车辆百公里燃料消耗。多工况循环行驶试验规定了车速-时间行驶规范,确定了何时换挡、何时制动以及行车的速度、加速度等数值。多工况循环试验规定严格,大多是在室内汽车底盘测功机上进行,简单的循环工况也可在道路上完成。

(1)我国多工况法。

我国制定了《汽车燃料消耗量试验方法 第 1 部分 乘用车燃料消耗量试验方法》(GB/T 12545.1—2008)和《汽车燃料消耗量试验方法 第 2 部分 商用车辆燃料消耗量试验方法》(GB/T 12545.2—2001)。其中,乘用车的试验循环包括市区行驶和市郊行驶;商用车中的城市客车和双层客车采用四工况试验法,其他车辆采用六工况试验法。

①六工况法。六工况法严格规定了每个工况的行程、时间、车速、加速度等数值,一次循环共需要 96.2s,累计行程为 1350m,六工况循环试验参数见表 2-2 和图 2-19。

六工况循环试验参数　　　　　　　　表 2-2

工况	行程(m)	时间(s)	累计行程(m)	车速(km/h)	加速度(m/s²)
1	125	11.3	125	40	—
2	175	14.0	300	40~50	0.2
3	250	18.0	550	50	—
4	250	16.3	800	50~60	0.17
5	250	15.0	1050	60	—
6	300	21.6	1350	60~40	0.26

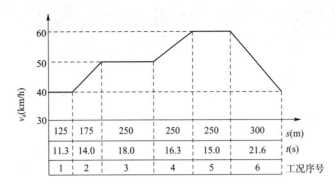

图 2-19 六工况循环试验规范

②四工况法。与六工况法相似,四工况法也严格规定了每个工况的运转状态、行程时间、挡位和车速等数值。每完成一个循环需要 72.5(或 75.7)s,累计行驶为 700m。四工况循环试验参数见表 2-3 和图 2-20。

四工况循环试验参数　　　　　　　　　　　表 2-3

工况序号	运转状态（km/h）	行程（m）	累计行程（m）	时间（min）	变速器挡位及换挡车速(km/h)	
					挡位	换挡车速
1	0~25 换挡加速	5.5	5.5	5.6	2~3	6~8
		24.5	30	8.8	3~4	13~15
		50	80	11.8	4~5	19~21
		70	150	11.4	5	
2	25	120	270	17.2	5	
3	(30)25~40	160	430	(20.9)17.7	5	
4	减速行驶	270	700		空挡	

注:括号内数字适用于铰接式客车及双层客车。

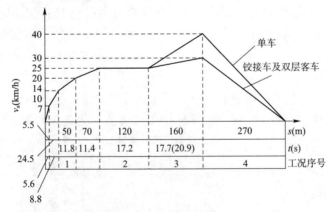

图 2-20 四工况循环试验规范

(2)欧洲多工况法。

欧洲经济委员会(ECE)规定,要测量车速为 90km/h 和 120km/h 的等速百公里燃料消耗量和按 ECE-R.15 循环工况的百公里燃料消耗量,并各取 1/3 相加作为混合百公里燃料消耗量来评定汽车燃料经济性,如图2-21所示。

$$\frac{1}{3}混合 = \frac{1}{3}ECE + \frac{1}{3} \times 90km/h + \frac{1}{3} \times 120km/h \tag{2-58}$$

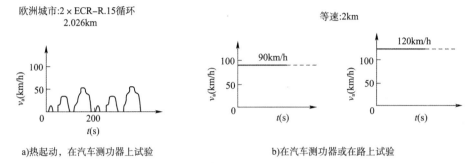

图2-21 欧洲汽车燃料经济评价用行驶工况

(3)美国多工况法。

美国环境保护局(EPA)规定,要测量城市循环工况(UDDS)及公路循环工况(HWFET)的燃料经济性(单位为每加仑燃料汽车行驶英里数),并按式(2-59)计算综合燃料经济性(单位为 mile/gal):

$$综合燃料经济性 = \frac{1}{\dfrac{0.55}{城市循环工况燃油经济性} + \dfrac{0.45}{公路循环工况燃油经济性}} \tag{2-59}$$

以它作为燃料经济性的综合评价指标(图2-22)。

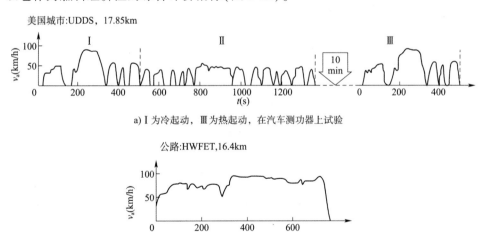

图2-22 美国汽车燃料经济评价用行驶工况

2. 单位运输工作量的燃料消耗量

单位运输工作量的燃料消耗量是指汽车完成每百吨公里或千人公里运输工作量时的燃料消耗升数,单位为 L/(ht·km)或 L/(kp·km)。它可用于评价不同容载量汽车的燃料经

济性,是运输效率的指标之一,其数值越小,则汽车的燃料经济性就越好。其表示为:

或

$$\left.\begin{array}{l} Q_{\mathrm{t}} = \dfrac{100q}{Ws} \\ Q_{\mathrm{p}} = \dfrac{1000q}{Ns} \end{array}\right\} \qquad (2\text{-}60)$$

式中:Q_{t}——汽车百吨公里燃料消耗,L/(ht·km);

　　W——汽车载质量,t;

　　q——汽车通过测试路段的燃料消耗量,mL;

　　s——汽车行驶里程,m;

　　Q_{p}——汽车千人公里燃料消耗,L/(kp·km);

　　N——载客量,p 或人。

利用百吨公里或千人公里燃料消耗量,参考道路状况及其他纠正参数,可以合理确定商用车的燃料消耗额定,进行汽车运输成本分析核算。汽车运输企业常用单位运输工作量的燃料消耗量来评价企业运输车辆的燃料经济性。

3. 汽车燃料消耗标准

我国控制乘用车燃料消耗量的第一个强制性国家标准《乘用车燃料消耗量限值》(GB 19578—2004),于2004年9月2日经国家质检总局和国家标准委员会批准发布,2005年7月1日正式实施。该标准适用于以点燃式发动机或压燃式发动机为动力,最大设计车速大于或等于50km/h,最大设计总质量不超过3500kg 的 M 类车辆(包括驾驶人座位在内,座位数不超过9座位的载客汽车)。该标准按照整车整备质量规定了乘用车燃料消耗量的限值,对于新开发车型从2005年7月1日开始执行第一阶段限值要求,第二阶段的执行日期为2008年1月1日。对于在生产车型,从2006年7月1日开始执行第一阶段限值要求,第二阶段的执行日期为2009年1月1日,比新开发车型推迟1年实施。该标准已于2014年换版,新的《乘用车燃料消耗量限值》(GB 19578—2014)规定装有手动挡变速器且具有三排以下座椅的车辆的燃料消耗量限值见表2-4;其他车辆的燃料消耗量限值见表2-5。

车型燃料消耗量限值 –1　　　　　　　　　　　　　　　　　　表2-4

整车整备质量 CM (kg)	车型燃料消耗量限值 (L/100km)	整车整备质量 CM (kg)	车型燃料消耗量限值 (L/100km)
CM≤750	5.2	1540 < CM≤1660	8.1
750 < CM≤865	5.5	1660 < CM≤1770	8.5
865 < CM≤980	5.8	1770 < CM≤1880	8.9
980 < CM≤1090	6.1	1880 < CM≤2000	9.3
1090 < CM≤1205	6.5	2000 < CM≤2110	9.7
1205 < CM≤1320	6.9	2110 < CM≤2280	10.1
1320 < CM≤1430	7.3	2280 < CM≤2510	10.8
1430 < CM≤1540	7.7	2510 < CM	11.5

车型燃料消耗量限值-2   表2-5

整车整备质量 CM (kg)	车型燃料消耗量限值 (L/100km)	整车整备质量 CM (kg)	车型燃料消耗量限值 (L/100km)
CM≤750	5.6	1540＜CM≤1660	8.4
750＜CM≤865	5.9	1660＜CM≤1770	8.8
865＜CM≤980	6.2	1770＜CM≤1880	9.2
980＜CM≤1090	6.5	1880＜CM≤2000	9.6
1090＜CM≤1205	6.8	2000＜CM≤2110	10.1
1205＜CM≤1320	7.2	2110＜CM≤2280	10.6
1320＜CM≤1430	7.6	2280＜CM≤2510	11.2
1430＜CM≤1540	8.0	2510＜CM	11.9

二、汽车燃料经济性的计算

在汽车设计与开发工作中,常需要根据发动机台架试验得到的万有特性图与汽车功率平衡图,对汽车燃料经济性进行估算。下面分析燃料经济性循环行驶试验工况的各个工况如等速行驶、加速、减速和怠速、停车等行驶工况的燃料消耗量计算方法。

1. 等速行驶工况燃料消耗量的计算

图2-23所示为一汽油发动机万有特性曲线。在万有特性图上有等燃料消耗率曲线。根据这些曲线,可以确定发动机在一定转速 n, 发出一定功率 P_e 时的燃料消耗率 b。为了便于计算,按照转速 n 和车速 v_a 的转换关系在横坐标上画出汽车(最高挡)的行驶车速比例尺。此外,计算时还需要汽车在水平路面上等速行驶时,为克服滚动阻力与空气阻力,发动机应提供的功率为 $P = \frac{1}{\eta_T}(P_f + P_w)$。

根据等速行驶车速 v_a 及阻力功率 P, 在万有特性图上(利用插值法)可确定相应的燃料消耗率 b。从而计算出以该车等速行驶时单位时间内的燃料消耗率 Q_t(单位为 mL/s)为:

$$Q_t = \frac{Pb}{367.1\gamma} \qquad (2-61)$$

式中: b——燃料消耗率, g/(kW·h);

γ——燃料的重度, N/L(汽油可取为6.96~7.15N/L, 柴油可取为7.94~8.13N/L)。

整个等速过程经 S(m)行程的燃料消耗量(mL)为:

$$Q = \frac{PbS}{102v_a\gamma} \qquad (2-62)$$

折算成等速百公里燃料消耗量(L/100km)为:

$$Q = \frac{PbS}{1.02v_a\gamma} \qquad (2-63)$$

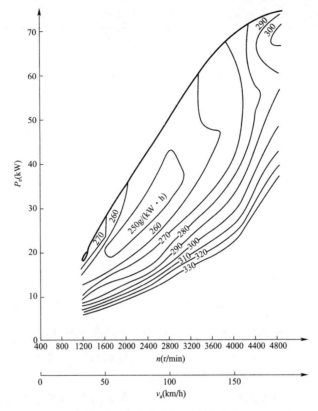

图 2-23 汽油发动机万有特性曲线

2. 等加速行驶工况燃料消耗量的计算

在汽车加速行驶时,发动机还要提供为克服加速阻力所消耗的功率。若加速度为 $\dfrac{dv}{dt}$ (单位为 m/s^2),则汽车的阻力功率 $P(kW)$ 应为:

$$P = \frac{1}{\eta_T}(P_f + P_W + P_j) = \frac{1}{\eta_T}\left(\frac{G_f v_a}{3600} + \frac{C_D A v_a^2}{76140} + \frac{\delta m v_a}{3600}\frac{dv}{dt}\right) \quad (2\text{-}64)$$

式中:P——功率,kW;

G——汽车总重力,N;

v_a——汽车行驶速度,km/h;

A——汽车迎风面积,m^2;

m——汽车总质量,kg;

η_T——传动系统的机械效率,%;

C_D——空气阻力系数;

δ——汽车旋转质量换算系数。

显然,汽车在正常工作时,发动机应提供的功率在数值上等于此时汽车的阻力功率。现在要计算汽车由 v_{a1} 以等加速度加速行驶至 v_{a2} 的燃料消耗量(图 2-24)。可以把加速过程分隔为若干区间,例如按速度每增加 1km/h 为一个小区间,每个区间的燃料消耗量可根据其平均的单位时间燃料消耗量与行驶时间之积来求得。小区间划分越细,则结果越精确。整个

加速过程的燃料消耗量 Q_a 为各个小区间的燃料消耗量之和,即:

$$Q_a = \sum_{i=1}^{n} Q_i = Q_1 + Q_2 + \cdots + Q_n \quad (2\text{-}65)$$

式中:Q_1、$Q_2\cdots Q_n$——分别为各个小区间的燃料消耗量,mL。

3. 等减速行驶工况燃料消耗量的计算

减速行驶时,节气门松开(关至最小位置)并进行轻微制动,发动机处于强制怠速状态,其燃料消耗量即为正常怠速燃料消耗。减速工况燃料 Q_d 应等于减速行驶时间 t_d 与怠速燃料消耗 Q_i 的乘积,即:

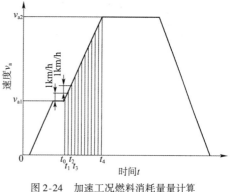

图 2-24 加速工况燃料消耗量量计算

$$Q_d = Q_i t_d \quad (2\text{-}66)$$

4. 怠速停车时的燃料消耗量

若怠速停车时间为 $t_{id}(s)$,则怠速停车时的燃料消耗量 $Q_{id}(mL)$ 应等于怠速停车时间 t_{id} 与怠速燃料消耗 Q_i 的乘积,即:$Q_{id} = Q_i t_{id}$

5. 整个循环工况的百公里燃料消耗量

对于由等速、等加速、等减速、怠速、停车等行驶工况组成的循环,如 ECE-R.15 和我国货车六工况法等,其整个试验循环的百公里燃料消耗量(L/100km)可按下式计算。

$$Q_s = \frac{\sum Q}{S} \times 100 \quad (2\text{-}67)$$

式中:Q_s——整个循环工况的百公里燃料消耗量,L/100km;

$\sum Q$——整个过程燃料消耗量之和,mL;

S——整个循环的行驶距离,m。

三、影响汽车燃料经济性的因素

为找出提高汽车燃料经济性的途径,必须对影响汽车燃料经济性的因素进行研究。通过对汽车燃料消耗方程的分析可知,汽车行驶时要想节约燃料,一方面依靠用户正确地使用车辆,但更重要的是制造厂应提供燃料消耗较小的汽车,另外还与使用环境条件有关。因此,影响汽车燃料经济性的因素可归纳为汽车结构、汽车使用和环境条件等三个方面。

1. 汽车结构方面

1) 发动机

(1) 发动机类型。柴油机的有效耗油率比汽油机低 20% 左右,故柴油汽车的燃料经济性比较好。资料表明:柴油发动机比汽油发动机节油在 20% 左右。另外,柴油的价格低于汽油,使得柴油车表现出更为优越的燃料经济性。因此,世界各国都在积极推进轻型货车和轿车的柴油化进程,柴油发动机在汽车上的应用具有广阔的前景。

(2) 发动机结构。在发动机类型确定后,发动机结构决定了发动机的燃料消耗。尽可能地提高压缩比,增加热效率,使发动机的动力性和燃料经济性得以改善,使发动机的燃料消耗率降低。采用直喷式发动机和稀薄混合气的分层燃烧,以改善混合气的形成、分配和燃烧过程,提高燃料经济性。应用计算机控制技术实现对汽车发动机的适时控制,如电子控制燃料喷射系统、电子点火控制系统、发动机怠速控制系统、闭缸技术等,都能降低发动机的比燃料消耗。

(3)发动机功率。发动机功率越大,汽车动力性通常越好,但汽车燃料经济性往往会越差。发动机的经济负荷率为80%~90%。如果发动机的功率较大,汽车在良好路面以常用车速行驶时会远离经济负荷率,便会造成有效耗油率增大,使汽车燃料经济性变差。因此,为了节约燃料,在动力性足够的前提下,汽车不要装置大功率的发动机。

2)传动系统

(1)传动系统效率。传动系统效率越高,则损失于传动系统的能量就越少,燃料经济性就越好。机械式变速器的传动效率比液力自动变速器的效率高,因此,具有液力自动变速器汽车,其燃料消耗相对较高。另外,改善润滑油的品质对提高传动系统效率具有重要作用。

(2)超速挡。变速器设置超速挡的主要目的是为了节油,所以超速挡又称经济挡。汽车在良好路面若以相同的车速行驶,采用超速挡的负荷率明显高于直接挡的负荷率,只要在高负荷率下发动机混合气没有加浓,则发动机的有效耗油率就会明显降低,使汽车较为节油。特别对于比功率大、最高车速很高的轿车,在一般公路上用超速挡行驶明显比用直接挡省油,所以不少轿车还设置了两个超速挡。试验表明:在良好路面上使用超速挡能节油5%。

(3)变速器挡位数。变速器挡位数越多,给汽车行驶提供了更多的挡位选择机会,在同一汽车行驶速度下,增加了发动机在低燃料消耗区工作的可能性,有利于提高汽车燃料经济性。因此,轿车的手动变速器基本上采用5个前进挡,大多数货车有采用更多挡位的趋势。挡位无限多的无级变速器,在任何条件下提供了使发动机在最经济工况下工作的可能性,若其传动效率较高,则汽车燃料经济性将能显著提高。但目前轿车上广泛采用的液力式自动变速器,其传动效率较低,使得自动变速汽车的燃料消耗比手动挡汽车的燃料消耗还要高。

(4)主传动比。选择较小的主减速器传动比,在相同的车速和道路条件下,可以提高汽车的负荷率,有利于降低燃料消耗。

3)整备质量

整备质量是汽车设计与制造中的重要技术指标。显然,在汽车最大总质量相同的情况下,汽车的整备质量越小,相同运程的货运量就越大,单位货运量(货物周转量)的燃料消耗就越少。当整备质量减少时,汽车的滚动阻力、坡度阻力和加速阻力都将减少,则消耗在这些阻力上的能量相应减少,因而汽车的百公里燃料消耗将会减少。一般认为,轿车总质量每减少10%,燃料消耗就可减少8.5%左右。因此,在汽车上广泛采用轻质材料,改进汽车结构,优化汽车设计,减少汽车整备质量,可提高汽车的燃料经济性。

4)空气阻力系数

汽车行驶时,空气阻力消耗的发动机功率与汽车速度的3次方成正比。汽车速度不高时,空气阻力使汽车的燃料消耗不大。汽车在高速行驶时,其空气阻力消耗的能量很大,汽车的燃料消耗显著增加。改善车身的外形,优化车身的设计,以及在车身上加装各种导流装置,使空气阻力系数减小,从而减少汽车中、高速行驶的空气阻力,降低空气阻力消耗的功率,使燃料消耗下降。试验表明:当 C_D 由 0.5 下降至 0.3 时,其燃料消耗可下降22%。

5)汽车轮胎

轮胎行驶产生的滚动阻力越小,则汽车的燃料经济性就越好。轮胎的种类、结构、气压对滚动阻力影响很大。采用子午线轮胎,改善轮胎的结构,选择合适的轮胎气压,可以减少汽车的燃料消耗。试验表明:子午线轮胎与普通斜交轮胎相比,其滚动阻力比普通斜交轮胎小20%~30%,燃料消耗减少6%~8%。

2.汽车使用方面

对于一定的车型和环境条件而言,汽车燃料消耗量的多少,将取决于汽车的技术状况和用户的使用技术水平。即使是结构和技术状况再优良的汽车,不同的使用方法也会导致不同的耗油结果。因此,提高汽车使用的水平,可以提高汽车的燃料经济性。

1)汽车技术状况

汽车发动机和底盘的技术状况直接影响汽车的燃料经济性,因此在汽车使用过程中,要确保汽车处于良好的技术状况。

(1)保持良好的滑行性能。汽车的滑行性能通常用滑行距离来表示。滑行距离是指汽车在良好的水平路面上加速至某一预定车速后挂空挡,利用汽车具有的动能来行驶的距离。显然,汽车底盘的总体技术状况越好,传动系统的传动效率越高,则汽车的滑行距离就越长;相反,若传动系统齿轮啮合间隙过小,轴承、油封过紧,前轮定位失准,轮胎气压过低,制动片与制动盘(鼓)间隙过小,则会导致滑行距离减小,滑行性能下降。因此,汽车的滑行性能反映了汽车底盘的总体技术状况。保持良好的滑行性能,可减少动力传递过程中的功率损耗,从而减少燃料消耗,提高汽车的燃料经济性。对于滑行性能差的汽车底盘,要进行维护作业,使其滑行距离符合标准。

(2)保持良好的发动机技术状况。若汽车发动机的技术状况变差,发动机的比油耗一定会增加,汽车燃料经济性将会下降。在汽车投入运行时,应保证发动机具有良好的技术状况。发动机技术状况可由汽车的加速时间来判断。由于汽车的加速时间取决于发动机及底盘的技术状况,因此,经过滑行距离检验后,认为底盘技术状况良好的汽车,再检验它的加速时间。若加速时间也在正常数值范围内,则表示发动机的技术状况基本正常。对于技术状况不良的发动机,应根据其具体使用条件,要对供油系统进行维护、检查及调整;要防止汽缸漏气,检查汽缸压力,汽缸压力不足会使发动机动力性、燃料经济性下降,而压缩压力过高会增加爆燃和表面点火的倾向;要及时清除燃烧室内壁、活塞、气门上的胶质及积炭,防止产生爆燃和表面点火现象;要消除发动机缸体及缸盖水套内的水垢,否则,发动机因散热不良而过热,容易爆燃并使燃料消耗增加;维持点火系统良好的技术状况,应保证有足够的电火花能量、合适的点火时刻。

2)汽车的驾驶水平

正确驾驶汽车可以减少汽车的燃料消耗。不同技术水平的驾驶人在相同条件下驾驶相同汽车,燃料消耗可相差10%~30%。驾驶车辆的各个环节都有节约燃料的潜力可挖,这需要驾驶人的认真体验和掌握。许多优秀驾驶人,虽然他们驾驶的车型各异,但其节油驾驶的操作方法是基本相同的,其要领如下。

(1)正确平稳起步。对于电喷发动机轿车,具有良好的起动性能,发动机升温很快。这种发动机冷起动后,暖机时间不要过长,应迅速起步,用低速行驶200m左右后转入正常行驶,以此节约暖机消耗燃料。在冬季气温较低时,需原地暖机2~3min即可。要正确选用起步挡位,满载或上坡起步,用1挡比较省油;轻载或在良好的水平路面起步,用2挡比较省油。起步时,要手脚协调,离合器、驻车制动、加速踏板配合得当,应轻踩加速踏板,缓慢起步,逐渐加速,做到起步平稳自然。

(2)操作脚轻手快。汽车行驶时,驾驶人应脚轻手快。所谓脚轻,就是轻踏加速踏板。无论是低挡起步、平路行驶,还是路途冲坡,都不能踏死加速踏板,要轻踏缓抬,不使发动机消耗多余动力。所谓手快,就是换挡操作时动作要准确、迅速、及时、干脆利索,这样能缩短加速和换挡操作时间,可避免发动机功率的无谓损失,从而降低燃油消耗。

(3)合理使用挡位。汽车在运行中,挡位的选择对燃料消耗的影响很大。在同一道路条件与车速下,虽然发动机发出的功率相同,但挡位越高,发动机负荷率越高,发动机比燃料消耗越小,故汽车的百公里燃料消耗也越小,而使用低挡位时的情况则相反。因此,汽车行驶时应尽量选择最高挡。汽车上短而陡或坡道不长的坡时,可采用高挡加速冲坡的方法,利用汽车的惯性直冲坡顶。若坡度较大,冲坡难以为继时,则应及时减挡,以免发动机熄火需重新起动而导致燃料消耗增加。汽车在一般道路上,可使用高速挡位行驶,但在行驶中感到动力不足时应及时减挡,而不应将加速踏板踩到底,以免加大燃料消耗。也不能低速挡高速行驶,以免发动机转速过高而导致燃料消耗增加。

(4)控制行驶车速。车速不同,燃料消耗也不一样。经济车速运行时燃料消耗最低。但通常由于经济车速太低,影响汽车运输效率,人们不愿在这种车速下行车。但车速过高时,由于汽车行驶阻力过大,其百公里燃料消耗会随车速的增加而迅速增长,导致行车不经济,因此提倡中速行车。在高速公路上行车时,如果情况允许,时速保持在90km/h左右,比较省油。发动机在转速稳定时燃料消耗较低,所以在行驶过程中行车速度应保持稳定,做到匀速行车,尽量避免急加速、急减速和频繁的制动,以免消耗不必要的燃料。在平坦的路面上,使用定速巡航可以达到省油的目的。

(5)保持适宜的冷却液温度。发动机冷却液温度可以间接反映发动机温度、机油温度、发动机舱内空气温度,它对行车燃料的消耗影响极大。冷却液温度过高,则发动机温度过高、进气温度过高,将导致发动机产生早燃、爆燃等不正常燃烧,功率下降、燃料消耗增大。冷却液温度过低,则发动机的传热损失增大,燃烧速率下降,导致有效功率下降;同时冷却液温度过低,则发动机温度、进气温度过低,燃料不易挥发,混合气变稀,使燃烧火焰传播速度减慢,导致功率下降、燃料消耗增大;另外,冷却液温度过低,还会使机油黏度过大,润滑性能变差,摩擦阻力增大,燃料消耗增大。因此,保持合适的发动机冷却液温度可使汽车具有良好的燃料经济性和动力性。合适的发动机冷却液温度应为80~95℃。在汽车行驶过程中,驾驶人要注意观察发动机冷却液温度表,当温度过高或过低时,都必须采取相应措施,确保发动机在合适的冷却液温度下工作,以达到省油的目的。

(6)利用滑行节油。滑行是指汽车利用惯性的行驶。汽车滑行时,发动机不工作或在怠速下工作,可以不用油或少用油,因此,可以节约燃料。滑行节油的方法有如下几种。

①加速滑行法。加速滑行法是指汽车在高速挡上加速至较高的车速后,脱挡滑行至较低的车速,然后再挂挡加速又脱挡滑行的周而复始的方法。该法节油的机理是:加速时,可以提高发动机的负荷率,使发动机的有效燃料消耗率降低,其加速过程的燃料消耗不会增加太多;滑行时,最多只有怠速燃料消耗,若能把握好加速滑行的时机,则以整个加速滑行的行驶里程计算,其燃料消耗显著减少。

滑行初速度和末速度的选择对加速滑行法节油的效果影响较大。加速后速度若过高,则将导致空气阻力明显增加,使消耗的功率增加过多,同时加浓的燃料也增加,燃料消耗就会增大;滑行末速度若过低,则将导致加速困难,甚至要挂入低速挡加速,燃料消耗就会增大。通常,加速时节气门开度不超过80%~90%为宜,滑行末速度为经济车速,如货车的滑行初速度为90km/h左右,滑行末速度为50km/h左右。

②减速滑行法。减速滑行法是指汽车在行驶过程中,前面遇有障碍物、弯道、桥梁、坑洼或到停车站等必须降低车速时,提前减速放松加速踏板,挂入空挡,利用汽车惯性行驶的方法。该法节油的机理是:充分利用汽车惯性滑行,以滑行代替制动,减少了不必要的制动所消耗的功率和燃料,而且整个滑行行程的燃料消耗为怠速燃料消耗或为零,其节油效果显著。

③坡道滑行法。坡道滑行法是指汽车在下坡时,利用汽车的下坡助力进行行驶的方法。在丘陵山区,利用坡道滑行是节油的有效方法。该法节油的机理是:充分利用汽车的势能,将汽车的势能转化为动能,从而节约能源。

④滑行节油法注意事项

a. 对于转向机设有锁止机构的汽车,在下坡滑行时绝对不能关闭点火开关,以免因转向机锁止使转向失控而发生危险。

b. 对于采用气压制动和真空制动助力器的汽车,在下坡滑行时绝对不能让发动机熄火,以免制动力减弱而发生危险。

c. 对于自动变速器汽车不能使用汽车滑行法节油,因为这样很容易烧坏自动变速器。

d. 为保证行车安全,在傍山险路、坡陡而长、狭窄弯路的路段禁止滑行。

e. 加速滑行只能在道路平坦宽直、视线清晰、行人和车辆较少的条件下进行。

f. 汽车重载、路况不佳、汽车技术状况不良时都不宜采用加速滑行法节油。

g. 加速滑行时应平稳加速,如果急加速,燃料消耗反而增大。

3)汽车的有效载质量

增加汽车有效载质量,汽车的道路阻力随之增加,汽车的百公里燃料消耗也有所增加。但由于载质量的加大提高了发动机的负荷率,使发动机有效耗油率有所下降,致使汽车百公里燃料消耗增加不多,而分摊到单位运输工作量的燃料消耗则大幅度下降,因而可提高汽车的燃料经济性。因此,运输时应提高汽车的有效载质量,尽量保持满载行车。为此,要合理地组织汽车运输,做好货运、客运的调查,安排好调运方案。同时应清除无效载质量,以免燃料被这些无用物品白白消耗。

4)汽车的拖挂

运输汽车拖挂运输具有提高运输生产率和降低百吨公里燃料消耗的明显效果。在我国目前混合交通的情况下,高车速往往发挥不出来。这时如果合理组织拖挂运输,车速比单车运输的车速没有明显下降,而运送的货物即成倍增加,这就大大提高了运输生产率。汽车拖挂后,总质量增加,百公里燃料消耗会增加一些,但燃料消耗增加的比例比总质量增加的比例要小得多。这就使分摊到每百吨公里的燃料消耗量明显下降。例如,某有效载质量为5t的货车,在平原地区燃料消耗量为5.6L/(ht·km),若拖带6t全挂车一辆,燃料消耗的最低值为2.8L/(ht·km),节油率达50%。因此,对于载货汽车,应组织好货源,合理组织拖挂运输。

5)优化用车计划和用车时间

市区用车可避开上下班交通高峰时段,以免堵车或车速过低而使燃料消耗增加;选择好行车路线,尽可能选择良好的路面、良好的交通环境、最短的行车距离路线,尽可能避开穿越繁华的市区或车辆拥挤的街道,保证汽车连续行驶,从而减少燃料消耗;尽量避免短距离用车,因为车辆起动后行车时,在短距离(约1km的里程)内发动机往往未达到最佳的工作温度,其燃料消耗比正常高得多。

3. 环境条件方面

1)道路条件

不同的道路等级和道路状况,其行驶阻力存在着较大的差别。阻力越大,节气门开度就越大,高速挡行驶的机会就越少,而燃料消耗就会增大。汽车在良好的道路上行驶,车速可以较高,燃料经济性较好;汽车在凹凸不平的道路上行驶,平均技术速度较低,燃料经济性较差,燃料消耗增加约为40%~50%;汽车在交通繁杂、交叉路口多的条件下行驶,汽车制动、停车、起步、加速等工况较多,在这种情况下虽然车速较低,但相对燃料消耗量较大,汽车的燃料经济性较差。

2)交通流量

在城市运行条件下,由于交通流量的不同,汽车的百公里燃料消耗与平均值相比,可能在10%~20%的范围内变化。

3)气候条件

气候条件中的气温对汽车燃料经济性的影响最明显。冬季由于气温低,发动机起动相对困难、燃料雾化不良、燃烧速度慢、散热损失大,汽车各部件的运动阻力大,传动系和行驶系的机械损失增加,汽车的燃料消耗量增加;气温过高时,发动机的充气量下降、容易过热和产生气阻等,使发动机燃烧受到影响,燃料消耗量增大,汽车燃料经济性下降。

第三节 汽车制动性

汽车行驶时能在短距离内停车且维持行驶方向稳定性和在下长坡时能维持一定车速的能力,称为汽车的制动性。

汽车制动性是汽车的主要性能之一。制动性直接关系到交通安全,重大交通事故往往与制动距离太长、紧急制动时发生侧滑等情况有关,故汽车制动性是汽车安全行驶的重要保障。改善汽车制动性,始终是汽车设计制造和使用部门的重要任务。

一、汽车制动性的评价指标

汽车制动性主要由下列三方面来评价:
(1)制动效能,即制动距离与制动减速度。
(2)制动效能的恒定性,即抗热衰退性能和抗水衰退性能。
(3)汽车制动方向稳定性,即制动时汽车不发生跑偏、侧滑以及失去转向能力的性能。

制动效能是指在良好路面上,汽车以一定初速和踏板力制动到停车的制动距离或制动时汽车的减速度。它是制动性能最基本的评价指标。汽车高速行驶或下长坡连续制动时制动效能保持的程度,称为抗热衰退性能。因为制动过程实际上是把汽车行驶的动能通过制动器吸收转换为热能,所以制动器温度升高后能否保持在冷状态时的制动效能,已成为设计制动器时要考虑的一个重要问题。此外,涉水行驶后,制动器还存在水衰退问题。制动时汽车的方向稳定性,常用制动时汽车按给定路径行驶的能力来评价。若制动时发生跑偏、侧滑或失去转向能力,则汽车将偏离原来的路径。

表2-6列出了一些国家乘用车制动规范对行车制动器制动性的部分要求。

乘用车制动规范对行车制动器制动性的部分要求　　表2-6

项　目	中国 ZBT 24007—1989	欧洲经济共同体 (EEC)71/320	中国 GB 7258—2017	美国 联邦135
试验路面	水泥路面	附着良好	$\varphi_r \geq 0.7$	skid no 81
载重	满载	一个驾驶人或满载	空载/满载	轻、满载
制动初速度	80km/h	80km/h	50km/h	96.5km/h
制动时的稳定性	不许偏出3.7m通道	不抱死跑偏	不许偏出2.5m通道	不抱死偏出3.66m
制动距离	≤50.7m	≤50.7m	≤19m/20m	≤65.8m
制动减速度	—	≥5.8m/s²	≥6.2m/s²/5.9m/s²	—
踏板力	≤500N	≤490N	≤400N/500N	66.7~667N (15~150lbf)

二、制动时车轮受力分析

汽车受到与行驶方向相反的外力时,才能从一定的速度制动到较小的车速或直至停车。这个外力只能由地面和空气提供。但由于空气阻力相对较小,所以实际上外力主要是由地面提供的,称之为地面制动力。地面制动力越大,制动减速度越大,制动距离也越短,所以地面制动力对汽车制动性具有决定性影响。

下面分析一个车轮在制动时的受力状况,以说明影响汽车地面制动力的主要因素。

1. 地面制动力

图2-25画出了在良好的硬路面上制动时车轮的受力情况。图中滚动阻力偶矩和减速时的惯性力、惯性力偶矩均忽略不计。T_μ是车轮制动器中摩擦衬片与制动鼓或制动盘相对滑转时的摩擦力矩,单位为

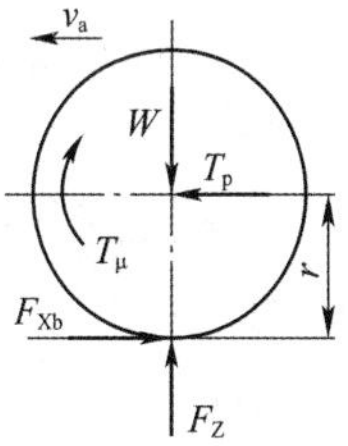

图2-25　车轮在制动时的受力情况

N·m;F_{Xb} 是地面制动力,单位为 N;W 为车轮垂直载荷、T_P 为车轴对车轮的推力、F_Z 为地面对车轮的法向反作用力,它们的单位均为 N。

显然,从力矩平衡得到:

$$F_{Xb} = \frac{T_\mu}{r} \tag{2-68}$$

式中:r——车轮半径,m。

地面制动力是使汽车制动而减速行驶的外力。地面制动力取决于两个摩擦副的摩擦力:一个是制动器内制动摩擦衬片与制动鼓或制动盘之间的摩擦力,一个是轮胎与地面间的摩擦力或附着力。

2. 制动器制动力

在轮胎周缘为了克服制动器摩擦力矩所需的力称为制动器制动力,以符号 F_μ 表示。它相当于把汽车架离地面,并踩住制动踏板,在轮胎周缘沿切线方向推动车轮直至它能转动所需的力,显然有:

$$F_\mu = \frac{T_\mu}{r} \tag{2-69}$$

式中:T_μ——制动器的摩擦力矩,N·m。

由式(2-69)可知,制动器制动力仅由制动器结构参数所决定,即取决于制动器的形式、结构尺寸、制动器摩擦副的摩擦因数以及车轮半径,并与制动踏板力,即制动系统的液压或空气压力成正比。

3. 地面制动力、制动器制动力与附着力

在制动时,若只考虑车轮的运动为滚动与抱死拖滑两种状况,当制动踏板力较小时,制动器摩擦力矩不大,地面与轮胎之间的摩擦力即地面制动力,足以克服制动器摩擦力矩而使车轮滚动。显然,车轮滚动时的地面制动力就等于制动器制动力,且随踏板力增长成正比地增长,(图 2-26)。但地面制动力是滑动摩擦的约束反力,其值不能超过附着力,即:

$$F_{Xb} \leq F_\varphi = F_Z\varphi \tag{2-70}$$

或最大地面制动力 F_{Xbmax} 为:

$$F_{Xbmax} = F_Z\varphi \tag{2-71}$$

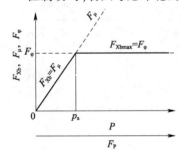

图 2-26 制动过程中地面制动力、制动器制动力和附着力的关系

当制动器踏板力 F_P 或制动系统液压力 P 上升到某一值(图 2-26 中为制动系统液压力 p_a)、地面制动力 F_{Xb} 达到附着力 F_φ 值时,车轮即抱死不转而出现拖滑现象。制动系统液压力 $p > p_a$ 时,制动器制动力 F_μ 由于制动器摩擦力矩的增长而仍按直线关系继续上升。但是,若作用在车轮上的法向载荷为常数,地面制动力 F_{Xb} 达到附着力 F_φ 的值后就不再增加。

由此可见,汽车地面制动力首先取决于制动器制动力,但同时又受地面附着条件的限制,所以只有汽车具有足够的制动器制动力,同时地面又能提供高的附着力时,才能获得足够的地面制动力。

4. 硬路面上的附着系数

以上假设了车轮的运动只有滚动和抱死拖滑，但仔细观察汽车制动过程，发现胎面留在地面上的印痕从车轮滚动到抱死拖滑是一个渐变的过程。图 2-27 是汽车制动过程中逐渐增大踏板力时轮胎留在地面上的印痕。印痕基本上可分三段。

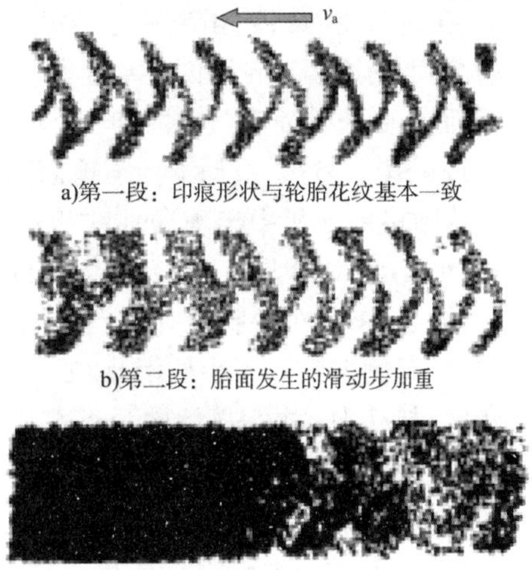

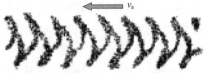
a) 第一段：印痕形状与轮胎花纹基本一致

b) 第二段：胎面发生的滑动步加重

c) 第三段：胎面最终完全滑动

图 2-27 制动时轮胎留在地面上的印痕

第一阶段，印痕的形状与轮胎胎面花纹基本上一致，车轮接近于单纯的滚动，可以认为：

$$v_w \approx r_{r0} \times \omega_w \qquad (2\text{-}72)$$

式中：v_w——车轮中心的速度；
r_{r0}——没有地面制动力时的车轮滚动半径；
ω_w——车轮的角速度。

第二阶段，轮胎花纹的印痕可辨，但花纹逐渐模糊，轮胎不只是单纯的滚动，胎面与地面发生一定程度的相对滑动，即车轮处于边滚边滑的状态，此时：

$$v_w > r_{r0} \times \omega_w \qquad (2\text{-}73)$$

且随着制动强度的增加，滑动成分的越来越大，即：

$$v_w \gg r_{r0} \times \omega_w \qquad (2\text{-}74)$$

第三阶段形成一条粗黑的印痕，看不出花纹的印痕，车轮被制动器抱住，在路面上作完全的拖滑，此时：

$$\omega_w = 0 \qquad (2\text{-}75)$$

从这三段的变化情况可见，随着制动强度的增加，车轮滚动成分越来越少，而滑动成分越来越多。一般用滑动率 s 来说明这个过程中滑动成分的多少。滑动率的定义为：

$$s = \frac{v_w - r_{r0} \times \omega_w}{v_w} \times 100\% \qquad (2\text{-}76)$$

在纯滚动时，$v_w = r_{r0}\omega_w$，滑动率 $s=0$。在纯拖滑时，$\omega_w = 0, s = 100\%$。边滚边滑时，$0 < s < 100\%$。所以，滑动率的数值说明了车轮运动中滑动成分所占的比例。滑动率越大滑动成分越多。

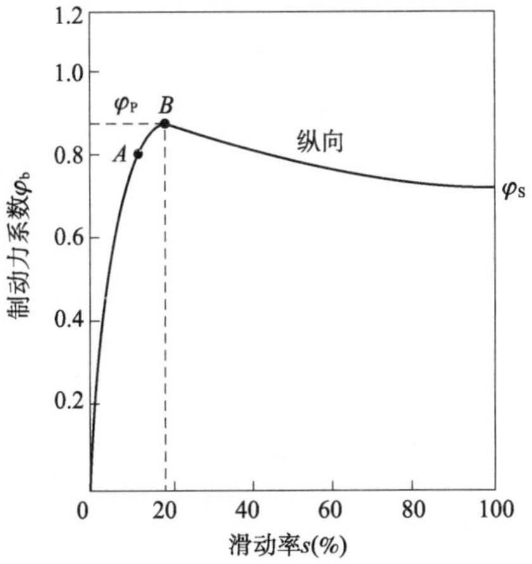

若令地面制动力与垂直载荷之比为制动力系数 φ_b，则在不同滑动率时，φ_b 的数值不同。图 2-28 给出了试验所得的制动力系数曲线，即 φ_b-s 曲线。曲线在 OA 段近似于直线，随 s 的增加而迅速增大；过 A 点后上升缓慢，至 B 点达到最大值。制动力系数的最大值称为峰值附着系数 φ_p，一般出现在滑动率 $15\% \sim 20\%$。滑动率再增加，制动力系数有所下降，直至滑动率 100%。$s=100\%$ 的制动力系数称为滑动附着系数 φ_s，在干燥路面上，φ_p 与 φ_s 的差别较小，而在湿路面差别较大。若令 $\gamma = \varphi_s / \varphi_p$，则 γ 为 $1/3 \sim 1$。

图 2-28 φ_b-s 曲线

在 φ_b-s 的 OA 段，虽有一定的滑动率，但轮胎并没有与地面发生真正的相对滑动。滑动率大于零的原因是轮胎的滚动半径变大。当出现地面制动力时，轮胎前面即将与地面接触的胎面受到拉伸而有微量的伸长，滚动半径 r_r 随地面制动力的加大而加大，故 $v_w = r_r \omega_w > r_{r0} \omega_w$，或 $s>0$。显然，滚动半径与地面制动力成正比地增大，φ_b-s 曲线 OA 段近似直线。至 A 点后，轮胎接地面积中出现局部的相对滑动，φ_b 值的增大速度减慢。因为摩擦副间的动摩擦因数小于静摩擦因数，故 φ_b 值在 B 点达最大值后又逐渐降低。

图 2-28 是在轮胎没有受到侧向力的条件下测得的。实际行驶中制动时，轮胎常受到侧向力而侧偏甚至发生侧滑现象。图 2-29 中给出了试验得到的、有侧向力作用而发生侧偏时的制动力系数 φ_b、侧向力系数 φ_l 与滑动率 s 的关系曲线。侧向力系数为侧向力与垂直载荷之比。曲线表明，滑动率越低，同一侧偏角条件下的侧向力系数 φ_l 越大，即轮胎保持转向、防止侧滑的能力越大。所以，制动时若能使滑动率保持在较低值（例如图 2-29 中侧偏角为 4°时，$s \approx 15\%$），便可获得较大的制动力系数与较高的侧向力系数。这样，制动性能最好，侧向稳定性也很好。具有一般制动系统的汽车是无法做到这一点的，但近年来发展起来的防抱死制动装置却能实现这个要求，从而显著地改善汽车在制动时的制动效能与方向稳定性。

附着系数的数值主要决定于道路的材料、路面的状况与轮胎结构、胎面花纹、材料以及汽车运动的速度等因素。图 2-30 为各种路面上的制动力系数曲线，表 2-7 是各种路面上的平均附着系数。

各种路面上的平均附着系数　　　　　　　表 2-7

路　面	峰值附着系数	滑动附着系数	路　面	峰值附着系数	滑动附着系数
沥青或混凝土(干)	0.8~a0.9	0.75	土路(干)	0.68	0.65
沥青(湿)	0.5~0.7	0.45~0.6	土路(湿)	0.55	0.4~0.5
混凝土(湿)	0.8	0.7	雪(压紧)	0.2	0.15
砾石	0.6	0.55	冰	0.1	0.07

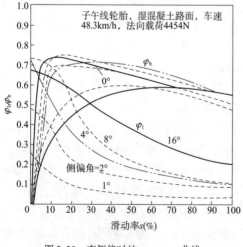

图 2-29　有侧偏时的 φ_b-s、φ_l-s 曲线

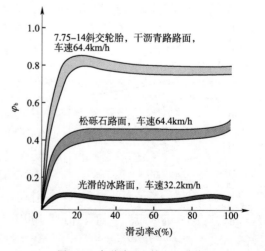

图 2-30　各种路面上的 φ_b-s 曲线

三、汽车的制动效能及其恒定性

汽车制动效能是指汽车迅速降低车速直至停车的能力。评定制动效能的指标是制动距离 s 和制动减速度 a_b。

1. 制动距离与制动减速度

制动距离与汽车的行驶安全有直接的关系。它指的是汽车速度为 v_0 时，从驾驶人开始操纵制动控制装置(制动踏板)到汽车完全停住为止所驶过的距离。制动距离与制动踏板力、路面附着条件、车辆载荷、离合器是否接合离合器等许多因素有关。在测试制动距离时，应对踏板力或制动系统压力、路面附着系数以及车辆的状态作出规定。制动距离与制动器的热状况也有密切关系，若无特殊说明，一般制动距离是在冷试验的条件下测得的。此时，起始制动时制动器的温度在100℃以下。由于各种汽车的动力性不同，对制动效能也提出了不同要求：一般轿车、轻型货车行驶车速高，所以要求制动效能也高；重型货车行驶车速低，要求就稍低一点。

制动减速度是制动时车速对时间的导数，即 $\dfrac{dv}{dt}$。它反映了地面制动力的大小，因此，与制动器制动力(车轮滚动时)及附着力(车轮抱死拖滑时)有关。

在不同路面上，由于地面制动力为：

$$F_{Xb} = \varphi_b G \tag{2-77}$$

故汽车能达到的减速度(m/s^2)为：

$$a_{bmax} = \varphi_b g \tag{2-78}$$

若允许汽车的前、后车轮同时抱死，则：

$$a_{bmax} = \varphi_s g \tag{2-79}$$

若装有理想的防抱死制动装置来控制汽车的制动，则制动减速度为：

$$a_{bmax} = \varphi_p g \tag{2-80}$$

在评价汽车的制动性能时，由于瞬时减速度曲线的形状复杂，不好用某一点的值来代表，所以我国行业标准采用平均减速度的概念，即：

$$\bar{a} = \frac{1}{t_2 - t_1} \int_{t_1}^{t_2} a(t) \, dt \tag{2-81}$$

式中：t_1——制动压力达到75%最大压力 P_{max} 的时刻；

t_2——到停车时总时间的2/3的时刻。

ECE R13 和 GB 7258 采用的是充分发出的平均减速度(MFDD, m/s^2)，即：

$$MFDD = \frac{v_b^2 - v_e^2}{25.92(s_e - s_b)} \tag{2-82}$$

式中：v_b——$0.8v_0$ 的车速，km/h；

v_e——$0.1v_0$ 的车速，km/h；

s_b——v_0 到 v_b 车辆经过的距离，m；

s_e——v_0 到 v_e 车辆经过的距离，m。

v_0 为起始制动车速(km/h)。下面假设在附着系数不变的条件下，对制动距离作出粗略的定量分析,以研究各种因素对制动距离的影响。

2. 制动距离的分析

为了分析制动距离,需要对制动过程有一个全面了解。

图2-31是驾驶人在接受了紧急制动信号后,制动踏板力、汽车制动减速度与制动时间的关系曲线。图2-31a)是实验测得的,图2-31b)是经过简化后的曲线。

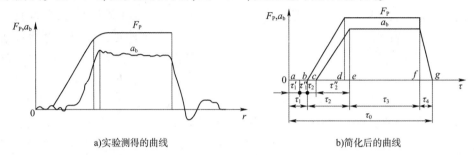

a)实验测得的曲线　　　　　　b)简化后的曲线

图2-31　汽车的制动过程

驾驶人接到紧急停车信号时,并没有立即行动[图2-31b)中的 a 点],而要经过 τ'_1 后才意识到应进行紧急制动,并移动右脚,再经过 τ''_1 后才踩着制动踏板。从 a 点到 b 点所经过的时间 $\tau_1 = \tau'_1 + \tau''_1$ 称为驾驶人反应时间。这段时间一般为 $0.3\sim1.0s$。在 b 点以后,随着驾驶人踩踏板的动作,踏板力迅速增大,至 d 点时达到最大值。不过由于制动蹄是由复位弹簧拉着,蹄片与制动鼓间存在间隙,所以要经过 τ'_2,即至 c 点,地面制动力才起作用,使汽车开始产生减速度。由 c 点到 e 点是制动器制动力增长过程所需的时间 τ''_2。$\tau_2 = \tau'_2 + \tau''_2$ 总称为制动器的作用时间。制动器作用时间一方面取决于驾驶人踩制动踏板的速度,另外更重要的是受制动系统结构形式的影响。τ_2 一般在 $0.2\sim0.9s$ 之间。由 e 到 f 为持续制动时间 τ_3,其减速度基本不变。到 f 点时驾驶人松开制动踏板,但制动力的消除还需要一段时间,τ_4 一般在 $0.2\sim1.0s$ 之间。这段时间过长会耽误随后起步行驶的时间。另外,若因车轮抱死而使汽车失去控制,驾驶人采取措施放松制动踏板时,又会使制动力不能立即释放。

从制动的全过程来看,总共包括驾驶人见到信号后作出行动反应、制动器起作用、持续制动和放松制动器四个阶段。一般所指制动距离是开始踩着制动踏板到完全停车的距离。它包括制动器起作用和持续制动两个阶段中汽车驶过的距离 s_2 和 s_3。

在制动器起作用阶段,汽车驶过的距离 s_2 估算如下。

在 τ'_2 时间内:

$$s'_2 = v_0 \tau'_2 \tag{2-83}$$

式中:v_0——起始制动车速,km/h。

在 τ''_2 时间内,制动减速度线性增长,即:

$$\frac{dv}{dt} = k\tau \tag{2-84}$$

式中:$k = -\dfrac{a_{bmax}}{\tau''_2}$。

故:

$$\int dv = \int k\tau dt \tag{2-85}$$

求解这个积分等式。因 $\tau=0$ 时(图中 2-31 中的 c 点), $v=v_0$,故:

$$v = v_0 + \frac{1}{2}k\tau^2 \qquad (2\text{-}86)$$

在 τ''_2 时的车速为:

$$v_e = v_0 + \frac{1}{2}k\tau''^2_2 \qquad (2\text{-}87)$$

又因:

$$\frac{\mathrm{d}s}{\mathrm{d}\tau} = v_0 + \frac{1}{2}k\tau^2 \qquad (2\text{-}88)$$

故:

$$\int \mathrm{d}s = \int \left(v_0 + \frac{1}{2}k\tau^2\right)\mathrm{d}\tau \qquad (2\text{-}89)$$

而 $\tau=0$ 时(图 2-31 中的 c 点), $s=0$,故:

$$s = v_0\tau + \frac{1}{6}k\tau^3 \qquad (2\text{-}90)$$

$\tau=\tau''_2$ 时的距离为:

$$s''_2 = v_0\tau''_2 - \frac{1}{6}a_{\text{bmax}}\tau''^2_2 \qquad (2\text{-}91)$$

因此,在 τ_2 时间内的制动距离为:

$$s_2 = s'_2 + s''_2 = v_0\tau'_2 + v_0\tau''_2 - \frac{1}{6}a_{\text{bmax}}\tau''^2_2 \qquad (2\text{-}92)$$

在持续制动阶段,汽车以 a_{bmax} 做匀减速运动,其初速为 v_e,末速为零,故代入 v_e 值,得:

$$s_3 = \frac{v_e^2}{2a_{\text{bmax}}}$$

$$s_3 = \frac{v_0^2}{2a_{\text{bmax}}} - \frac{v_0\tau''_2}{2} + \frac{a_{\text{bmax}}\tau''^2_2}{8} \qquad (2\text{-}93)$$

故总制动距离为:

$$s = s_2 + s_3 = \left(\tau'_2 + \frac{\tau''_2}{2}\right)v_0 + \frac{v_0^2}{2a_{\text{bmax}}} - \frac{a_{\text{bmax}}\tau''^2_2}{24} \qquad (2\text{-}94)$$

因为 τ''_2 很小,故略去 $\dfrac{a_{\text{bmax}}\tau''^2_2}{24}$ 项,且车速的单位为 km/h,则式(2-94)的 $s(\text{m})$ 可写成:

$$s = \frac{1}{3.6}\left(\tau'_2 + \frac{\tau''_2}{2}\right)u_{a0} + \frac{v_{a0}^2}{25.92a_{\text{bmax}}} \qquad (2\text{-}95)$$

从式(2-95)可见,决定汽车制动距离的主要因素是制动器起作用的时间、最大制动减速度即附着力(或最大制动器制动力)以及起始制动车速。附着力(或制动器制动力)越大、起始制动车速越低,制动距离越短。

真正使汽车减速停车的是持续制动时间,但制动器起作用时间对制动距离的影响是不小的。制动器起作用时间与制动系统的结构形式有密切的关系。

当驾驶人急速踩下制动踏板时,液压制动系统的制动器起作用时间可为 0.1s 或更短,真空助力制动系统和气压制动系统为 0.3~0.9s;货车有挂车时,汽车列车的制动器起作用时间有时竟长达 2s,但精心设计的汽车列车制动系统可缩短到 0.4s。

改进制动系统结构,减少制动器起作用时间,是缩短制动距离的一项有效措施。例如,红旗牌 CA770 轿车由真空助力制动系统改为压缩空气助力制动系统后,以 30km/h 起始制动车速所做的制动试验结果见表 2-8。

装用不同助力制动系统时 CA770 轿车的制动性能　　　表 2-8

制动系统形式	性能指标		
	制动时间(s)	制动距离(m)	最大制动减速度(m/s^2)
真空助力制动系统	2.12	12.25	7.25
压缩空气-液压制动系统	1.45	8.25	7.65

由表 2-8 可见,采用压缩空气-液压制动系统后,制动距离缩短了 32%,制动时间减少 31.6%。但最大减速度只提高 3.5%。虽未单独给出制动器起作用时间 τ_2 的变化情况,但试验结果说明,最大减速度提高不多,即持续制动时间 τ_3 变化不大。因此,可认为制动器起作用时间的减少是缩短制动距离的主要原因。

3. 制动效能的恒定性

汽车在繁重的工作条件下制动时(例如在下长坡时,制动器就要较长时间连续地进行较大强度的制动),制动器温度常在 300℃ 以上,有时高达 600~700℃。高速制动时,制动器温度也会很快上升。制动器温度上升后,摩擦力矩常会有显著下降,这种现象称为制动器的热衰退。如 Lexus LS400 汽车在冷制动时,起始制动车速为 195km/h,制动距离为 163.9m,减速度为 8.5m/s^2,而经过下山中的 26 次制动,前制动器温度达 693℃,这时以同样的起始车速制动,减速度为 6.0m/s^2,制动距离加长了 80.6m 达到 244.5m。热衰退是目前制动器不可避免的现象,只是程度上有所差别。制动效能的恒定性主要指的是抗热衰退性能。

山区行驶的货车和高速行驶的轿车,对抗热衰退性能有更高的要求。一些国家规定,大型货车必须装备辅助制动器,以保持山区行驶的制动效能。

抗热衰退性能与制动器摩擦副材料及制动器结构有关。一般制动器的制动鼓、盘由铸铁制成,而摩擦片由石棉、半金属和无石棉等几种材料制成。正常制动时,摩擦副的温度在 200℃ 左右,摩擦副的摩擦因数为 0.3~0.4。但在更高的温度时,有些摩擦片的摩擦因数会有很大降低而出现热衰退现象。另外,如果制动器结构不合理或使用不当时会引起制动液的温度急剧上升,当温度超过制动液的沸点时会发生汽化现象,使制动完全失效。

制动器的抗热衰退性能不仅受摩擦材料摩擦因数下降的影响,而且同制动器的结构形式有密切关系。常用制动效能因数(单位制动轮缸推力 F_{Pu} 所产生的制动器摩擦力 F,即 $k_{ef} = \dfrac{F}{F_{Pu}}$)与摩擦因数的关系曲线来说明各种类型制动器的效能及其稳定程度。图 2-32

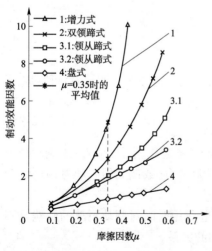

图 2-32　制动效能因数曲线

是具有典型尺寸的各种形式制动器制动效能因数与摩擦因数的关系曲线。由图 2-32 可知，对于双向自动增力蹄及双领蹄制动器，由于结构上的几何力学的关系产生增力作用，具有较大的制动效能因数。摩擦因数变化时，制动效能按线性关系迅速改变。因此，摩擦因数的微小改变，能引起制动效能大幅度变化，即制动器的稳定性差。双从蹄制动器情况与之相反。领、从蹄式制动器介于二者之间。这里要特别强调的是盘式制动器，其制动效能没有鼓式制动器大（一般盘式制动器常加装真空助力器以增大制动效能），但其稳定性好。制动时，摩擦材料的摩擦因数虽有下降，但对制动效能影响不大。同时盘式制动器和鼓式制动器相比，反应时间短且不会因为热膨胀而增加制动间隙。因此，盘式制动器已普遍用作轿车的前制动器，用作轿车后制动器的也不少；目前各种吨位的货车，包括重型货车（行驶于公路上做长途运输的）、牵引车采用盘式制动器的也日益增多。

四、汽车制动方向稳定性

制动过程中，有时会出现制动跑偏、后轴侧滑或前轮失去转向能力而使汽车失去控制离开原来的行驶方向，甚至发生闯入对向车辆行驶车道、滑下山坡的危险情况。一般称汽车在制动过程中维持直线行驶或按预定弯道行驶的能力为制动时汽车的方向稳定性。汽车试验中常规定一定宽度的试验通道（如 1.5 倍车宽或 3.7m），制动时方向稳定性合格的车辆，在试验过程中不允许产生不可控制的效应，使它离开这条通道。

制动时汽车自动向左或向右偏驶称为"制动跑偏"。侧滑是指制动时汽车的某一轴或两轴发生横向移动。最危险的情况是在高速制动时发生后轴侧滑，此时汽车常发生不规则的急剧回转运动而失去控制。跑偏与侧滑是有联系的，严重的跑偏有时会引起后轴侧滑，易于发生侧滑的汽车也有加剧跑偏的趋势。图 2-33 所示为单纯制动跑偏和由跑偏引起后轴侧滑时轮胎留在地面上的印迹的示意图。

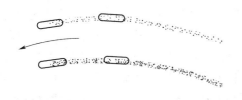
a) 制动跑偏时轮胎在地面上留下的痕迹

b) 制动跑偏引起后轴轻微侧滑时轮胎留在地面上的痕

图 2-33　制动时汽车跑偏的情形

前轮失去转向能力，是指弯道制动时汽车不再按原来的弯道行驶而沿弯道切线方向驶出；直线行驶制动时，虽然转动转向盘但汽车仍按直线方向行驶的现象。失去转向能力和后轴侧滑也是有联系的，一般如果汽车后轴不会侧滑，前轮就可能失去转向能力；后轴侧滑，前轮常仍有转向能力。

制动跑偏、侧滑与前轮失去转向能力是造成交通事故的重要原因。例如，我国某市市郊一山区公路，根据两周（雨季）发生的七起交通事故分析，发现其中六起是由于制动时后轴发生侧滑或前轮失去转向能力造成的。一些西方发达国家的统计表明，发生人身伤亡的交通事故中，在潮湿路面上约有 1/3 与侧滑有关；在冰雪路面上有 70%~80% 与侧滑有关。根据对侧滑事故的分析，发现 50% 是由制动引起的。

1. 汽车的制动跑偏

制动时汽车跑偏的原因有两个：

(1)汽车左、右车轮，特别是前轴左、右车轮(转向轮)制动器的制动力不相等。

(2)制动时悬架导向杆系与转向系拉杆在运动学上的不协调(互相干涉)。

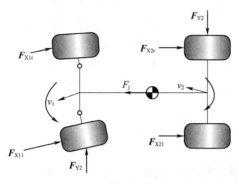

图 2-34 制动跑偏时的受力图

其中，第一个原因是制造、调整误差造成的，汽车究竟向左或向右跑偏，要根据具体情况而定；而第二个原因是设计造成的，制动时汽车总是向左(或向右)一方跑偏。

图 2-34 给出了由于转向轴左、右车轮制动力不相等而引起跑偏的受力分析。为了简化，假定车速较低，跑偏不严重，且跑偏过程中转向盘是不动的，在制动过程中也没有发生侧滑，并忽略汽车作圆周运动时产生的离心力及车身绕质心的惯性力偶矩。

设前左轮的制动器制动力大于前右轮，故地面制动力 $F_{X1l} > F_{X1r}$。此时，前、后轴分别受到的地面侧向反作用力为 F_{Y1} 和 F_{Y2}。显然，F_{X1l} 绕主销的力矩大于 F_{X1r} 绕主销的力矩。虽然转向盘不动，由于转向系统各处的间隙及零部件的弹性变形，转向轮仍产生一向左转动的角度而使汽车有轻微的转弯行驶，即跑偏。同时，由于主销有后倾，也使 F 对转向轮产生同方向的偏转力矩，这样也增大了向左转动的角度。

造成跑偏的第二个原因是悬架导向杆系与转向杆系发生运动干涉，且跑偏的方向不变。例如，一试制中的货车，在紧急制动时总是向右跑偏，在车速 30km/h 时，最严重的跑偏距离为 1.7m。分析其原因主要是转向节上节臂处的球头销离前轴中心线太高，且悬架钢板弹簧的刚度又太小造成的。图 2-35 给出了该货车的前部简图。在紧急制动时，前轴向前扭转了一角度，转向节上节臂球头销本应作相应的移动，但由于球头销又连接在转向纵拉杆上，仅能克服转向拉杆的间隙，使拉杆有少许弹性变形而不允许球头销作相应的移动，致使转向节臂相对于主销作向右的偏转，于是引起转向轮向右移动，造成汽车跑偏。后来改进了设计，使转向节上节臂处球头销位置下移，在前钢板弹簧扭转相同角度时，球头销位移量减少，转向节偏转也减少；同时增加了前钢板弹簧的刚度，从而基本上消除了跑偏现象。

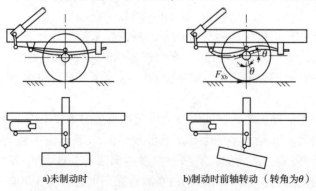

a)未制动时　　　　b)制动时前轴转动（转角为θ）

图 2-35 悬架导向杆至与转向系拉杆在运动学上的不协调引起的制动跑偏

2. 制动时后轴侧滑与前轴转向能力的丧失

制动时发生侧滑,特别是后轴侧滑,将引起汽车剧烈的回转运动,严重时可使汽车掉头。由试验与理论分析得知,制动时若后轴车轮比前轴车轮先抱死拖滑,就可能发生后轴侧滑。若能使前、后轴车轮同时抱死或前轴车轮先抱死,后轴车轮再抱死或不抱死,则能防止后轴侧滑。不过汽车前轴车轮抱死后将失去转向能力。

下述直线行驶制动试验可以清楚地看到这些结论。

试验是在一条一侧有 2.5% 的横坡的平直混凝土路面上进行的。为了降低附着系数,使之容易发生侧滑,在地面上洒了水。试验用的轿车有调节各个车轮制动器液压的装置,以控制每根车轴的制动力,达到改变前、后车轮抱死拖滑次序的目的。调节装置甚至可使车轮制动器液压为零,即在制动时该车轮根本不制动。下面给出四项试验结果。

(1)前轮无制动力而后轮有足够的制动力。试验结果如图 2-36 曲线 A 所示。曲线 A 说明,随着车速提高,侧滑的程度更加剧烈。车速在 48km/h 时,汽车纵轴与行驶方向的夹角(偏航角)可达 180°。

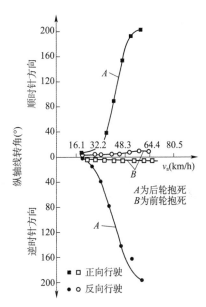

图 2-36 前轮抱死或后轮抱死时汽车纵轴线转过的角度(航偏角)

(2)后轮无制动力而前轮有足够的制动力。试验结果如图 2-36 曲线 B 所示。由图可知,即使车速达到 65km/h,汽车的纵轴转角也不大,夹角的最大值只有 10°,即汽车基本上维持直线行驶。不过应当指出,前轴车轮抱死后,汽车将失去转向能力,若遇到障碍,只有放松制动踏板,才能绕开行驶。

(3)前、后车轮都有足够的制动力,但它们抱死拖滑的次序和时间间隔不同。试验时利用车上制动器液压调节装置,可使前、后车轮在制动到抱死拖滑时有不同的先后次序和时间间隔。试验结果如图 2-37 所示。图上说明,以 64.4km/h 起始车速制动,若前轮比后轮先抱死拖滑(此时前轮丧失转向能力),或后轮比前轮先抱死且时间间隔在 0.5s 以内,则汽车基本上按直线行驶;若后轮比前轮先抱死拖滑超过 0.5s,则后轴将发生严重的侧滑。

试验时还发现,前轴或后轴的两个车轮也不是同时抱死的。如果只有一个后轮抱死,也不会发生侧滑,侧滑程度取决于晚抱死的后轮与晚抱死的前轮的时间间隔。

(4)起始车速的影响。试验时还做了起始车速为 48.2km/h 及 72.3km/h 的制动。试验表明,起始车速为 48.2km/h 时,即使后轮比前轮先抱死拖滑在 0.5s 以上,汽车纵轴线的转角也只有 25°;起始车速为 72.3km/h 时,侧滑的情况与 64.4km/h 时一样。这说明只有在起始车速超过 48km/h 时,后轴侧滑才成为一种危险的侧滑。

(5)附着系数的影响。为了查明附着系数对侧滑的影响,还在干燥路面上做了同样的试验。试验时前轮无制动力,后轮可制动到抱死拖滑。干燥路面的制动距离是湿路面的 70%,就是说在湿路面上制动时的制动时间要长。试验结果如图 2-38a)所示。曲线表明,在干燥路面上,汽车纵轴转角比湿路面上要小。每次试验还记录后轮开始拖滑的时间,若以时间为横坐标把曲线重画一次[(图2-38b)],则在同样的时间内,干、湿路面的汽车纵轴转角相差不多。可见,在低附着系数路面上制动,侧滑程度的增加主要是由于制动时间增加的缘故。

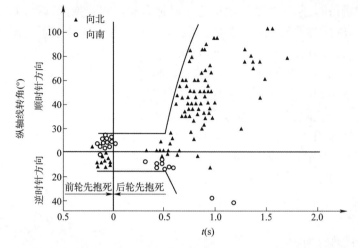

图 2-37　前、后轮抱死拖滑的次序和时间间隔对后轴侧滑的影响(混凝土路面、转向盘固定)

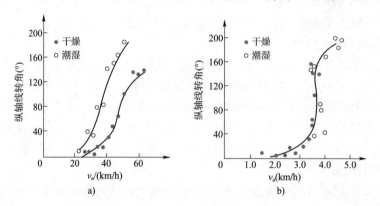

图 2-38　路面附着系数对后轴侧滑的影响

以上四项试验可以总结为两点:

(1)制动过程中,若是只有前轮抱死或前轮先抱死拖滑,汽车基本上沿直线向前行驶(减速停车);汽车处于稳定状态,但丧失转向能力。

(2)若后轮比前轮提前一定时间(如对试验中的汽车为0.5s以上)先抱死拖滑,且车速超过某一数值(如试验中的汽车车速超过48km/h)时,汽车在轻微的侧向力作用下就会发生侧滑。路面越滑、制动距离和制动时间越长,后轴侧滑越剧烈。

第四节　汽车操纵稳定性

汽车操纵稳定性是指在驾驶人不感到过分紧张、疲劳的条件下,汽车能遵循给定的方向行驶,当遭遇外界干扰时,汽车能抵抗干扰而保持稳定行驶的能力。

汽车的操纵稳定性不仅影响汽车驾驶的操纵方便程度,而且也是决定高速汽车安全行驶的一个主要性能力,所以人们称之为"高速车辆的生命线"。

随着道路条件的改善,特别是高速公路的发展,汽车以100km/h或更高车速行驶的情况是常见的。轿车设计最高车速一般常超过200km/h,有的运动型轿车甚至超过300km/h。因此,汽车操纵稳定性日益受到重视,成为汽车的重要使用性能之一。

一、汽车操纵稳定性概要

1.汽车操纵稳定性包含的内容

汽车操纵稳定性涉及的问题较为广泛,它需要采用较多的物理参量从多方面来进行评价。表2-9给出了汽车操纵稳定性的基本内容及评价所用物理参量。

在汽车操纵稳定性的研究中,常把汽车作为一个控制系统,求出汽车曲线行驶的时域响应与频域响应,并以它们来表征汽车的操纵稳定性。

汽车曲线行驶的时域响应系指汽车在转向盘输入或外界侧向干扰输入下的侧向运动响应。转向盘输入有两种形式:给转向盘作用一个角位移,称为角位移输入,简称角输入;给转向盘作用一个力矩,称为力矩输入,简称力输入。驾驶人在实际驾驶车辆时,对转向盘的这两种输入是同时加入的。外界侧向干扰输入主要是指侧向风与路面不平产生的侧向力。

表2-9中的转向盘角阶跃输入下进入的稳态响应及转向盘角阶跃输入下的瞬态响应,就是表征汽车操纵稳定性的转向盘角位移输入下的时域响应。回正性是一种转向盘力输入下的时域响应。

汽车操纵稳定性的基本内容及评价所用物理 表2-9

基本内容	主要评价参量
(1)转向盘角阶跃输入下进入的稳态响应——转向盘角阶跃输入下的瞬态响应	稳态横摆角速度增益——转向灵敏度反应时间、横摆角速度波动的无阻尼圆频率
(2)横摆角速度频率响应特性	共振峰频率、共振时振幅比、相位滞后角、稳态增益
(3)转向盘中间位置操纵稳定性	转向灵敏度、转向盘力特性——转向盘转矩梯度、转向功灵敏度
(4)回正性	回正后剩余横摆角、达到剩余横摆角速度的时间
(5)转向半径	最小转向半径
(6)转向轻便性: ①原地转向轻便性; ②低速行驶转向轻便性; ③高速行驶转向轻便性	转向力、转向功
(7)直线行驶性能: ①直线行驶性; ②侧向风敏感性; ③路面不平敏感性	(1)转向盘转角和(累计值); (2)侧向偏移; (3)侧向偏移
(8)典型行驶工况性能: ①蛇行性能; ②移线性能; ③双移线性能——回避障碍性能	转向盘转角、转向角、侧向加速度、横摆角速度、侧偏角、车速等
(9)极限行驶能力: ①圆周行驶极限侧向加速度; ②抗侧翻能力; ③发生侧滑时的控制性能	(1)极限侧向加速度; (2)极限车速; (3)回至原来路径所需时间

横摆角速度频率响应特性是转向盘转角正弦输入下,频率由 $0 \to \infty$ 时,汽车横摆角速度与转向盘转角的振幅比及相位差的变化规律。它是另一个重要表征汽车操纵稳定性的基础特性;转向盘中间位置操纵稳定性是转向盘小转角、低频正弦输入下汽车高速行驶时的操纵稳定性;转向半径是评价汽车机动灵活性的物理参量;转向轻便性是评价转动转向盘轻便程度的特性;汽车的直线行驶性能是评价汽车操纵稳定性的另一个重要方面,其中,侧向风敏感性与路面不平敏感性是汽车直线行驶时在外界侧向干扰输入下的时域响应;典型行驶工况性能(Task Performance)是指汽车通过某种模拟典型驾驶操作的通道的性能。它们能更加如实地反映汽车的操纵稳定性;极限行驶性能是指汽车在处于正常行驶与异常危险运动之间的运动状态下的特性,它表明了汽车安全行驶的极限性能。这里讨论上述内容的最基本部分:转向盘角阶跃输入下的稳态响应、瞬态响应。

汽车是由若干零部件组成的一个物理系统。它具有惯性、弹性、阻尼等许多动力学的特点,所以它是一个多自由度动力学系统。应指出,构成汽车动力学系统的零部件,如轮胎、悬架、转向系统等,具有非线性特性。描述汽车的微分方程应是非线性微分方程,即汽车为一非线性系统。但是在大多数行驶状况下,汽车侧向加速度不超过 $0.4g$,若忽略一些次要因素,则可以把汽车近似地看作一线性动力学系统。

2. 车辆坐标系与转向盘角阶跃输入下的时域响应

汽车的运动是借固结于运动着的汽车上的运动坐标系——车辆坐标系来描述的。图 2-39 所示固结于汽车上的 $Oxyz$ 直角动坐标系就是车辆坐标系。xOz 处于汽车左右对称的平面内。当车辆在水平路面上处于静止状态下,x 轴平行于地面指向前方,z 轴通过质心指向上方,y 轴指向驾驶人的左侧,坐标系的原点 O 常可令其与质心重合。与操纵稳定性有关的主要运动参量为:车厢角速度在 z 轴上的分量——横摆角速度 ω_r、汽车质心速度在 y 轴上的分量——侧向速度 v、汽车质心加速度在 y 轴上的分量——侧向加速度 a_r 等,如图 2-39 所示。

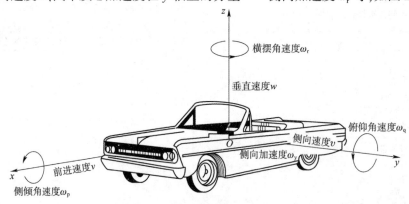

图 2-39 车辆坐标系

汽车的时域响应可分为不随时间变化的稳态响应和随时间变化的瞬态响应。例如,汽车等速直线行驶是一种稳态;若在汽车等速直线行驶时,急速转动转向盘至某一转角时,停止转动转向盘并维持此转角不变,即给汽车以转向盘角阶跃输入,一般汽车经短暂时间后便进入等速圆周行驶,这也是一种稳态,称为转向盘角阶跃输入下进入的稳态响应。

在等速直线行驶与等速圆周行驶这两个稳态运动之间的过渡过程便是一种瞬态,相应的状态运动响应称为转向盘角阶跃输入下的瞬态响应。

汽车的等速圆周行驶,即汽车转向盘角阶跃输入下进入的稳态响应,虽然在实际行驶中不常出现,却是表征汽车操纵稳定性的一个重要的时域响应,一般也称它为汽车稳态转向特性。汽车稳态转向特性分为三种类型:不足转向、中性转向和过多转向。这三种不同转向特性的汽车具有如下行驶转点(图2-40):在转向盘保持一固定转角 δ_{sw} 下,缓慢加速或以不同车速等速行驶时,随着车速的增加,不足转向汽车的转向半径 R 增大;中性转向汽车的转向半径维持不变;过多转向汽车的转向半径则越来越小。操纵稳定性良好的汽车应具有适度的不足转向性。一般汽车不应具有过多转向特性,也不应具有中性转向特性。因为中性转向汽车在使用条件变动时,有可能转变为过多转向特性。

汽车操纵稳定性同汽车行驶时的瞬态响应有密切关系。常用转向盘角阶跃输入下的瞬态响应来表征汽车操纵稳定性。图2-41 上画出了一辆等速行驶汽车在 $t=0$ 时,驾驶人急速转动转向盘至角度 δ_{sw0} 并维持此转角不变(即转向盘角阶跃输入)时的汽车瞬态响应曲线。

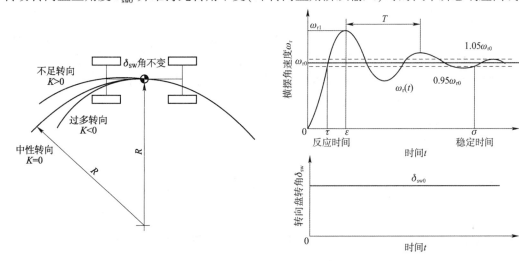

图2-40 三种类型的转向特性　　　图2-41 转向盘角阶跃输入的汽车瞬态响应

图2-41 中是以汽车横摆角速度 ω_r 来描述汽车响应的。给汽车以转向盘角阶跃输入后,汽车横摆角速度经过一个过渡过程后达到稳态横摆角速度 ω_{r0}。此过渡过程即汽车瞬态响应。它具有下面几个特点。

(1)时间上的滞后。汽车横摆角速度不能立即达到稳态横摆角速度 ω_{r0},而要经过时间 τ 后才能第一次达到 ω_{r0},这一段滞后时间称为反应时间。反应时间短,则驾驶人感到转向响应迅速、及时,否则,则会觉得转向迟钝。也有用到达第一峰值的时间 ε 来表示滞后时间的。

(2)执行上的误差。最大横摆角速度 ω_{r1} 常大于稳态值 ω_{r0}。$\omega_{r1}/\omega_{r0} \times 100\%$ 称为超调量,它表示执行指令误差的大小。

(3)横摆角速度的波动。在瞬态响应中,横摆角速度 ω_r 以频率 ω 在 ω_{r0} 值上下波动。波动的频率 ω 决定于汽车动力系统的结构参数,它也是表征汽车操定性的一个重要参数。

(4)进入稳态所经历的时间。因角速度达到稳态值 95%~105% 的时间称为稳定时间,它表明进入稳态响应所经历的时间。

个别汽车也可能出现汽车横摆角速度 ω_r 不能收敛的情况,即 ω_r 值越来越大,转向半径越来越小,而导致汽车产生侧向滑动或翻车的危险。由此可知,瞬态响应包括两方面的问题:一是行驶方向稳定性,即给汽车以转向盘角阶跃输入后,汽车能否达到新的稳定状况的问题;二是响应品质问题,即达到新的稳态之前,其瞬态响应的特性。

二、轮胎侧偏特性

轮胎侧偏特性是轮胎力学特性的一个重要部分。本节将讨论轮胎的侧偏现象与侧偏特性。侧偏特性主要是指侧偏力、回正力矩与侧偏角间的关系,是研究汽车操纵稳定性的基础。

1. 轮胎坐标系

为了讨论轮胎的力学特性,需要建立一个坐标系,如图2-42所示。垂直于车轮轴线的轮胎中分平面称为车轮平面。坐标系的原点 O 为车轮平面和地平面的交线与车轮旋轴线在地平面上投影线的交点。车轮平面与地平面的交线取为 X 轴,车轮向前为正。Z 轴与地平面垂直,规定指向上方为正。Y 轴在地平面上,规定面向车轮前进方向时指向左方为正。图2-42上还画出了地面作用于轮胎的力与力矩,即地面切向反作用力 F_X、地面侧向反作用力 F_Y、地面法向反作用力 F_Z 以及地面反作用力绕 Z 轴的力矩——回正力矩 T_Z 等。它们均按轮胎坐标系规定的方向确定正、负方向。图2-42中还画出了侧偏角 α 与外倾角 γ。侧偏角是轮胎接地印迹中心(即坐标系原点)位移方向与 X 轴的夹角,图示方向为正,外倾角是垂直平面(XOZ 平面)与车轮平面的夹角,图示方向为正。

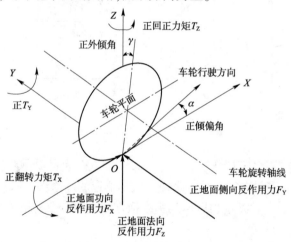

图2-42 轮胎的坐标系与地面作用于轮胎的力和力矩

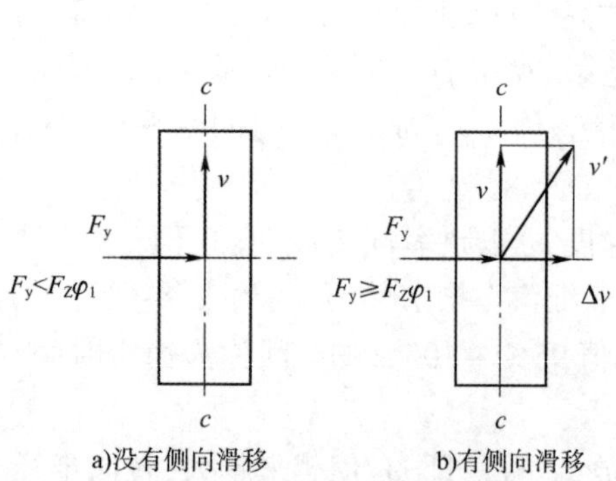

2. 轮胎的侧偏现象和侧偏力-侧偏角曲线

汽车在行驶过程中,由于路面的侧向倾斜、侧向风或曲线行驶时的离心力等的作用,车轮中心沿 Y 轴方向将作用有侧向力 F,相应地在地面上产生地面侧向反作用力 F_Y,F_Y 也称为侧偏力。当有地面侧向反作用力时,若车轮是刚性的,则可以发生两种情况:

(1)当地面侧向反作用力 F_Y 未超过车轮与地面间的附着极限时,车轮与地面间没有滑动,车轮仍在其自身平面 cc 内运动(图2-43)。

图2-43 有侧向力作用时刚性车轮的滚动
a)没有侧向滑移 b)有侧向滑移

（2）当地面侧向反作用力 F_Y 达到车轮与地面间的附着极限时，车轮发生侧向滑动，若滑动速度为 Δv，车轮便沿合成速度 v' 的方向行驶，偏离了 cc 平面。

当车轮有侧向弹性时，即使 F_Y 没有达到附着极限，车轮行驶方向也将偏离车轮平面 cc，这就是轮胎的侧偏现象。为了说明侧偏现象，我们讨论具有侧向弹性的个车轮在垂直载荷为 W 的条件下，车轮中心受到侧向力 F_y，地面相应的有侧偏力 F_Y 时的两种情况。一是车轮静止不滚动。由于车轮有侧向弹性，轮胎发生侧向变形，轮胎胎面接地印迹的中心线 aa 与车轮平面 cc 不重合，错开 Δh，但 aa 仍平行于 cc，如图 2-44a）所示。二是车轮滚动。接触印迹的中心线 aa 不只是和车轮平面错开一定距离，而且不再与车轮平面 cc 平行，aa 与 cc 的夹角 α，即为侧偏角。此时，车轮就沿着 aa 方向滚动，如图 2-44b）所示。

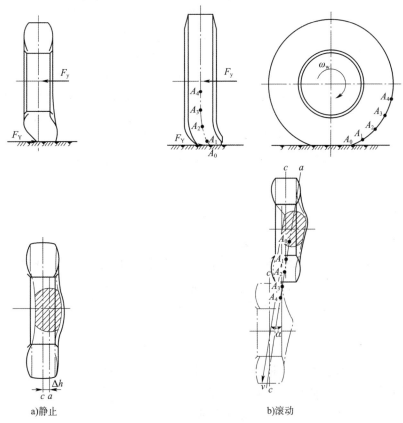

a）静止　　　　　　　　　　b）滚动

图 2-44　轮胎的侧偏现象

为了说明出现侧偏角 α 的原因，下面具体分析车轮的滚动过程，如图 2-44b）所示。在轮胎胎面中心线上标出 A_1、A_2、A_3…各点，随着车轮向前滚动，各点将依次落于地面上相应的 A'_1、A'_2、A'_3…各点上。在主视图上可以看出，靠近地面的胎面上，A'_1、A'_2、A'_3…各点连线在接近地面时逐渐变为一条斜线，因此它们落在地面相应各点 A'_1、A'_2、A'_3…的连线并不垂直于车轮旋转轴线，即与车轮平面 cc 有夹角 α。当轮胎与地面没有侧向滑动时，A'_1、A'_2、A'_3…的连线就是接地印迹的中心线，当然也是车轮滚动时在地面上留下的痕迹，即车轮并没有在车轮平面 cc 内向前滚动，而是沿着侧偏角 α 的方向滚动。显然，侧偏角 α 的数值是与侧向力 F_Y 的大小有关的；换言之，侧偏角 α 的数值与侧偏力 F_Y 的大小有关。

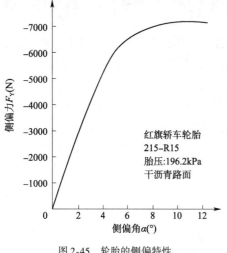

图 2-45 轮胎的侧偏特性

图 2-45 给出了一条由试验测出的侧偏力——侧偏角曲线。曲线表明,侧偏角不超过 5°时,F_Y 与 α 呈线性关系。汽车正常行驶时,侧向加速度不超过 $0.4g$,侧偏角不超过 $4° \sim 5°$,可以认为侧偏角与侧偏力呈线性关系。F_Y-α 曲线在 $\alpha = 0°$ 处的斜率称为侧偏刚度 k,单位为 N/rad 或 N/(°)。由轮胎坐标系有关符号规定可知,负的侧偏力产生正的侧偏角,因此,刚度为负值。F_Y 与 α 的关系式可写作:

$$F_Y = k\alpha \tag{2-96}$$

小型轿车轮胎的 k 值约在 $-28000 \sim -80000$N/rad 范围内。侧偏刚度是决定操纵稳定性的重要轮胎参数。轮胎应有较高的侧偏刚度(指绝对值),以保证汽车良好的操纵稳定性。

在较大的侧偏力时,侧偏角以较大的速率增长,即 F_Y-α 曲线的斜率逐渐减小,这时轮胎在接地面处已发生部分侧滑。最后,侧偏力达到附着极限时,整个轮胎侧滑。显然,轮胎的最大侧偏力决定于附着条件,即垂直载荷、轮胎胎面花纹、材料、结构、充气压力,路面的材料、结构、潮湿程度以及车轮的外倾角等。一般而言,最大侧偏力越大,汽车的极限性能越好,例如按圆周行驶的极限侧向加速度就越高。

三、线性二自由度汽车模型对前轮角输入的响应

1. 线性二自由度汽车模型的运动微分方程

为了掌握操纵稳定性的基本特性,将对简化为线性二自由度的汽车模型进行研究。分析中忽略转向系的影响,直接以前轮转角作为输入;忽略悬架的作用,认为汽车车厢只作平行于地面的平面运动,即汽车沿 z 轴的位移,绕 y 轴的俯仰角与绕 x 轴的侧倾角均为零。另外,在本节特定条件下,汽车沿 x 轴的前进速度 u 视为不变。因此,汽车只有沿 y 轴的侧向运动与绕 z 轴的横摆运动两个自由度。此外,汽车侧向加速度限定在 $0.4g$ 以下,轮胎侧偏特性处于线性范围。在建立运动微分方程时还假设:驱动力不大,不考虑地面切向力对轮胎侧偏特性的影响,没有空气阻力的作用,忽略左、右车轮轮胎由于载荷的变化而引起轮胎特性的变化以及轮胎回正力矩的作用。这样,实际汽车便简化成一个两轮车模型,如图 2-46 所示。它是一个由前后两个有侧向弹性的轮胎支承于地面,具有侧向及横摆运动的二自由度汽车模型。

分析时,令车辆坐标系的原点与汽车质心重合。

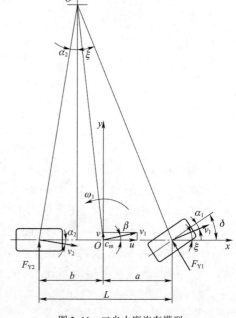

图 2-46 二自由度汽车模型

显然,汽车的质量分布参数,如转动惯量等,对固结于汽车的这一动坐标系而言为常数,这正是采用车辆坐标系的方便之处。因此,只要将汽车的(绝对)加速度与(绝对)角加速度及外力与外力矩沿车辆坐标系的轴线分解,就可以列出沿这些坐标轴的运动微分方程。

下面依次确定:汽车质心的(绝对)加速度在车辆坐标系上的分量,二自由度汽车受到的外力与绕质心的外力矩,外力、外力矩与汽车运动参数的关系。最后,列出二自由度汽车的运动微分方程式。

首先确定汽车质心的(绝对)加速度在车辆坐标系上的分量。

参考图2-47,Ox 与 Oy 为车辆坐标系的纵轴与横轴。质心速度 v_1 于 t 时刻在 Ox 轴上的分量为 u,在 Oy 轴上的分量为 v。由于汽车转向行驶时伴有平移和转动,在 $t + \Delta t$ 时刻,车辆坐标系中质心加速度的大小与方向均发生变化。所以,沿 Ox 轴速度分量的变化为:

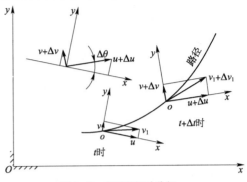

图2-47 车辆的运动分析

$$(u + \Delta u)\cos\Delta\theta - u - (v + \Delta v)\sin\Delta\theta$$
$$= u\cos\Delta\theta + \Delta u\cos\Delta\theta - u - v\sin\Delta\theta - \Delta v\sin\Delta\theta \tag{2-97}$$

考虑到 $\Delta\theta$ 很小并忽略二阶微量,式(2-97)变为:

$$(u + \Delta u)\cos\Delta\theta - u - (v + \Delta v)\sin\Delta\theta = \Delta u - v\Delta\theta \tag{2-98}$$

除以 Δt 并取极限,便是汽车质心绝对加速度在车辆坐标系 Ox 轴上的分量,即:

$$a_x = \frac{du}{dt} - v\frac{d\theta}{dt} = \dot{u} - v\omega_r \tag{2-99}$$

同理,汽车质心绝对加速度沿横轴 Oy 上的分量为:

$$a_y = \dot{v} + u\omega_r \tag{2-100}$$

由图2-46可知,二自由度汽车受到的外力沿 y 轴方向的合力与绕质心的力矩和为:

$$\left.\begin{array}{l}\sum F_Y = F_{Y1}\cos\delta + F_{Y2} \\ \sum M_Z = aF_{Y1}\cos\delta - bF_{Y2}\end{array}\right\} \tag{2-101}$$

式中:F_{Y1}、F_{Y2}——地面对前、后轮的侧向反作用力,即侧偏力;
δ——前轮转角。

考虑到 δ 角较小,F_{Y1}、F_{Y2} 为侧偏力,式(2-101)可写作:

$$\left.\begin{array}{l}\sum F_Y = k_1\alpha_1 + k_2\alpha_2 \\ \sum M_Z = ak_1\alpha_1 - bk_2\alpha_2\end{array}\right\} \tag{2-102}$$

汽车前、后轮侧偏角与其运动参数有关。如图2-46所示,汽车前、后轴中点的速度为 u_1、u_2,侧偏角为 α_1、α_2,质心的侧偏角为 β,$\beta = v/u$。ξ 是 u_1 与 x 轴的夹角,其值为:

$$\xi = \frac{v + a\omega_r}{u} = \beta + \frac{a\omega_r}{u} \tag{2-103}$$

根据坐标系的规定,前、后轮侧偏角分别为:

$$\left.\begin{array}{l}\alpha_1 = -(\delta - \xi) = \beta + \dfrac{a\omega_r}{u} - \delta \\ \alpha_2 = \dfrac{v - b\omega_r}{u} = \beta - \dfrac{b\omega_r}{u}\end{array}\right\} \quad (2\text{-}104)$$

由此，可列出外力、外力矩与汽车运动参数的关系式为：

$$\sum F_Y = k_1\left(\beta + \dfrac{a\omega_r}{u} - \delta\right) + k_2\left(\beta - \dfrac{b\omega_r}{u}\right) \quad (2\text{-}105)$$

$$\sum M_Z = ak_1\left(\beta + \dfrac{a\omega_r}{u} - \delta\right) - bk_2\left(\beta - \dfrac{b\omega_r}{u}\right) \quad (2\text{-}106)$$

所以，二自由度汽车的运动微分方程为：

$$k_1\left(\beta + \dfrac{a\omega_r}{u} - \delta\right) + k_2\left(\beta - \dfrac{b\omega_r}{u}\right) = m(\dot{v} + u\omega_r) \quad (2\text{-}107)$$

$$ak_1\left(\beta + \dfrac{a\omega_r}{u} - \delta\right) - bk_2\left(\beta - \dfrac{b\omega_r}{u}\right) = I_Z\dot{\omega}_r \quad (2\text{-}108)$$

式中：I_Z——汽车绕 z 轴的转动惯量；

$\dot{\omega}_r$——汽车横摆角加速度。

整理后得二自由度汽车运动微分方程式为：

$$\left.\begin{array}{l}(k_1 + k_2)\beta + \dfrac{1}{u}(ak_1 + bk_2)\omega_r - k_1\delta = m(\dot{v} + u\omega_r) \\ (ak_1 - bk_2)\beta + \dfrac{1}{u}(a^2k_1 + b^2k_2)\omega_r - ak_1\delta = I_Z\dot{\omega}_r\end{array}\right\} \quad (2\text{-}109)$$

这个联立方程式虽很简单，但却包含了最重要的汽车质量与轮胎侧偏刚度两方面的参数，所以能够反映汽车曲线运动最基本的特征。

汽车等速行驶时，在前轮角阶跃输入下进入的稳态响应就是等速圆周行驶。常用输出与输入的比值，如稳态的横摆角速度与前轮转角之比来评价稳态响应。这个比值称为稳态横摆角速度增益，也称为转向灵敏度，以符号 $\left(\dfrac{\omega_r}{\delta}\right)_s$ 表示。

稳态时横摆角速度 ω_r 为定值，此时 $\dot{v} = 0, \dot{\omega}_r = 0$，以此代入式（2-109），得：

$$\left.\begin{array}{l}(k_1 + k_2)\dfrac{v}{u} + \dfrac{1}{u}(ak_1 - bk_2)\omega_r - k_1\delta = mu\omega_r \\ (ak_1 - bk_2)\dfrac{v}{u} + \dfrac{1}{u}(a^2k_1 + b^2k_2)\omega_r - ak_1\delta = 0\end{array}\right\} \quad (2\text{-}110)$$

将式（2-110）中两式联立，便可求得稳态横摆角速度增益为：

$$\left(\dfrac{\omega_r}{\delta}\right)_s = \dfrac{\dfrac{u}{L}}{1 + \dfrac{m}{L^2}\left(\dfrac{a}{k_2} - \dfrac{b}{k_1}\right)u^2} = \dfrac{\dfrac{u}{L}}{1 + Ku^2} \quad (2\text{-}111)$$

式中：$K = \dfrac{m}{L^2}\left(\dfrac{a}{k_2} - \dfrac{b}{k_1}\right)$。

K 称为稳定性因数，其单位为 s^2/m^2，是表征汽车稳态响应的一个重要参数。

2. 稳态响应的三种类型

根据 K 的数值,汽车稳态响应可分为三类。

1) 中性转向

$K=0$,$\left(\dfrac{\omega_r}{\delta}\right)_s = u/L$,即横摆角速度增益与车速成线性关系,斜率为 $1/L$。这种稳态称为中性转向,如图 2-48 所示。

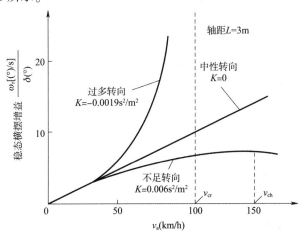

图 2-48　汽车的横摆角速度增益曲线

应指出,此关系式就是汽车以极低车速行驶而无侧偏角时的转向关系。在无侧偏角时,前轮转角 $\delta \approx L/R$,转向半径 $R \approx L/\delta$,横摆角速度 $\omega_r \approx (u/L)\delta$。因此,横摆角速度增益也为 $\left(\dfrac{\omega_r}{\delta}\right)_s = u/L$。

2) 不足转向

当 $K>0$ 时,式(2-111)分母大于1,横摆角速度增益 $\left(\dfrac{\omega_r}{\delta}\right)_s$ 比中性转向时要小。$\left(\dfrac{\omega_r}{\delta}\right)_s$ 不再与车速成线性关系,$\left(\dfrac{\omega_r}{\delta}\right)_s$-$v$ 是一条低于中性转向的汽车稳态横摆增益线,后来又变为向下弯曲的曲线,如图 2-48 所示。具有这样特性的汽车称为不足转向汽车。K 值越大,横摆角速度增益曲线越低,不足转向量越大。

可以证明,当车速为 $v_{ch} = \sqrt{1/K}$ 时,汽车稳态横摆角速度增益达到最大值,如图 2-48 所示,而且其横摆角速度增益为与轴距 L 相等的中性转向汽车横摆角速度增益的一半。v_{ch} 称为特征车速,是表征不足转向量的一个参数。当不足转向量增加时,K 增大,特征车速 v_{ch} 降低。

3) 过多转向

当 $K<0$ 时,式(2-111)中的分母小于1,横摆角速度增益 $\left(\dfrac{\omega_r}{\delta}\right)_s$ 比中性转向时大。随着车速的增加,$\left(\dfrac{\omega_r}{\delta}\right)_s$-$v_a$ 曲线向上弯曲(图 2-48)。具有这种特性的汽车称为过多转向汽车。

K 值越小,(即 K 的绝对值越大),过多转向量越大。

显然,当车速为 $v_{cr} = \sqrt{-1/K}$ 时,稳态横摆角速度增益趋于无穷大,如图 2-48 所示。v_{cr} 称为临界车速,是表征过多转向量的一个参数。临界车速越低,过多转向量越大。

过多转向汽车达到临界车速时将失去稳定性。因为 ω_r/δ 等于无穷大时,只要极其微小的前轮转角便会产生极大的横摆角速度。这意味着汽车的转向半径极小,汽车发生激转而侧滑或翻车。由于过多转向汽车有失去稳定性的危险,故汽车都应具有适度的不足转向特性。

3. 几个表征稳态响应的参数

为了试验与分析的方便,根据习惯,还采用一些其他参数来描述和评价汽车稳态响应。

1)前、后轮侧偏角绝对值之差 ($\alpha_1 - \alpha_2$)

为了测定汽车稳态响应,常输入一个固定转向盘转角,令汽车以不同等速度保持圆周行驶,测出其前、后轮侧偏角的绝对值 α_1、α_2,并以 ($\alpha_1 - \alpha_2$) 与侧向加速度 a_y(绝对值)的关系曲线来评价汽车稳态响应,如图 2-49 所示。

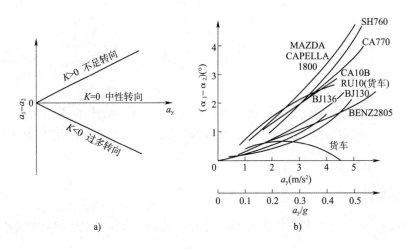

图 2-49 前、后轮侧偏角绝对值之差与转向特性

现在讨论 ($\alpha_1 - \alpha_2$) 值与汽车稳定性因素 K 的关系。汽车前、后轮侧偏角一般指前、后轴左、右车轮间车轴中间处相应的侧偏角。这里的 α_1 与 α_2 均指前、后轮侧偏角的绝对值。

由上述可知:

$$K = \frac{m}{L^2}\left(\frac{a}{k_2} - \frac{b}{k_1}\right) \tag{2-112}$$

将式(2-112)右边上下均乘以侧向加速度 a_y,于是得:

$$K = \frac{1}{a_y L}\left(\frac{F_{Y2}}{k_2} - \frac{F_{Y1}}{k_1}\right) \tag{2-113}$$

由于侧向加速度 a_y 与前、后轮的侧偏角 $\frac{F_{Y1}}{k_1}$、$\frac{F_{Y2}}{k_2}$ 符号相反,当前、后轮侧偏角 α_1、α_2 取绝对值时,侧向加速度 a_y 也取绝对值,式(2-112)可写成:

$$K = \frac{1}{a_y L}(\alpha_1 - \alpha_2) \qquad (2-114)$$

由式(2-114)可知，$\alpha_1 - \alpha_2 > 0$ 时，$K > 0$，为不足转向；当 $\alpha_1 - \alpha_2 = 0$ 时，$K = 0$，为中性转向；当 $\alpha_1 - \alpha_2 < 0$ 时，$K < 0$ 时，为过多转向。$\alpha_1 - \alpha_2$ 与 a_y 呈线性关系，其斜率为 LK。

2) 转向半径的比 R/R_0

在前轮转角一定的条件下，若令车速极低、侧向加速度接近于零（轮胎侧偏角可忽略不计）时的转向半径为 R_0，而一定车速下有一定侧向加速度时的转向半径为 R，则这两个转向半径之比 R/R_0 可用以表征汽车的稳态响应。

下面确定 R/R_0 值与稳定性因素 K 的关系。因为 $R_0 = L/\delta$，由式(2-111)可求得

$$R = \frac{v}{\omega_r} = \frac{(1 + Kv^2)L}{\delta} = (1 + Kv^2)R_0$$

或

$$\frac{R}{R_0} = 1 + Kv^2 \qquad (2-115)$$

故当 $K = 0$ 时，$R/R_0 = 1$，即中性转向汽车的转向半径不随车速发生变化，始终为 R_0。$K > 0$ 时，$R/R_0 > 1$，即不足转向汽车的转向半径总大于 R_0，且由式(2-115)可知，转向半径将随车速增加而增大；$K < 0$ 时，$R/R_0 < 1$，即过多转向汽车的转向半径总小于 R_0，且由式(2-115)可知，转向半径将随车速的增加而减小。

3) 用静态储备系数 S.M. (Static Margin) 来表征汽车稳态响应

静态储备系数是和处于汽车纵轴上的中性转向点这个概念相联系的。使汽车前、后轮产生同一侧偏角的侧向力作用点称为中性转向点。

可通过力矩平衡找出中性转向点的位置，如图2-50所示。当侧向力作用于中性转向点的位置时，前、后轮产生同一侧偏角 α，前、后轴的侧偏力为 $F_{Y1} = k_1 \alpha$，$F_{Y2} = k_2 \alpha$。因此，中性转向点 c_n 距前轴的距离为静态储备系数 S.M. 就是中性转向点至前轴距离 a' 和汽车质心至前轴距离 a 之差 $(a' - a)$ 与轴距 L 之比值，即：

$$\mathrm{S.M.} = \frac{a' - a}{L} = \frac{K_2}{K_1 + K_2} - \frac{a}{L} \qquad (2-116)$$

当中性转向点与质心重合时，S.M. = 0，在质心位置上作用的侧向力引起前、后轮的侧向偏角相等，汽车具有中性转向特性。

当质心在中性转向点之前时，$a' > a$，S.M. 为正值。在质心位置上作用的侧向力引起的前轮侧偏角 α_1 大于后轮侧偏角 α_2，汽车具有不足转向特性。

当质心在中性转向点之后时，$a' < a$，S.M. 为负值。在质心位置上作用的侧向力引起的后轮侧偏角 α_1，汽车具有过多转向特性。

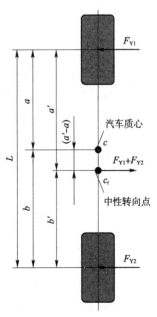

图2-50 中性转向点

第五节　汽车行驶平顺性

汽车行驶时，由路面不平以及发动机、传动系统和车轮等旋转部件激发汽车的振动。通常，路面不平是汽车振动的基本输入，故本节讨论的平顺(Ride)主要指路面不平引起的汽车振动，频率范围为 0.5～25Hz。

汽车平顺性主要是保持汽车在行驶过程中产生的振动和冲击环境对乘员舒适性的影响在一定界限之内，因此平顺性主要根据乘员主观感觉的舒适性来评价，对于载货汽车还包括保持货物完好的性能，它是高速汽车的主要性能之一。

对于汽车系统而言，路面不平度和车速形成了对汽车振动系统的"输入"，此"输入"经过由轮胎、悬架、坐垫等弹性、阻尼元件和悬架、非悬架质量构成的振动系统的传递，得到振动系统的"输出"是悬架质量或进一步经座椅传至人体的加速度，此加速度通过人体对振动的反应——舒适性来评价汽车的平顺性。当振动系统的"输出"作为优的目标时，通常还要综合考虑车轮与路面间的动载和悬架弹簧的动挠度。它们分别影响"行驶安全性"和撞击悬架限位的概率。

研究平顺性的主要目的就是控制汽车振动系统的动态特性，使振动的"输出"在给定工况的"输入"下不超过一定界限，以保持乘员的舒适性。

一、人体对振动的反应

机械振动对人体的影响，取决于振动的频率、强度、作用方向和持续时间，而且每个人的心理与身体素质不同，故对振动的敏感程度有很大差异。尽管 20 世纪 30 年代以来进行了许多试验研究工作，但难以得到公认的评价方法和指标。直到 1974 年，国际标准化组织(ISO)在综合大量有关人体全身振动研究成果的基础上，制定了国际标准 ISO 2613《人体承受全身振动评价指南》，后来对它进行过修订、补充。从 1985 年开始进行全面修订，于 1997 年公布了 ISO 2613—1:1997(E)《人体承受全身振动评价——第一部分:一般要求》，此标准对于评价长时间作用的随机振动和多输入点多轴向振动环境对人体的影响时，能与主观感觉更好地符合。许多国家都参照它进行汽车平顺性的评价，我国对相应标准进行了修订，公布了《汽车平顺性随机输入行驶试验方法》(GB/T 4970—1996)，并于 2009 年进行了修订，形成了现行标准《汽车平顺性试验方法》(GB/T4970—2009)。

ISO 2631—1:1997(E)标准规定了图 2-51 所示的人体坐姿受振模型。在舒适性评价时，它除了考虑座椅支承面处输入点 3 个方向的线振动还考虑该点 3 个方向的角振动，以及座椅靠背和脚支承面两个输入点各 3 个方向的线振动，共 3 个输入点 12 个轴向的振动。

此标准仍认为人体对不同频率振动的敏感程度不同，在图 2-52 上给出了各轴向 0.5～80Hz 的频率加权函数(渐进线)，又考虑不同输入点、不同轴向的振动对人体影响的差异，还给出了各轴向振动的轴加权系数 k。表 2-10 给出了三个输入点 12 个轴向，分别选用哪一个频率加权函数和相应轴加权系数 k，并列出了一辆欧洲轿车在城市道路上行驶时，实测的各轴向加权加速度均方根值 a_w，然后算出总的加权加速度均方根值 a_v。

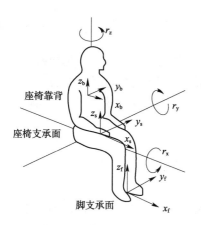

图 2-51 人体坐姿受振模型

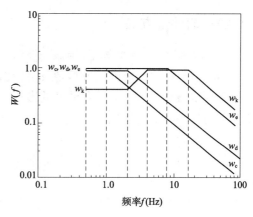

图 2-52 频率加权函数

频率加权函数、轴加权系数 k 和在 European 小轿车上振动测量的结果 表 2-10

位 置	坐标轴名称	频率加权函数	轴加权系数 k	加权加速度均方根值 $a_w/(m \cdot s^{-2})$	峰值系数 $[a_w(t)/a_w]$
座椅支承面	x_s	w_d	1.00	0.080	5.0
	y_s	w_d	1.00	0.114	4.7
	z_s	w_k	1.00	0.407	5.5
	r_x	w_e	0.63m/rad	0.106	4.9
	r_y	w_e	0.40m/rad	0.085	5.0
	r_z	w_e	0.20m/rad	0.011	4.5
靠背	x_b	w_c	0.80	0.212	4.3
	y_b	w_d	0.50	0.087	4.4
	z_b	w_d	0.40	0.140	4.9
脚	x_f	w_k	0.25	0.090	5.4
	y_f	w_k	0.25	0.093	5.1
	z_f	w_k	0.40	0.319	6.2
$a_v = (\sum a_{vj}^2)^{\frac{1}{2}}$				0.628	

由表 2-10 上各轴向的轴加权系数可看出，椅面输入点 x_s、y_s、z_s 三个线振动的轴加权系数 $k=1$，是 12 个轴向中人体最敏感的，其余各轴向的轴加权系数均小于 0.8。另外，ISO 2631—1：1997（E）标准还规定，当评价振动对人体健康的影响时，就考虑 x_s、y_s、z_s 三个轴向，且 x_s、y_s 两个水平轴向的轴加权系数取 $k=1$，比垂直轴向更敏感。标准还规定靠背水平轴向 x_b、y_b 可以由椅面 x_s、y_s 水平轴向代替，此时轴加权系数取 $k=1.4$。因此，我国在修订标准《汽车平顺性随机输入行驶试验方法》（GB/T 4970—1996）时，评价汽车平顺性就考虑椅面 x_s、y_s、z_s 三个轴向。

椅面垂直轴向 z_s 的频率加权函数 w_k 最敏频率范围标准规定为 4～12.5Hz，在 4～8Hz 这个频率范围，人的内脏器官产生共振，而 8～12.5Hz 频率范围的振动对人的脊椎系统影响很大。椅面水平轴向 x_s、y_s 的频率加权函数 w_d 最敏感频率范围为 0.5～2Hz，大约在 3Hz 以下，水平振动比垂直振动更敏感，且汽车车身部分系统在此频率范围产生共振，故应对水平振动给予充分重视。

二、平顺性的评价方法

ISO 2631—1:1997(E)标准规定,当振动波形峰值系数 <9[峰值系数是加权加速度时间历程 $a_w(t)$ 的峰值与加权加速度均方根值 a_w 的比值]时,用基本的评价方法——加权加速度均方根值来评价振动对人体舒适和健康的影响。根据测量,各种汽车包括越野汽车,在正常行驶工况下对这一方法均适用。

1. 基本的评价方法

用基本的评价方法来评价时,先计算各轴向加权加速度均方根值。具体有两种计算方法。

(1)对记录的加速度时间历程 $a(t)$,通过相应频率加权函数 $w(f)$ 的滤波网络得到加权加速度时间历程 $a_w(t)$,按下式计算加权加速度均方根值:

$$a_w = \left[\frac{1}{T}\int_0^T a_w^2(t)\mathrm{d}t\right]^{\frac{1}{2}} \tag{2-117}$$

式中:T——振动的分析时间,一般取120s。

频率加权函数 $w(f)$(渐近线)可表示为:

$$w_k(f)\begin{cases}0.5 & (0.5 < f < 2)\\ f/4 & (12.5 < f < 80)\\ 1 & (4 < f < 12.5)\\ 12.5/f & (12.5 < f < 80)\end{cases} \tag{2-118}$$

$$w_d(f)\begin{cases}1 & (0.5 < f < 2)\\ 2/f & (2 < f < 80)\end{cases} \tag{2-119}$$

$$w_c(f)\begin{cases}1 & (0.5 < f < 8)\\ 8/f & (8 < f < 80)\end{cases} \tag{2-120}$$

$$w_e(f)\begin{cases}1 & (0.5 < f < 1)\\ 1/f & (1 < f < 80)\end{cases} \tag{2-121}$$

式中,频率 f 的单位为 Hz。

(2)对记录的加速度时间历程 $a(t)$ 进行频谱分析得功率谱密度函数 $G_a(f)$,计算式为:

$$a_w = \left[\int_{0.5}^{80} W^2(f)G_a(f)\mathrm{d}f\right]^{\frac{1}{2}} \tag{2-122}$$

(3)当同时考虑椅面 x_s、y_s、z_s 三个轴向振动时,三个轴向的总加权加速度均方根值为:

$$a_b = \left[(1.4a_{xw})^2 + (1.4a_{yw})^2 + a_{zw}^2\right]^{\frac{1}{2}} \tag{2-123}$$

(4)有些"人体振动测量仪"采用加权振级 L_{aw},它与加权加速度均方根值 a_w 换算,即:

$$L_{aw} = 20\lg\left(\frac{a_w}{a_0}\right) \tag{2-124}$$

式中,a_0 为参考加速度均方根值;$a_0 = 10^{-6} m \cdot s^{-2}$。

表2-11 给出了加权振级 L_{aw} 和加权加速度均方根值 a_w 与人的主观感觉之间的关系。

L_{aw} 和 a_w 与人的主观感觉之间的关系 表2-11

加权加速度均方根值 a_w (m·s^{-2})	加权振级 L_{aw}(dB)	人的主观感觉
<0.315	110	没有不舒适
0.315~0.63	110~116	有一些不舒适
0.5~1.0	114~120	相当不舒适
0.8~1.6	118~124	不舒适
1.25~2.5	122~128	很不舒适
>2.0	126	很不舒适

2. 辅助评价方法

当峰值系数 >9 时，ISO 2613—1:1997（E）标准规定用 4 次方和根植的方法来评价，它能更好地估计偶尔遇到过大的脉冲引起的高峰值系数振动对人体的影响，此时采用辅助评价方法——振动剂量值为:

$$VDV = \frac{\left[\int_0^T a_w^4(t)dt\right]^{\frac{1}{4}}}{ms^{-1.75}} \qquad (2-125)$$

第六节　汽车通过性

在一定载质量条件下汽车能以足够高的平均车速通过各种坏路及无路地带和克服各种障碍的能力，称为汽车的通过性。坏路及无路地带是指松软土壤、沙漠、雪地、沼泽等松软地面及坎坷不平地段;各种障碍是指陡坡、侧坡、台阶、壕沟等。

汽车通过性可分为轮廓通过性和牵引支承通过性。前者是表征车辆通过坎坷不平路段和障碍（如陡坡、侧坡、台阶、壕沟等）的能力;后者是指车辆能顺利通过松软土壤、沙漠、雪地、冰面、沼泽等地面的能力。

在松软地面上行驶时，汽车驱动轮对地面施加向后的水平力，使地面发生剪切变形，相应的剪切变形所构成的地面水平反作用力，被称为土壤推力。它常比在一般硬路面上的附着力要小得多。汽车在松软地面上行驶时也受到土壤阻力的作用。土壤阻力是指轮胎对土壤的压实作用、推移作用而产生的压实阻力、推土阻力，以及充气轮胎变形所引起的弹性迟滞损耗阻力。它要比在硬路面上的滚动阻力大得多。因此，它们经常不能满足汽车行驶附着条件的要求，这是松软地面限制汽车行驶的主要原因。

牵引车的挂钩牵引力等于土壤最大推力与土壤阻力之差，它表征了土壤强度的储备能力。它可用于车辆加速、上坡、克服道路不平的阻力和牵引与挂钩连接的挂车等装备，它也反映了汽车通过无路地带的能力。

农林区、矿区、建设工地等使用的车辆和军用车辆，经常在坏路或无路地面上行驶。因此，要求这些汽车应具有良好的通过性。

一、几何通过性

在越野行驶时，由于汽车与不规则地面的间隙不足，可能出现汽车被托住而无法通过的现象,称为间隙失效。间隙失效主要有"顶起失效""触头失效"或"托尾失效"两种形式。顶起失效是车辆中间底部的零件碰到地面,而被顶住的间隙失效。触头失效(或托尾失效)是汽车前端(或车尾)触及地面的间隙失效。

汽车通过性的几何参数是与防止间隙失效有关的汽车本身的几何参数。它们主要包括最小离地间隙、接近角、离去角、纵向通过角等,如图 2-53 所示。各类汽车通过性几何参数的数值范围见表 2-12。另外,汽车的最小转弯半径和内轮差、转弯通道圆及车轮半径也是汽车通过性的重要轮廓参数。

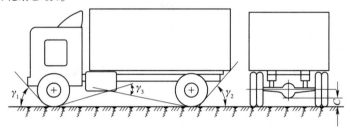

图 2-53 汽车通过性的几何参数
γ_1-接近角;γ_2-离去角;γ_3-纵向通过角;C-最小离地间隙

汽车通过性的几何参数   表 2-12

汽车类型	驱动形式	最小离地间隙 C(mm)	接近角 γ_1(°)	离去角 γ_2(°)	最小转弯半径 d_H(m)
轿车	4×2	120~200	20~30	15~22	14~26
	4×4	210~370	45~50	35~40	20~30
货车	4×2	250~300	25~60	25~45	16~28
	4×4,6×6	260~350	45~60	35~45	22~42
越野车(乘用)	4×4	210~370	45~50	35~40	20~30
客车	6×4,4×2	220~370	10~40	6~20	28~44

1. 最小离地间隙

最小离地间隙 C 是汽车除车轮以外的最低点与路面之间的距离。它表征汽车无碰撞地越过石块、树桩等障碍物的能力。汽车的前桥、飞轮壳、变速器壳、消声器和主传动器外壳等通常有较小的离地间隙。汽车前桥的离地间隙一般比飞轮壳还要小,以便利用前桥保护较弱的飞轮外壳免受冲撞。后桥内装有直径较大的主传动齿轮,一般离地间隙最小。在设计越野汽车时,应保证有较大的最小离地间隙。

2. 接近角与离去角

接近角 γ_1 和离去角 γ_2,是指自车身前后突出点向前后车轮引切线时,切线与路面之间的夹角。它表征了汽车接近或离开障碍物(如小丘、沟洼地等)时,不发生碰撞的能力。接近角和离去角越大,则汽车的通过性能越。

3. 纵向通过角

纵向通过角 γ_3 是指在汽车空载静止时,汽车侧视图上通过前、后车轮外缘做切线交与车体下部较低部位所形成的最小锐角(图 2-54)。它表征汽车可无碰撞地通过小丘、拱桥等障碍物的轮廓尺寸。汽车纵向通过角越大,其通过性就越好。

4. 最小转弯直径

车辆在转向过程中,转向盘向左或向右转到极限位置时,车辆外转向轮印迹中心在其支承面上的轨迹圆直径中的较大者称为车辆最小转弯直径,如图2-54所示。

5. 转弯通道圆

转向盘转至极限位置时,图2-55中两圆之间的通道为车辆转弯通道圆。车辆所有点在车辆支承平面上的投影均位于最大内圆和最小外圆之间。

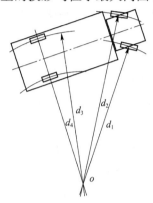

图 2-54　汽车转弯直径示意图　　　图 2-55　汽车转弯通道示意图

车辆有左和右转弯通道圆。转弯通道圆的最大内圆直径越大,最小外圆直径越小,车辆所需的通道宽度越窄,通过性越好。

汽车的最小转弯直径和最小转弯通道圆直径的测量参见国家标准GB/T 12540—2009。

二、牵引支承通过性

车辆支承通过性的主要评价指标包括附着质量、附着质量系数及车辆接地比压。

1. 附着质量和附着质量系数

附着质量是指轮式车辆驱动轴载质量 m_μ。附着质量系数 K_μ 定义为车辆附着质量与总质量 m_a 之比。

为了满足车辆行驶附着条件的要求,应有:

$$m_\mu g \mu_g \geq m_a g \psi \tag{2-126}$$

式中:ψ——道路阻力系数($\psi = f_r + i$,其中:f_r 为车轮阻力系数,i 为坡度);
μ_g——滑移系数。

由式(2-126)得:

$$K_\mu = \frac{m_\mu}{m_a} \geq \frac{\psi}{\mu_g} \tag{2-127}$$

式中:K_μ——附着质量系数。

显然,K_μ 值大有利于汽车在坏路面上行驶,丧失通过性的可能性就小。为了保证车辆的支承通过性,应对车辆附着质量有明确的要求。例如,意大利对 4×2 牵引车组成的汽车列车的附着质量系数规定为0.27,英国规定为0.263。

2. 车轮接地比压

车轮接地比压是指车轮对地面的单位压力。车辆在松软地面上行驶的滚动阻力系数和附着系数都与车轮接地比压直接有关。车轮接地比压小,轮辙深度小,车轮的行驶阻力和车轮沉陷失效的概率就小。同时,当汽车行驶在黏性土壤和松软雪地上时,降低车轮接地比压可使得车轮接地面积增加,提高地面承受的剪切力,同时车轮不易打滑。

车轮接地比压 p 与轮胎气压 p_w 有关,车轮在硬路面上承受额定载荷时,其关系式为:

$$p = k_w p_w \tag{2-128}$$

式中:k_w——系数。

通常 $k_w = 1.05 \sim 1.20$。其大小取决于轮胎刚度的大小,帘布层多的轮胎 k_w 值较大。

三、汽车倾覆失效

越野汽车在通过障碍时,过大的侧坡或纵坡会导致汽车倾覆失效,如图 2-56 所示。在侧坡上直线行驶时,当坡度大到使重力通过一侧车轮接地中心,而另一侧车轮的地面法向反作用力等于零时,则汽车将发生侧翻。此时有:

$$Gh_g \sin\beta = G\frac{B}{2}\cos\beta \tag{2-129}$$

$$\tan\beta = \frac{B}{2h_g} \tag{2-130}$$

式中:β——汽车不发生侧翻的极限角。

为了防止侧翻,汽车质心高度 h_g 应降低,轮距 B 应加宽。

在良好道路上汽车高速曲线行驶时,侧向惯性力的作用也会导致侧翻。设汽车作等速圆周运动,汽车的受力如图 2-57 所示,侧向惯性力 F_j 为:

$$F_j = \frac{G}{12.96g} \frac{v_a^2}{R} \tag{2-131}$$

式中:R——圆周半径,m;
v_a——汽车行驶速度,km/h。

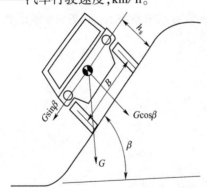

图 2-56 汽车倾覆

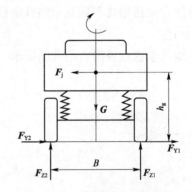

图 2-57 汽车圆周行驶受力情况

作用在汽车左、右车轮上的法向反力分别为:

$$F_{z1} = \frac{G}{2} - \frac{F_j h_g}{B} \tag{2-132}$$

$$F_{z2} = \frac{G}{2} + \frac{F_j h_g}{B} \tag{2-133}$$

在即将侧翻的临界状态下，$F_{z1} = 0$，则：

$$\frac{GB}{2} = F_j h_g \tag{2-134}$$

显然，汽车不侧翻的最大允许车速为

$$v_{amax} = \sqrt{\frac{6.48gBR}{h_g}} \tag{2-135}$$

因此，为了保证汽车高速行驶的横向稳定性，轿车都力求保持一定轮距，并尽量降低质心高度。

在大侧坡角度 β' 的坡道上也可能发生侧滑，此时：

$$G \cdot \cos\beta' \mu_g = G\sin\beta' \tag{2-136}$$

$$\tan\beta' = \mu_g \tag{2-137}$$

式中：μ_g——侧向滑移系数。

当侧坡角的正切值等于侧向滑移系数时，汽车发生整车侧滑。通常认为，与其发生侧翻，不如发生侧滑。所以，应满足 $\tan\beta > \tan\beta'$，即：

$$\frac{B}{2h_g} > \mu_g \tag{2-138}$$

同理，可导出纵向倾覆的条件，它也取决于质心高度与质心至前轴与后轴的距离。

复习思考题

1. 简述汽车动力性及其评价指标。
2. 试说明轮胎滚动阻力的定义、产生机理和作用形式？滚动阻力系数与哪些因素有关？
3. 空车、满载时汽车动力性有无变化？为什么？试用汽车的动力特性图来分析汽车的动力性能。
4. 画图说明什么是汽车的后备功率，写出汽车后备功率表达式并解释。
5. 根据某一使用机械式变速器的车辆（在用轿车），画出其驱动力与行驶阻力的平衡图或功率平衡图，并确定其在某一道路上行驶时的动力性指标。
6. 加装液力变矩器的汽车具有较理想的动力特性，试说明主要原因是什么？
7. "车开得慢、加速踏板踩得小，就一定省油"，或者"只要发动机省油，汽车就一定省油"这两种说法对不对？
8. 如何从改进汽车底盘设计方面来提高燃料经济性？
9. 为什么汽车发动机与传动系统匹配不好会影响汽车燃料经济性与动力性？试举例说明。
10. 试分析超速挡对汽车动力性和燃料经济性的影响。
11. 汽车制动过程从时间上大致可以分为几个阶段？各个阶段有何特点？
12. 汽车制动距离及相关影响因素有哪些？
13. 分析在汽车制动过程中减速度的变化规律。
14. 什么是汽车制动效能的恒定性？影响汽车制动器热衰退性的主要因素是什么？
15. 造成制动跑偏的主要原因是什么？为什么两前轮制动力不相等对制动跑偏的影响更大？

16. 汽车制动时后轮抱死拖滑有发生侧滑的危险，请问哪些干扰因素可造成后轴侧滑？试说明为什么汽车制动时在侧向力作用下后轴发生侧滑更危险？

17. 简述汽车ABS的作用及其优点，说明为什么能获得这些优点。

18. 汽车装有非ABS的普通制动系统，试简述制动时制动距离与哪些因素有关？

19. 什么是汽车操纵稳定性？什么是弹性轮胎的侧偏特性？

20. 汽车稳态响应有哪几种类型？表征稳态响应的具体参数有哪些？它们彼此之间的关系如何(要求有必要的公式和曲线)？

21. 写出稳态转向灵敏度表达式，并分析不同稳定性因素时汽车转向稳定性。

22. 一般来说，汽车应该具有哪一种转向特性？为什么？

23. 有几种方式可以判断或者表示汽车的稳态转向特性？请简单叙述之。

24. 汽车转弯行驶时车轮行驶阻力是否与直线行驶时一样？

25. 汽车平顺性的评价指标有哪些？汽车行驶平顺性的评价方法有哪些？

26. 汽车通过性的几何参数有哪些？

27. 汽车在横坡不发生侧滑的极限坡角是什么？

28. 试计算汽车在水平道路上，轮距为B，质心高度为h_g，以半径为R作等速圆周运动，汽车不发生侧翻的极限车速是多少？该车不发生侧滑的极限车速又是多少？

第三章 汽车的环保性和安全性

第一节 汽车公害

汽车在道路上行驶而产生损害人体健康和人类生活的污染现象称为汽车公害。

汽车公害包括汽车排气对大气的污染(排放公害)、噪声对环境的危害(噪声公害)、汽车电气设备对无线电通信及电视广播等信号的电波干扰(电波公害)以及制动衬片、离合器摩擦片、轮胎和路面的磨损物与车轮扬起的粉尘对环境的危害(粉尘公害)等。其中,排气污染对人们的生活环境影响最大,被认为是第一公害,其次是噪声公害;而电波公害对无线电通信及电视广播等信号产生的电波干扰,并不直接影响人们的身体健康;粉尘对环境的污染只是在交通密度大的车流附近较为突出。

一、排气公害

随着国民经济的发展以及汽车保有量的增加,我国城市大气污染已从工业废物、煤炭、烟气型污染向光化学烟雾型污染转变。在大城市,汽车排放的 CO 占 CO 总排放量的 63%,排放的 NO_x 和 HC 分别占 22% 和 73%。汽车排放已成为大城市大气污染的主要污染源。由于汽车排放公害直接危害人类的健康,并破坏着自然界的生态平衡,因此引起了世界各国的重视。

汽车排放公害不仅造成环境问题,其本身也是一种能源的浪费。汽车排气中的 CO、HC 越多,燃料燃烧越不充分,燃料消耗也越大。因此,降低汽车排放污染物对减轻大气环境污染和节约能源都有重要意义。

汽车主要使用内燃机作为动力源,其中以汽油、柴油为燃料的内燃机汽车最为广泛。研究汽车排气公害问题,实质上是研究内燃机的排气污染问题。

汽车发动机排出的废气也不都是有害的,如 N_2、O_2、H_2 和水蒸气等对人体和生物没有直接危害,CO_2 仅对全球气候变暖有影响。对人体有害成分是指 CO、HC、NO_x、SO_2、炭烟等。这些有害物主要是汽车发动机的燃烧产物(排气污染占汽油机总污染量的 65%~85%)。此外,还有发动机曲轴箱通风污染(主要是 HC)以及燃油供给系逸出的燃油蒸气等。这些有害物质散发到空气中达到一定浓度后,将对人和生物的生存环境造成危害。汽车在不同运行工况下排气中有害成分的浓度值见表3-1。

发动机直接排出的有害物称为一次有害排放物,主要包括 CO、HC、NO_x 和微粒。微粒指在接近大气条件下,发动机排出的全部废气中去除非化合形态的凝聚水后得到的全部呈固体状和液体状的微颗粒,包括可溶性成分和非可溶性成分。汽油机的主要排放有害物是 CO、HC 和 NO_x;柴油机的 CO 和 HC 排放量要比汽油机少得多,但炭烟排放量高,同时 NO_x 的排放量较多。

不同工况下汽车排气有害成分的浓度　　　　表3-1

汽车类型	工况(km/h)	CO(%)	HC(10^{-6})	NO_x(10^{-6})	炭烟(g/m^3)	排气量
汽油车	急速 0	3.0~10	300~2000	50~100	0.005以下	少
	加速 0→40	0.7~5.0	300~600	1000~4000		增多
	等速 40	0.5~1.0	200~400	1000~3000		高速最多
	减速 40→0	1.5~4.5	1000~3000	5~50		减少
柴油车	急速 0	0~0.01	300~500	50~70	0.1~0.3	少
	加速 0→40	0~0.50	200~300	800~1500		增多
	等速 40	0~0.10	90~150	200~1000		高速最多
	减速 40→0	0~0.05	300~400	30~35		减少

　　发动机排出的 CO_2 虽然不会对环境造成直接污染，但 CO_2 的大量积聚会对地球环境造成"温室效应"的不良影响。大气中 CO_2 气体达到一定浓度后，太阳光照射在地表的能量由于受到 CO_2 层的阻隔，很难再散发到大气层外而引起热量的积累。"温室效应"将导致全球气候变暖，极地冰层融化，海平面上升，土地盐碱化，沙漠化等现象。

　　汽车排放的有害物质通过人的呼吸道进入人体后，将使人的神经系统、消化系统和呼吸系统受到损害。CO 进入人体后，人会因缺氧而出现各种中毒症状，如头晕、恶心、四肢无力，严重时甚至昏迷不醒，直至死亡。发动机排出的 NO_x 主要是 NO 和 NO_2。NO 毒性不大，但浓度过高时会引起人体中枢神经障碍；NO_x 有刺激性气味，吸入肺部后能与肺部的水形成可溶性硝酸，严重时会引起肺气肿。高浓度的 HC 对人体有一定麻醉作用，但其一般对人体的危害不大。HC 对大气的严重污染，主要在于其与 NO_x 在一定环境条件下，会发生复杂的化学反应，诱发新的有害物，称为二次有害排放物。NO_x 与 HC 在太阳光紫外线作用下，经一系列光化学反应可形成一种毒性较大的浅蓝色烟雾，其主要成分是臭氧、醛等烟雾状物质。光化学烟雾滞留在大气中时，会使人感到呼吸困难、头昏目眩、眼红咽痛，甚至引起中枢神经的瘫痪、痉挛。

　　炭烟是柴油机排放的主要有害成分。炭烟本身对人体健康的直接影响不大，对人体危害大的是炭烟颗粒夹附着的 SO_2 和多环芳香烃、苯并芘等有害物质。它们不仅对人的呼吸系统有害，还会使人致癌。

二、噪声公害

　　在人们生活的环境里，有各种各样的声音(指可听范围内的声波，频率为 20~20000Hz)，有的使人愉快，有的使人烦躁。不同频率和不同强度的声音，有规律地结合在一起即形成噪声，听起来有嘈杂的感觉。此外，一切对人们生活和工作有妨碍的声音也是噪声的范畴。因此，噪声是人们不需要并希望用一定措施加以控制和消除掉的声音的总称。

　　城市中的环境噪声通常包括交通运输噪声、工厂生产噪声、建筑施工噪声和生活噪声。其中交通运输噪声是城市环境噪声的主要部分，可高达城市噪声的 75% 左右。根据国家环境质量公报，我国城市道路交通噪声等效声级范围在 56.2~80.7dB，8.9% 的城市噪声污染较重，22.4% 的城市声环境较差，重点城市道路交通噪声基本处于轻度污染程度。交通运输噪声的主要声源是机动车辆,其中汽车噪声影响最大,因此控制汽车的噪声污染越来越受到人们的重视。汽车噪声主要包括发动机噪声和轮胎噪声;此外,还有车身振动、传动系统噪声、车身干扰空气噪声及鸣笛声等。

虽然噪声通常不会对人的身体健康立即产生直接影响,但声压级高于70dB的噪声会使人心情不安、烦躁、疲倦、工作效率下降和语言、通信困难等,从而影响人们的正常学习、工作、休息和生活。长期处于噪声环境的人,还会引发心脏病、胃病以及神经官能症,出现听力下降或听力损伤。

机动车噪声一般都是声压级为60~90dB的中强度噪声。其影响面广,时间长,危害很大。声压级80dB以下的环境噪声一般认为不至于造成明显的永久性听力损伤,仅使人的听力产生暂时性下降;在声压级85dB的环境中,会有10%的人可能产生耳聋;而在声压级90dB的条件下,高达20%的人可能产生耳聋。

试验表明:声压级88dB时,驾驶人的注意力下降10%;90dB时,则下降20%。因此,汽车的高噪声不仅会影响周围环境,还会使驾驶人工作效率下降,反应时间加长,导致公路交通事故的增加。

三、电波公害

在汽车电气设备中大多具有电容和电感的导线、线圈等电气元件。任何一个具有电感和电容的闭合回路都会形成振荡。因此,在汽车的电气设备中有很多的振荡回路。当汽车发动机点火系统点火时,因火花放电产生高频振荡以电磁波的形式放射到空气中,切割无线电、电视广播等通信设备的天线,从而引起干扰。在汽车的电气设备中,点火系统的干扰最为严重,还有发电机、调节器、刮水器以及灯开关在工作过程中也会产生电波干扰。

控制电波公害的措施主要是限制汽车点火系统产生的电波强度。为此,很多国家对汽车(或汽车内燃机)点火系统的电波强度制定了标准。在标准中,还规定了测量仪器和测量方法。

电波公害虽然不如排气公害和噪声对人们生活环境的影响严重,但因涉及广泛,同样引起了人们的普遍重视。

第二节　汽车排气污染物及防治

一、发动机污染物的形成

汽车排出的污染物质主要指发动机排气管排出的废气和其他部位漏出的燃料蒸气以及从曲轴箱窜出的气体,其中大部分是由排气管排出的。这些有害物质的排出量取决于燃烧前混合气的形成条件、燃烧室的燃烧条件和排气系统的反应条件。排气中的CO、HC和NO_x的生成条件各不相同,CO和HC是燃料不完全燃烧的产物,而NO_x则在燃烧温度高且氧气充足的条件下形成较多。下面将定性解释其形成机理。

1. 一氧化碳(CO)的形成

一氧化碳(CO)是碳氢燃料在燃烧过程中的中间产物。一般认为,碳氢燃料的燃烧反应经过以下几个过程：

$$C_nH_m + \frac{n}{2}O_2 \longrightarrow nCO + \frac{m}{2}H_2 \tag{3-1}$$

$$2H_2 + O_2 \longrightarrow 2H_2O \tag{3-2}$$

$$2CO + O_2 \longrightarrow 2CO_2 \tag{3-3}$$

$$H_2O + CO \longrightarrow CO_2 \tag{3-4}$$

理论上，如果空气量充分，汽油机不会产生 CO（过量空气系数 $\alpha \geq 1$）；在汽油机实际工作过程中，排气中都存在 0.01%～0.5% 的 CO。其原因是：在汽油机燃烧室内的局部区域存在 $\alpha < 1$ 的过浓区；部分未燃碳氢化合物在排气过程中发生不完全燃烧；此外，气温低或者滞留时间短暂等因素导致燃烧不能完全进行，也会产生 CO。

2. 碳氢化合物（HC）的形成

汽油机不论在任何工况下运转，其排气中总会含有一定量的未燃碳氢化合物 HC。汽油机的 HC 排放量远大于柴油机。

不论是汽油机还是柴油机都是通过火焰传播使燃料燃烧的，但是缸壁表面的气体层（0.05～0.5mm）因低温缸壁的冷却作用，火焰传播不到，从而使这层混合气中的 HC 随废气排出。由图 3-1 可见，排气门开启和关闭前后 HC 的浓度特别高，这说明在燃烧室内壁周围残留着高浓度的 HC。此外，火焰也不能在激冷缝隙内传播，一般在小于 1mm 的缝隙内（如活塞顶部与第一道气环之间的空隙）混合气不可能完全燃烧。

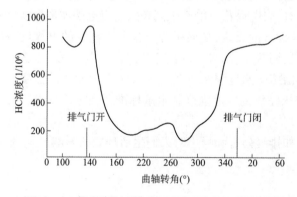

图 3-1　HC 排放浓度与排气门开启前后曲轴转角的关系

发动机工作过程中，燃料不完全燃烧与着火前的混合气形成条件、燃烧室内的燃烧条件、膨胀行程的温度条件及排气系统的反应条件均有密切的关系。HC 中既有未燃的燃料，也有燃料不完全燃烧的产物和部分被分解的产物，所以一切妨碍燃料燃烧的条件都是 HC 形成的原因。混合气过浓、过稀、燃料雾化不良或混入废气过多时，也会因产生灭火或半灭火状态而使未燃部分的燃料（HC）排出。

废气分析结果表明，排气中的 HC 成分十分复杂，除了饱和烃、不饱和烃和芳香烃外，还包括部分中间氧化物（如醛、酮、酸等）。这是因为燃料的氧化过程非常复杂，经过一连串的化学反应才生成最终产物 CO_2 和 H_2O，在反应过程的不同阶段存在着不同的中间产物，若这些中间产物进一步氧化的条件不适宜，就可能因氧化不彻底而使 HC 的排放量增加。

此外，二冲程汽油机中的扫气作用使部分混合气经汽缸直接排放，因此这种汽油机的

HC 排放量可能比四冲程汽油机大几倍。

3. 氮氧化物的形成

氮氧化物(NO_x)是 NO、NO_2、N_2O、N_2O_3、N_2O_4、N_2O_5 等氮氧化物的总称。在发动机排出的废气中,NO 占绝大部分(约占99%)。而 NO_2 的含量较少(约占1%)。NO 排入大气后,进一步氧化成 NO_2。

NO 的形成机理比较复杂。目前被广泛采用的 NO 反应机理如下:

$$N_2 + O \underset{k_{-1}}{\overset{k_1}{\rightleftharpoons}} NO + N \tag{3-5}$$

$$N + O_2 \underset{k_{-2}}{\overset{k_2}{\rightleftharpoons}} NO + O \tag{3-6}$$

$$N + OH \rightleftharpoons NO + H \tag{3-7}$$

$$H + N_2O \rightleftharpoons N_2 + OH \tag{3-8}$$

$$O + N_2O \rightleftharpoons N_2 + O_2 \tag{3-9}$$

$$O + N_2 \rightleftharpoons NO + NO \tag{3-10}$$

式(3-5)和式(3-6)为捷尔杜维奇(Zeldovich)链反应机理,依此机理生成的 NO 最多。式中的 k_1、k_{-1} 与 k_2、k_{-2} 分别为式(3-5)和式(3-6)的正、逆反应的速度常数。这些反应是连锁反应,分子状态的氮和原子状态的氧碰撞,或氧分子和氮原子碰撞生成 NO。反应式左边的 O 可由反应式(3-6)供给,但大部分是在高温条件下由氧分子分解产生。由于反应式(3-6)中的氮原子 N 主要由反应式(3-5)右边生成的 N 提供,而反应式(3-5)又与温度有很大关系,因此 NO 的形成在很大程度上取决于发动机工作温度。

上述化学平衡状态的计算结果,可以说明发动机在燃烧过程中产生 NO 的倾向。但发动机燃烧过程的时间很短,不能达到全部反应的平衡过程,其原因是实际反应的速度跟不上化学平衡的需要,即每一瞬间的化学动力状态都与化学平衡状态有一定差距,要想达到化学平衡状态,需要相当长的时间。因此,除了燃烧气体的温度和氧的浓度外,停留在高温下的时间也是 NO 生成的重要影响因素。

4. 微粒的形成

微粒通常用 PM(Particulate Matter)表示,传统柴油机排出的微粒物一般要比汽油机高 30~80 倍。一般来说,柴油机的微粒由 3 部分组成,即炭烟、可溶性有机成分和硫酸盐。近年来,国内外对柴油机微粒排放的限制十分重视,除对微粒物中的炭烟进行限制外,还针对柴油汽车的微粒排放量制定了标准。

炭烟是微粒的主要组成部分。炭烟排放的变化自然导致微粒排放的变化,但两者升高和降低未必成比例。柴油机在高负荷时,炭烟在微粒中所占的比例升高,而在部分负荷时则有所降低。由于重馏分的未燃烃、硫酸盐以及水分等在炭粒上吸附凝聚,很多情况下,炭烟即指微粒。碳氢化合物燃料的不完全燃烧所产生的炭烟以碳原子为主要成分,并含有占 10%~30% 氢原子的碳氢化合物,具有与聚合多环碳化氢相近似的结构。

碳氢化合物燃料由于热分解生成甲烷和乙烯等低分子碳氢化合物。在温度不太高的情况下,这些产物就成了所谓的未燃碳氢化合物。当燃烧气体保持高温时,如果氧气过剩就会进行氧化反应;如果氧气不足,甲烷和乙烯会进一步进行化学反应,进行脱氢反应并聚合成直径为 20~30μm 的炭烟粒子，小粒子最后会成长为直径为 50~200μm 的大粒子。

上述的炭烟粒子形成过程只是当前流行的一种假说。实际燃烧过程中所进行的反应远比所介绍的要复杂。炭烟粒子的形成过程如图 3-2 之所示。

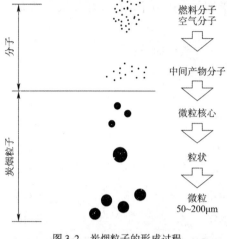

图 3-2　炭烟粒子的形成过程

近年来，国内外采取了许多有效措施，使柴油机的炭烟排放量大幅度下降。同时由于低硫乃至无硫燃油的推行，硫酸盐排放也得到了抑制，使可溶有机成分在微粒中所占的比例明显上升。可溶有机成分在微粒中的比例一方面与燃烧质量有重要关系，另一方面与窜入燃烧室的润滑油的量有关。并且，随着燃烧质量的提高，窜入燃烧室的润滑油所产生微粒的比例会随之增加。对车用直喷柴油机微粒排放的研究表明：冷起动、自由加速工况时，约有 25% 的有机可溶成分来自润滑油，稳定工况时，有 40%~60% 的有机可溶成分来自润滑油。

二、降低在用汽车排气污染的主要措施

在用汽车的排放直接受新车排放水平的影响。为保证在用汽车排放达标首先新车必须达标。为此，各国对新车采取了一系列强制措施，使其满足排放法规的要求。例如：汽车制造厂家要定期进行汽车装配线常规检验；环保部门还要在装配线上进行强制性抽检；新车出厂后还有监督检验制度，如"缺陷车辆或技术不符合车辆的召回制度"。

在用汽车的排放治理措施包括保持发动机良好的技术状况、实施 I/M 制度、合乘轿车、停放收费、停车限制、交通高峰时间通行费和单/双日行车及合理驾驶等。其中 I/M 制度是目前公认的在用车排放治理的最有效方法。实施 I/M 制度的目的是使车辆在使用周期内保持良好的技术状况，降低排气污染。

1. 保持发动机良好的技术状况

（1）保持正常汽缸压缩压力。发动机压缩压力降低时，发动机起动困难、燃烧不完全、油耗增大、排气中的 CO 和 HC 浓度增大。因此，在使用及维修过程中，若发现汽缸压缩压力不符合制造厂规定的标准，应查找原因进行调整和修复。

（2）保持供油系统技术状况良好。采用汽油电控喷射系统可改善发动机的动力性和燃料经济性，同时可以降低大气污染。但采用进气总管单点喷射的结构仍存在着各缸分配不均匀的情况，而进气歧管多点喷射的结构因喷嘴细小，使用中容易堵塞，因此要注意适时清洗。

柴油机供油系循环供油量、供油压力和喷油提前角影响柴油喷入汽缸的数量和雾化质量，应按使用说明书的规定正确调整。

（3）保持点火系统技术状况良好。点火系统应能在各种工况下产生足够点火能量的电火花。若火花弱或某缸断火，就会使相应汽缸燃烧不良或不能点火燃烧，从而增大排气污染。

2. 采用排气净化装置

常用的排气净化装置主要包括催化转换装置、废气再循环系统和曲轴箱强制通风等。

1) 催化转换装置

催化转换装置是利用催化剂的作用将排气中的 CO、HC 和 NO_x 转换为对人体无害的气体的一种排气净化装置，也称作催化转换器。

催化转换器有氧化催化转换器和三元催化转换器两类。氧化催化转换器以二次空气为氧化剂，只将排气中的 CO 和 HC 氧化为 CO_2 和 H_2O，因此也称作二元催化转换器。三元催化转换器以排气中的 CO 和 HC 作为还原剂，把 NO_x 还原为 N_2 和 O_2，而 CO 和 HC 在还原反应中被氧化为 CO_2 和 H_2O。因此，可同时减少 CO、HC 和 NO_x 的排放。当同时采用两种转换器时，通常把两者放同一转换器外壳内，并把三元催化转换器置于氧化催化转换器前面。排气经过三元催化转换器之后，部分未被氧化的 CO 和 HC 继续在氧化催化转换器中与供入的二次空气进行氧化反应。

2) 废气再循环系统

废气再循环 (EGR) 指把发动机排出的部分废气回送到进气歧管，与新鲜混合气一起再次进入汽缸。废气中含有大量的 CO_2，因其不能燃烧却吸收大量的热，使汽缸中混合气的燃烧温度降低，减少了 NO_x 的生成量。废气再循环是净化 NO_x 的主要方法。

3) 曲轴箱强制通风

采用封闭式带 PCV 阀的曲轴箱强制通风装置，可使曲轴箱窜气造成的污染得到有效控制。从空气滤清器引入新鲜空气，经闭式呼吸器进入曲轴箱，与窜气混合后，从汽缸盖罩经 PCV 阀计量后吸入进气歧管进入汽缸内烧掉。高速、高负荷时，进气歧管真空度减弱，一旦窜气量过多而不能完全吸尽时，窜气会从曲轴箱倒流入空气滤清器，吸入进气管进入汽缸烧掉。

4) 其他

曲轴箱储存和吸附法也是控制汽油蒸发、减少 HC 污染的有效方法。

曲轴箱储存法的原理是：停车时，通过管道把燃油供给系统蒸发的汽油蒸气导入曲轴箱进行储存；运行时，经压力调节阀把汽油蒸气吸入进气管。吸附法是利用装在容器中的活性炭吸附汽油蒸气，并在行车时由新鲜空气使汽油蒸气脱离活性炭而导入进气系统。

3. 实施 I/M 制度

I/M 制度 (Inspection and Maintenance Program) 是对在用车辆排放 (尾气排放和蒸发排放、颗粒排放) 进行控制，防止其排放净化系统被拆除、损坏、性能失效或恶化，充分发挥在用车本身净化能力，保证排放达标。I/M 制度法规是以国家排放法规为依据，并根据在用车的特点采用由管理部门认定的检测站对本辖区的在用车辆进行检测和监控。发现排放超标车辆，则强制该车进入具备维修资格的维修企业进行维护和修理。I/M 制度主要包括 I/M 制度法规及规章、I/M 制度规范、检测技术人员培训及设备鉴定、I/M 制度信息统计及反馈等。据美国有关部门推算，实施 I/M 制度可以使车辆排放到大气中的 HC 减少 28%，CO 减少 30%，NO_x 减少 90%。在英国实施 I/M 制度后，不包括蒸发排放在内，可使 HC 减少 20%，CO 减少 24%，NO_x 减少 2.7%。I/M 制度的工艺流程图如图 3-3 所示。

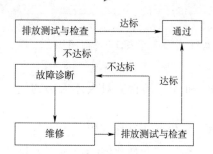

图 3-3 I/M 制度的工艺流程

4. 合理驾驶

合理的驾驶技术对降低汽车有害气体的排放十分重要。驾驶车辆时,应尽量减少发动机的起动次数;避免连续猛踩加速踏板;行驶时保持适当节气门开度和发动机正常热状况(冷却液温应控制在 80~90℃),以降低有害气体排放量。

三、汽车排放污染物检测

汽车发动机所排出的污染物成分和浓度与发动机的技术状况密切相关,所以通过对发动机的排气污染物进行检测,可评价发动机的技术状况,特别是燃油供给系统和点火系统的技术状况。

1. 检测标准

我国汽车排放标准是根据我国汽车排放污染物检测的历史与现状,以及我国汽车排放控制技术发展的状况而制定的。

目前,我国汽车排放污染物限值实施的国家标准主要有《点燃式发动机汽车排气污染物排放限值及测量方法(双怠速及简易工况法)》(GB 18285—2005)、《车用压燃式发动机和压燃式发动机汽车排气烟度排放限值及测量方法》(GB 3847—2005)、《车用压燃式、气体燃料点燃式发动机与汽车排气污染物排放限值及测量方法(中国Ⅲ、Ⅳ和Ⅴ阶段)》(GB 17691—2005)、《轻型汽车污染物排放限值及测量方法(中国第五阶段)》(GB 18352.5—2013)。即将实施的标准为《轻型汽车污染物排放限值及测量方法(中国第六阶段)》(GB 18352.6—2016)。

汽车排放检测或试验分为型式核准检查试验、生产一致性检测试验、在用车符合性检查和在用汽车的检测。型式核准检查试验适用于新设计的车型,生产一致性检测试验适用于对成批生产的车辆所进行的抽样试验,在用车符合性检查指在新车投入使用一定时期内或行驶一定里程后对污染控制装置的功能所进行的检查试验,在用汽车的检测指按有关规定的要求对在用汽车的技术状况所进行的年检及抽样检测。不同的汽车排放检测试验应采用相应的检测标准。

2. 轻型汽车污染物排放限值

《轻型汽车污染物排放限值及测量方法(中国第五阶段)》(GB 18352.5—2013)修改采用欧盟(EC)No 175/2007 法规《关于轻型乘用车和商用车排放污染物(欧五和欧六)的型式核准以及获取汽车维护修理信息的法规》和(EC)No 692/2008 法规《对(EC)No 175/2007 法规关于轻型乘用车和商用车排放污染物(欧五和欧六)的型式核准以及获取汽车维护修理信息的执行和修订的法规》以及联合国欧盟经济委员会 ECE R83-06(2011)法规《关于根据发动机燃料要求就污染物排放方面批准车辆的统一规定》及其修订法规的有关技术内容。现行标准排放限值见表 3-2。

《轻型汽车污染物排放限值及测量方法(中国第六阶段)》(GB 18352.6—2016)规定排放标准污染物排放限值见表 3-3(6a 阶段)和表 3-4(6b 阶段)。

表3-2 轻型汽车污染物排放限值（GB 18352.5—2013）

车辆类别	级别	基准质量 Rm（kg）	CO L1(g/km)		THC L2(g/km)		NMHC L3(g/km)		NO_x L4(g/km)		$THC+NO_x$ L2+L4(g/km)		PM L5(g/km)		PN L6(g/km)	
		划分标准	PI	CI	PI	CI	PI	CI	PI	CI	PI	CI	PI	CI	PI	CI
第一类车	—	全部	1.00	0.50	0.100	—	0.068	—	0.060	0.180	—	0.230	0.0045	0.0045	—	6×10^{11}
第二类车	Ⅰ	$Rm\leqslant1305$	1.00	0.50	0.100	—	0.068	—	0.060	0.180	—	0.230	0.0045	0.0045	—	6×10^{11}
第二类车	Ⅱ	$1305<Rm\leqslant1760$	1.81	0.63	0.130	—	0.090	—	0.075	0.235	—	0.295	0.0045	0.0045	—	6×10^{11}
第二类车	Ⅲ	$Rm>1760$	2.27	0.74	0.160	—	0.108	—	0.082	0.280	—	0.350	0.0045	0.0045	—	6×10^{11}

轻型汽车污染物排放限值（GB 18352.6—2016）6a 阶段　　表 3-3

车辆类别		测试质量（TM）（kg）	限　值						
			CO（mg/km）	THC（mg/km）	NMHC（mg/km）	NO_x（mg/km）	N_2O（mg/km）	PM（mg/km）	PN[①]（个/km）
第一类车		全部	700	100	68	60	20	4.5	6.0×10^{11}
	Ⅰ	$TM \leqslant 1305$	700	100	68	60	20	4.5	6.0×10^{11}
	Ⅱ	$1305 < TM \leqslant 1760$	880	130	90	75	25	4.5	6.0×10^{11}
	Ⅲ	$TM > 1760$	1000	160	108	82	30	4.5	6.0×10^{11}

注：①2020 年 7 月 1 日前，汽油车过渡限值为 6.0×10^{12} 个/km。

轻型汽车污染物排放限值（GB 18352.6—2016）6b 阶段　　表 3-4

车辆类别		测试质量（TM）（kg）	限　值						
			CO（mg/km）	THC（mg/km）	NMHC（mg/km）	NO_x（mg/km）	N_2O（mg/km）	PM（mg/km）	PN[①]（个/km）
第一类车		全部	500	50	35	35	20	3.0	6.0×10^{11}
	Ⅰ	$TM \leqslant 1305$	500	50	35	35	20	3.0	6.0×10^{11}
	Ⅱ	$1305 < TM \leqslant 1760$	630	65	45	45	25	3.0	6.0×10^{11}
	Ⅲ	$TM > 1760$	740	80	55	50	30	3.0	6.0×10^{11}

注：①2020 年 7 月 1 日之前，汽油车过渡限值为 6.0×10^{12} 个/km。

四、汽车排气污染物检测方法

《点燃式发动机汽车排气污染物排放限值及测量方法（双怠速及简易工况法）》（GB 18285—2005）和《车用压燃式发动机和压燃式发动机汽车排气烟度排放限值及测量方法》（GB 3847—2005）规定了在用汽油汽车和柴油汽车的排放污染物测量所应满足的要求。

1. 双怠速工况排气污染物检测

双怠速工况是怠速工况和高怠速工况的简称。怠速工况指离合器接合、变速器挂空挡、加速踏板与手控节气门（如果有）处于松开位置时的发动机运转工况；而高怠速工况指在怠速工况条件下，通过加大节气门开度，使发动机转速稳定控制在 50% 额定转速或发动机制造厂技术文件中规定的高怠速转速时的工况。双怠速工况排气污染物检测指在怠速和高怠速两个工况下对汽车的排气污染物所进行的检测试验。

用怠速法测量汽油车在怠速工况下的排气污染物，一般仅测 CO 和 HC，所用测量仪器为便携式排气分析仪。由于该方法测试方便，测量仪器价格便宜，便于携带，因此适用于汽车检测站和环保部门对在用汽车排放性能进行年度检测及排放监测。由于怠速工况是汽车运行过程中运行时间比例较短的工况，且怠速是稳定工况，因此怠速工况排气污染物检测，所得结果则较为全面而可靠。

1）检测仪器

使用排放测量仪器的技术性能应满足《点燃式发动机汽车排气污染物排放限值及测量方法》（GB 18285—2005）的有关规定。

2）检测程序

（1）应保证被检测车辆处于制造厂规定的正常状态，发动机进气系统应装有空气滤清器，排气系统应装有排气消声器，并不得泄漏。

（2）应在发动机上安装转速计、点火正时仪、冷却液和润滑油测温计等测量仪器。测量时，发动机冷却液和润滑油温度应不低于80℃，或者达到汽车使用说明书规定的热车状态。

（3）发动机从怠速状态加速至70%额定转速，运转30s后降至高怠速状态。将取样探头插入排气管中，深度不少于400mm，并固定在排气管上。维持15s后，由具有平均取值功能的仪器读取30s内平均值，或者人工读取30s内的最高值和最低值，其平均值即为高怠速污染物测量结果。对于使用闭环控制电子燃油喷射系统和三元催化转换器的汽车，还应同时读取过量空气系数(α)的数值。

（4）发动机从高怠速降至怠速状态15s后，由具有平均取值功能的仪器读取30s内的平均值，或者人工读取30s内的最高值和最低值，其平均值即为怠速污染物测量结果。

（5）若为多排气管时，取各排气管测量结果的算术平均值作为测量结果。

（6）若车辆排气管长度小于测量探头插入深度时，应使用排气加长管。

2. 工况法排气污染物检测

工况法是将汽车若干常用工况和排放污染较重的工况结合在一起测量排放污染物的方法。工况法的循环试验模式应根据汽车的排放性能、行驶特点、交通状况、道路条件、车流密度和气候地形等因素，对大量统计数据进行科学分析而制定，以最大限度地重视汽车运行时的排放特性。工况法是当今广泛使用的汽车排放试验方法。

与怠速法相比，工况法检测结果能全面评价车辆的排放水平。但工况法比怠速法要复杂得多，工况法要有转鼓试验台，并具有齐备的模拟汽车行驶动能的飞轮系统，还要有经过大量调查研究与数据处理制定出的模拟城市（城区和郊区）道路上汽车运行工况的试验程序，还要配备复杂而昂贵的大型综合分析仪和保证发动机按试验程序运转所需的试验程序自动控制系统。世界各国的排放法规中，对测试装置、取样方法和分析仪器的规定基本上是一致的，但测试的循环工况及排放限值的差别较大。

根据《点燃式发动机汽车排气污染物排放限值及测量方法》（GB 18285—2005）的规定，国内装备点燃式发动机的在用汽车排放污染物的监控，采用双怠速法排气污染物排放限值及测量方法；在机动车保有量大、污染严重地区，也可按规定采用简易工况法。

1）稳态工况法

稳态工况法在底盘测功机上测试由ASM5025和ASM2540两个工况组成的运转循环，如图3-4所示。

检测时，汽车驱动轮位于测功机滚筒上，将分析仪取样探头插入排气管中，深度为400mm，并固定于排气管上，对独立工作的多排气管应同时取样。

将车速控制在25km/h和40km/h的工况速度，保证车辆稳定运行。汽车在测功机上的试验车速允许误差为±1.5km/h，加载转矩应随车速的变化做相应的调整，保证加载功率不随车速改变；转矩允许误差为该工况设定转矩的±5%。

污染物排放值的修正可参阅《点燃式发动机汽车排气污染物排放限值及测量方法》（GB 18285—2005）。

2）瞬态工况法

汽车在底盘测功机上完成测试运转循环，如图3-5所示。完成一次试验，有效行驶时间为195s，平均车速为19km/h，理论行驶距离为1.013km。测试时，车辆起动后保持怠速运转40s，在40s终了时开始循环，并同时开始利用CVS系统采集排气样气，用NDIR分析测定CO及CO_2，FID测定THC、CLD或者NDUVR分析测定NO_x。

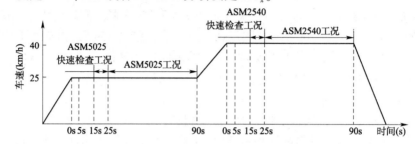

图3-4 稳态工况法（ASM试验运转循环）

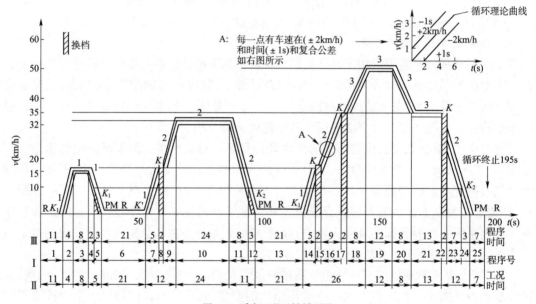

图3-5 瞬态工况运转循环图

K-离合器分离；K_1-离合器分离，变速器接合1挡；K_2-离合器分离，变速器接合2挡；1-1挡；3-3挡；2-2挡；PM-空挡；R-怠速

3）简易瞬态工况法

简易瞬态工况法采用与瞬态工况法一样的测试循环，如图3-5所示。其污染物排放试验设备包括底盘测功机、五气分析仪以及气体流量分析仪。五气分析仪直接对排放气体进行采样分析，气体流量分析仪可以即时测量排放气体流量。测试时，汽车发动机保持怠速运转40s。在40s终了时开始循环，并同时开始对排气取样。利用NDIR分析测定CO、HC和CO_2，采用电化学法或其他等效方法测定NO。简易瞬态工况法既吸取了稳态工况法中直接利用简便式尾气分析仪测定各种污染物浓度的长处，又兼有瞬态工况法中测量稀释排气量可得出污染物排放质量的优点。

3. 自由加速烟度检测

柴油机烟度检测工况有稳态和非稳态两种。

稳态烟度检测通常在柴油机全负荷稳定运转时进行。检测过程必须对柴油机加载,因此必须在试验台架上进行。同时,对于许多高强化的增压柴油机,由于在加速过程中所排放的废气烟度很高,因此稳态烟度检测不能反映柴油机排放特性的全貌。

柴油机在非稳态下的排气烟度受多种不稳定因素影响而变化很大。为了客观公正地反映柴油机的排烟特性,对非稳态烟度测定应有严格控制的试验程序。目前,非稳态烟度测定有自由加速法和控制加速法两种规范,我国使用的是自由加速法。自由加速法是指柴油机从怠速状态突然加速至高速空载转速过程中进行排气烟度测定的一种方法。由于自由加速法不需对柴油机加载,因此适应于检测站对在用柴油机的年检以及环保部门对柴油机的监测。

自由加速工况指在发动机怠速下,迅速踩下加速踏板,使喷油泵供给最大油量。在发动机达到调速器允许的最大的转速前,保持此位置。一旦发动机达到最大转速,立即松开加速踏板,使发动机恢复至怠速。应于20s内完成循环组成所规定的循环。

自由加速烟度检测所用的仪器为滤纸式烟度计或不透光烟度计。其测试程序如下:

(1) 安装取样探头:将取样探头固定于排气管内,插入深度等于300mm,并使其中心线与排气管轴线平行。

(2) 吹除积存物:按自由加速工况进行3次,以清除排气系统中的积存物。

(3) 测量取样:将抽气泵开关置于加速踏板上,按自由加速工况及规定的循环测量4次,取后3次读数的算术平均值即为所测烟度值。

(4) 当汽车发动机出现黑烟冒出排气管的时间和抽气的时间不同步的现象时,应取最大烟度值。

第三节 汽车噪声及其防治

一、汽车噪声源

汽车噪声源主要包括与发动机工作相关的噪声源以及与汽车行驶有关的噪声源。前者主要包括燃烧噪声、机械噪声、进排气噪声、风扇噪声等;后者主要包括传动噪声和轮胎噪声等。

1. 发动机噪声

直接从发动机本体及附件向空间传播的噪声称为发动机噪声。发动机噪声随机型、运行工况的不同而有很大差异。在相同转速下,柴油机噪声较汽油机噪声高 5~10dB(A)。发动机噪声是由各种不同性质的噪声所构成的综合噪声,主要包括燃烧噪声、机械噪声、进气噪声、排气噪声和风扇噪声等。按照噪声的辐射方式来分类,燃烧噪声和机械噪声是通过发动机表面向外辐射的,故称为发动机表面噪声;进、排气噪声和风扇噪声则是直接向大气辐射的噪声。

1) 燃烧噪声

燃烧噪声是燃料在发动机汽缸内燃烧而产生的声音,指燃烧时汽缸内压力急剧上升冲击活塞、连杆、曲轴、缸体及汽缸盖等引起发动机机体表面振动而辐射出来的噪声。燃烧噪声是发动机噪声的主要来源。一般柴油机的燃烧噪声高于汽油机的燃烧噪声。

柴油机燃烧噪声主要出现在发动机燃烧过程的速燃期,其次缓燃期。在速燃期内,压力增长率大,在汽缸内形成的压力高,因此产生的噪声大。

2) 机械噪声

由于互相运动的零件之间存在间隙,发动机运转时零件在力的作用下产生撞击,以及周期性作用力使零部件产生弹性变形导致发动机机体表面振动所引起的噪声称之为机械噪声。主要包括:活塞对缸套的敲击声,配气机构、正时齿轮和喷油泵的噪声等。根据噪声的来源,发动机机械噪声的构成如图3-6所示。

活塞对汽缸壁的敲击,通常是发动机的最大机械噪声源。由于二者之间存在间隙,作用在活塞上的气体压力和惯性力的方向周期性变化,使活塞在往复运动过程中对汽缸壁的侧向推力方向和接触面发生周期性变化,从而形成活塞对汽缸壁的强烈冲击。冷起动时,由于活塞与缸壁之间间隙较大,噪声尤为明显。这种冲击振动一方面经汽缸壁直接传给曲轴箱和发动机缸体,另一方面经连杆、曲轴,再从皮带轮等处传播出去。

活塞敲击声主要取决于汽缸内最大爆发压力和活塞与缸壁之间的间隙,其强弱既与可燃混合气的燃烧有关,又与发动机的具体结构有关。在使用过程中,活塞与缸壁的间隙、发动机转速、负荷以及汽缸的润滑条件是主要影响因素。

活塞敲击声随转速的增高而增大,转速一定时,撞击能量与缸壁间隙成比例增长,如图3-7所示。

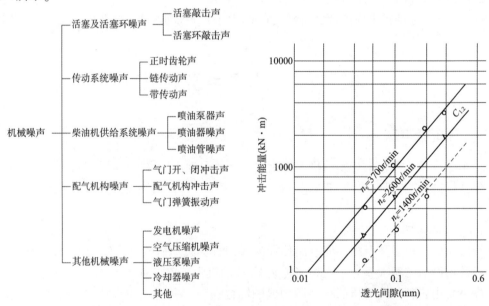

图3-6 发动机机械噪声分类图　　图3-7 缸壁间隙与活塞撞击能量的关系

无负荷时进气量少,汽缸压力低,因此活塞敲击能量大幅下降。直喷式柴油机,特别是高增压直喷式柴油机,汽缸压力随负荷提高而增大,活塞的敲击能量也因之增大。

润滑油有阻尼和吸声作用。因此,如果活塞与缸壁之间有足够的润滑油,可以降低活塞敲击噪声。

配气机构噪声是由于气门开启和关闭时产生的撞击以及系统振动而形成的噪声。试验证明:低速时,配气机构噪声主要由气门开、闭时的撞击以及从动件与凸轮顶部摩擦振动产生;高速时的配气机构噪声是由于气门的不规则运动——"飞脱""反跳"引起的。此外,气门弹簧的振动也会形成噪声。

影响气门开、关噪声的主要因素是气门的运动速度,图3-8所示为气门噪声与气门运动速度之间的关系。由图3-8可看出,气门噪声与气门运动速度成正比。在高速时,气门发生不规则运动的原因主要是惯性力过大,以致超出了气门弹簧的弹力。

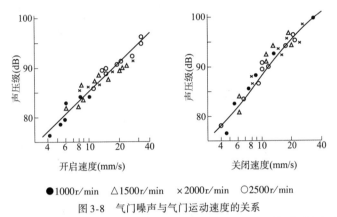

图3-8 气门噪声与气门运动速度的关系

正时齿轮噪声产生的内因是在交变载荷作用下齿轮刚度的周期性变化,以及齿轮的制造误差和表面粗糙度;外因是由于曲轴的扭转振动引起的转速变化和由于驱动配气机构、喷油泵等引起的载荷的周期性变化。外因通过内因使齿轮振动而产生噪声,同时通过轴、轴承以及汽缸体、传动齿轮盖,使机体振动向外传播噪声,如图3-9所示。因此,影响正时齿轮噪声的因素既有齿轮本身的设计与加工问题,又与正时齿轮室的结构有关。

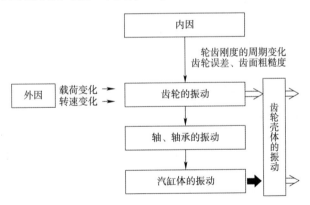

图3-9 正时齿轮噪声的产生

柴油机喷油系统的噪声主要是由于喷油泵、喷油器和高压油管系统的振动引起的,分为流体性噪声和机械性噪声。流体性噪声是指油泵压力脉冲所激发的噪声、空穴现象所激发的噪声和喷油系统管道的共振声;机械噪声主要是喷油泵凸轮和滚轮体之间的周期性冲击和摩擦声。此外,凸轮轴及轴承的振动、调速机构等也会产生噪声。随着发动机转速的提高,其噪声也相应增大;同时,由于其主要频率处于人声敏感的高频区域,因此是不可忽视的噪声源。

3)进、排气噪声

进、排气噪声是由于发动机在进、排气过程中的气体压力波动和气体流动所引起的振动而产生的噪声,属于空气动力性噪声。其中:排气噪声是仅次于发动机机体噪声的噪声源,其强弱与风扇噪声类似,有时甚至比发动机机体噪声高10~15dB(A)。进气噪声比排气噪声小,但所特有的低频成分可使车身发生共振,是产生车内噪声的原因之一。

发动机进、排气噪声包括:进、排气管中流动气流的压力脉动所产生的低、中频噪声;气流高速流过气门的进气截面时,形成涡流,产生高频噪声;在汽缸内气体产生动力振动的过程中,气门迅速关闭时,进、排气系统也会产生气体振动,并通过进、排气门表面传播噪声。

4)风扇噪声

风扇噪声是汽车的最大噪声源之一。近年来,由于车内普遍装设空调系统和排气净化装置等,发动机罩内温度升高,冷却风扇负荷加大,其噪声也相应增大。

风扇噪声主要是空气动力性噪声,由旋转噪声和涡流噪声所组成。此外,机械振动也能引起噪声。

旋转噪声是由风扇旋转的叶片周期性地切割空气,引起空气的压力波动而激发出的噪声。

涡流噪声是由于风扇叶片旋转时在周围产生空气涡流而造成的。风扇旋转时,叶片使空气发生扰动,压缩和稀疏空气,产生空气涡流,发出噪声。其频率取决于叶片与空气的相对速度。叶片的圆周速度随着与圆心距离的变化而变化,圆心处速度最小,最大直径处速度最大,其间相对速度是变化的,因此涡流噪声的频率也是连续变化的。

风扇的机械振动噪声是由气流引起的风扇、导向装置(护风圈)或散热装置的振动,以及其他外部振动激发的机械振动而引起的。一般情况下,机械振动噪声较之风扇的空气动力性噪声小得多。

2. 传动系统噪声

传动系统噪声包括变速器噪声、传动轴噪声以及驱动桥噪声。其中变速器是主要噪声源。

变速器噪声主要由齿轮振动引起的噪声、轴承的声响、润滑油的搅拌声、发动机振动传播到变速器箱体而辐射出的噪声几部分组成。

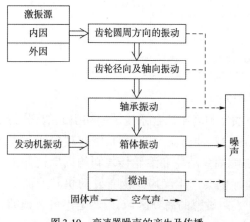

图3-10 变速器噪声的产生及传播

变速器噪声的发生及传播途径如图3-10所示。齿轮振动噪声占变速器噪声的绝大部分。引起齿轮振动的内部原因是在交变载荷的作用下引起的轮齿刚度的周期性变化和齿的啮合误差;外部原因是由于发动机转速变化而引起的齿轮负荷的变化。

齿轮在啮合传动过程中,靠齿轮传递动力和运动。具有一定弹性的齿轮和轮体组成了一个振动系统。由交变负荷引起的弹性变形以及由于齿轮的各种制造误差将引起附加冲击载荷,使齿轮发生圆周振动,齿轮因此不能平稳运转,齿与齿之间产生碰撞并产生动载荷。在该动载荷的作用下,轴荷轴承产生振动,造成齿轮的径向振动;同时,由于轴的变形,还会引起齿轮的轴向振动。这些振动是齿轮噪声的成因。齿轮噪声可直接或间接向外传播。由于齿轮箱是密封的,直接以声波向外传播的仅是很少一部分。齿轮振动主要通过轴、轴承传到壳体上,形成壳体的振动,从而辐射出噪声。

变速器噪声与变速器的形式、挡位等因素有关,并随着汽车行驶条件、速度、负荷的变化而变化。图 3-11 为装用 6 挡变速器的大型载货汽车从发动机中等转速急加速到高转速时,变速器噪声与转速的关系曲线。转速一定时,变速器噪声与负荷的关系如图 3-12 所示。

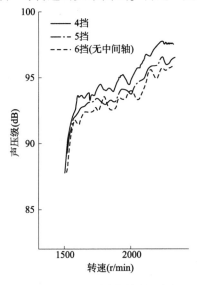

图 3-11　变速器噪声与转速的关系

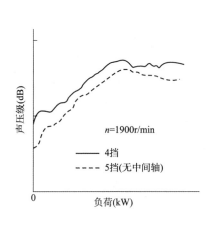

图 3-12　变速器噪声与负荷的关系

汽车传动轴噪声是由于发动机转矩波动、变速器及驱动桥等振动输入、万向节输入和输出的转速和转矩不均衡以及传动轴本身的不平衡引起的。传动轴噪声的扩散主要有两个途径:其一是经传动轴的中间支撑、变速器和后桥传至车身及其部件,引起广泛的振动和噪声;其二是直接向外辐射噪声。传动轴噪声的能量一般很小,在传动系统噪声中不占主要地位。

3. 轮胎噪声

轮胎直接发出的噪声包括轮胎花纹噪声、道路噪声、弹性振动噪声以及轮胎旋转时搅动空气引起的风噪声。

(1)花纹噪声。花纹噪声在轮胎噪声中占主要地位。由于轮胎胎面有各种花纹,汽车在行驶时,在胎面与地面接触的过程中胎面受到压缩、拉伸,而形成泵气、吸气效应。轮胎胎面花纹槽内的空气在接地时被挤压,并有规律地排出,引起周围空气压力周期性变化而产生噪声。

(2)道路噪声。道路噪声是由于路面凹凸不平而产生的噪声。当汽车通过小凸凹路面时,轮胎胎面使凹凸内的空气挤压和排放,引起周围空气压力变化而产生噪声。轮胎花纹噪声和道路噪声都是轮胎与路面相互作用而产生的噪声。

(3)弹性振动噪声。弹性振动噪声是由于轮胎不平衡、胎面花纹刚度变化或路面凹凸不平等原因激发轮胎振动而产生的噪声,其振动频率一般在 200Hz 以下。弹性振动噪声是轮胎本身的弹性引起的,由于振动频率低,不在人的听觉敏感范围内,所以影响不大。

(4)风噪声。风噪声是轮胎旋转时搅动周围空气而产生的空气振动声。车速较低时,轮胎的风噪声可以忽略。

影响轮胎噪声的因素很多。除上述因素外,车速、负荷、轮胎气压、轮胎磨损程度以及路面状况等使用因素对轮胎噪声的影响也很大。

轮胎噪声与车速具有一定的线性关系。随着车速提高,轮胎噪声相应增大。其原因为轮胎花纹内的空气容积变化速度加快,"泵气"声增大;胎面花纹承受的激振力增大,振动声也随之增大。两者之间关系的经验公式为:

$$dB(A) = Algu_a + B \tag{3-11}$$

式中:A——系数,一般取 30~40;

u_a——车速,km/h;

B——常数。

负荷不同时,轮胎花纹的挤压作用也产生变化。随着载荷的增加,胎面花纹的变形增大,轮胎的胎肩逐渐接触地面,横向花纹轮胎容易形成"空腔的封闭"而使噪声增大,而对纵向花纹轮胎则影响不大。

轮胎气压增大,轮胎变形小;反之,则变形增大。因此,对于齿形花纹轮胎来说,气压高时噪声小,气压低时噪声大。

对于齿形花纹轮胎而言,胎冠尺寸增大,花纹接地状态产生变化,使噪声增大。当进一步磨损时,花纹逐渐磨平,槽内空气量减少,噪声降低。

路面状况对轮胎噪声的影响主要是路面的粗糙度和潮湿程度。资料表明,由于路面粗糙度不同所引起的轮胎噪声变化为7dB(A)左右;湿路面比干路面的噪声大10dB(A)左右,其增大的程度随路面含水量而变化。湿路面的轮胎噪声主要是因为溅水造成的,与轮胎花纹的关系不大。

除上述组成部分外,汽车的噪声还包括高速行驶时产生的车身干扰空气噪声、制动噪声、储气筒放气声、喇叭声以及各种专用车辆上的动力装置噪声等。但是这些噪声不是连续性的,因此在汽车噪声中不占主要地位。

二、降低汽车噪声的主要措施

汽车噪声控制是一项相当复杂的工作。归纳起来有消除或减弱噪声源的噪声、隔绝传播途径和吸声处理等。其中,消除或减弱噪声源的噪声是最根本、最直接的措施。根据产生汽车噪声的噪声源不同,具体控制措施如下。

1. 发动机噪声源控制

1)降低燃烧噪声

汽油机控制燃烧噪声主要是通过根据压缩比选择合适牌号的燃油;适当推迟点火提前角;及时清除燃烧室积炭来抑制爆燃和表面点火现象的产生,即可抑制其燃烧噪声。

控制柴油机燃烧噪声的根本措施是降低燃烧时的压力升高比。由于压力升高比取决于着火延迟期和着火延迟期内形成的混合气数量及质量,因此可通过选用十六烷值较高的燃料、合理组织喷射、选用低噪燃烧室来实现。

2) 降低机械噪声

(1) 在满足使用和装配的前提下,尽量减小活塞与汽缸之间的间隙。减小间隙可以减小甚至消除活塞横向运动的位移量,从而减轻或避免活塞对缸壁的冲击,达到降低噪声的目的。

(2) 合理设计凸轮线形,提高凸轮加工精度和减小表面粗糙度值,减轻配气机构零件的质量,减小配气机构的间隙,控制惯性力所激发的振动,可以减小气门尾部的撞击声;采用液压气门挺杆可降低气门开、关噪声。

(3) 提高喷油泵的刚性,采用单体泵及选用损耗系数较大的材料做泵体,以减少因泵体振动而产生的噪声。

3) 降低进排气噪声

降低进、排气噪声的主要措施是使用消声效果好的消声器。由于消声器的阻抗大,会使发动机的性能恶化,因此要选用阻抗小而消声效果好的消声器。此外,在使用过程中,要注意进、排气系统的紧固作业和接头的密封状况,以减小表面辐射噪声和漏气噪声。

4) 降低风扇噪声

发动机风扇噪声在低速运转时以涡流噪声为主,高速时旋转噪声较强。风扇噪声与风扇转速有很大关系,而风扇转速与发动机转速成正比,所以噪声与发动机转速有直接关系。

通常,在低速时,风扇噪声比发动机本体噪声低得多;在高转速时,风扇噪声往往成为主要甚至最大噪声源。为了减小高速时发动机的风扇噪声和功率消耗,汽车发动机普遍使用带有液力耦合器、不等距叶片、变扭角叶片的风扇,也可采用水温感应电动离合风扇。在满足冷却条件的前提下,增大风扇直径,降低转速,合理选用风扇叶片材料,对降低噪声都有一定效果。

2. 传动系统噪声源控制

(1) 优选低噪声齿轮结构,选择大重叠系数的啮合副,以减小齿轮间的相对滑移和冲击,使齿轮工作过程平稳。但应注意重叠系数不宜过大,尤其在齿轮精度不高的场合,多对齿轮同时啮合反而会加剧振动、增大噪声。

(2) 在条件许可的情况下,优先选用球轴承,因为球轴承在理想的工作状态下为点接触,其噪声水平较其他轴承低得多。

(3) 改进工艺,提高齿轮和轴承的制造加工工艺。

(4) 保证变速器壳体有足够的刚度,避免共振。提高变速器壳体刚度的常用措施有:增加壁厚,合理布置肋条、肋板,把壳体内表面设计成弧形,转角采用大圆弧过渡等。

(5) 提高传动轴刚度,保证传动轴动平衡。同时,消除不等速万向节带来的传动轴转矩和转速的波动,减小传动轴工作时的振动。

3. 轮胎噪声控制

(1) 降低轮胎花纹接地宽度与轮胎直径的比值,采用变节距轮胎等,对降低高速行驶车辆的轮胎噪声效果相当明显。

(2) 在满足使用要求的前提下,优先选用子午线轮胎、纵向花纹轮胎或者接近纵向花纹的轮胎。

(3) 在轮胎与车身的连接之间加装弹性阻尼隔振装置,以衰减轮胎振动向车身的传递,达到间接控制噪声的目的。

(4)在汽车行驶过程中,控制行驶速度和加速度,适时调整轮胎气压,以降低轮胎噪声。

除上述措施外,还可以从道路交通管理、噪声传播控制等方面来降低汽车噪声。具体措施有:

(1)严格执行禁止鸣号区的规定,减小主动噪声。

(2)在城市中心主干道采取限车出入、限时通行的办法来限制大型高噪声车辆入城或规定其行驶的路线和时间。

(3)合理设置限速标志,控制车速,降低噪声污染。

(4)搞好城市绿化,修建隔声设施。

三、汽车噪声检测

汽车行驶时发出的发动机噪声、传动系统噪声、轮胎噪声等,使汽车成为一个噪声源。汽车噪声排放性能是汽车的重要环保性能,汽车噪声指标是依其声强大小来进行评定的。汽车噪声指标包括:汽车加速行驶车外噪声、汽车定位噪声、客车车内噪声、驾驶人耳旁噪声。

1.检测标准

1)驾驶人耳旁噪声

根据《机动车运行安全技术条件》(GB 7258—2017),汽车(纯电动汽车、燃料电池汽车和低速汽车除外)驾驶人耳旁噪声声级应小于或等于90dB(A)。测量位置应符合GB/T 18697—2002的规定。

2)客车车内噪声

根据《客车车内噪声限值及测量方法》(GB/T 25982—2010),各类客车车内噪声声压级不应超过表3-5规定的数值。其测量方法按《客车车内噪声限值及测量方法》(GB/T 25982—2010)的规定执行。

各类客车车内噪声声压级限值 表3-5

车辆种类		车内噪声声压级限值(dB)(A)	
城市客车	前置发动机	驾驶区	86
		乘客区	86
	后(中)置发动机	驾驶区	78
		乘客区	84
其他客车	前置发动机	驾驶区	82
		乘客区	82
	后(中)置发动机	驾驶区	72
		乘客区	76

3)汽车加速行驶车外噪声

《汽车加速行驶车外噪声限值及测量方法》(GB 1495—2002)是机动车辆产品的噪声标准,同时也是城市机动车辆噪声检查的依据。各类机动车辆行驶时,车外最大允许噪声级应符合表3-6的规定。对于各类变型车或改装车(消防车除外)加速行驶的车外最大允许噪声级,应符合基本车型噪声的规定。

第三章 汽车的环保性和安全性

汽车加速行驶车外噪声限值 表3-6

汽车分类	噪声限值[dB(A)]	
	第一阶段	第二阶段
	2002年10月1日~2004年12月30日期间生产的汽车	2005年1月1日以后生产的汽车
M_1	77	74
$M_2(G \leqslant 3.5t)$ 或 $N_1(G \leqslant 3.5t)$:		
$G \leqslant 2t$	78	76
$2t < G \leqslant 3.5t$	79	77
$M_2(3.5t < G \leqslant 5t)$ 或 $M_3(G > 5t)$:		
$P < 150kW$	82	80
$P \geqslant 150kW$	85	83
$N_2(3.5t < G \leqslant 12t)$ 或 $N_3(G > 12t)$:		
$P < 75kW$	83	81
$75kW \leqslant P < 150kW$	86	83
$P \geqslant 150kW$	88	84

注：1. M类(客车)：至少有4个车轮的载客机动车辆；或者有3个车轮，且厂定总质量不超过1t的载客机动车辆。

  M_1类：除驾驶人外，乘员座位数不超过8个的客车。

  M_2类：除驾驶人外，乘员座位数不超过8个，厂定总质量不超过5t的客车。

  M_3类：除驾驶人外，乘员座位数不超过8个，厂定总质量超过5t的客车。

 2. N类：至少有4个车轮的载货机动车辆；或者有3个车轮，且厂定总质量不超过1t的载货机动车辆。

  N_1类：厂定总质量不超过3.5t的载货汽车。

  N_2类：厂定总质量超过3.5t，但不超过12t的载货汽车。

  N_3类：厂定总质量超过12t的载货汽车。

4）汽车定置噪声

汽车定置噪声指车辆不行驶，发动机处于空载状态下的排气噪声和发动机噪声。根据国家标准《汽车定置噪声限值》(GB 16170—1996)规定，汽车定置噪声限值见表3-7。

汽车定置噪声限值[单位：dB(A)] 表3-7

车辆类型	燃料种类		车辆出厂日期	
			1998年1月1日以前	1998年1月1日及以后
轿车	汽油		87	85
微型客车、货车	汽油		90	88
轻型客车、货车、越野车	汽油	$n_0 \leqslant 4300r/min$	94	92
		$n_0 > 4300r/min$	97	95
	柴油		100	98
中型客车、货车、大型客车	汽油		97	95
	柴油		103	101
重型货车	$P < 147kW$		97	95
	$P > 147kW$		103	101

注：1. n_0 为发动机额定转速。

 2. P 为发动机额定功率。

2. 汽车噪声检测方法

1) 驾驶人耳旁噪声检测

根据《机动车运行安全技术条件》(GB 7258—2017)规定,测量驾驶人耳旁噪声时,汽车空载,处于静止状态且置变速器于空挡,发动机应处于额定转速状态(当发动机正常工作状态下无法达到额定转速时,则采用可达到的最大转速进行测量,并对测量转速进行记录说明),门窗紧闭;环境噪声应低于被测噪声值至少10dB(A);声级计置于"A"计权、"快"挡;测量位置应符合《声学汽车车内噪声的测量方法》(GB/T 18697—2002)的规定,如图3-13所示。

2) 客车车内噪声检测

根据《客车车内噪声限值及测量方法》(GB/T 25982—2010),客车车内噪声测量应满足如下要求。

(1) 测量条件。

从客车辐射的噪声只能通过道路表面的反射成为车内噪声的一部分,而不能通过建筑物、墙壁或客车外的类似大型物体的反射成为车内噪声。测量时,客车与这类大型物体之间的距离应大于20m;沿测量路线在约1.2m高度的风速不应超过5m/s;对于所有A声级测量,由背景噪声和仪器内部电噪声而确定的测量动态范围下限应至少低于所测声级15dB(A),否则试验结果无效。

(2) 测量位置。

客车内噪声测量一个测量点应选在驾驶人耳旁。对于城市客车,乘客区按照车内尺寸取测量点,每节车厢分别取中心线上的前中后3个点来测量。对于其他客车,在乘客区的前部、中间和后部也应各布置一个测量点。测量时通常在人耳附近布置测量点,传声器朝向车辆前进方向,座位测量点传声器位置如图3-13所示。

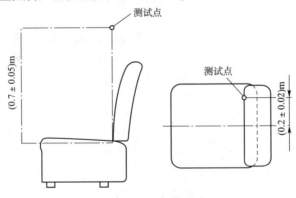

图3-13 座位测量点位置

(3) 测量方法。

①城市客车。汽车分别在第Ⅱ挡15km/h和第Ⅲ挡35km/h(如第Ⅱ挡15km/h和第Ⅲ挡35km/h车速下对应的发动机转速超过额定转速的90%,则取前一挡位下90%额定转速对应的车速)时节气门全开加速两种运行工况下进行测试,其变速器挡位在噪声测试过程中不应改动。对于自动变速器(含手自动一体的变速器)的客车,测试工况为10~50km/h全负荷加速过程。

当客车达到稳定的上述测试车速时,将声级计置于 A 计权、快挡进行测量,同时尽可能快地使节气门全开,直到发动机转速达到制造厂规定额定转速的 90%,读取声级计的读数。每个测量点进行往返各 1 次测量,并记录在所规定的加速范围内出现的 A 计权声级最大值。分别计算驾驶人耳旁和乘客区各测点在第Ⅱ挡和第Ⅲ挡时的 4 次测量的算术平均值作为中间结果。

②其他客车。汽车以 90km/h 或设计最高车速的 80%(两者取较小值)的车速匀速行驶,机械式变速器客车的挡位应处于最高挡,自动变速器(含手自动一体)的客车应使选挡手柄处于制造厂为正常行驶而推荐的位置。按相应车速匀速行驶试验,每个测量点进行往返各 1 次测量,每次测量时间至少为 5s,读取稳态噪声测量读数,并记录 A 计权等效声压值,分别计算驾驶人耳旁和乘客区各测点 2 次测量的算术平均值作为中间结果。

3)汽车加速行驶车外噪声检测

测量场地应平坦空旷,在测量中心以 50m 为半径的范围内不应有大的反射物(如建筑物、围墙等)。

测量场地如图 3-14 所示。测量时传声器位于 20m 宽跑道中心点的两侧,各距中心线 7.5m、距地面高度 1.2m,传声器平行于地面,其中轴线垂直于车辆的行驶方向。

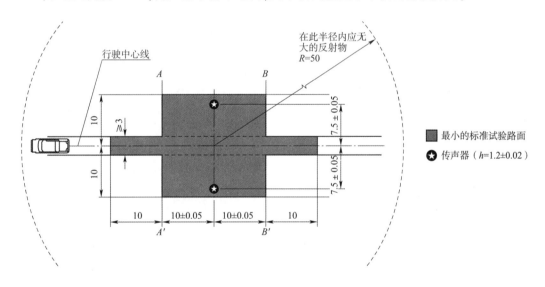

图 3-14　汽车车外噪声检测场地(m)

被测汽车应空载,不带挂车或半挂车(不可分解的汽车除外);被测汽车装用规定轮胎,轮胎气压达到厂定空载状态气压;被测汽车的技术状况应符合该车型的技术条件(特别是该车的加速性能);如果汽车有两个或更多的驱动轴时,测量时应采用常用的驱动方式;如果装有带自动驱动机构的风扇,应保持其自动工作状态。

按照规定选择汽车挡位,并确定接近速度。对于装用手动变速器 M_1 和 N_1 类汽车不多于 4 个前进挡时,应用第二挡进行测量;多于 4 个前进挡的变速器时,应分别用第二挡和第三挡进行测量。其接近 AA' 线时,一般取 50km/h。

汽车以规定的挡位和稳定速度接近 AA' 线时,速度变化应控制在 ±1km/h 之内,若控制发动机转速,则转速变化应控制在 ±2% 或者 50r/min 之内(取两者中较大值)。

当汽车前端到达 AA' 线时,必须尽可能地迅速将加速踏板踩到底(即节气门全开)加速行驶,并保持加速踏板位置不变,直到汽车尾端通过 BB' 线时再尽快地松开加速踏板。

汽车应直线加速行驶通过测量区,其纵向中心平面应尽可能接近测量区中心线。

4)汽车定置噪声的检测

车辆位于测量场地的中央,拉紧驻车制动器操纵杆,变速器挂空挡,离合器接合。

发动机罩、车窗和车门应关上,车辆的空调器及其他辅助装置应关闭。

测量时,发动机出水温度、润滑油温应符合生产厂的规定。

排气噪声测量位置如图 3-15 所示。检测时,传声器与排气端口等高,在任何情况下距地面不得小于 0.2m。

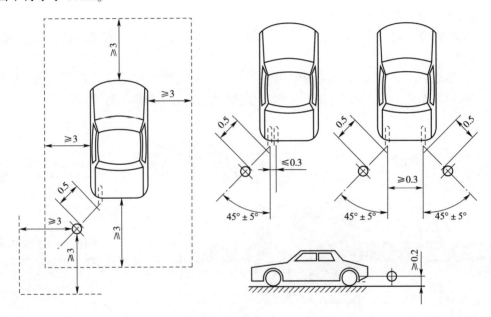

图 3-15 传声器位置示意图

传声器的轴线应与地面平行,并与包含排气口末端轴线的竖直平面成 45°±5° 的夹角。传声器朝向排气口,距排气口端 0.5m,放在车辆外侧。

如果车辆装有两个或两个以上排气口,排气口相互距离不超过 0.3m,并且连接同一消声器,则只需取一个测量位置。传声器应以最靠近车辆外侧的那个排气管为参考进行布置,如果排气管上下排列,则以靠上的排气管为参考进行布置。如果车辆多个排气口相距又大于 0.3m 的,或者使用了多个消声器,应对每一个排气口进行测量,并记录下其最高声级。

对于那些排气口参考点位置不宜布点的车辆,由于某些车辆部件(备胎、油箱、蓄电池等)妨碍了测量点,传声器应安置在距离最近的妨碍部件(包括车身)至少 0.2m 处,并最大程度避开妨碍部件,其轴线正对排气口,如图 3-16 所示。对于排气管垂直向上的车辆,传声器放置位置应与排气管口等高,传声器朝上,其参考轴应垂直于地面。传声器应放置在离排气管较近的车辆一侧,并距排气口端 0.5m,如图 3-17 所示。

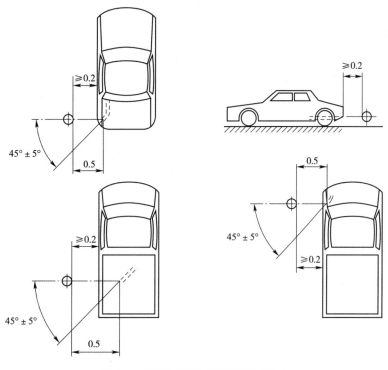

图 3-16　有妨碍部件的传声器位置布置点

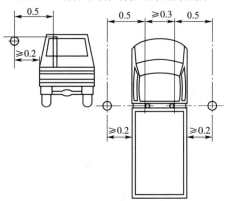

图 3-17　排气管垂直向上的传声器位置布置点

第四节　汽车被动安全技术

汽车被动安全性是指事故发生时保护车辆乘员和行人,使直接损失降到最小的能力。另外,还应考虑防止事故车辆火灾和迅速疏散乘客的性能。被动安全性可以分为车内安全性和汽车外部安全性。

一、车辆事故分析

道路交通事故的统计和分析是研究汽车被动安全性的基础。根据事故统计,了解事故与气候、道路、时间及驾驶人和车外人员的年龄等关系,并找出发生频数最多的事故(即所谓"典型事故"),便于进行深入研究和提出事故对策。

图 3-18 所示是轿车碰撞事故分布情况。正面碰撞占 64% 以上,而其中一半是车前左侧(右侧通行时)。侧部碰撞是第二常见事故类型。

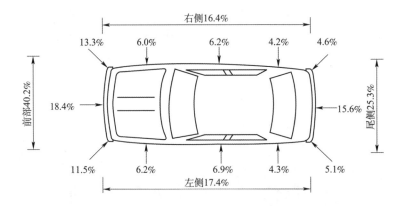

图 3-18　右侧通行的轿车碰撞事故类型分布

从撞车速度来看,正面撞车速度高于侧向撞车和追尾碰撞。有一半以上的正面碰撞事故的速度高于 60km/h,而 90% 的追尾碰撞事故的速度低于 30km/h。

事故中伤员的头、胸、下腹和脊椎等部位是主要致死原因。图 3-19 和图 3-20 分别给出了纵向撞车事故中驾驶人和轿车前排乘客的伤害形成过程。图 3-21 具体表明了某轿车的乘员身体伤害部位分布情况。

图 3-19　撞车中轿车驾驶人受伤过程

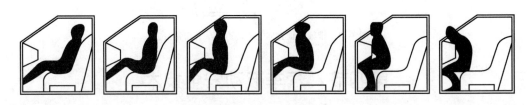

图 3-20　撞车中轿车前排乘客受伤过程

汽车和自行车碰撞时的汽车速度多在 40~50km/h,而与摩托车碰撞时汽车速度则高得多,往往超过 65km/h。

大多数行人是在交叉路口和道路入口处从侧面被汽车正面所撞。轿车平均碰撞速度一般不超过 35km/h。如果汽车速度超过 40km/h,则常会导致行人死亡。而对于载货汽车,20km/h 的速度已可使行人头部受到致命伤害。

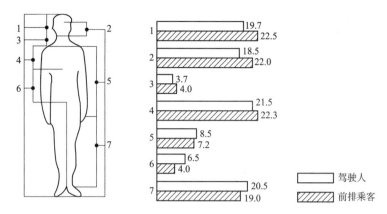

图 3-21 事故中轿车乘员身体各部位受伤分布
1-头部；2-面部；3-颈部；4-胸部；5-上肢；6-腹部；7-下肢

二、被动安全性的评价方法

评价被动安全性的最简单指标是"事故严重程度因素"F，即：

$$F = \frac{N_s}{N_{sh}} \tag{3-12}$$

式中：N_s——事故中死亡人数（当场死亡或事故后存活不超过 7 昼夜的伤员）；

N_{sh}——事故中受伤人数。

各国统计数据表明，F 一般在 1/40 ~ 1/5 范围内。

衡量道路交通事故严重程度的指标还有每 10 万人居民、每 1000000km 行程、每万车的事故死伤人数。

考虑到事故中伤亡情况的差异，苏联学者提出了"危险系数 k"的概念，即：

$$k = \frac{k_1 N_q + k_2 N_z + k_3 + N_s}{N_q + N_z + N_s + N_o} \tag{3-13}$$

式中：N_q——轻伤人数；

N_z——重伤人数；

N_o——未受伤人数；

k_1、k_2、k_3——加权系数，取 $k_1 = 0.015$，$k_2 = 0.36$，$k_3 = 1$。

三、车内被动安全性

研究表明，事故中人体内伤和脑损伤与减速度有直接关系，骨折与作用力有关，组织损伤与剪切力有关。所以，研究汽车内部被动安全性的重要内容是降低人体在碰撞时的减速度。提高汽车内部被动安全性的主要措施如下。

1. 安全车身

在轿车发生正面碰撞或碰撞固定障碍物时，前部出现特别大的平均减速度 j_{cp}（300 ~ 400g），向后逐渐降低。其质心位置的平均减速度 j_{cp} 为 40 ~ 60g，瞬时值可达 80 ~ 100g，如图 3-22 所示。

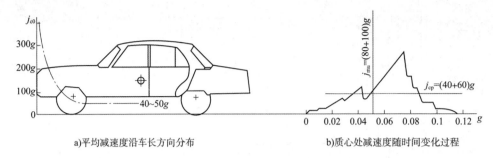

a) 平均减速度沿车长方向分布　　b) 质心处减速度随时间变化过程

图 3-22　汽车与固定障碍物相撞时减速度的变化

为了降低正面碰撞时的减速度，在轿车前部做成折叠区（图 3-23）。这样，在撞车时可提供 400～700mm 的变形行程，通过前部折叠区的变形来吸收撞车的动能。

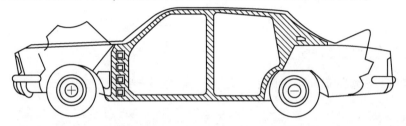

图 3-23　轿车各部不同的刚度（乘坐区刚度大，保证乘员的生存空间）

折叠区的变形力应满足梯度特性，如图 3-24 所示。即可分为 5 个区段：行人保护、低车速保护、对事故对方共存保护、自身保护（针对本车乘员）以及生存空间。变形力从前向后逐渐增加，使得撞车力较小时，变形仅限于前部零件。

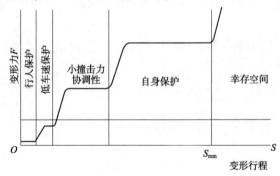

图 3-24　轿车前部变形力梯度特性

后部撞车的速度较低，轿车后部折叠区的变形行程为 300～500mm。备胎后置有助于减小冲撞加速度，而燃油箱位置则必须避开折叠区。行李舱盖边缘不能穿过后风窗而撞入车内。

侧向碰撞时，由于碰撞部位的装饰件和结构件允许的变形行程很小，吸收能量的能力远小于前部和后部，因而引起车内的严重变形对乘客伤害的危险性很高。伤害危险性很大程度上取决于轿车侧部结构强度（立柱和车门的连接、顶部及底部与立柱的连接）、底板横梁和座椅的承载能力以及门内板的设计。应保证主撞车不至于侵入被撞车的乘员空间。

翻车时，车门应保证不能自开。在活顶式轿车上，可装设展开式翻车保护杆，并约束乘员头部，如图 3-25 所示。

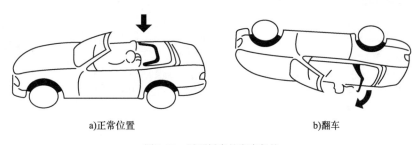

图 3-25　活顶轿车的翻车保护

2. 限制乘员位移

1）安全带

安全带（座椅带）是最简单有效的约束装置（图 3-26）。轿车驾驶人和前排乘客多用三点式安全带，后排乘客或载货汽车、大客车乘客多用腰部安全带，赛车乘员则用四点式。安全带的惯性式锁紧装置只要拉伸速度超过设计速度就可以把安全带拉紧。腰部固定点承载能力应低于 22.7kN，肩部固定点则应高于 22.9kN。在正常行驶时，安全带可以任意伸长而不妨碍驾驶人的操作和乘员的基本活动。

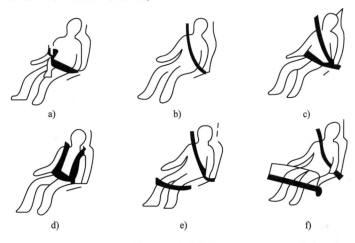

图 3-26　安全带形式

图 3-27 表明，无安全带的死亡事故在使用安全带以后可转化为重伤或轻伤。50km/h 撞墙试验时乘员头部的减速度如图 3-28 所示，三点式安全带可使驾驶人头部减速度降低一半。

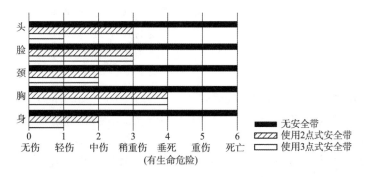

图 3-27　安全带的效果

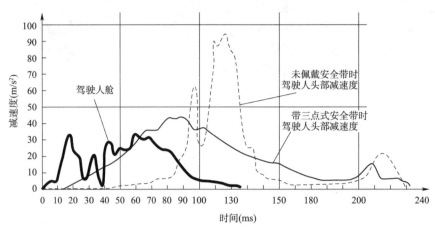

图 3-28 以 50km/h 撞墙试验时汽车与乘员减速度变化情况

为了避免在严重事故时乘员过分前移,在安全带上增设了收紧器。在碰撞时,收紧器被触发,收紧作用的时间约为 5ms,乘员最大前移距离约 1cm,减小了汽车和乘员间的速度差。

2)安全气囊

为降低事故中乘员受伤程度及死亡率,安全气囊通常配合安全带一起使用。

前气囊在发生碰撞时,以突然爆炸方式充气,在乘员与气囊接触前充满。气囊与乘员接触时,立即部分泄气,并以生理上可承受的表面压力和减速力,软和地吸收能量,以减小乘员头部和胸部的碰撞损伤。

驾驶人前部气囊容积为 50~60L,应在 30~35ms 时间内充满氮气;前排乘员前部气囊容积为 100~140L,要求在 50ms 内充满。驾驶人的最大前移空间通常为 12.5cm,气囊放气时间约为 100ms,碰撞和能量吸收全过程约在 150ms 内完成,如图 3-29 所示。

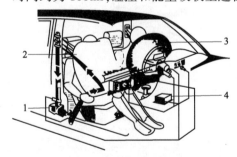

图 3-29 乘员前部防护
1-安全带收紧器;2-前排乘员气囊;3-驾驶人气囊;
4-传感器和备用电源

侧气囊装在车门或座椅架上,由于乘员与向内移动的汽车部件之间距离很小,所以容积为 12L 的侧气囊响应时间不得超过 3ms,充满时间应少于 10ms。

准确的触发时间是影响安全带收紧器和气囊保护效果的决定因素。就气囊来说,要使乘员在气囊仍然处于充满状态并开始放气时与其接触。电子控制的触发装置通过加速度传感器来检测碰撞过程加速度的大小,在识别碰撞类型后(如正面、横向或成一定角度碰撞),迅速准确触发气囊和安全带收紧器,引爆气体发生器。

侧气囊利用压力传感器来检测侧向碰撞造成车门变形引发的压力上升,触发气体发生器。两侧使用相互独立的传感器,分别检测各自的压力,决定是否触发。

3. 消除部件致伤因素

在乘坐区设计时必须保证在乘员生存空间内没有致伤部件。在图 3-30 上画出了在撞车前和撞车后零件变形界限。界限 1-1 将引起轻伤,界限 2-2 导致重伤,而 3-3 将是致命的。

由于人体尺寸的差异,乘员乘坐姿势的不同,生存空间的形式也各不相同,图3-30上表示的是美国和意大利轿车生产厂家确定的生存空间形式。

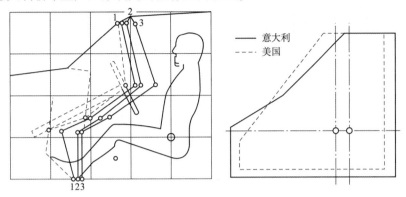

图3-30　生存空间

仪表板下部、转向盘和风窗玻璃引起伤害的事故频数较高。仪表板下部应安装膝部缓冲垫。风窗玻璃应采用钢化玻璃或夹层玻璃。转向盘可采用弹性有波纹的结构,并且盘缘可变形,转向柱能弯曲或伸缩。乘员室内各种部件应软化,材料的燃烧速度要小。

四、外部被动安全性

1. 轿车与行人的碰撞

在轿车与行人碰撞过程中,首先行人腿部撞到保险杠上,然后骨盆与发动机罩前端接触,最后头部撞到发动机罩后部或风窗玻璃上。这时行人被加速到车速,这就是所谓的"一次碰撞"。车速越高,行人头部撞击点越靠近风窗玻璃。

由于汽车制动使行人与汽车分离,行人以与碰撞速度相近的速度撞到路上,这是"二次碰撞"。在有的事故中还发生行人被汽车碾压,这是"三次碰撞"(图3-31)。

图3-31　撞人事故中行人动态示意图

决定行人受伤害严重程度的主要因素是一次碰撞的部位和汽车与人体碰撞的部件形状、刚度。图3-32所示为行人与轿车部位碰撞的统计结果。

设计合理的保险杠应该不仅考虑内部被动安全性,而且也顾及外部被动安全性。为此,要求一切在公路上行驶的车辆前后均应装有保险杠。从减轻事故中受伤程度看,行人与保险杠的碰撞部位在膝盖以下为好,希望保险杠降低。但保险杠过低,会加大头部在发动机罩或风窗玻璃上的撞击速度。所以保险杠高度值取为330～350mm较为合适,可以保证大部分行人的碰撞部位发生在膝盖以下。保险杠应没有尖角和突出部,并且适当软化。

从安全角度看,发动机罩前端圆角半径应大些,发动机罩高度低,风窗玻璃倾角小。在头部撞击区要求妥善软化,并且取消突出部,如刮水片在停止状态时应位于发动机罩下,不设导雨槽等。

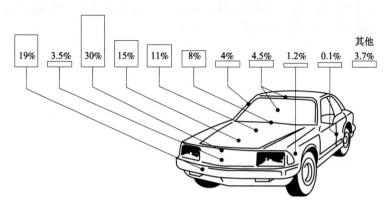

图3-32　行人与轿车部位碰撞结果统计

2. 载货汽车与行人的碰撞

载货汽车与轿车相比,其质量、刚度和尺寸都要大得多,在与轿车正面相撞时,轿车损坏比载货汽车严重得多。特别是两者尺寸相差悬殊时,轿车往往"楔入"载货汽车下面,轿车的前部折叠区不能发挥作用,而导致乘坐区受到破坏。

特别是一般载货汽车后部不装保险杠,跟随的轿车在事故中"楔入"的可能性大大增加。因此对于尾部离地高度不小于0.7m的车辆应装后保险杠,其离地高度为0.38~0.56m。现在正在研制装于载货汽车尾部的缓冲装置,以减小追尾的轿车相撞时的损坏程度。

载货汽车与行人相撞时造成的伤亡也远比轿车严重。这是因为一次碰撞中,无论是长头还是平头驾驶室载货汽车,都不可能存在轿车事故中的行人身体在发动机罩上的翻转过程,而是在很短时间内行人被加速到货车速度,易于造成人的伤亡。驾驶室上突出的后视镜、驾驶人上车踏板以及保险杠也容易使行人头部、骨盆和大腿受伤。

五、被动安全性试验

汽车被动安全性试验应尽量再现典型的公路撞车事故的现象。试验中需要测量车辆的变形、减速度及负荷。必要时在车内设置试验用模拟假人,测定有关部位的负荷及变形情况。

交通事故统计表明,交通事故中最常见且造成乘员伤害最多的事故形式是正面碰撞,侧面碰撞次之。各国对汽车碰撞试验都很重视,制定相应碰撞法规,并由政府强制实施。表3-8列出了美国、日本、欧洲的正面碰撞法规试验概况。

根据《乘用车正面偏置碰撞的乘员保护》(GB/T 20913—2007)和2014年制定的《汽车正面碰撞的乘员保护》(GB 11551—2014)的规定,实车正面碰撞试验时采用固定障碍壁,障碍壁布置有全宽和40%重叠偏置两种,如图3-33和图3-34所示。

美国与欧洲的现行侧面碰撞试验法规有较多的不同点。日本的侧面碰撞法规借鉴了欧洲ECE R95的碰撞试验方法。我国侧面碰撞标准的制定以欧洲ECE R95.02法规为蓝图,考虑到我国人体与欧洲人体之间的差异,同时参考了日本相关法规。我国现行的侧面碰撞标准是《汽车侧面碰撞的乘员保护》(GB 20071—2006)。表3-9列出了各国侧面碰撞试验方法及评价指标。

各国正面碰撞试验法规概况　　　　表3-8

法规号	FMVSS 208（美国）	TRIAS 11-4-30（日本）	ECER 94.01（欧洲）
碰撞形态	30°角左右倾斜壁障碰撞 正面碰撞	正面碰撞	40%偏置碰撞
碰撞速度	48.3km/h	50 km/h	56 km/h
试验车质量	空车+行李+假人(2个)	空车+假人(2个)	空车+假人(2个)
试验假人	Hybrid Ⅲ第50百分位男性	Hybrid Ⅱ 或 Hybrid Ⅲ 第50百分位男性	Hybrid Ⅲ第50百分位男性
安全带	不系安全带	系安全带	系安全带
座椅位置	中间位置	中间位置(微型车可适当后移)	保证H点，调整正常驾驶位置
转向盘位置	中间位置	中间位置	中间位置
评价指标	(1) 头部(HPC)≤1000； (2) 胸部(3ms)≤60g； (3) 胸骨挤压变形量≤76.2mm； (4) 大腿骨轴向力≤10kN	(1) 头部(HPC)≤1000； (2) 胸部(3ms)≤60g； (3) 胸骨挤压变形量≤76.2mm； (4) 大腿骨轴向力≤10kN	(1) 头部(HPC)≤1000； (2) 头部(3ms)≤80g； (3) 颈部轴向力及剪切力满足力与持续时间曲线； (4) 颈部绕Y轴弯矩≤57N·m； (5) 胸部变形量≤50mm； (6) 胸部黏性指标≤1.0m/s； (7) 大腿骨受力满足力与持续时间曲线； (8) 膝变形≤15mm； (9) 胫骨受力≤8kN； (10) 胫骨指数≤1.3； (11) 膝关节滑移量≤15mm

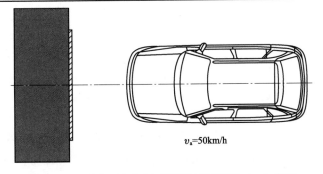

图3-33　正面全宽碰撞试验钢筋混凝土障碍壁(50km/h 车速)

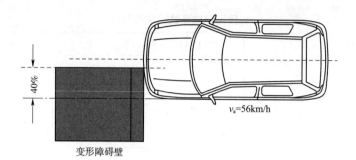

图 3-34　正面 40% 重叠偏置碰撞试验蜂窝状铝合金变形障碍壁(56km/h 车速)

各国侧面碰撞试验法规概况　　　　　表 3-9

法规号		FMVSS 214（美国）	ECER 95（欧洲）	GB 20071—2006（中国）
碰撞形态		27°碰撞角	0°碰撞角	0°碰撞角
碰撞速度		53.6km/h	50km/h	50km/h
移动吸能壁障质量		1365kg	950kg	950kg
试验假人		SID	ES-Ⅱ	ES-Ⅰ或 ES-Ⅱ
评价指标	头部 HPC	—	≤1000	≤1000
	胸部 TTI	≤85g(四车门) ≤90g(二车门)	—	—
	胸部 RDC	—	≤42mm	≤42mm
	胸部 VC			
	腹部 APF	—	≤2.5kN(内力)	≤2.5kN(内力)
	骨盆 加速度	≤130g	—	—
	骨盆 PSPF	—	≤6kN	≤6kN

　　为了确定碰撞试验中车内乘员所受伤害的严重程度,要在试验车内放置假人。试验假人的各部肢体在形状、运动学和动力性能方面都和真人严格相似,并能模拟人体的若干动作。头部还附有软化材料模拟肌肉和皮肤。在头、胸、背和大腿部位装有传感器,测定减速度和负荷。用于侧向碰撞试验的假人是专门设计的,与正面碰撞试验用的假人有很大区别,价格也更高。

　　除了整车碰撞试验外,还要进行若干部件的试验,如安全带、座椅和头枕、保险杠、车门、车顶、驾驶室后围等。转向柱上端向驾驶人方向的最大位移和冲击力,风窗玻璃安全性等也要严格测试。

第五节 汽车主动安全技术

一、概述

汽车电子技术的快速发展为主动安全技术带来了全新的理念,各种主动安全控制装置相继出现,并很快成为满足乘坐舒适性和操纵方便性、改善汽车主动安全性和减少车辆交通事故的有效手段。作为汽车技术方面的预防性安全对策,汽车主动安全系统可以确保车辆具有与驾驶人操作特性匹配的动特性,因此,可以主动预防汽车交通事故的发生。通常,主动安全系统有车轮防抱死制动系统(ABS)、驱动防滑系统(ASR)、电子稳定性控制系统(ESP)、制动力分配系统(EBD)、制动辅助系统(EBA)、电控动力转向系统以及安全辅助驾驶系统等多项控制技术系统。

二、制动系统

1. 防抱死制动系统(ABS)

防抱死制动系统(Antilock Braking System ABS)是一种具有车轮防滑、防抱死等优点的汽车安全控制系统。在制动过程中,车轮抱死滑移的根本原因是制动器制动力大于轮胎-道路附着力。当汽车车轮的滑移率在10%~20%时,轮胎与路面间有最大的附着系数,因此为了取得最佳的制动效果和制动时保持转向能力,要控制滑移率在10%~20%范围内。ABS是在普通制动系统的基础上加装车轮速度传感器、ABS电控单元、制动压力调节装置及控制电路等,其结构如图3-35所示。

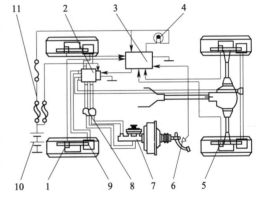

图 3-35 ABS 的组成

1-前轮速度传感器;2-制动压力调节装置;3-中央控制单元;4-ABS警示灯;5-后轮速度传感器;6-停车灯开关;7-制动主缸;8-比例分配阀;9-制动轮缸;10-蓄电池;11-点火开关

其工作原理为:汽车制动时,根据ABS电控单元的控制指令,自动调节制动轮缸的制动压力的大小,使车轮不抱死,并处于理想滑移率的状态。其工作过程分为四个阶段:

(1)常规制动过程:当驾驶人踩下制动踏板时,制动主缸产生的油压通过管路,进入制动轮缸,从而使车轮制动器产生制动力。

(2)保压制动过程:随着制动压力升高和车轮转速下降到一定程度,车轮开始出现部分滑移现象时,ABS电控单元向制动压力调节装置发出指令,关闭制动主缸与制动轮缸的通道,使制动轮缸的油压保持不变,即处于一个稳定的油压状态下。

(3)降压制动过程:当制动油压保持不变而车轮转速继续下降,车轮滑移率超过10%~20%时,ABS电控单元将向制动压力调节装置输出控制信号,打开制动轮缸与储能器的通道,制动轮缸内的高压油流入储能器,制动油压下降,车轮转速由下降逐渐变为上升。

(4)增压制动过程:当车轮转速上升,滑移率下降到低于10%~20%时,ABS电控单元向制动压力调节装置发出指令,使制动主缸和制动轮缸油路接通,高压油进入制动轮缸,制动油压增加,车轮转速又开始下降。如此交替进行控制,使车轮的滑移率始终被控制在10%~20%,从而使汽车的制动性能达到最佳状态。

2. 驱动防滑转系统(ASR)

由于防止驱动轮滑转是通过调节驱动轮的驱动力来实现的,因此驱动防滑转系统(Acceleration Slip Regulation,ASR)也称为牵引力控制系统(Traction Control System,TCS)。

汽车在起步、加速或冰雪路面上行驶时,容易出现车轮打滑现象,这是因为汽车发动机传递给车轮的最大驱动力是由附着力决定的。当传递给车轮的驱动力超过附着力时,车轮就会发生滑转。滑转率越大,车轮滑转程度也就越大。在各种路面上,附着系数均随滑转率的变化而变化,且在各种路面上当滑转率为20%左右时,附着系数达到最大值。ASR的基本控制原理是:在车轮滑转时,将滑转率控制在最佳滑转率范围内,从而获得较大的附着系数,使路面能够提供较大的附着力,车轮的驱动力能够得到充分利用。ASR是在ABS的基础上发展起来的,它与ABS共用轮速传感器、液压驱动元件等,并扩展了电控单元(ECU)功能,增加了ASR制动执行器、节气门执行器、ASR工作指示灯及ASR诊断系统等。ASR的基本组成如图3-36所示。

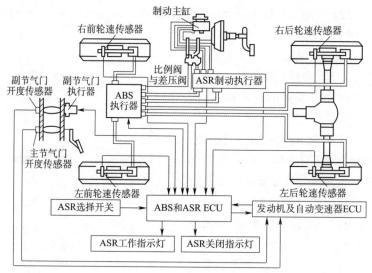

图3-36 典型ASR系统示意图

3. 电子稳定程序(ESP)

汽车电子稳定程序(Electronic Stability Program,ESP)是在ABS、ASR的基础上发展起来的,并增加转向盘转角传感器、纵向加速度传感器、横向加速度传感器、横摆角速度传感器等。

ESP通过调节车轮纵向力大小及匹配来控制汽车的横摆运动,使汽车具有良好的操纵性和方向稳定性。其基本原理是:通过传感器和控制算法来识别驾驶人对汽车的期望运动状态,同时测量和估算出汽车的实际运动状态。ESP的功能特点:

(1)实时监控:ESP能够实时监控驾驶人的操控动作、汽车运动状态,并不断向发动机和制动系统发出指令。

（2）主动干预：ESP 可以通过制动压力干预或发动机输出转矩的调节，来改变汽车的运动，修正汽车的过度转向和不足转向，如图 3-37、图 3-38 所示。

（3）事先提醒：当驾驶人操作不当或路面异常时，ESP 会用警告灯警示驾驶人。

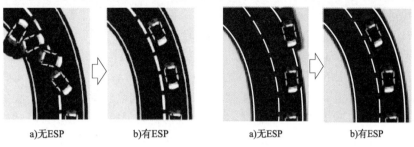

图 3-37　过度转向情况　　　　　　图 3-38　不足转向情况

4. 电子制动力分配系统（EBD）

电子制动力分配系统（EBD）必须配合 ABS 使用。在汽车制动的瞬间，EBD 分别对四个轮胎附着的不同地面进行感应、计算，得出摩擦力数值，根据各轮摩擦力数值的不同分配相应的制动力，避免因各轮制动力不同而导致的打滑、倾斜和侧翻等危险。

5. 紧急制动辅助系统（EBA）

电脑根据制动踏板上侦测到的制动动作，来判断驾驶人对此次制动的意图，如属于紧急制动，则指示制动系统产生更高的油压使 ABS 发挥作用，从而使制动力更快速地产生，缩短制动距离。

三、转向系统

1. 电动助力转向系统（EPS）

电动助力转向系统（Electric Power Steering，EPS）是在机械式转向系统的基础上，用汽车电源作能源，电动机为动力装置，直接依靠电动机提供辅助转矩的动力转向系统，其结构如图 3-39 所示。

EPS 由转矩传感器、车速传感器、电控单元、助力电动机、减速机构等组成，其工作原理是：转向盘转动时，转矩传感器检测转向盘转矩的大小和方向，并产生一个转矩信号；同时，车速传感器也产生一个车速信号，电控单元根据转矩信号和车速信号并通过一定的控制算法决定助力电动机的旋转方向和助力电流的大小，从而完成实时控制助力转向。EPS 能在各种行驶工况下提供合适的转向助力，减小路

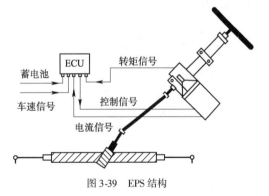

图 3-39　EPS 结构

面不平所引起的对转向系的冲击，改善汽车的转向特性。车速低时，提供较大的助力减轻汽车低速行驶时的转向操纵力；车速高时，提供较小的助力，提高汽车高速行驶时的转向稳定性，进而提高汽车的安全性。EPS 除了具有基本助力控制外，还有阻尼控制和回正控制。

2. 主动前轮转向系统(AFS)

在传统的转向系中,转向传动比是固定的。在低速时,驾驶人要花很大的力气转动转向盘,转向不灵敏。高速时,转向灵敏性会增加,但是稳定性和安全性随之下降。主动前轮转向系统(Active Front Steering,AFS)其配置到汽车上能很好地解决上述矛盾。AFS 本质是一套可变传动比的转向系统,它保留了传统转向系统的机械构件。其最大特点就是在转向盘和齿轮齿条转向机之间的转向柱上集成了一套双行星齿轮机构,如图 3-40 所示。AFS 能在驾驶人利用转向盘施加给前轮的转向角的基础上,通过双行星齿轮机构给前轮叠加一个额外的转向角。低速时,电动机驱动的行星架转动方向与转向盘转动方向相同,叠加后增加了实际的转向角度,可以减少转向力的需求,提高了汽车转向灵敏性;高速时,电动机驱动的行星架转动方向与转向盘转动方向相反,叠加后减少了实际的转向角度,提高了汽车的稳定性和安全性。

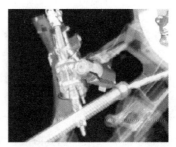

图 3-40 主动转向系统双行星齿轮机构

3. 线控转向系统(SBW)

转线控转向(Steer-by-Wire System,SBW)是一种新型的汽车电子转向系统,也具有变传动比的功能。与 AFS 的区别是 SBW 取消了转向盘与转向轮之间的机械连接,是转向系统未来的发展方向。线控转向系主要由三个模块组成:转向盘总成、中央控制器(ECU)和前轮转向传动机构总成,其结构如图 3-41 所示。

驾驶人转动转向盘时,ECU 根据转向盘转角传感器和车速传感器的信号,依据转向盘转角确定参考前轮偏转角,向转向电动机发出控制信号,利用安装在转向传动机构上的位移传感器信号对转向电动机进行位置控制,以实现该参考前轮偏转角,使汽车沿着驾驶人所期望的轨迹行驶。同时,ECU 根据路感控制策略得到参考转向回正力矩,通过对路感电动机进行电流控制,提供期望的转向盘回正力矩,获得模拟路感。

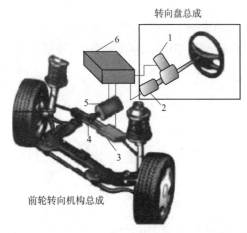

图 3-41 线控转向系统结构
1-路感电动机;2-转向盘转角传感器;3-齿条位移传感器;4-齿轮齿条转向器;5-转向电动机;6-ECU

四、安全辅助驾驶系统

汽车安全辅助驾驶系统(Advanced Driver Assistance Systems,ADAS)是利用安装于汽车

上的各种传感器,在第一时间采集车内外的环境数据,对静、动态物体进行辨识、侦测与追踪等信息的处理,从而能够让驾驶人在最快的时间察觉可能发生的交通危险。

ADAS 主要由碰撞预警系统、车道偏离预警系统、自适应巡航控制系统、夜视系统、盲点辅助系统以及泊车辅助系统等组成。

1. 碰撞预警系统

汽车防碰撞预警系统(Advance Collision Warning System,ACWS)主要用于协助驾驶人避免追尾、高速行驶中无意识偏离车道、与行人碰撞等重大交通事故。系统利用传感器持续不断地检测车辆前方道路状况,识别判断各种潜在的危险情形,并通过不同的听觉和视觉提醒、必要时采取制动方式,以帮助驾驶人避免或减缓碰撞事故。汽车防碰撞预警系统基于智能视频分析处理,通过动态视频技术、计算机图像处理技术来实现其预警功能。

2. 车道偏离预警系统

车道偏离预警系统(Lane Departure Warning System,LDWS)是一种通过辅助转向操作及报警的方式辅助驾驶人减少汽车因车道偏离而发生交通事故的系统。LDWS 提供智能的车道偏离报警。在驾驶人无意识(未打转向灯)偏离原车道时,LDWS 能在偏离车道 0.5s 之前发出警报,或转向盘开始振动以提醒驾驶人目前车辆偏离的状况。在报警的同时,LDWS 施加轻微的转向操作力,以唤起驾驶人的注意,为驾驶人提供更多的反应时间,能减少因车道偏离引发的碰撞事故。

3. 自适应巡航系统

自适应巡航控制系统(Adaptive Cruise Control,ACC)是在传统的定速巡航系统上增加了代替驾驶人控制车速的功能。ACC 能够连续调整车速以保持与前车安全距离,避免了频繁的取消和设定巡航控制,使巡航系统适合于更多的路况。自动巡航控制类似于传统的巡航控制,同样是保持设定的车速,但新系统能够自动调节车速以保证与前车有足够的安全距离。

4. 夜视系统

汽车夜视系统(Night Vision System,NVS)是利用红外线技术能将车辆前方外界黑暗环境变得如同白昼,使驾驶人在黑夜里看得更远更清楚,保障行车安全。

目前 NVS 主要应用热成像技术,也被称为红外线成像技术。利用不同温度的物体散发的热量不同,特别是人类、动物和行驶的车辆与周围环境相比散发的热量要多的特点,NVS 能根据这些信息,分辨不同物体,然后转变成可视的图像,把本来在夜间看不清的物体清楚地呈现在眼前,增加夜间行车的安全性。

5. 盲点辅助系统

汽车左右两侧 3m、后方 3m 的区域,极易形成车外后视镜上的视觉盲点,并对汽车造成潜在的危险。盲点辅助系统(Bind Spot Assist System,BSA)利用雷达传感器检测车辆后方和两侧的环境,并在驾驶人变换车道时提供帮助。被监控的区域不仅包括视觉盲点,也包括所谓的"视野"盲区。同时系统还对汽车两侧进行监控,提高了汽车安全性能。

6. 泊车辅助系统

泊车辅助系统(Parking Assist System,PAS)又被称为主动式停车辅助系统,是借助前后保险杠上安装的若干组超声波感应器来实现辅助泊车的系统。该系统能使汽车自动地停靠泊车位,增加了泊车的便利性。

复习思考题

1. 汽车公害包括哪些方面？发动机排放的有害气体主要有哪几种？
2. 简述发动机主要有害排放气体的形成机理。
3. 简述柴油机炭烟的形成机理。
4. 降低在用汽车排气污染的主要措施有哪些？
5. 简述双怠速工况和自由加速工况。
6. 与怠速法相比，用工况法检测排气污染物有何优点？
7. 发动机噪声主要包括哪些不同性质的噪声？各类噪声的产生机理是什么？
8. 汽车传动系噪声主要由哪几部分组成？其产生机理是什么？
9. 汽车轮胎噪声是如何产生的？其影响因素有哪些？
10. 降低汽车噪声的主要措施有哪些？
11. 简述车内噪声的检测位置。
12. 简述加速车外噪声检测的基本条件和场地要求。
13. 汽车被动安全性包括哪些内容？
14. 汽车被动安全性的评价指标有哪些？
15. 提高汽车内部被动安全性的主要措施有哪些？
16. 当前汽车主动安全技术主要有哪些？

第四章　汽车运行材料及合理使用

汽车运行材料指燃料、润滑材料、轮胎、冷却液和制动液等。汽车运行材料使用是否合理,对于维持汽车的正常工作和良好的技术状况、保证汽车的使用可靠性、延长汽车的使用寿命,均有直接影响。据统计,全国营运汽车平均运输成本中,汽车运行材料消耗为40%以上,所占比例最高。其中燃料消耗占运输成本的20%~30%,润滑材料占1%~3%,轮胎消耗占10%~15%。因此,合理使用与节约汽车运行材料,对提高汽车的使用经济性、降低汽车的运输成本等具有重要作用。

第一节　汽车燃料及合理使用

一、汽油及合理使用

1. 汽油的使用性能和牌号

汽油的主要使用性能有蒸发性、抗爆性、氧化安定性、腐蚀性、无害性及清洁性。

根据《车用汽油》(GB 17930—2016)规定,车用汽油(Ⅴ)、车用汽油(ⅥA)和车用汽油(ⅥB)按研究法辛烷值分为89号、92号、95号和98号4个牌号。

2. 汽油的选用

除了要按照汽车使用说明书要求选用汽油外,还应注意以下几点:

(1) 根据发动机压缩比选择汽油的抗爆性(牌号),压缩比越大,汽油的抗爆性要求越高。

(2) 装有三效催化转换器和氧传感器的汽车应选择无铅汽油。

(3) 推广使用加有汽油清净剂的无铅汽油。

(4) 注意无铅汽油低硫含量、低烯烃含量的发展趋势。

(5) 注意汽油品质是影响汽车技术状况和汽车排放的重要因素。

(6) 根据季节选择汽油的蒸发性,冬季应选择蒸气压大的汽油,夏季应选择蒸气压较小的汽油。

部分汽车汽油发动机的主要技术特性和所要求的汽油牌号见表4-1。

部分汽车汽油机主要技术特性和要求的汽油牌号　　表4-1

汽车型号	发动机型号及主要结构特征	功率(kW)/转速(r/min)	排量(L)	压缩比	汽油牌号
卡罗拉2018	9NR-FTS 直喷	85/5200~5600	1.2	10	92
轩逸2019	HR16 多点电喷	93/5600	1.6	9.8	92
Mazda AXELA	SKYACTIV-G 直喷	86/6100	1.5	13	92
Mazda MX-5	SKYACTIV-G 直喷	116/6000	2.0	13	95及以上
斯巴鲁 BRA	FA20 混合喷射	147/7000	2.0	12.5	98

二、柴油及合理使用

1. 柴油的使用性能和牌号

柴油的主要使用性能有低温流动性、燃烧性、雾化和蒸发性、安定性、腐蚀性、无害性和清洁性。

根据《车用柴油》（GB 19147—2016）规定，车用柴油按凝点分为5号、0号、-10号、-20号、-35号和-50号6个牌号。5号车用柴油:适用于风险率为10%的最低气温在8℃以上的地区使用;0号车用柴油:适用于风险率为10%的最低气温在4℃以上的地区使用;-10号车用柴油:适用于风险率为10%的最低气温在-5℃以上的地区使用;-20号车用柴油:适用于风险率为10%的最低气温在-14℃以上的地区使用;-35号车用柴油:适用于风险率为10%的最低气温在-29℃以上的地区使用;-50号车用柴油:适用于风险率为10%的最低气温在-44℃以上的地区使用。

2. 柴油牌号的选用

车用柴油应根据风险率为10%的最低气温进行选择。

各地区风险率为10%的最低气温，见表4-2。某月风险率为10%的最低气温值，表示该月中最低气温低于该值的概率为0.1。风险率为10%的最低气温不仅是选择柴油牌号的依据，也是选择发动机润滑油、车辆齿轮润滑油和制动液的依据。

部分地区风险率为10%的最低气温（单位:℃） 表4-2

省　份	1月	2月	3月	4月	5月	6月	7月	8月	9月	10月	11月	12月
河北省	-14	-13	-5	1	8	14	19	17	9	1	-6	-12
山西省	-17	-16	-8	-1	5	11	15	13	6	-2	-9	-16
内蒙古自治区	-43	-42	-35	-21	-7	-1	1	1	-8	-19	-32	-41
黑龙江省	-44	-42	-35	-20	-6	1	7	1	0	-6	-20	-35	-43
吉林省	-29	-27	-17	-6	1	8	14	12	2	-6	-17	-26
辽宁省	-23	-21	-12	-1	6	12	18	15	6	2	-12	-20
山东省	-12	-12	-5	2	8	14	19	18	11	4	-4	-10
江苏省	-10	-9	-3	3	11	15	20	20	12	5	-2	-8
安徽省	-7	-7	-1	5	12	18	20	20	12	5	-2	-8
浙江省	-4	-3	1	6	13	19	22	21	15	8	2	-3
江西省	-2	-2	3	9	15	20	23	23	18	12	4	0
福建省	-1	-2	3	8	14	18	21	20	15	8	1	-3
台湾地区	3	0	2	8	10	16	19	19	13	10	1	2
广东省	1	2	7	12	18	21	23	23	20	13	7	2
广西壮族自治区	3	3	8	12	18	21	23	23	19	15	9	4
湖南省	-3	-2	3	9	14	18	22	21	16	10	1	-1
湖北省	-6	-4	0	6	12	17	21	20	14	8	1	-4
四川省	-21	-17	-11	-7	-2	1	2	1	0	-7	-14	-19
贵州省	-6	-6	-1	3	7	9	12	11	8	4	-1	-4
云南省	-9	-8	-6	-3	1	5	7	7	5	1	-5	-8
西藏自治区	-29	-25	-21	-15	-9	-3	-1	0	-6	-14	-22	-29

续上表

省　份	1月	2月	3月	4月	5月	6月	7月	8月	9月	10月	11月	12月
新疆维吾尔自治区	-40	-38	-28	-12	-5	-2	0	-2	-6	-14	-25	-34
青海省	-33	-30	-25	-18	-10	-6	-3	-4	-6	-16	-28	-33
甘肃省	-23	-23	-16	-9	-1	3	5	5	0	-8	-16	-22
陕西省	-17	-15	-6	-1	5	10	15	12	6	-1	-9	-15
宁夏回族自治区	-21	-20	-10	-4	2	6	9	8	3	-4	-12	-19

三、汽车使用中的节油措施

影响燃油消耗量的因素较多且较复杂。在汽车结构参数确定的情况下，汽车使用中节油的途径和措施如下：

1. 燃料的合理使用与节油

汽车的燃料经济性与燃料的雾化和燃烧特性密切相关。提高燃料品质，合理使用燃料，使燃料燃烧及时、完全，充分利用燃料放出的热能，是重要的节油途径。

2. 润滑油(脂)的合理使用与节油

合理使用润滑油(脂)，提供良好的润滑，降低摩擦磨损，提高油品的抗氧化安定性、洁净分散性，可以提高汽车的动力性、使用经济性、可靠性等。

3. 汽车的正确维护、调整与节油

在使用过程中，汽车技术状况不断变化，及时进行技术维护和调整，不仅可以减轻磨损，提高汽车动力性、经济性、可靠性，延长使用寿命，而且还可以降低燃油消耗。

4. 汽车在高原、严寒等地区的维护与节油

高原地区大气压力低，空气稀薄。如供油量不变，则混合气变浓，燃烧不完全，发动机功率下降，耗油量增加。因此，为节约燃油，可以适当减少供油量。

在高原地区工作时，汽油发动机的气缸压力降低，不易发生爆震燃烧，应当增大点火提前角，以提高功率，减少油料消耗。北方地区冬季气温低，润滑油黏度变大，进气管温度以及空气流速低，混合气品质变劣，蓄电池供电量不足，因而汽车起动困难，增大耗油量。对此，除要求使用黏温特性较好的润滑油以及挥发性较高的燃油外，还可采用下列措施：

(1) 预热润滑油。

(2) 改善燃料雾化条件。

(3) 保证蓄电池良好放电。

(4) 正确暖机。

5. 合理驾驶与节油

驾驶技术是影响汽车油耗的重要因素。驾驶操作合理，可降低汽车的燃料消耗。根据试验，技术水平不同的驾驶人，在同一条路线驾驶同一辆汽车，油耗可相差20%～25%。所以，提高驾驶人操作技术是重要的节约燃料措施。

(1) 保持正常工作温度。

(2) 掌握经济车速。

(3) 减少起动、停车、倒车、制动次数。

(4) 合理使用挡位。

第二节 汽车润滑材料及合理使用

一、发动机润滑油及合理使用

1. 发动机润滑油的作用和对其性能要求

发动机润滑油又称为发动机机油,在发动机上使用时,起到润滑、冷却、清洗、密封、防锈、消除冲击负荷等作用。

由于发动机的工作条件十分恶劣,要完成上述作用,发动机机油应具有良好的使用性能,如一定的黏度和黏度—温度特性、适当的润滑性(油性)、一定的热稳定性和良好的抗氧化安定性、较低的凝点、在氧化燃烧和分解时无胶质沉淀、不含有引起发动机零件腐蚀和磨损的物质、不含机械杂质和水分等。

2. 发动机润滑油的分类

1) 黏度等级

世界上广泛采用美国汽车工程师学会(SAE)的发动机润滑油黏度分类法。

参照美国汽车工程师学会 SAE J300《发动机油黏度分类》,我国制定的《内燃机油黏度分类》(GB/T 14906—2018),确定了内燃机油黏度等级(表4-3)。该分类标准采用含字母 W 和不含 W 两组黏度等级系列,前者以低温起动黏度、低温泵送黏度和100℃时运动黏度划分黏度等级,后者以100℃时运动黏度和150℃时高温高剪切黏度划分黏度等级。

黏度牌号有单级油和多级油之分。

任何一个牛顿油可标为单级油。一些经聚合物黏度指数改进剂调配的油是非牛顿油,应标注适当的多黏度等级。

内燃机油黏度分类(GB/T 14906—2018) 表4-3

黏度等级	低温起动黏度 (mPa·s) 不大于	低温泵送黏度 (无屈服应力时) (mPa·s) 不大于	运动黏度 (100℃) (mm²/s) 不小于	运动黏度 (100℃) (mm²/s) 小于	高温高剪切黏度 (150℃) (mPa·s) 不小于
试验方法	GB/T 6538	NB/SH/T 0562	GB/T 265	GB/T 265	SH/T 0751[a]
0W	6200(-35℃)	60000(-40℃)	3.8	—	—
5W	6600(-30℃)	60000(-35℃)	3.8	—	—
10W	7000(-25℃)	60000(-30℃)	4.1	—	—
15W	7000(-20℃)	60000(-25℃)	5.6	—	—
20W	9500(-15℃)	60000(-20℃)	5.6	—	—
25W	13000(-10℃)	60000(-15℃)	9.3	—	—
8	—	—	4.0	6.1	1.7
12	—	—	5.0	7.1	2.0
16	—	—	6.1	8.2	2.3

续上表

黏度等级	低温起动黏度（mPa·s）不大于	低温泵送黏度（无屈服应力时）（mPa·s）不大于	运动黏度（100℃）（mm²/s）不小于	运动黏度（100℃）（mm²/s）小于	高温高剪切黏度（150℃）（mPa·s）不小于
20	—	—	6.9	9.3	2.6
30	—	—	9.3	12.5	2.9
40	—	—	12.5	16.3	3.5（0W-40,5W-40和10W-40等级）
40	—	—	12.5	16.3	3.7（15W-40,20W-40、25W-40和40等级）
50	—	—	16.3	21.9	3.7
60	—	—	21.9	26.1	3.7

注：a 也可采用 SH/T 0618、SH/T 0703 方法，有争议时以 SH/T 0751 为准。

2）性能等级

发动机润滑油性能等级，是根据发动机润滑油在台架试验中所表现出的润滑性、清净分散性、抗氧抗腐性等确定的。

在发动机润滑油分类中，世界各国广泛采用美国石油学会（API）的使用性能分类法和美国汽车工程师学会（SAE）的黏度分类法。国家标准《内燃机油分类》（GB/T 28772—2012）参考美国石油协会 API 1509:2007《发动机油认证体系》及其技术公告 1（英文版）和美国汽车工程师协会标准 SAE J183:1991《发动机油性能及发动机使用分类》制定。该标准规定了汽车用及非道路用内燃机润滑油（汽油机油、柴油机油和农用柴油机油）的代号说明和详细分类。

内燃机油的详细分类是根据产品特性、使用场合和使用对象划分的。汽油机油代号中，第一个字母"S"代表汽油机油，"GF"表示以汽油为燃料的、具有燃油经济性要求的乘用车发动机油。"S"与其后面的字母或"GF"与其后面的数字相结合代表汽油机油的质量等级。柴油机油代号中，第一个字母为"C"代表柴油机油，"C"与其后面的字母相结合代表柴油机油的质量等级，其后的数字 2 或 4 表示二冲程或四冲程柴油发动机。

发动机润滑油的命名和标记，应包括使用性能级别代号和黏度级别代号两部分。例如，一个特定的汽油机润滑油产品可命名为 SE 30；一个特定柴油机润滑油产品可命名为 CC 10W/30；一个特定汽油机/柴油机通用油可命名为 SE/CC 15W/50。

3. 发动机润滑油的选用

1）发动机润滑油的选用原则

发动机润滑油的选用原则是按照使用地区的气温选用合适的黏度等级，按照汽车发动机结构特点和汽车使用的工况特点选用合适的品质等级。

2）黏度等级的选择

发动机润滑油黏度等级应根据汽车发动机使用所在地区的气温来选择，可参考表 4-4。

为避免冬夏季换油，可选用多级油。

发动机润滑油黏度等级选用　　　　　表4-4

黏 度 等 级	使用温度范围(℃)	黏 度 等 级	使用温度范围(℃)
0W	-45 ~ -15	20	-10 ~ 30
5W	-40 ~ -10	30	0 ~ 30
10W	-30 ~ -5	40	15 ~ 50
15W	-25 ~ 0	5W/30	-40 ~ 30
20W	-20 ~ 5	10W/30	-30 ~ 30
25W	-15 ~ 10	15W/30	-25 ~ 50

选用机油的黏度等级时,还必须考虑发动机的负荷、转速和磨损情况。如果发动机负荷大、转速低或磨损严重时,应选用黏度较大的机油,反之则应选择黏度较小的机油。

3)品质等级的选择

选择发动机润滑油品质等级时,可参考下述方法:

(1)查阅汽车使用说明书或维修手册进行润滑油品质等级的选用。

(2)按照发动机润滑油使用性能分类方法中的特性和适用场合中描述的使用范围选用。

(3)根据柴油机的强化系数来选用柴油机润滑油。柴油机的强化系数代表了发动机的热负荷和机械负荷,可由下式计算:

$$K_\varphi = P_e C_m Z$$

式中:K_φ——强化系数;

P_e——气缸平均有效压力,MPa;

C_m——活塞平均线速度,m/s;

Z——冲程系数,四冲程 $Z=0.5$,二冲程 $Z=1.0$。

然后,可由计算出的 K_φ 值选出品质等级适当的柴油机润滑油。

通常,$K_\varphi < 50$ 时,可选 CC 级柴油机机油;当 $K_\varphi \geq 50$ 时,应选用 CD 级以上级别的柴油机机油。

(4)根据发动机结构选择了润滑油的品质等级后,遇到下列五种苛刻使用条件之一者,润滑油品质等级应酌情提高一级。

①汽车长期处于停停开开的使用状态,如邮递车和出租车等,润滑油易产生低温油泥。

②长时期低温、低速(0℃、16km/h 以下)行驶,易产生低温油泥。

③长时期在高温、高速下工作,尤其是满载或超载长距离条件下工作。

④牵引车或中型以上载货汽车,满载或长时间拖挂车行驶。

⑤使用场所灰尘大。

4.发动机润滑油的劣化与更换

发动机机油在使用过程中,由于添加剂的消耗、高温氧化、燃烧产物的影响,外部尘埃、水分等的混入,使发动机机油劣化变质。

发动机润滑油劣化变质后,沉积物增多、润滑性能下降,使零件腐蚀和磨损增大。因此,应适时更换发动机润滑油。

1)定期换润滑油

发动机润滑油的劣化,尤其是化学变化,受使用时间的影响较大。定期换油就是按照行驶里程或使用时间与发动机润滑油使用性能的变化之间的规律,确定换润滑油时期。换油期与发动机润滑油的使用性能级别、发动机技术状况和运行条件有关。

2)按质换润滑油

对能反映在用发动机润滑油品质的一些有代表性项目的规定限值,据其进行发动机润滑油的更换。为了正确判断发动机润滑油的报废标准,国内外都进行了大量研究,科学方法是通过化验发动机润滑油的黏度、酸值、闪点、水分、铁含量、正戊烷不溶物数值来决定发动机润滑油是否应该更换。当在用发动机润滑油有一项指标达到换油指标时应更换新油。现行车用发动机润滑油换油指标的国家标准是《汽油机油换油指标》(GB/T 8028—2010)和《柴油机油换油指标》(GB/T 7607—2010)。

3)监测下的定期换润滑油

在规定发动机润滑油换油期的同时,应监测在用油的综合指标,必要时可提前更换发动机润滑油。目前,发动机润滑油的更换多采用定期换油。这主要因为汽车拥有量大,而每辆汽车的发动机润滑油用量很少,油样化验费用高,所以定期换油比较经济。随着在用发动机润滑油油质分析技术的进步和广泛应用,定期换油结合简易快速在用发动机润滑油分析法作为定期换油合理性的监测手段会得到更广泛的应用。

二、齿轮润滑油及合理使用

1. 齿轮油的使用性能要求

齿轮润滑油也称齿轮油,用于机械式变速器、主传动器、转向器等的润滑。

为了保证齿轮传动的良好润滑,在各种使用条件下均正常运转,对齿轮油的主要要求是:在齿与齿之间的接触面上,能形成连续坚韧的油膜,即具有高的油性和良好的极压性,使传动机件之间维持有韧性的边界油层,保证传动机件磨损小和预防其磨伤;此外,齿轮油还应具有良好的黏温特性,以保证动力传动机构的摩擦损耗较小,提高传动效率,保证汽车易于起步(尤其是冬季的冷起动)。

2. 齿轮润滑油的黏度等级

国际上广泛采用美国汽车工程师学会(SAE)的车辆齿轮油黏度分类法。

我国《汽车齿轮润滑剂黏度分类》(GB/T 17477—2012),等效采用美国汽车工程师协会标准 SAE J 306:2005《汽车齿轮润滑剂黏度分级》,见表4-5。齿轮油的黏度等级分为两组黏度等级系列,用含字母 W 和不含字母 W 表示。字母 W 表示冬用齿轮油,以低温黏度达到 150Pa·s 时的最高温度和 100℃时的最低运动黏度划分。不含字母 W 表示夏季用齿轮油,以 100℃时的运动黏度划分。

齿轮油的黏度等级也有单级和多级之分,例如 80W-90 表示一个多黏度等级的汽车齿轮油。

汽车齿轮润滑剂黏度分类　　　　表4-5

黏 度 等 级	最高温度（黏度达到150Pa·s）(℃)	100℃时的运动黏度(mm²/s) 最小	100℃时的运动黏度(mm²/s) 最大
70W	-55	4.1	—
75W	-40	4.1	—
80W	-26	7.0	—
85W	-12	11.0	—
80	—	7.0	<11.0
85	—	11.0	<13.5
90	—	13.5	<18.5
110	—	18.5	<24.0
140	—	24.0	<32.5
190	—	32.5	<41.0
250	—	41.0	—

3. 齿轮润滑油的品质等级

国际上广泛采用美国石油学会(API)的车辆齿轮油使用性能分类法，根据其特性和使用要求等划分为 GL-1~GL-6 六个等级。

参照美国石油学会(API)和美国军用车辆齿轮油规格，并结合我国的实际情况，按品质不同把我国车辆齿轮油分成普通齿轮油(CLC)、中负荷车辆齿轮油(CLD)和重负荷齿轮油(CLE)三类。根据《润滑剂和有关产品(L类)的分类第7部分：C组(齿轮)》(GB/T 7631.7—1995)，车辆齿轮油分类方法见表4-6。

车辆齿轮油的分类　　　　表4-6

代　号	组分、特性和使用说明	使 用 部 位
CLC(GL-3)	由精制矿物油加入抗氧剂、防锈剂、抗泡剂和少量极压剂等制成。适用于中等速度和负荷比较苛刻的手动变速器和螺旋锥齿轮的驱动桥	手动变速器、螺旋锥齿轮的驱动桥
CLD(GL-4)	由精制矿物油加入抗氧剂、防锈剂、抗泡剂和极压剂等制成。适用于在低速高转矩、高速低转矩等操作条件下使用的各种齿轮，特别是客车和其他各种车辆用的准双曲面齿轮	手动变速器、螺旋锥齿轮和使用条件不太苛刻的准双曲面齿轮的驱动桥
CLE(GL-5)	由精制矿物油加入抗氧剂、防锈剂、抗泡剂和极压剂等制成。适用于在高速冲击负荷或高速低转矩操作条件下使用的各种齿轮，特别是客车和其他各种车辆的准双曲面齿轮	操作条件缓和或苛刻的准双面齿以及其他各种齿轮的驱动桥，也可用于手动变速器

4. 齿轮润滑油的选用

与发动机润滑油的选择一样，车辆齿轮油的选择也包括使用性能级别的选择和黏度级别的选择两个方面。

1) 使用性能级别的选择

车辆齿轮油使用性能级别的选择主要根据齿面压力、滑移速度和温度等工作条件，而这些工作条件又取决于传动装置的齿轮类型，所以，一般可按齿轮类型、传动装置的功能等来选择车辆齿轮油的使用性能级别。

一般来说，驱动桥主传动器工作条件苛刻，而双曲线齿轮式主传动器更为苛刻，对齿轮油使用性能要求更高。

为了减少用油级别,在汽车各传动装置对齿轮油使用性能级别要求相差不大情况下,可选用同一使用性能级别的齿轮油。

2) 黏度等级的选择

车辆齿轮油黏度级别的选择,主要根据最低气温和最高油温,并考虑车辆齿轮油换油周期较长等因素。

车辆齿轮油的黏度应保证低温下的车辆起步,又能满足油温升高后的润滑要求。

如前所述,车辆齿轮油以表观黏度150Pa·s作为低温流动性的极限,所以在SAE黏度分类中表观黏度为150Pa·s的最高温度,就是保证低温操作性能的最低温度。

由此可知,黏度级为75W、80W和85W的双曲线齿轮油的最低使用温度分别为-40℃、-26℃和-12℃。也就是说,车辆使用地区的最低气温不应低于所选齿轮油的上述各温度。若传动装置不是双曲线齿轮,使用最低气温可比上述相应的温度更低些。

黏度级别选择应同时考虑高温时的润滑要求。一般来说,车辆齿轮油允许的承载最小黏度为 $86.3 \sim 215.8 mm^2/s$。

5. 齿轮润滑油的劣化与更换

车辆齿轮油在使用中,也有一个品质变化、品质监控问题。使用条件不同,车辆齿轮油换油标准也有差异。国外采用定期换油的方法,双曲面齿轮油换油周期为 $2 \times 10^4 \sim 2.5 \times 10^4 km$。

我国普通车辆齿轮油换油品质指标标准见表4-7。该标准推荐的换油里程为 $4.5 \times 10^4 km$。在使用过程中,有任何一项指标达到上述标准时,则应该更换齿轮油。

普通车辆齿轮油的换油指标(SH/T 0475—1992)　　　表4-7

项　　目		品 质 指 标
100℃时的运动黏度变化率(%)	超过	+20~-10
水分(质量分数)(%)	大于	1.0
酸值增加量(mg KOH/g)	大于	0.5
戊烷不溶物(质量分数)(%)	大于	2.0
铁含量(质量分数)(%)	大于	0.5

三、汽车用润滑脂的合理使用

1. 汽车用润滑脂的使用性能

润滑脂由基础油(润滑液体)、稠化剂和添加剂三部分组成。

润滑脂的润滑性质取决于所用润滑液体的润滑性质,润滑液体作为润滑脂的基础油非常重要,常用的润滑液体有矿物油、合成油、酯类油和硅油等。

稠化剂是润滑脂的重要组分,其性质和含量决定了润滑脂的黏稠程度以及耐水、耐热等使用性能。

润滑脂常用添加剂有胶溶剂、抗氧化剂、极压添加剂、防锈、防腐蚀剂、抗水剂和拉丝性增强剂等。

汽车上有许多部件采用润滑脂润滑,且各部件的工作条件都有差异。如:汽车轮毂轴承是使用润滑脂的主要部件,不仅要求润滑脂能满足轮毂轴承的高速剪切,同时还要减摩耐磨、适应高温的影响(特别是汽车在山区行驶时,长时间使用行车制动器的情况下);汽车钢板弹簧的润滑,不仅要满足润滑,还要抗冲击、抗水等。

美国润滑脂协会(NLGI)按润滑脂在25℃时的工作锥入度将润滑脂分为9个等级,我国国家标准《润滑剂和有关产品(L类)的分类 第8部分:X组(润滑脂)》(GB/T 7631.8—1990)也采用该分类法,见表4-8。

稠度等级和锥入度范围　　　　　　　　　　　　　　　　　　　　　　　表4-8

级号	000	00	0	1	2	3	4	5	6
25℃时的工作锥入度范围	445~475	400~430	355~385	310~340	265~295	220~250	175~205	130~160	85~115

2. 汽车用润滑脂的选用

1) 润滑脂的分类

润滑脂的分类方法可分为三种:按润滑脂稠化剂类型分类和命名,按润滑脂使用性能或使用场合分类和命名,按润滑脂国家标准分类体系表分类和命名。在实际使用中,习惯上按润滑脂稠化剂类型分类和命名。

《润滑剂和有关产品(L类)的分类 第8部分:X组(润滑脂)》(GB/T 7631.8—1990)规定了按使用要求对润滑脂分类的体系,该分类体系等效地采用了ISO的分类方法。

润滑脂类型用一组(5个)大写英文字母组成的代号来表示,每个字母及书写顺序见表4-9。

润滑脂标记的字母顺序　　　　　　　　　　　　　　　　　　　　　　　表4-9

L	X(字母1)	字母2	字母3	字母4	字母5	稠度等级
润滑剂类	润滑剂组别	最低操作温度	最高操作温度	水污染(抗水性、防锈性)	极压性	稠度号

按稠化剂的类型对润滑脂分类和命名是最方便和通用的方法,汽车上常用的几种润滑脂有:

(1)钙基润滑脂、合成钙基润滑脂。钙基润滑脂是用天然脂肪酸钙皂稠化中等黏度矿物油制成,并以水作为胶溶剂。钙基脂的滴点在75~100℃,使用温度不超过60℃。否则,钙基润滑脂就会变软流失,不能保证润滑。钙基润滑脂具有良好的抗水性,遇水不易乳化变质,适用于潮湿环境或与水接触的各种机械部位的润滑。在汽车底盘上的某些润滑点都是用钙基脂来润滑的,主要利用其抗水性好的特点。钙基脂使用寿命较短,是目前要淘汰的品种。

按其锥入度,钙基润滑脂分为1、2、3、4共四个牌号。号数越大,脂越硬,滴点越高。

(2)石墨钙基润滑脂。石墨钙基润滑脂是由动植物油钙皂稠化中等黏度的矿物油,并加入一定量片状石墨制成。石墨钙基润滑脂具有较好的极压性能和抗磨性能,并具有较好的抗水性,既能适应重负荷、粗糙摩擦面的润滑,又能适应与水或潮气接触的设备的润滑。石墨钙基脂适用于工作温度在60℃以下的压延机人字齿轮、汽车钢板弹簧、吊车、起重机齿轮转盘等粗糙、低速、重负荷的摩擦部位。石墨钙基脂不适用于滚动轴承及精密机件的润滑。

(3)钠基润滑脂。钠基脂耐热性好,其滴点高达160℃,可在120℃条件下较长时间工作并保持润滑性。钠基脂附着性强,可用于振动大、温度高的滚动轴承上,并有较好的承压性能,适应负荷范围较大。但钠基脂耐水性差,遇水易乳化,所以,不能用于与潮湿空气或水接触的润滑部位。钠基润滑脂可用于汽车、拖拉机等轮毂轴承润滑,按其锥入度分为2、4号两个牌号。

(4)钙钠基润滑脂。钙钠基脂有较好的抗水和耐热性。抗水性优于钠基脂,耐热性优于钙基脂。可以适应湿度不大、温度较高的工作条件,但不适于低温工作条件。常用于各种类型的电动机、汽车、拖拉机和其他机械设备滚动轴承的润滑,使用温度不高于 90~100℃。钙钠基脂按其锥入度分为1、2号两个牌号。

(5)汽车通用锂基脂。汽车通用锂基润滑脂具有良好的高、低温性能,可在 -30~120℃ 的宽温度范围内使用。同时,该种润滑脂有良好的防水性、防锈性等,可在潮湿和与水接触的机械部件上使用。另外,通用锂基润滑脂有良好的机械安定性、胶体安定性、氧化安定性、抗水性和润滑性,在高速运转的机械剪切作用下,润滑脂不会变稀流失,进而能保证良好的润滑。汽车通用锂基脂适用于 -30~120℃ 温度范围内汽车轮毂轴承、底盘、水泵等摩擦副的润滑。进口汽车和国产汽车普遍推荐使用汽车通用锂基脂。汽车通用锂基脂的锥入度指标在2号脂的范围内。

2)汽车润滑脂的选择

汽车润滑脂的选用包括润滑脂的品种和稠度级号的选用。主要考虑因素有温度、转速、负荷和工作环境。

润滑脂的品种选择是根据工作温度、工作环境、负荷和转速、水污染和极压性进行选择,也可按汽车使用说明书要求选用。

汽车上的主要润滑部位多用锂基脂;对受冲击载荷以及在极压条件下工作的钢板弹簧则用石墨钙基脂;对工作温度过高或过低的地区应选特殊润滑脂(如低温润滑脂、高温润滑脂等);为保护蓄电池接线柱,可用工业凡士林。

汽车润滑脂品种选择可参考表4-10。

汽车润滑脂的选择　　　　　　　　　　　　　　　　表4-10

润滑脂	特性	应用部位
汽车通用锂基润滑脂	良好的机械安定性、胶体安定性、防锈性、氧化安定性和抗水性	轮毂轴承、水泵轴承、起动机轴承、发电机轴承、离合器分离轴承和底盘用脂润滑部位
石墨钙基润滑脂	具有良好的抗水性和抗碾压性能	钢板弹簧

稠度级号选用可根据加脂方式、气温、工作温度等选择。一般多用2号润滑脂。

3)汽车用润滑脂的使用注意事项

汽车用润滑脂的使用注意事项如下:

(1)根据润滑部位的要求,按照汽车使用说明书的规定,使用规定种类、牌号的润滑脂。

(2)新润滑脂和废润滑脂无论是否同一种类,都不容许混合。

(3)严防机械杂质混入脂中。

(4)润滑脂的加注量不要过多。

4)汽车用润滑脂的变质与检验

在使用过程中,润滑脂的变质主要是由于润滑脂本身发生的物理、化学变化以及异物混入而引起。

由于温度升高和空气的影响,润滑脂发生氧化,在化学成分上发生变化,抗氧化剂被消耗并生成氧化产物,使脂的滴点下降、锥入度减小,产生腐蚀物质。此外,由于蒸发和氧化使基础油量减少,锥入度减小。

在使用中由于受离心力的作用,促进分油,也易引起润滑脂锥入度减小。另外,由于机械剪切作用,使稠化剂的结构破坏,可引起锥入度的增大或减小。

润滑脂的滴点降低,锥入度增大均可增加漏失量,如锥入度变得过小则会影响润滑。

在使用中,由于异物混入可使润滑脂变质。其内部因素是轴承磨损的金属粉末混入脂中,外部因素是混入机械杂质、水分等。润滑脂混入杂质后,会使摩擦副产生较大磨损,而混入水分会使润滑脂变质。

润滑脂变质程度可通过检验来判断。可检验使用中的脂的稠度、滴点、酸值等的变化,检验脂中由于轴承磨损或从外部混入的铁、铜等,以及用电子显微镜观察稠化剂破坏的程度。

第三节　汽车轮胎的合理使用

轮胎是汽车行驶系统的主要组成部分,轮胎的合理使用,关系行车安全、能源节约和运输成本的降低。轮胎技术状况的好坏可使汽车油耗在 10% ~15% 范围内变化,轮胎费用占汽车运输成本的 10% 以上。

一、汽车轮胎的分类

1. 按照轮胎的组成分类

按照其组成,汽车轮胎分为有内胎轮胎和无内胎轮胎。

无内胎轮胎没有内胎和垫带,空气直接充入外胎中,因此,要求外胎和轮辋之间要有很好的气密性。

无内胎轮胎的外胎内壁上附加了一层厚度为 2~3mm 的橡胶密封层,有的还在正对着胎面的密封层内壁上,黏附一层用特殊混合物制成的自黏层。当轮胎穿孔后,自黏层能自行将刺穿的孔黏合,这种轮胎称为有自黏层的无内胎轮胎。

无内胎轮胎的优点是:轮胎穿孔时压力不会急剧下降,能继续安全行驶;由于没有内胎,故摩擦生热少,散热快,工作温度低,使用寿命长,适宜高速行驶;另外,其结构简单,质量也较小。

无内胎轮胎的缺点是:自黏层只有在穿孔尺寸不大时方能黏合;另外,有自黏层的无内胎轮胎,当天气炎热时,自黏层可能软化而向下流动,从而破坏车轮的平衡。

无内胎轮胎必须配用深槽式轮辋,在乘用车上应用较多。

2. 按照充气压力分类

充气轮胎按充气压力的大小可分为高压胎(气压为 0.5~0.7MPa)、低压胎(气压为 0.2~0.5MPa)和超低压胎(气压为 0.2MPa 以下)。

目前,乘用车、载货汽车多采用低压胎。因为低压胎弹性好、断面宽,与道路接触面大,且壁薄,因而散热性良好,可提高汽车行驶平顺性和操纵稳定性,还可以延长轮胎和道路的使用寿命。

越野汽车常在坏路条件下行驶,使用超低压胎能提高汽车的通过性。

3. 按照胎面花纹分类

按照胎面花纹,可将其分为普通花纹轮胎、混合花纹轮胎和越野花纹轮胎。

(1)普通花纹轮胎。普通花纹有纵向花纹和横向花纹两种。其特点是花纹细而浅,花纹块接地面积大,适用于较好路面。纵向花纹轮胎的滚动阻力小,防侧滑和散热性好,噪声低,高速性能好,乘用车和载货汽车均可使用。横向花纹轮胎的耐磨性能好,仅用于载货汽车。

(2)越野花纹轮胎。越野花纹有无向的马牙形和有向的人字形等,其花纹沟槽深而宽,花纹块接地面积小,防滑性好,越野能力强,适用于在矿山、建筑工地以及其他一些松软路面上使用的越野汽车。安装人字形花纹轮胎时,花纹"人"字尖端的指向要与汽车前进时车轮旋转方向一致,以提高排泥性能。装用越野花纹轮胎的汽车在较好硬路面上使用时,不仅行驶阻力加大,油耗增加,而且加速花纹的磨损。

(3)混合花纹轮胎。混合花纹是介于普通花纹和越野花纹之间的胎面花纹,其花纹较普通花纹粗,通常胎面中间为菱形花纹或纵向锯齿形花纹,两边为横向越野花纹。在良好沥青、混凝土路面上行驶时,耐磨性比越野花纹好;在泥雪路面上行驶时,胎面两边的横向花纹沟有较好的排泥性能,保证其良好的附着性。因此,混合花纹轮胎对不同路面的适应性强。

4. 按照胎体中帘线排列方向分类

按照胎体中帘线排列方向,可分为普通斜交轮胎和子午线轮胎。

(1)普通斜交轮胎。普通斜交轮胎的胎体帘布层帘线呈斜交方向排列。帘布层的帘线与子午断面(即垂直胎面中心线的断面)的交角,称为胎冠角。一般普通斜交轮胎的胎冠角为 $52°\sim540°$。

普通斜交轮胎的胎体坚固,胎侧不易损坏,在低速行驶时乘坐舒适性好,价格较便宜。但其滚动阻力大,使用寿命短。

(2)子午线轮胎。子午线轮胎的胎体帘布层帘线相对胎面中心线呈垂直方向排列,即呈 $90°$(或接近 $90°$)。其结构特点是:

①胎冠角为 $0°$ 时,帘线排列方向与受力方向一致,使帘线强度能得到充分利用。帘布层数比普通斜交轮胎减少 $40\%\sim50\%$。

②设有带束层,带束层的帘线与胎面中心线交角很小,一般在 $20°$ 以内,对帘布起箍紧约束作用,并使胎面强度显著提高。

与普通斜交轮胎相比,子午线轮胎有以下几个特点:

①使用寿命长。子午线轮胎耐磨性好,比普通斜交轮胎使用寿命可延长 $30\%\sim50\%$。

②滚动阻力小,节约燃料。由于胎冠具有强度较高的带束层,胎面的刚性大,轮胎滚动时弹性变形小,滚动阻力比普通斜交轮胎可减小 $25\%\sim30\%$,油耗可降低 8% 左右。

③承载能力大。由于子午线轮胎的帘线强度能得到充分利用,故其承载能力大,比普通斜交轮胎提高约 14%。

④缓冲能力强,附着性能好。由于胎侧部分比较柔软,胎体弹性好,能吸收冲击能量,故缓冲能力强。附着性好,是由于轮胎接地面积大、胎面滑移小的缘故。

子午线轮胎的缺点是胎侧易裂口,制造技术要求高,成本高,翻新困难。

二、汽车轮胎的合理使用

为加强汽车轮胎的合理使用,交通运输部《汽车运输行业轮胎技术管理制度》《轮胎使用与保养规程》(GB/T 9768—2017)、《充气轮胎修补》(GB/T 21286—2007)等技术标准和规范,规定了轮胎管理、使用、维修的基本原则和具体技术要求。

1. 汽车轮胎的工作特性和损坏形式

汽车车轮承受和传递汽车与路面的全部作用力,在各种外力作用下,产生复杂变形。因变形发生摩擦,产生大量内热,使轮胎温度升高,强度降低,轮胎的损坏是力和热综合作用的结果。

(1)汽车静止时轮胎所受的负荷。汽车静止时,轮胎承受全车的总重力。因为汽车质心距离驱动轴较近,所以,驱动轴的轮胎负荷较大。

轮胎在静负荷作用下,会产生径向变形。即轮胎两侧弯曲,胎侧外层伸张,内层压缩,断面高度缩小,宽度增大,胎面展平。

(2)汽车行驶时轮胎所受的负荷。汽车行驶时,轮胎除承受静负荷外,还传递转矩以及受路面的冲击,即承受动载荷。动负荷的大小,取决于汽车的静负荷、行驶速度、道路状况和轮胎的类型。

(3)离心力对轮胎的作用。车轮在转动时,产生的离心力。转速越高,轮胎质量越大,所产生的离心力也越大。离心力有使轮胎脱离轮辋、胎面胶脱离帘布层的趋势,在帘布层中产生附加应力。如果车轮不平衡,则离心力或离心力矩的作用将使车辆发生振动,降低汽车的稳定性,致使操纵困难,进而加速车轮组件尤其是外胎的损伤。

汽车在转弯时,产生的离心力。质量越大,车速越高,转弯半径越小,所产生的离心力就越大。离心力使外胎下部弯曲,并增大弯道外侧轮胎上的负荷,使其变形增大。如果轮胎与路面之间的附着力小于离心力,则车轮发生侧向滑移,造成胎面的严重磨损,且易发生事故。

(4)轮胎内热量的产生。行驶中的轮胎,在负荷作用下,连续产生压缩与伸张变形,使轮胎内部橡胶与帘线之间、帘线与帘线之间、帘布层与帘布层之间,以及胎面与路面之间发生摩擦,产生热量,使轮胎的内部温度升高。

总之,轮胎受力变形时,帘线和橡胶在拉、压应力和高温的作用下,轮胎材料产生疲劳,使弹性和强度下降。当应力超过帘布层强度极限时,帘线就会折断。在轮胎受力变形时,帘布层间产生剪应力,当剪应力超过帘布层与橡胶间的吸附力时,就会出现帘线松散、帘布层脱层等现象。所以,轮胎的损坏形式主要是胎面磨损、帘布脱层等,帘线松散或折断,胎面与胎体脱胶以及由上述结果引起的胎体破裂。

2. 影响轮胎寿命的使用因素

轮胎气压、负荷、行驶速度、气温、道路条件、汽车技术状况、驾驶方法、维修品质和管理水平等因素,对轮胎使用寿命影响很大。

1)气压的影响

轮胎气压不同,所承受的负荷也不同。轮胎气压偏离标准是轮胎早期损坏的主要原因,尤其以气压不足对轮胎的危害最大。

轮胎气压越低,胎侧变形越大,使胎体帘线产生较大的周期性交变应力;还因摩擦加剧使轮胎温度升高,降低橡胶和帘线的抗拉强度。试验表明,轮胎气压降低20%,轮胎使用寿命降低15%以上。

当气压过高时,轮胎接地面积减小,增大了单位面积上的负荷;同时,轮胎弹性也减小,因胎体帘线过于伸张,应力增大。由此造成胎冠的磨损增加,且易使胎面剥离或爆胎。

2)轮胎负荷的影响

超载时,胎侧弯曲变形大,胎体帘线承受更大的交变应力,使轮胎的使用寿命大大降低或使轮胎爆裂。

3)汽车行驶速度和气温的影响

汽车在高速行驶时,胎面与路面摩擦频繁,滑移量大,使胎体温度升高,结果导致轮胎气压增高;汽车在高速行驶时,其载负荷也大。因此,当汽车高速行驶时,轮胎的使用寿命缩短。

气温对轮胎使用寿命的影响也很大,尤其在气温和车速均较高时,轮胎使用寿命会明显缩短,其根本原因是轮胎气压急剧升高。

4)道路条件的影响

路面材料和平坦度影响摩擦力和动负荷的大小,由此,影响轮胎的使用寿命。

试验证明:若以汽车在沥青路面上行驶时,轮胎使用寿命为100%,则在非铺装路面上,轮胎的使用寿命约降低50%。

5)汽车技术状况的影响

汽车底盘的技术状况(尤其是行驶系统)不良,会造成轮胎的异常磨损。如轮辋变形、轮毂轴承松旷、车轮不平衡、轮辋偏心、轮毂与转向节轴偏心或转向节轴弯曲、制动器拖滞等,都会导致轮胎异常磨损。

6)驾驶方法的影响

轮胎的使用寿命与汽车驾驶方法紧密相关,例如起步过猛、紧急制动频繁、转弯过急和碰撞障碍物等,都会加速轮胎的损坏。

7)轮胎维护品质的影响

对轮胎维护时,不认真执行强制维护的原则,或在汽车二级维护中,没有将拆检轮胎、进行轮胎换位等作为主要内容,就不能保持轮胎的良好技术状况。

8)轮胎管理技术的影响

轮胎保管条件不良或方法不当,也将引起轮胎的早期损坏。

轮胎与矿物油、酸类物质和化学药品接触,会使橡胶、帘布层等遭受腐蚀。保管期间受阳光照射、室温过高或空气过分干燥,会加速轮胎老化。空气中水分过多,轮胎受潮,会使帘布层霉烂变质。内胎折叠存放,会产生裂痕。外胎堆叠,将引起变形。

3.延长轮胎寿命的使用措施

(1)保持轮胎标准气压。轮胎气压是根据轮胎负荷等条件规定的,轮胎气压应符合该轮胎承受负荷时规定的压力。

(2)防止轮胎超载。轮胎负荷不应超过轮胎的额定负荷。汽车设计时,在确定汽车总质量时就应考虑所选用轮胎的额定负荷,而且在汽车使用过程中不得超载。

(3)掌握车速,控制胎温。汽车行驶速度与轮胎生热的关系很大,车速越高,挠曲变形速度就越快,轮胎生热量也就越大,轮胎胎体温度上升至100℃以上后,会导致轮胎分层、脱空、爆胎等。

　　所使用的轮胎应与最高设计车速相适应。设计车速较高的汽车须选用具有高速特性的轮胎。

　　(4)保持汽车技术状况良好。从延长轮胎的使用寿命的角度出发,汽车维护中要特别注意下列作业:

　　①前轮前束和外倾角应符合标准。
　　②行车制动器调整良好,不拖滞。
　　③轮毂轴承的间隙调整适当。
　　④轮胎螺母紧固,车轮应平衡。
　　⑤钢板弹簧的挠度应尽量一致,前、后轴平行。
　　⑥轮毂油封和液压制动轮缸无漏油现象。
　　⑦车轮总成的横向摆动量和径向跳动量应符合要求。

　　(5)正确驾驶。汽车应起步平稳,加速均匀,选择良好的路面,少用紧急制动。

　　(6)合理搭配。轮胎必须装配在规定规格的轮辋上,同一车轴应装配相同规格、花纹、层级和相同磨损程度的轮胎。为确保行车安全,翻新轮胎不能装在转向轮位置上。

　　(7)强制维护,及时翻修。对于轮胎磨损,乘用车和挂车轮胎的胎冠花纹深度不得小于1.6mm;其他汽车转向轮的胎冠花纹深度不得小于3.2mm;其余轮胎的胎冠花纹深度不得小于1.6mm;轮胎胎面不得因局部磨损而暴露出轮胎帘布层;轮胎胎面或胎壁上不得有长度超过25mm或深度足以暴露出轮胎帘布层的破裂和割伤。轮胎花纹磨至极限后,应及时送厂翻新。

　　与整车维护一样,轮胎维护也应贯彻以预防为主,强制维护的原则。轮胎维护分为日常维护、一级维护和二级维护,维护周期按汽车规定的维护周期执行。

　　轮胎换位时应注意:轮胎换位方法选定后,不再变动;对有方向性花纹的轮胎,换位后不能改变其旋转方向;轮胎换位后,按规定重新调整轮胎气压。

复习思考题

1. 车用汽油有哪些使用性能?如何选用车用汽油?
2. 车用柴油有哪些使用性能?如何选用车用柴油?
3. 汽车使用中的节油技术有哪些?
4. 发动机润滑油的功用有哪些?如何对发动机润滑油进行分类?
5. 如何选用发动机润滑油?
6. 齿轮油的使用性能有哪些?如何选用齿轮油?
7. 汽车用润滑脂的使用性能有哪些?
8. 汽车轮胎如何分类?
9. 子午线轮胎有哪些特点?
10. 如何合理使用轮胎?

第五章　汽车在特殊条件下的使用

汽车在不同气候条件、不同海拔的道路条件下,在执行某些特殊运输任务时,以及在走合期这一特殊阶段使用时,某些总成的工作状况和使用性能会发生显著变化。因此必须根据这些特殊的使用条件或阶段特点,采取相应的技术措施。

第一节　汽车走合期的使用

一、汽车的走合期及其作用

新车或大修竣工的汽车在投入使用的初期称为汽车走合期,常用走合期里程表示。汽车走合期里程取决于零件表面加工精度、装配质量、润滑油的品质、运行条件和驾驶技术等,通常为 1500~3000km,相当于 40~60 个工作小时。

汽车走合期实际上是汽车使用初期,相互配合摩擦表面进行磨合,改善其表面几何形状和表面层物理力学性能的工艺过程。

在汽车零件加工过程中,零件表面虽然经过了生产磨合加工,但仍存在微观和宏观几何形状偏差(表面粗糙度、圆度、圆柱度、直线度等);而且在总成及部件的装配过程中也会有装配误差。所以,配合零件表面间的实际接触面积比计算面积小得多,使得实际单位压力要比理论计算值大得多。因此,新车或大修竣工的汽车若以全负荷运行,零件摩擦表面的单位压力会很大,将导致润滑油膜被破坏及局部温度升高,致使零件迅速磨损。

经过走合期的使用,可以磨去零件表面的微观不平,形成比较光滑的、耐磨而可靠的工作表面,以承受正常工作负荷。同时,在走合期内暴露出的生产或修理中的缺陷可以被排除,减小汽车正常使用阶段的故障率。汽车的使用寿命、使用可靠性、动力性和燃油经济性都与走合期的使用情况有很大关系。

汽车使用过程中,零件配合间隙 Δab 因磨损随行驶里程增大。根据磨损速率和特点可分为三个阶段,如图 5-1 所示。

初期磨损阶段 A 又称零件磨合阶段。其特点是工作初期磨损较快,但随摩擦副配合状况的改善,磨损速度逐渐减慢。磨合终了的间隙用 Δcd 表示。

正常工作阶段 B 又称允许磨损期。经磨合阶段后,其磨损速率趋于稳定,磨损量随汽车行驶里程缓慢增长,在间隙达到 Δef 后,磨损将再度加剧。若配合零件磨损强度不同,其磨损曲线斜率也不同。

逐渐加剧磨损阶段 C 是超过极限间隙的零件磨损期。Δef 是配合零件的极限间隙,Δae 和 Δbf 为零件 1、2 的极限磨损量。在这个阶段,磨损加剧,故障增加(响声、漏气、漏油等),工作能力急剧下降,并迅速损坏。

由图 5-1 可见,减小磨合终了间隙 Δcd 和给定的配合间隙 Δab 值可以延长正常磨损阶段 B,延长配合零件的使用寿命。如把磨合终了的间隙 Δcd 减小到 $\Delta c'd'$ 之后,则阶段 B 可以延长里程 K。

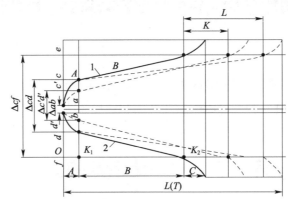

图 5-1 配合零件的磨损规律

Δ-磨损量;L-里程;T-汽车工作时间

磨合阶段的磨损量与零件表面加工质量及磨合规范有关。在汽车走合期,如果使用不当,未正确地执行磨合规范,将影响配合零件的工作期限。

走合期分为三个阶段:

第一阶段,即走合期的前 2~3h 内,因配合间隙小,零件表面粗糙,形状和装配位置都存在一定偏差,因此磨损和机械损失很大,零件表面和润滑油的温度很高。

第二阶段,即走合 5~8h 时,零件开始形成较光滑工作表面,摩擦机械损失和产生的热量逐渐减少。

第三阶段,零件表面磨合过程逐渐结束,形成防止配合表面直接接触的氧化膜,进入氧化磨耗过程。

二、汽车在走合期的使用特点

1. 零件表面磨损速度快

由于配合间隙小,表面粗糙且单位压力大,因此配合零件在相互运动中产生很大摩擦力;又因摩擦发热多,润滑条件变差;同时,金属磨屑进入或残留于摩擦表面间,易形成磨料磨损。从而使零件表面摩擦非常剧烈,磨损速度很快。

2. 润滑油变质

零件表面磨损后产生大量金属磨屑,而且零件表面和润滑油温度都很高。因此,润滑油易于被污染或氧化而变质。

3. 行驶故障多

零件表面的几何形状偏差、装配误差、紧固件松动、使用不当等均会使汽车走合期的故障增多。例如:工作面摩擦剧烈,润滑条件差,发动机易过热,常发生拉缸、烧瓦等。

三、汽车走合期应采取的技术措施

1. 减载

在走合期内,应选择较好道路减载运行。第一阶段应空载;走合期其他阶段,载货汽车应减载20%~25%,禁止拖带挂车;半挂车应减载25%~50%。

2. 限速

载质量一定时,车速越高,发动机和传动系统负荷越大。因此,在走合期内发动机转速不应过高。汽车的最高行驶速度,一般不超过40 km/h。限速行驶指各挡都要限速,通常各挡位的最大车速均应下降25%~30%。不同类型的汽车,可根据其使用说明书的要求,确定最高走合速度。

3. 正确驾驶

在走合期内,必须严格执行驾驶操作规程。起动时,预热温度应升至50~60℃;行驶中,冷却系统温度不应低于80℃;起步、加速、换挡应平稳;注意选择路面,不在凹凸不平的路面上行驶,以减轻振动和冲击;经常注意变速器、后桥、轮毂及制动器的温度;尽量避免急促地、长期地使用行车制动。

4. 选择优质燃料和润滑油

走合期内,应选择抗爆性好的优质燃油,以防汽油机产生爆燃;同时应选择黏度较低的优质润滑油或加有添加剂的专用润滑油。润滑油加注量应略多于规定量,并应按走合期维护的规定及时更换。

5. 加强维护

走合期维护作业的重点是检查、紧固、调整和润滑。要特别注意做好日常维护工作。要经常检查、紧固各部外露螺栓、螺母,注意各总成在运行中的声响和温度变化,及时进行调整。走合期维护一般分为走合前期、走合中期和走合后期的维护。

(1)走合前期维护。走合前期维护的目的是为了防止汽车出现事故和损伤。其主要内容如下:

①检查各部位的连接及紧固情况。

②检查冷却液量和冷却系统各部位密封情况。

③检查发动机、空气滤清器、变速器、后桥、转向器、制动器和各种助力器的润滑油或工作液,视需要添加或更换,并检查有无渗漏。

④检查变速器各挡位能否正确接合。

⑤检查转向机构各部位是否松旷和卡滞。

⑥检查电气设备、灯光和仪表工作是否正常,并检查蓄电池电液密度与液面高度。

⑦检查和调整轮胎气压是否符合标准。

⑧检查制动效能,如果不符合要求,应查明原因,并及时排除故障。

(2)走合中期维护。走合中期维护在汽车行驶500km左右时进行,主要目的是对技术状况开始发生变化的个别部分进行及时维护,以恢复其良好的技术状态,保证下阶段走合的顺利进行。其主要内容如下:

①清洗发动机润滑系统、更换润滑油和滤芯。

②润滑全车润滑点;在热车状态更换发动机润滑油,以免未清洗干净的铁屑、脏物等堵塞油道,刮伤轴瓦。

③检查变速器、分动器、前后驱动桥、轮毂和传动轴等处是否发热或有杂音。若不正常则应予以调整或修理。

④检查制动效能和各连接处、制动管路的密封性,必要时加以调整和紧固。

⑤检查调整离合器踏板自由行程。

⑥检查并按规定力矩和顺序拧紧汽缸盖及进、排气歧管螺栓、螺母和轮胎螺母。

(3) 走合后期维护。走合期结束后,应结合二级维护对汽车进行全面检查、紧固、调整和润滑作业,使汽车以良好的技术状况投入正常运行。其作业项目和深度参照制造厂的要求进行,其主要内容如下:

①清洗发动机的润滑油道和集滤器,更换润滑油的细滤芯。

②按规定紧固汽缸盖螺栓。

③清洗并更换变速器、驱动桥、转向器润滑油。

④紧固前后悬架的U形螺母(满载时),检查前、后钢板弹簧固定端的螺栓及U形螺栓的紧固螺母有无松动。

⑤检查和调整制动系统。

⑥检查和调整离合器踏板的自由行程。

⑦检查、紧固与调整前桥转向机构的技术状况。

⑧检查底盘和传动部分的各部位连接,按规定力矩紧固。

⑨检查并紧固车身、车厢各部位的连接。

在走合期后1000~3000km的运行中,仍应避免发动机高速运转,车速不宜过高,载荷不宜过大,也不宜在很差的道路上运行。

第二节　汽车在高、低温条件下的使用

一、低温条件对汽车使用性能的影响

汽车在低温条件下使用的主要问题是:发动机起动困难;总成磨损严重;燃料、润滑油消耗增大;机件易损坏、腐蚀;冷起动排气污染严重等。

1. 发动机起动困难

起动性能与发动机的类型、燃烧室形式和设计制造水平有关。一般来说,当气温在-15~-10℃以下时,发动机冷车起动就会有一定的困难;而当外界气温在-30℃以下时,没有冷起动装置的汽车,不经预热则无法起动。发动机低温起动困难的主要原因有:曲轴旋转阻力矩大;燃料蒸发性差;蓄电池工作能力降低。

1) 曲轴旋转阻力矩增大

发动机起动的前提是必须达到一定起动转速,其起动性能通常用发动机在低温下的最低起动转速表示,并用最低起动温度表示其低温起动性能。图5-2表示4种汽油发动机的最低起动转速与气温的关系。

起动转速受起动阻力矩影响。起动时,曲轴旋转阻力矩包括:缸内压缩气体形成的反作用力矩;运动部件对曲轴形成的惯性力矩;各摩擦副的摩擦阻力矩等。其中,前二者在温度降低时变化不大;而后者大小主要受润滑油黏度的影响。摩擦阻力矩中,活塞-汽缸间和曲轴轴承是主要的摩擦力矩,约占60%以上。

低温起动时,起动机起动转矩和功率等于起动阻力矩和功率。随着温度降低,润滑油内

摩擦力增加,曲轴旋转阻力矩增大,所需起动功率增大,使发动机起动转速下降而难以起动。润滑油黏度、起动温度与起动功率之间的关系如图 5-3 所示,使用低黏度润滑油时所需要的起动功率相对增幅较小。

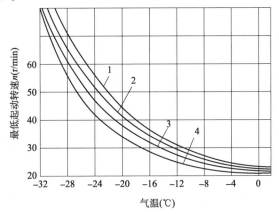

图 5-2　4 种汽油发动机最低起动转速与气温的关系

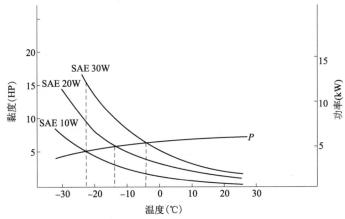

图 5-3　发动机润滑油黏度、温度与起动功率的关系

2) 燃料难以蒸发

温度降低会使燃油的黏度和密度增大(图 5-4),流动性变差,表面张力增大,从而难以蒸发汽化;低温时,起动转速下降,因而降低了进气流速,使进气管和汽缸内的空气涡流的强度降低,燃油难以雾化和燃烧;同时,低温零件的吸热作用使燃油难以吸热蒸发。因此,在低温条件下,大部分燃油以液态进入汽缸,实际混合气过稀而不易起动。试验表明,气温 -30℃ 和进气速度 40m/s 时,汽油汽化量为 59.5%;气温为零度和进气流速为 10m/s 时,汽化量只有 31%;发动机起动时,气流流速一般不超过 3~4m/s,气温在 0~12℃ 时,只有 4% ~ 10% 的燃油汽化。

3) 压缩压力和温度下降

低温起动转速的下降,不仅使进气管气流速度下降,影响了汽油雾化,而且使汽缸压缩压力和温度下降,混合气更加难以点火燃烧。图 5-5 为汽缸压力与曲轴转速关系曲线。由图可见,当起动机带动发动机以较低转速运转时,即使较小的转速差 Δn,也能使汽缸压缩压力发生较大变化 Δp。只有当曲轴转速超过某一值时,压缩压力受转速的影响才会较小。

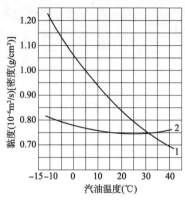 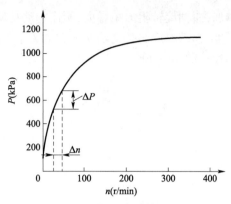

图 5-4 汽油黏度、密度与温度的关系　　　图 5-5 汽缸压缩压力与曲轴转速的关系
1-黏度;2-密度

4) 蓄电池工作能力下降

起动过程中,蓄电池主要影响起动机的起动转矩和火花塞的跳火能量。蓄电池电压为:

$$U = E - IR$$

式中:U——蓄电池电压,V;

E——蓄电池电动势,V;

R——蓄电池内阻,Ω;

I——蓄电池输出电流,A。

低温条件下,蓄电池电动势 E 变化不大。当温度由 +20℃下降到 -70℃时,蓄电池的电动势仅从2.12V下降到2.08V。但随着温度降低,电解液黏度增大,向极板的渗透能力下降,使内阻增大;同时,起动时所需电流很大,从而导致蓄电池的端电压及容量明显下降。

蓄电池端电压和容量的降低对低温起动的影响表现在两个方面。首先,低温起动时需要的起动功率大,而蓄电池输出功率反而下降,导致起动机无力拖动发动机旋转或不能达到最低起动转速(图5-6);其次,蓄电池端电压降低时火花塞点火能量小。此外,在低温条件下,点火能量降低的原因还有:可燃混合气密度增大,使电极间电阻增大;火花塞电极间有油、水及氧化物等。

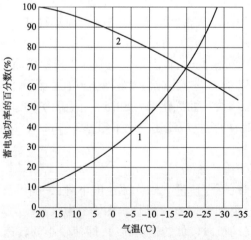

图 5-6 气温对起动功率、蓄电池输出功率的影响
1-起动功率(蓄电池率百分数);2-蓄电池输出功率

2. 总成磨损严重

汽车在低温条件下使用时,其主要总成的磨损强度都较大。在发动机使用周期中,50%的汽缸磨损量发生在起动过程,而冬季起动磨损占其中60%～70%。主要磨损部位是:汽缸壁和活塞环、轴和轴瓦、传动系统各总成。试验表明:气温为-18℃时,发动机起动时的磨损量相当于正常行驶210km的磨损量。EQ1090型汽车发动机的汽缸壁温度对汽缸壁和活塞环磨损的影响如图5-7所示。

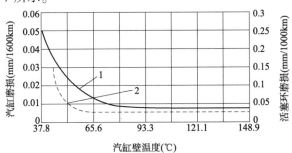

图5-7 发动机汽缸壁、活塞环磨损与汽缸壁温度的关系
1-汽缸;2-第一道活塞环

(1) 发动机磨损严重的主要原因。

①润滑条件差。低温起动时,润滑油黏度大、流动性差,不能及时到达汽缸壁、轴承等摩擦表面;未蒸发的液态燃油进入汽缸,冲刷缸壁上的润滑油膜,并沿缸壁流入曲轴箱,稀释润滑油使其油性减退;同时,因燃烧不完全而形成的碳化物随废气窜入曲轴箱,使润滑油进一步被污染。

②腐蚀磨损的形成。在低温条件下,燃烧过程中的水蒸气凝结于缸壁,并与汽油燃烧过程中产生的氧化硫化合成酸引起腐蚀磨损,使汽缸壁磨损加剧。汽油含硫量与汽缸壁磨损的关系如图5-8所示。

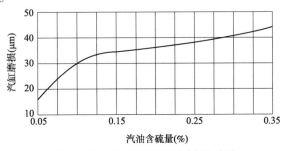

图5-8 汽油含硫量与汽缸壁磨损的关系

③轴承配合间隙变小。曲轴颈和连杆轴颈与所用轴瓦的合金成分不同,因而膨胀系数不同。在低温条件下,配合间隙变小且不均匀,加速了轴颈与轴瓦的磨损。

(2) 传动系统总成磨损严重的主要原因。

①工作温度低,润滑条件差。传动系统总成的工作温度由零件摩擦和搅油产生的热量维持,温升速度慢。例如,当CA1090型汽车传动系统总成的油温从-10℃升至10～15℃,需要行驶6km。低温时,齿轮和轴承得不到充分润滑,零件磨损大。研究表明,与油温35℃时的磨损强度相比,润滑油温度为-5℃时,汽车主减速器齿轮和轴承的磨损强度增大10～12倍。

②运动阻力大。低温时,传动系统润滑油黏度增大,运动阻力相应增大;在起步后的很长一段时间内,各总成的负荷较大,使传动零件的磨损加剧。

3. 油耗量增大

在低温条件下使用时,汽车油耗量增大的主要原因是:

(1)发动机暖车时间长。

(2)发动机工作温度低,燃料汽化不良,燃烧不完全。

(3)润滑油黏度大,摩擦损失大,发动机输出功率下降,汽车行驶阻力增加。

据试验,汽油发动机冷却液温度由80℃降至60℃时,油耗增加3%,油耗增加12%。

4. 机件易损坏

低温条件下,材料的物理力学性能将变差。在-30℃以下时,碳钢的冲击韧性急剧下降,铸件变脆,塑料、橡胶变硬、变脆,相应零部件在载荷作用下易于发生损坏。

另外,在低温条件下,蓄电池电解液易冰冻而不能正常工作;冷却液易结冰,而导致散热器和缸体冻裂。

5. 冷起动排气污染严重

发动机冷起动指从冷态起动到暖车前的过程。低温条件下,燃油雾化不好。因此,冷起动阶段HC和CO排气污染严重。据测算,汽油机HC排放量的80%是在冷起动阶段排出的。

汽油机冷起动过程的不确定性因素多。电子控制燃油喷射汽油机,在起动初期的一、二个循环,喷入的燃油量往往是实际燃烧需求量的5~6倍,以使发动机能够尽快点火。这时,进气管空气流速较慢,壁面温度较低,燃油蒸发性较差,因而很多燃油以油膜的形式停留在气道壁面上、进气门处或进入汽缸。这些油膜在后续的暖机工况,将随着温度升高而挥发,从而对混合气实际空燃比产生很大的影响。另一方面,起动时废气氧传感器不起作用,无法提供反馈信号对燃油量进行控制。

6. 行车条件差

低温条件下,道路常被冰雪覆盖,轮胎与地面间的附着系数显著下降。因此,制动距离延长且车辆极易发生侧滑。同等条件下,冰雪路面的制动距离比干燥路面的制动距离长2~3倍。汽车加速上坡时,驱动轮也易于滑转。

特别严寒的情况下,橡胶轮胎逐渐变脆,受到冲击载荷时易发生破裂。因此,冬季行车时,汽车应平稳起步,起步后应先以低速行驶。

二、汽车在低温条件下使用时应采取的主要措施

1. 加强技术维护

在季节转换之际,应结合汽车情况定期维护,附加作业项目,使汽车适应气候变化后的运行条件。

冬季维护的目的是为了提高汽车在低温、寒冷条件下的适应能力,避免发生意外事故。其主要附加作业项目有:安装或维护发动机保温及起动预热装置(如将排气预热调到"冬"字位置);检查调整冷却散热装置(节温器、风扇传动带等);更换冬季润滑油(脂)及防冻液;检查调整供油系统、点火系统;采取防滑保护措施等。

2. 预热

起动前预热可以提高燃油的雾化性和蒸发性,改善混合气形成条件,降低起动阻力,有益于发动机在低温条件下顺利起动。常用预热方法有进气预热和发动机预热。常用发动机预热方法有:热水预热、蒸汽预热、热空气预热、电热器预热和红外辐射加热等。

(1)进气预热。进气预热指利用进气预热装置加热进气气流。按热源不同,所用装置可分为火焰进气预热装置和电热进气预热装置。前者利用火焰来加热进气管内的气流,主要应用于柴油机发动机预热。后者采用装在进气系统中的电热塞对进气气流进行加热,电热塞的通电以及持续时间由计算机根据进气温度和冷却液温度来控制,并能在起动后自动切断电源。

(2)发动机预热。

①热水预热。热水预热是应用最广泛的预热方式。预热时,将热水加热至90~95℃,从散热器加水口注入冷却系统,注满后把放水阀打开,使之边注边流,待流出的水温达到30~40℃后,关闭放水阀。若把热水直接注入汽缸体水套,使其完全充满后再流入散热器,可充分利用热水的热能,迅速提高发动机温度。

②蒸汽预热。蒸汽预热是预热发动机的有效方法。预热时,蒸汽通过蒸汽管导入散热器的下水管,进入发动机冷却系统,或直接引入冷却水套。蒸汽直接引入冷却水套时加热迅速,蒸汽浪费小,但需在缸体和缸盖上加装蒸汽阀。预热开始时,因缸体温度低,蒸汽进入冷却系统后会被冷凝,需打开放水开关排出积水;当缸体温度升高到一定程度时,放水阀处便排出蒸汽;预热温度升高到50~60℃时,可起动发动机并往冷却系统加入热水。若在曲轴箱内加装蒸汽管或散热容器,可预热润滑油,降低润滑油的黏度,更易于起动。

③电加热预热。把加热器插入冷却系统或机油内,可方便地对发动机进行加热。图5-9所示为利用内、外电极间冷却液的电阻进行加热的管式冷却液电极加热器,采用24~36V低压电源,电极功率为3kW左右。在蓄电池的保温箱底部安放200~300W的电加热器,可对其进行预热。

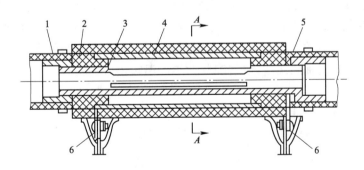

图5-9 管式电极加热器
1-接头;2-绝缘体;3-内电极;4-外电极;5-软管;6-接线柱

④红外线辐射加热器预热。利用煤气或液态煤气在陶瓷或金属网内燃烧时产生的红外线作为热源,可对发动机或传动系统进行预热。红外线辐射加热器的结构如图5-10所示。预热时,加热器放在发动机或传动系统总成的底部。

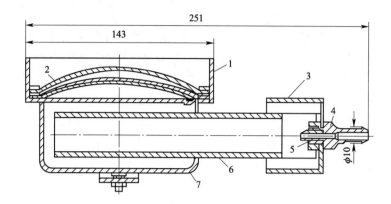

图 5-10　红外线辐射加热器(mm)
1-反射器；2-耐热陶瓷或金属网；3-护罩；4-接头；5-喷嘴；6-混合器；7-壳体

3. 保温

在严寒地区使用时，应采取保温措施。其目的是使汽车在一定的热工况下工作，并保证随时出车。保温主要部位是发动机和蓄电池。气温很低时，或对于承担某些特殊任务的车辆，还应保温油箱和驾驶室。

采用改变风扇参数(叶片数目或角度)的方法可以对发动机保温，也可以用降低风扇转速或断开风扇离合器的方法保温。后一种方法不但减少了热量耗散，而且还减小了功率损失。

采用发动机罩保温套是保持发动机温度状况的重要措施。采用该措施后，在 −30℃ 气温下工作时，发动机罩内温度可保持在 20~35℃；停车后，其主要部位的冷却速度也比无保温套时降低近 6 倍。保温材料可以是棉质或毡质的，前者保温性能较好。用薄乙烯基带密封发动机罩也有良好保温效果。

采用双层油底壳或在油底壳外表面封一层玻璃纤维，可以保持润滑油温。蓄电池保温的目的是保持蓄电池温度或减缓下降速率，以使其容量、内电阻变化不大。在低温下工作时，电解液温度每降低 1℃，蓄电池容量便减少 1%~1.5%。温度过低时，电解液有冻结以致冻坏蓄电池的危险。常用的保温方法是把蓄电池放在夹层木质或玻璃钢制保温箱内，夹层中充入导热系数很低的保温材料。在特别严寒地区，可采用在箱体夹层内设置电加热器的加热保温装置。为对加热温度进行控制，加热保温箱还应具备自动恒温控制与自动断流两项功能。

4. 合理选用燃料和润滑油

为便于低温起动并减轻磨损，低温下使用的燃料应具有良好的蒸发性和流动性、低含硫量。有专门牌号的冬季汽、柴油，供汽车在严寒地区使用。

蒸发性对起动性能有重大影响。汽油蒸发性用馏分温度表示，其中 10% 馏分温度影响发动机的起动性。10% 馏分温度越低，起动性能越好。随着温度的降低，汽油的黏度和相对密度增大，流动性变坏，雾化和汽化困难。从 +40℃ 到 −10℃，汽油黏度提高 76%，相对密度提高 6%。92、95、98 号车用无铅汽油的 10% 馏分温度均不高于 70℃，在气温不低于 −13℃ 时，可以满足直接起动的要求。

低温条件下使用的柴油机,要求柴油具有很好的流动性和较低黏度。然而,夏季牌号的柴油在温度降低到 -18~-20℃时,黏度开始明显提高。由于黏度增大,柴油雾化不良,使燃烧过程变坏。若温度进一步降低,则燃料中的含蜡沉淀物析出,燃料的流动性逐渐丧失。

汽车在低温条件下使用时,应选用黏温特性好的低黏度润滑油,以降低起动阻力并改善零部件的润滑条件。进入冬季前,发动机、变速器、主传动器等总成应换用冬季润滑油。因其具有良好的黏温特性,黏度随温度下降不显著,可使零件的润滑条件得以改善,并降低起动阻力。

5. 使用起动液

在低温条件下,采用专门的起动燃料即起动液,可以保证发动机直接起动。起动液的主要成分是乙醚($C_2H_5OC_2H_5$),其沸点为 34.5℃,40℃时的饱和蒸气压为 122.8kPa(车用汽油在 38℃时的饱和蒸气压都不大于 66.66kPa),因此具有很好的挥发性。同时,乙醚的闪点为 -116℃,其蒸气在空气中达 188℃时即可自行燃烧。

加注时,应将起动液呈雾状均匀地分配到各汽缸中。通常另设一套起动装置,将其呈雾状喷入进气管,与从空气滤清器进来的空气(柴油机)和可燃混合气(汽油机)混合后进入各汽缸。

对于没有起动装置的汽车,可以用起动液压力喷射罐直接将其喷入进气管,但应控制喷入量。喷入量过大时,会引起发动机起动粗暴。采用起动液冷起动,可在气温 -40℃ 以下时,使发动机可靠起动。

6. 正确使用防冻液

在冬季,发动机冷却系统使用防冻液,既可起冷却作用,又可防止冻裂缸体。并可避免每天加、放水,以减轻劳动强度并缩短起动前的准备时间。

防冻液在使用时应注意下列几点:

(1) 选用防冻液的冰点应比使用地区的最低气温低 5℃。

(2) 防冻液的表面张力低于水,因此比水易泄漏。加注前要仔细检查冷却系统的密封性。

(3) 由于防冻液的膨胀系数大,所以只能加到冷却系统总容量的 95%,以免温升后防冻液溢出。

(4) 经常用密度计检查防冻液成分。使用酒精—水型防冻液时,酒精蒸发快,应及时添加适量酒精和少量的水;乙二醇—水型和甘油—水型防冻液在使用中,只需添加适量的水。

(5) 不同类型的防冻液不能混装,防冻液一般 2 年更换一次。

(6) 添加防冻液时应先将发动机熄火,待其温度降低后再添加。

(7) 防冻液对人体有毒性,使用中严防入口,废液应集中回收处理。

7. 其他应注意的问题

低温条件下,制动液、减振液黏度增大,甚至出现结晶,影响汽车行驶的安全性与平顺性。因此,应选用适于在低温条件下使用的制动液和减振液。

在特别寒冷的情况下,橡胶轮胎硬化、变脆,受冲击载荷时易破裂。因此,在冬季行驶时,为减轻冲击,要缓慢起步及越过障碍物,且起步后几千米内应低速行驶。

驾驶室和车厢的温度过低,会影响驾驶员的驾驶条件和乘客的舒适感。风窗玻璃结霜会影响视野。为此,可将热空气引入驾驶室及风窗玻璃上,以便采暖和除霜。轿车和舒适性要求较高的客车上应装备采暖设备。

三、汽车在高温条件下的使用特点

在高温条件下,冷却系统的散热温差小,发动机易过热。由此导致充气能力下降、燃烧不正常、润滑性能变差、供油系统气阻等现象,使发动机的动力性、经济性和可靠性变坏。此外,汽车行驶过程中,由于散热能力差,驱动桥齿轮油温度可达120℃,轮毂轴承最高温度、轮胎胎面温度和制动液最高工作温度可超过130℃,对汽车传动系统特别是行驶系统的使用性能有不利影响。

1. 发动机充气能力下降

每循环进入汽缸的新鲜空气质量多,则发动机功率和转矩增大,动力性能好。进气温度提高后,其与汽缸壁的温差减小,空气密度大大下降,而使发动机充气量减小,导致发动机功率降低。气温越高,发动机罩内温度越高,空气密度越小,充气能力越低,发动机功率下降越显著。当外界气温为32~35℃时,若冷却液不沸腾,发动机最大功率仅是在相同转速下最大功率的34%~48%;气温25℃时,由发动机罩外吸气可使发动机最大功率提高10%。

2. 燃烧不正常

在高温条件下使用时,发动机易产生爆燃和早燃等不正常燃烧情况。

发动机爆燃与很多因素有关。大气温度高,汽缸内混合气温度也高,整个工作循环的温度上升;同时由于冷却系统散热能力下降,导致发动机过热。汽缸壁、燃烧室壁温度升高后,燃烧室内末端混合气吸收热量多,使燃烧过程产生的过氧化物活动能量增强,加剧了燃前反应,使发动机在爆燃敏感的条件下运转,容易产生爆燃。另外,过热的发动机易造成可燃混合气早燃。

温度过高还使窜入缸内的润滑油在高温缺氧条件下生成积炭胶质和沉积物,积存于活塞顶部、燃烧室壁、气门顶部及火花塞上,可使导热性变差并形成炙热点,更易于导致早燃或爆燃的发生。

不正常燃烧使发动机的热负荷和机械负荷上升,容易导致零件的热变形甚至裂纹,并加剧磨损。

3. 润滑油易变质

发动机过热使燃烧室、活塞、活塞环和油底壳等区域的温度升高,润滑油易受热。润滑油在高温、高压下工作时,其抗氧化安定性变差,加剧了热分解、氧化和聚合的过程。不正常燃烧形成的不完全燃烧产物窜入曲轴箱,既污染了润滑油,又使其温度升高。由于润滑油温度高,因而黏度下降,油性变差。因此,发动机温度越高,润滑油变质越快。

在我国西北高原,夏季炎热而干燥,空气中的灰尘很多。而湿热带的南方地区,空气中的水蒸气浓度大。灰尘和水蒸气可通过进气系统或曲轴箱通风口等处进入发动机,污染润滑油。

4. 零件磨损加剧

与汽车低温条件下的使用特点比较,在高温条件下,汽车起动后的暖车阶段,发动机和传动系统各总成的磨损减小。但由于温度高,润滑油黏度下降,油性变差,且润滑油污染后品质变差,使汽车行驶过程中,特别是超载爬坡或高速行驶大负荷工作过程中,或在不正常燃烧而形成的高温高压条件下,零件磨损加剧。

5. 供油系气阻

供油系受热后,部分汽油蒸发成气体状态,形成气泡存在于油管及汽油泵中;由于气体的可压缩性,使之随着汽油泵供油所产生的脉动压力,不断地被压缩和膨胀,从而破坏了汽油泵吸油行程所产生的真空度,使发动机供油不足甚至中断。这种现象称为供油系统气阻。在炎热地区,特别当汽车满载上坡或长时间大载荷低速行驶时,气阻现象时常发生。

影响气阻现象发生的因素是:

(1)汽油的品质(挥发性)。其挥发性越好,液体汽油的挥发量越大,越易于产生气阻。

(2)供油系在发动机上的布置。汽油管道和汽油泵越靠近热源,越易产生气阻。

(3)汽油泵的使用性能。结构不同的汽油泵,尽管泵油量相同,但抗气阻的能力差别很大。泵油压力高时,其抗气阻能力也强。

(4)发动机罩内温度。气温越高或通风不良时,罩内温度越高,越易于产生气阻。

(5)大气压力。大气压力对供油系气阻的影响很大。气压越低,汽油越容易挥发,产生气阻的趋势增大。

6. 制动效能下降

汽车在高温条件下工作时,制动产生的热量不能及时扩散,使制动鼓(盘)和摩擦片的工作温度上升,二者间的摩擦系数下降,使汽车的制动效能下降。液压制动的汽车,制动液温度升高后可能发生气阻,同时可能导致制动皮碗膨胀,从而致使制动效能下降,影响行车安全。

7. 排放污染加剧

大气温度通过空气密度、空燃比和燃料蒸发等因素对发动机排气污染物产生复杂的影响。CO、HC 和 NO_X 的浓度也受气温升高引起的混合气浓度变化所支配。气温升高,混合气变浓,CO 和 HC 浓度增大;而 NO_X 的浓度则在某一空燃比时达到最大值。

8. 轮胎爆裂

外界温度高时,轮胎散热慢,胎内温度升高而使气压增大;并且导致橡胶老化速度加快,强度降低,因而容易引起轮胎爆裂。

9. 其他

在高温行车条件下,蓄电池电解液蒸发快,电化学反应加快,极板易损坏,同时易产生过充电现象,影响蓄电池使用寿命。

汽车在高温环境中行驶时,因点火线圈过热而使高压火花减弱,容易产生发动机高速断火现象。

四、提高高温条件下汽车使用性能的主要措施

1. 提高发动机冷却系统冷却强度

每种汽车的冷却系统只能适应一定的使用条件。我国幅员辽阔,从严寒的北方到炎热的南方,其气候条件差异很大。汽车散热、冷却系统的能力应与之相适应。在高温条件下时,在结构方面增大冷却系统冷却强度的主要措施是:增加风扇叶片数、直径或叶片角度;提

高风扇转速;采用形状过渡圆滑的护风圈等;尽量使气流通畅、分布均匀、阻力变小、消除热风回流现象,并避免散热器正面无风区;增大风扇对散热器的覆盖面积;采用通风良好的发动机罩、罩外吸气、供油系统冷却等办法减小吸入空气及燃料的温度变化。

2. 加强技术维护

汽车在夏季进行的日常维护中,要特别注意冷却系的检查。如:冷却系统的密封情况;散热器盖上的通风口和通气孔是否畅通;冷却液温度表及温度传感器是否正常;风扇的技术状况;冷却水(液)是否充足等。

为适应汽车的正常运行的需要,进入夏季使用之前,应结合二级维护,进行一次全面的检查和调整(季节性维护),对汽车冷却系、供油系、点火系进行检查和调整,并更换润滑油(脂)。

(1) 冷却系统维护。为保证冷却系的散热能力,维护过程中应检查和调整冷却风扇传动带的松紧程度;检查节温器的工作状况;清除散热器和缸体水套内的水垢。水垢对冷却系散热能力的影响很大。试验表明:水垢的导热率比铸铁小十几倍,比铝小 10~20 倍。

(2) 润滑系统维护。为保证汽车各总成在高温条件下润滑可靠,在技术维护过程中,要检查润滑油是否充足,并适当缩短换油周期;应选用优质润滑油作为发动机夏季用油;在炎热季节高负荷连续行驶时,大型载货汽车、大客车的变速器和差速器的润滑油温度有时超过 120℃,因此应加装润滑油散热器;高温将使传动系统润滑油早期变质、黏度降低,应换用夏季齿轮油并适当缩短换油周期;轮毂轴承应换用滴点较高的润滑脂,并按规定周期进行检查和维护。

(3) 燃油供给系统维护。对于在灰尘大的地区使用的车辆,应加强空气滤清器的维护。对采用电子控制汽油喷射系统的发动机,可适当调整发动机的匹配参数,用以提高发动机的充气效率,保证混合气的质量和正常燃烧。由于高温条件下空气密度低,应调整发动机供油系统,减小供油量,以防混合气过浓。

(4) 电源及点火系统维护。高温时,混合气燃烧速率快,应减小点火提前角;夏季蓄电池电解液蒸发快,电解液的密度应稍小,应经常检查电解液平面高度,及时加注;夏季汽车用电量小,应调小发动机调节器充电电流,以避免蓄电池过充电,极板损坏。

3. 防止气阻

防止供油系气阻的主要措施是改善发动机的散热和通风,以及隔开供油系统的受热部位。行车中注意冷却汽油泵。若行驶中发生气阻现象,可用湿布将汽油泵冷却或将汽车开到阴凉处,降温排除气阻现象。

改进汽油泵的结构。汽车汽油泵安装在燃油箱内,增大了供油并增设了回油管路,可有效防止供油系气阻。

装用电动汽油泵。电动汽油泵具有结构简单、工作可靠、不受安装位置限制的优点。安装位置远离热源时,可防止供油系统气阻的产生。

制动液在高温下也可能挥发而产生气阻。制动频繁时,制动液温度可达 80~90℃,甚至高达 110℃。因此,为保证行车安全,应选用沸点较高的(不低于 115~120℃)的合成型制动液。

4. 防止爆燃

爆燃与进气温度有关,因此采用改进进气方式降低进气温度的方法,可以防止爆燃。例如:把CA1090型汽车发动机的空气滤清器改成前吸式空气滤清器,使进气不受发动机热辐射的影响,则在汽车满载拖挂上坡行驶(坡度8%)时,进气温度下降近10℃,从而减少了爆燃倾向。

汽车行驶过程中,应注意保持发动机工作温度正常。

防止爆燃的措施还有:选用辛烷值较高的高牌号优质汽油;调整点火系统,增强火花塞的点火能量;适当推迟点火时间;及时清除积炭。也可根据需要安装爆燃限制器。

5. 防止轮胎爆裂

环境温度高时,轮胎散热差。当汽车长时间高速行驶时,轮胎发热后温度升高,承载能力下降,容易爆胎。

轮胎胎侧注有速度标示,使用中不应超过该速度行驶。且当长距离连续行车时,车速不宜过高。

超载是爆胎的重要原因。夏季路面温度高,轮胎因此升温;如果超载行驶,轮胎变形增大,产生的热量大,此时轮胎散热又差,致使轮胎温度进一步升高。轮胎的橡胶材料和帘线在升温后承载能力下降,同时较大的轮胎变形容易使胎面脱胶,从而使轮胎承载能力进一步下降。因此,汽车超载使轮胎承受的载荷增大时,极易导致胎体爆破。轮胎的负荷能力以速度为基础,行驶速度提高,负荷能力应相应减少。轮胎负荷也用胎侧的相应标记标明。

规定气压指常温下的轮胎气压。轮胎的实际气压与环境温度有关,随轮胎温度提高而相应增高。因此,只有当胎内空气温度与环境温度平衡时所测得的轮胎气压才是准确的。在炎热夏季,一般应在停驶4h以后测量轮胎气压,保持规定气压标准。轮胎气压过高,容易爆胎。

载货汽车装用双胎时,由于受路面拱形、轮胎负荷和散热条件的影响,内侧轮胎的工作温度较外侧轮胎高3~10℃。因此,应定期换位。

6. 注意车身维护

汽车漆涂层的主要损坏是老化、褪色、失光、粉化、开裂和起泡等;车身电镀层的主要损坏是锈斑、脱皮以及锈蚀等。高温大大加快了漆涂层和电镀层的损坏过程。因此,在夏季使用和维修过程中,应加强汽车车身外表养护作业,注意喷漆前的除锈并采用耐腐蚀、耐磨性高的涂层。

高温、强烈的阳光、多尘和多雨均影响驾驶员的劳动强度、行车安全和乘坐舒适性。应加装空调设备、遮阳板,或加强驾驶室、车厢的通风,并防止漏雨。

第三节　汽车在高原和山区条件下的使用

汽车在高原和山区条件下行驶时,海拔高、气压低、空气稀薄,将导致发动机动力性和燃料经济性下降;汽车低挡上长大坡时,发动机易过热;同时,在山区复杂道路条件下行驶时,换挡、制动、转弯次数多,底盘特别是行驶系统的载荷大,轮胎磨损大,其制动系统的负荷也增大。

一、高原山区条件对汽车使用的影响

1. 动力性降低

气压下降时,若进气温度和阻力不变,进气终了的压力与进气压力的比值基本不变,相对于进气状态,充气系数变化不大。但是,随着海拔升高,气压逐渐降低,空气密度减小(表5-1),致使发动机的进气量减少,平均指示压力下降。对于四冲程发动机而言,平均指示压力与发动机功率成正比,即发动机功率随着海拔升高而下降。

海拔、大气压力、密度及温度的关系　　　　　表5-1

海　拔	大气压力	气压比例	空气温度(℃)	空气密度(kg/m^2)	相对密度
0	101.3	1	15	1.2225	1
1000	89.9	0.887	8.5	1.1120	0.9074
2000	79.5	0.7845	2	1.006	0.8315
3000	70.1	0.6918	-4.5	0.9094	0.7421
4000	61.3	0.6042	-11	0.8193	0.6685
5000	54.0	0.533	-17.5	0.7063	0.6008

随着海拔升高,气压降低,空气密度减小。海拔每升高1000m,大气压力下降约11.5%,空气密度约减小9%;发动机功率N_e和转矩M_e分别下降12%和11%左右(图5-11)。其主要原因为:

(1)由于气压降低,外界与缸内的压差减小;又因空气密度小,使发动机充气量下降,混合气变浓。

(2)大气压力降低,使进气管真空度相应减小,真空点火提前装置的工作受到影响,点火推迟。

(3)因压缩终了的压力和温度降低,混合气的燃烧速度缓慢。充气量下降和燃烧速率降低均会使发动机动力性降低。

2.发动机运转稳定性下降

随着海拔的增加,大气压力降低,空气稀薄,混合气变浓,严重时会由于混合气过浓而不能稳定运转或产生喘振现象;同时,大气压力降低使进气管真空度下降,进气量不足,发动机怠速转速下降。从图5-12可见,海拔每增高1km,怠速转速降低50r/min;同时,怠速稳定性变差。

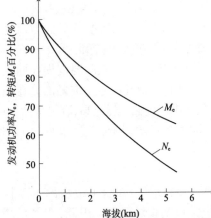

图5-11　汽车发动机功率、转矩与海拔的关系

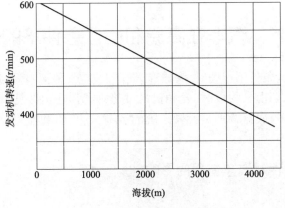

图5-12　海拔与发动机怠速转速的关系

3. 汽车燃料经济性下降

随着海拔增大,汽车的行驶油耗量相应增大,如图 5-13 所示。其主要原因是:

(1) 在高原行驶的汽车,由于空气密度下降,充气量明显降低。若供油系统未经调整或校正,则随着海拔的增加,空燃比变小,混合气变浓,发动机油耗增大。

(2) 在高原山区道路上,汽车行驶的道路阻力大。

(3) 由于发动机动力不足,且高原山区坡度陡而大,道路复杂,汽车经常用低挡大负荷低速行驶,也会引起油耗增大。

(4) 发动机大负荷或满负荷工作的时间比例增大,发动机易过热,并易于引起发动机的不正常燃烧,油耗增大。

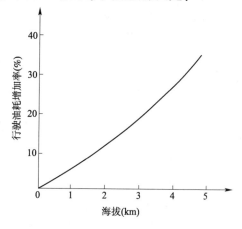

图 5-13 海拔对汽车行驶油耗的影响

(5) 由于大气压力降低,燃料蒸发性提高。因此,高原行车易产生气阻和渗漏等问题,致使油耗增大。

4. 制动性能变差

汽车在山区复杂道路条件下行驶时,因制动频繁或长时间持续制动,致使摩擦片和制动鼓经常处于发热状态。制动蹄摩擦片温度可高达 400℃ 左右,摩擦系数急剧下降,制动效能下降甚至导致失效,磨损加剧并容易碎裂。

在山区复杂道路上制动时,汽车易于失去转向能力,后轴易于侧滑。前者经常发生在坡道、湿路面和超载的情况下;后者则常发生于平路、干路面和空载的情况下。这两个问题造成了汽车前后轴制动力分配比例上的突出矛盾。此外,路面附着条件和道路曲率的变化等也对汽车制动稳定性有较大的影响。

装用气压制动系统的汽车在高原山区使用时,因空气稀薄,空气压缩机生产率下降,供气压力不足;而且,需要制动次数多,耗气量大,往往不能保证汽车,特别是汽车列车的制动可靠性。

另外,制动器摩擦生热使制动系统温度升高。若所用制动液沸点低,则易于蒸发而产生气阻,引发制动失灵。

5. 润滑油易变质

高原行车时,由于发动机功率下降,且高原山区道路复杂,行驶阻力大,因此发动机满负荷工作的时间比例增大,发动机易过热。发动机工作温度升高,使润滑油黏度变小,氧化速度加快;同时,过浓的混合气不能完全燃烧,液体燃油窜入曲轴箱后,会稀释润滑油而加快润滑油变质。润滑油品质变差使发动机润滑不良,磨损加剧。

二、汽车在高原山区使用时应采取的主要措施

1. 改善发动机性能

在高原山区使用时,发动机功率下降,油耗增多,磨损加剧。可采取以下技术手段提高

在高原山区地区使用的汽车的性能。

（1）汽车选购。若汽车需经常在高原地区使用时，应购买汽车制造厂为高原地区专门设计、制造的高原型汽车。

（2）提高发动机压缩比。在高海拔地区，发动机实际充气量下降，压缩行程终了时汽缸内压力及温度相应降低，爆燃倾向减小，具有提高压缩比的有利条件。增大压缩比不但可以提高压缩终了的温度与压力，增大膨胀比，改善燃烧过程，减少热损失，而且可采用较稀的混合气，提高发动机的动力性和燃料经济性。

压缩比的选定与汽油的辛烷值有直接关系。汽油的辛烷值越高，爆燃倾向越小，压缩比就可以相应地选大一些。

除上述使用因素外，压缩比还与大气温度、汽车负荷、发动机热状态等因素有关。因此，应根据具体使用条件，合理选择压缩比。

可采用高压缩比汽缸盖提高压缩比。

（3）合理选择配气相位。合理选择配气相位可以提高汽缸充气量，改善发动机的动力性和燃油经济性。配气相位的确定，应与发动机的实际转速范围相适应。转速不同，进、排气门开、闭角对气流惯性的影响也不同，因而进、排气门开闭的最有利的角度应随之变化。在进、排气门开、闭的四个时期中，进气迟关角和排气提前角的影响最大。

合理的进气迟关角可利用气流惯性提高充气量，在一定的气流惯性下，对应一个最佳迟关角。排气提前角主要影响做功行程中的膨胀功损失和排气行程中的排气功损失。随着发动机转速的提高，排气提前角亦应增大。

（4）采用增压设备。增压设备的作用是压缩空气使压力提高，以增加进入汽缸的充气量。常采用的增压设备为废气涡轮增压器，增压器涡轮由发动机排出废气的能量驱动，涡轮带动与之同轴的叶轮旋转，压缩来自空气滤清器的空气使压力提高后进入汽缸。发动机加快运转时，废气流速与涡轮转速同步加快，驱动叶轮使压缩后进入汽缸的空气量增多，空气压力和密度因此增大。

柴油机的工作过程无爆燃限制，使用增压器可增大充气量，压缩压力和温度相应提高，可改善发动机动力性和经济性，能有效补偿因海拔增高而造成的功率损失。

因爆燃和涡轮热负荷过高等问题，废气涡轮增压技术在汽油机上的应用受到限制。但是，对于在高原地区使用的汽车，仍是恢复发动机功率的行之有效的方法。

（5）其他技术措施。

①使用含氧燃料。在汽油中掺入酒精、丙酮及其他含氧化合物的燃料。在燃烧过程中，理论上所需空气量减少，补偿了气压低而引起的充气量不足。

②加强蓄电池维护。经常检查蓄电池电解液，调整其密度，保证良好技术状况，提高点火系的点火能量。

③改善润滑条件。所用发动机润滑油应具有良好的黏温特性，以保证其在低温时起动性能良好，高温时具有良好润滑性能；保持良好的曲轴箱通风，采用机油散热器散热，以防止润滑油变质。

④加强维护。高原山区空气稀薄、气温低，发动机冷却强度有时不相适应；低挡爬坡时，发动机易过热；停车时，发动机又很快冷却；因此，发动机应采取良好的冷却和保温

措施。

2. 改善行驶安全性

高原山区地形复杂,坡大、路窄、弯多,采取相应技术措施改善汽车行驶安全性,特别是改善其制动性能,尤为重要。

(1)采用 ABS(防抱死制动系统)。制动过程中,ABS 可以防止车轮抱死,既可获得最大制动效能,又可避免危险的制动侧滑,提高制动稳定性。采用 ABS 是提高汽车在山区复杂道路上行驶安全性的重要途径。

(2)采用耐高温制动摩擦片。汽车连续制动或高速制动时,制动器会因温度上升而产生热衰退现象,制动力矩下降。制动器抗热衰退性能与制动器摩擦副材料及制动器的结构有关。因此,采用耐高温制动摩擦片是改善制动器抗热衰退性能的简单易行方法。耐高温摩擦片采用环氧树脂、三聚氰胺树脂等作为黏合剂或采用无机黏合剂,使石棉摩擦材料黏结、固化成形而制成。

(3)采用辅助制动器。辅助制动器有电涡流、液体涡流和发动机排气制动器三类。前两类又称电力或液力下坡缓行器,多用于山区或矿用重型汽车上。排气制动一般是在发动机制动的基础上,在排气管内设置排气节流阀形成的。关闭排气节流阀,排气制动起作用,达到降低车速的目的。排气制动属于缓行制动装置,可保证各车轮制动均匀,制动功率可达发动机有效功率的 80%~90%。

(4)采用大范围可调制动比例阀。制动比例阀的前后轴制动比例一般是固定的,若使之防止后轴制动抱死时,则不能防止前轮制动抱死;而一些进口矿用车的前轮制动减压阀,又只能用于防止前轮抱死。因此,不适用于制动工况变化很大的山区复杂道路情况,有必要采用一种从前轮制动减压到后轮制动减压的大范围可调比例阀。

(5)防止制动系统气阻。防止制动系统气阻的有效方法是采用不易挥发的合成型制动液。评价制动液高温抗气阻性能的指标是平衡回流沸点。平衡回流沸点越高,越不易产生气阻。合成型汽车制动液一般是由二乙二醇醚、三乙二醇醚等溶剂,蓖麻油、聚乙二醇等润滑剂和一些添加剂组成。

(6)制动鼓降温。汽车下长坡前,可开始对制动鼓外圆淋水冷却降温,防止制动器过热;也可在制动过程中,不断对制动鼓淋水降温,以防温度过高使摩擦片烧蚀。

(7)防止轮胎爆胎。海拔升高时,轮胎气压也会升高。在海拔 4km 时,轮胎气压比在海平面时增加约 50kPa;同时,传递较大动力或速度过高时,轮胎表面温度较高,橡胶强度变差。因此,在高原山区行车时易爆胎而引发事故,应保持轮胎压力不超过规定值,同时注意轮胎工作温度。

(8)其他技术措施。为了满足气压制动系统的供气压力要求,可采用供气量大的双缸空气压缩机。

注意检查和维护汽车转向机构,使之转向灵活、可靠。

由于山区弯多路窄,前照灯应具有良好的技术状况。

汽车在高原和山区使用时,因换挡、制动和转弯次数多,道路不平,底盘负荷大,轮胎磨损加剧,所以汽车维护周期应适当缩短。

第四节　汽车在拖挂运输条件下的使用

合理组织拖挂运输,充分利用汽车动力,是增大汽车的载质量、提高运输生产率、降低运输成本的有效措施。但是,不合理的拖挂运输,会对汽车使用寿命和汽车列车的使用性能产生不利影响。

一、拖挂运输的条件

在良好道路及额定载荷下,一般营运车辆用直接挡(包括超速挡)以经济车速行驶时,其节气门开度为30%～40%,仅利用相应转速下发动机最大功率的40%～50%,为发动机最大功率的20%左右。若汽车以低速行驶,发动机功率利用率则更低。合理拖挂运输,可以提高发动机功率的利用率,使其得以利用。

汽车拖挂能力取决于汽车剩余功率。剩余功率越大,汽车加速和爬坡能力就越好,其拖挂能力越强。如以 P_k 表示发动机节气门全开、汽车变速器挂直接挡时,驱动轮的输出功率曲线,ΣP 表示汽车行驶阻力功率,P'_k 是节气门部分开启时驱动轮的输出功率。则汽车以某一车速 v_1 等速行驶时,负荷率为 $\dfrac{ab}{ac}$,剩余功率用 bc 所示,如图5-14。

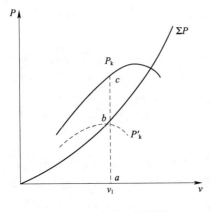

图5-14　汽车功率平衡图

二、确定拖挂质量的原则

确定汽车列车最大总质量时,应遵循以下原则:
(1)平均技术速度不低于单车的70%,最高车速不低于单车的经济车速。
(2)能在所遇最大坡道上用1挡起步,2挡通过;直接挡(包括超速挡)的行驶时间,不低于单车行驶时间的60%。
(3)以1挡起步直到换至直接挡,达到相同车速所需时间不高于单车的1倍;以直接挡在水平路面上行驶时应有一定加速能力,在平路上以直接挡中速稳定行驶时发动机负荷不大于70%。
(4)燃料消耗量不超过单车燃油消耗量的150%。
(5)驱动力足够,且驱动轮不打滑。
(6)比功率不小于4.8kW/t。
(7)一车一挂,具有较大牵引力的汽车可拖挂大吨位挂车。

三、汽车拖挂运输的使用特点

1. 拖挂运输对有关总成使用寿命的影响

汽车拖挂运输,发动机的输出功率增大,传动系各构传递的转矩相应增大,起步加速时间增长,汽车行驶中由于冲击、摇摆、振动所引起的交变负荷大。因此,汽车各总成机件磨损强度增大,使用寿命缩短。

(1)对发动机使用寿命的影响。汽车拖挂后,发动机功率利用率提高,汽缸内混合气的燃烧压力增大;同时,发动机负荷增大后的工作温度升高,润滑条件下降;汽车拖挂后,低挡运行的时间长,发动机转速高,单位行驶里程发动机转数增多,有关配合副的磨损次数和有关部件(如火花塞、点火线圈等)的工作次数增加。从而使发动机的汽缸、曲柄连杆机构和其他有关部件磨损强度增大,使用寿命下降。

(2)对传动系统寿命的影响。拖挂运输后,汽车起步和行驶阻力增大,因而传动系统传递的功率和转矩增大。起步时,离合器接合的延续时间比单车增长2~3倍,离合器摩擦片磨损加剧甚至烧蚀;变速器、传动轴、主减速器和差速器的齿轮、齿槽和轴承受到更大作用力,磨损增大。拖挂运输时,传动系统传递的功率和转矩经常急剧波动,使各传力部件承受冲击载荷,增大了磨损甚至造成直接损坏。

(3)对行驶系统寿命的影响。拖挂后,汽车起步、换挡、急加速及在不平道路行驶时,均增大了作用于牵引钩上的交变载荷,产生冲击力,易使车架产生变形、裂纹和松动。由于驱动力增大,驱动轮磨损加快,缩短了轮胎使用寿命。

(4)对制动系统寿命的影响。由于总质量增加,制动惯性力相应增大,制动距离延长,制动强度增大,使制动鼓(盘)与摩擦片的磨损加剧,使用寿命缩短。

2.汽车拖挂运输的运行特点

汽车拖挂后,由于总质量的增加和外部尺寸的变化,导致起步和行驶阻力增大。汽车列车的加速能力、爬坡能力、紧急制动能力及机动性、稳定性等都较单车有所下降。

(1)起步。拖挂后,起步阻力增大,起步时间增长;由于发动机负荷增大,若工作温度未达到40~50℃时起步,则在低温重负荷下工作,会加剧发动机磨损,增加燃料消耗。

(2)加速。与上坡汽车拖挂后,剩余功率比单车小,使加速性能下降,加速时间与加速距离比单车长,同时爬坡能力下降。

(3)下坡。汽车列车下坡时,行驶惯性比较大,且挂车对主车的冲击作用较大。

(4)转弯。汽车拖挂后,机动性比单车差。弯道行驶时,挂车的行驶轨迹产生向心偏移,转弯宽度(内轮差)加大,容易造成挂车掉钩或刮碰路旁物体。

(5)会车。汽车列车会车时,挂车易摆动而引起刮擦、碰撞事故。

(6)倒车。倒车时容易出现主车与挂车折叠现象。

(7)制动。汽车列车总质量大,其运动惯性大,制动距离较长;同时,主车与挂车制动时的同步性较差,易在牵引钩等连接部位产生撞击。

四、汽车拖挂运输条件下应采取的措施

1.拖挂运输应注意的问题

组织拖挂运输时,首先选择合理的拖挂质量。此外,还应注意以下问题:

(1)主车的额定载质量应在4t以上,轻型汽车不宜组织拖挂运输。

(2)拖挂质量不得超过最大允许载质量。

(3)技术状况不良,处于走合期或走合后1000km以内的汽车不应拖挂运输。

(4) 驾驶操作不熟练的驾驶员不宜驾驶带挂车的汽车。

(5) 路况较差时不宜组织拖挂。

(6) 主车空载时，不得拖带重载挂车。

2. 加强技术维护

汽车拖挂运输时，发动机工作负荷增大，发动机及传动系统各机构承受的作用力和交变负荷相应增大，工作温度上升，润滑不良，各总成机件磨损强度增大，使用寿命缩短。因此，要加强汽车维护并注意合理使用，其大修间隔里程应缩短，以延长其使用寿命。

3. 合理驾驶

冬季起步前，要对发动机预热升温。因起步阻力大，应缓抬离合器踏板，使牵引阻力逐渐增加。当感到汽车列车牵引钩拉紧后，才应加大节气门开度，继续抬起离合器踏板，切忌起步过猛。

汽车列车的加速性能下降，且高速挡的加速时间比低速挡的加速时间长，因而加速时不能急躁。

汽车列车上坡前，应根据汽车的爬坡能力、拖挂质量、坡度大小及长度等情况，提前选择挂入合适挡位，避免途中换挡、停车。以免坡道起步时，发生驱动轮打滑、倒溜或倾覆事故。

下坡时，应保持上坡挡位，尽量利用发动机制动或排气制动，控制车速，缓慢下坡。当车速过大时，再用行车制动器把车速控制在安全范围。不可长时间使用行车制动器控制车速，以免制动鼓（盘）、制动摩擦片过热导致制动失效。避免紧急制动，防止挂车冲击。

转弯前，应提前减速，在不影响其他车辆行驶的情况下，其行驶轨迹中心应靠向弯道中心外侧（即尽可能转大弯）。转弯时，应使主车与挂车保持拉紧状态，以免挂车摆动；同时避免在弯道制动，防止挂车对主车的冲击。

会车时，应根据道路情况，判断有无会车、让车的道路条件，提前采取降低车速、选择会车地点、适当加大会车的间距等措施，避免挂车摆动。

掉头时，尽量选择合适地点采用原地掉头方式。需倒车时，应将挂车转盘锁止。因列车长度大，视线条件差，倒车应有专人指挥。倒车时如出现折叠现象，应停止倒车，并前行拉直后重新倒驶。

为保障汽车列车的制动性能，挂车应有制动装置。行驶时，尽量少用制动。必须使用时，也应均匀制动，不能过猛，且应尽量避免紧急制动。为保持制动稳定性，制动初期应采用连续间歇制动，而后根据车速变化逐渐加大制动强度。

复习思考题

1. 走合期的概念及在走合期内应采取哪些主要技术措施？
2. 发动机低温起动困难的原因是什么？
3. 低温条件下汽车为什么磨损严重？
4. 低温条件下汽车燃油消耗量增加的原因有哪些？
5. 试述改善汽车在低温条件下使用性能的主要措施。
6. 汽车在高温条件下的使用有哪些特点？

7. 试述改善汽车在高温条件下使用性能的主要措施。

8. 汽车在低温与高温条件下机件磨损加剧的原因是否一样,并加以分析。

9. 如何选用特种液?

10. 海拔升高,汽车的动力性、燃料经济性为何下降?解决的方法有哪些?

11. 汽车在高温与高原条件下,都会出现动力性、燃料经济性下降。下降的原因是否一样,为什么?

12. 汽车在高原条件下动力性、燃料经济性下降,为此可采用提高压缩比的方法改善其相应性能。试回答汽车在高温条件下,能否采用这一措施。

13. 确定汽车拖挂运输质量的原则有哪些?汽车在拖挂运输条件下应采取哪些措施?

第六章　汽车技术管理

第一节　汽车技术状况

一、汽车技术状况和运用性能

1. 汽车技术状况

汽车技术状况即汽车在使用中所处的状态。是指定量测得的、表征某一时刻汽车的外观和性能参数值的总和。汽车使用过程中，随着行驶里程增加，技术状况不断发生变化，其变化速率和原因除与汽车结构质量有关外，还与汽车运用条件、使用环境、汽车合理运用水平等因素有关。研究和掌握汽车技术状况变化的原因及变化规律，采取相应措施以发挥其性能、延长使用寿命是汽车合理使用的重要保证。

汽车是一个复杂的机-电-液系统，其基本组成单元是零件。汽车种类繁多，零件各异。因此，零件技术状况对汽车来说至关重要，它们是决定汽车技术状况的关键性因素。

随着汽车使用时间或行驶里程增加，其技术状况会逐渐变坏，致使汽车动力性下降、燃料经济性变坏、使用方便性下降、行驶安全性和使用可靠性变差，直至达到使用极限。汽车技术状况变化是一个从量变到质变的过程，一般可以通过相继出现的各种外观症状来判断其技术状况变化的程度：

(1) 动力性下降。表征汽车动力性的具体指标为：汽车的最高行驶速度、加速时间、加速距离、最大爬坡度、牵引能力等下降。根据试验资料，在汽车行驶到接近大修里程时，发动机功率下降20%以上，最高行驶速度比新车额定车速下降10%～15%，而加速时间将增加25%～30%。

(2) 经济性变差。汽车使用经济性的具体指标表现为：燃料、润滑材料消耗量、维修费用、运输成本等增加。当汽车行驶一定里程后，燃油消耗量超过额定量的15%，润滑油料消耗达1L/100km以上，排烟增多或有异味，说明该车的使用经济性显著下降。

(3) 安全及排放性降低。汽车安全特性下降主要表现在汽车制动距离增长，跑偏量增大，制动机构反应迟缓、甚至经常出现失灵，转向操纵沉重，摆振不断增加，行驶过程中噪声、振抖、异响明显等。汽车使用过程中，表现出汽车排放性降低。排气中的有害气体或烟度不断增加，排黑烟或有异常气味，排放指标下降明显等。

(4) 可靠性下降。汽车可靠特性是各项性能指标的综合体现。其内涵是汽车在长时期使用过程中，能够无故障工作的能力。汽车可靠性下降主要表现在汽车运行过程中，随着使用时间或行驶里程的增加，因技术故障停歇的时间增多，故障率明显上升。

2. 汽车运用性能的变化

汽车主要运用性能,是由原设计与制造工艺所确定下来的。这些性能包括:装载质量、容积、动力性、燃料经济性、舒适性、安全性、排放性能和可靠性等。每个性能都有表明其特征的参数(一个或几个)或物理量,这些参数可以作为衡量汽车工作的指标。大多数性能指标取决于原车产品质量,例如,动力性、燃料经济性、安全性、生产率和舒适性等。在汽车工作过程中,这些性能也是在改变着的。

例如,一辆技术状况完好的载货汽车,投入运输生产使用一定时间后,其运用性能将下降,表现为运输生产率的下降和维修工作量的增加。其逐年变化情况为:假设技术状况完好的新车,第一年的生产率为100%、维修工作量为100%,则其8年后的生产率下降为55% ~ 60%、维修工作量则增加至200% ~ 215%。表6-1所列统计数据反映了载货汽车随使用时间增加,其运输生产率、维修工作量和运输成本的相对变化关系。

运输生产率、成本、维修工作量与行驶里程的关系　　　　表6-1

汽车工作时间(年)	运输生产率(%)	维修工作量(%)	运输成本(%)
1	100	100	100
4	75 ~ 80	150 ~ 170	130 ~ 150
8	55 ~ 60	200 ~ 215	150 ~ 170
12	45 ~ 50	290 ~ 300	170 ~ 200

图6-1所示为汽车运用性能随时间的变化情况,从图6-1可见,汽车实际运用性能3是从汽车初始性能1开始,随着使用时间 t 使用强度发生变化。汽车的初始性能是由生产制造时所确定的,而生产制造的依据是由运用要求而决定的。汽车的工作期限取决于本身的结构、制造工艺、运用条件、运输工作情况以及维护等多方面因素。汽车运用性能也因运输生产的情况和运用条件而变化。在汽车制造方面,可通过改进汽车结构设计和完善制造工艺来影响汽车运用性能,如提高零件耐久性、增加零件耐磨性和改善材料质量等。在汽车运用方面,可通过合理运用来影响汽车运用性能,具体如图6-1中曲线4所示。由于合理运用的作用,可使汽车实际运用性能提高到图6-1中曲线5所示。这需要依靠专业人员和汽车技术状况管理组织等来保证

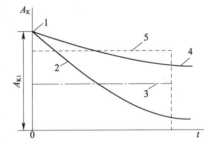

图6-1 汽车运用性能随时间的变化情况
1-汽车初始性能;
2-汽车运用性能随时间变化的曲线;
3-汽车实际运用性能;
4-汽车合理运用对性能的影响;
5-通过合理运用可以提高的实际运用性能

汽车工作能力。在汽车运用过程中,按运用时间(或行驶里程)等标准测量、记录汽车运用性能的变化情况,这是一项基础技术管理工作。

可靠性指标适合于对任何产品的评价。汽车可靠性是指汽车在运用期限内,其运用性能达到规定指标范围的情况。汽车可靠的运用范围指标可根据相应文件(标准、规则、技术条件等)和结合实际经验来制定。汽车可靠性一般是用在规定的运用条件下,采用汽车运用性能变化的程度来进行定性和定量评价的。因此,汽车可靠性不仅与设计制造有关,而且还和运用有关,合理的运用(如正确驾驶、合理装载、规范的维护等)对保证汽车可靠性有良好作用。

二、汽车技术状况变化的影响因素

汽车技术状况变化的速度与汽车的制造质量、使用条件(气候、道路、载荷、车速)、维护情况及驾驶人的驾驶技术有关。

汽车及其总成是由零部件组成的。汽车零件结构设计的先进性和合理性,制造与装配的质量,材质的优劣,都直接影响着汽车使用寿命。先进科学技术和管理办法的引入,新技术、新工艺、新设备、新材料的采用,汽车的质量和使用可靠性不断提高,都可延长汽车的使用寿命。在使用过程中,零部件由于磨损、变形、断裂、疲劳损坏、腐蚀、老化等原因,使原有尺寸、形状、表面品质发生变化,破坏了零件间的配合关系、相互位置关系,以及机构的工作协调性,从而导致汽车技术状况逐渐变差。

1. 汽车技术状况变化的原因

汽车在运用过程中,影响汽车技术状况变化的因素,有汽车本身工作方面的影响,也有偶然因素或外界运用条件的影响。偶然因素是指某个零件制造时有隐蔽缺陷,或汽车运用中有超载、超速等影响因素。在这些影响因素中,汽车零件、机构或总成技术状态的改变,往往是引起汽车技术状况变化的基本原因。如:自然损坏、塑性变形、疲劳损坏、腐蚀以及零件或材料方面的其他变化等,都直接影响汽车技术状况的改变。汽车在某种特定使用条件下,其零件各种损坏占百分比的大致情况见表6-2。

某种特定使用条件下零件各种损坏所占百分比　　　　表6-2

零件表面特征	载货汽车	大型载货和公共汽车
(1)磨损	40	37
(2)塑性变形与损坏。	26	29
其中:		
①折断、破裂、脱离、剪切;	20	19
②拉伸、弯曲、压缩	6	10
(3)疲劳损坏。	18	16
其中:		
①裂痕;	12	7
②损坏;	5	8
③剥落	1	1
(4)高温损坏。	12	11
其中:		
①烧毁;	5	7
②烧损;	4	3
③炭化	3	1
(5)其他	4	7
总计	100	100

汽车零件主要损坏的形式可分为磨损、疲劳损坏、塑性变形与损坏、腐蚀和老化。

磨损,是指相互接触的物体在相对运动中表层材料不断磨耗的过程,它是伴随摩擦而产生的必然结果。影响汽车技术状况变化的零件磨损形式主要有磨料磨损、分子-机械磨损和腐蚀磨损等形式。

磨料磨损是相互摩擦表面之间有坚硬、锐利的微粒作用的结果;分子-机械磨损,是在相互摩擦的零件表面靠得太近,承受压力极大的情况下,由于摩擦面分子相互吸引作用而黏结在一起造成的一种损坏形式;腐蚀磨损发生在摩擦表面有氧化物、酸、碱等有害物质腐蚀的情况下。

疲劳损坏是由于零件承受超过材料的耐疲劳极限的循环应力而产生的损坏。

塑性变形与损坏,是指零件所受载荷超过材料的弹性变形极限而发生塑性变形或损坏。通常,这是由于零件原设计计算的错误或违反运用规定所造成的,例如汽车超载等。

腐蚀,是指零件在有腐蚀性的环境条件下工作,产生的腐蚀损坏。例如,在氧化作用可以使材料坚固性下降,并能导致零件外观形状变化。

老化,是指零件材料受物理、化学和温度变化的影响,而引起零件材料缓慢损坏的一种形式。一些橡胶制品(如轮胎、油封、膜片等)、塑料制品和电器元件(如电容器、晶体管等),长期受环境和温度的影响,会逐渐老化,失去原有性能。例如,温度的冷、热作用;油类及液体的化学作用,阳光的辐射作用等,会使橡胶制品失去弹性并出现表面龟裂。

汽车在使用过程中,润滑油等液体材料的性能也将逐渐变坏,因而会引起被润滑零件的损坏。为此,在润滑油中要加入抗油品老化变质的添加剂。汽车零件与运行材料性能的改变,不仅在汽车使用过程中发生,而且在储存过程中也同样发生变化。例如,橡胶制品会失去弹性和坚固性;燃料、润滑油、制动液等液体会发生氧化变质、沉淀;金属零件会产生锈蚀等。掌握零件损坏的原因,目的是为了改进汽车设计,改善使用条件,以便在汽车运用过程中,减少零件的损坏,防止故障的发生,保证汽车技术状况的完好。

2. 运用条件的影响

汽车在运用过程中,其技术状况变化速度的快慢,在很大程度上要受到行驶道路、运用条件的影响。

1) 道路条件的影响

道路条件指由道路状况所决定的、影响汽车的使用因素。它是汽车的重要使用条件,汽车的结构、运行工况、技术状况都与运行的道路条件密切相关。

道路情况包括:路面质量和平坦度、道路在水平面和垂直面内的布置(如坡道、弯度、曲率半径等)、路面覆盖层的状况与等级、路面附着系数与坚固程度等。其中,路面覆盖层的状况对汽车各总成的工作有很大的影响(表6-3)。汽车的燃料消耗、大修里程、使用寿命、行车安全性等都受路面质量的影响。因而要求道路具有足够的强度,良好的平整度,适当的粗糙度,以保证汽车的附着条件和最小的运行阻力,充分发挥汽车使用性能。

路面覆盖层对汽车工作的影响 表6-3

指 标	混凝土与沥青路面	沥青矿渣混合路面	碎石路面	卵石路面	天然路面
滚动阻力系数	0.014	0.020	0.032	0.040	0.080
平均技术速度(km/h)	66	56	36	27	20
每千米行程发动机曲轴平均转速(r/min)	2228	2561	2628	3185	4822
转向轮转角偏差(市区行驶)	8	9.5	12	15	18

续上表

指　　标	混凝土与沥青路面	沥青矿渣混合路面	碎石路面	卵石路面	天然路面
每千米行程离合器使用次数	0.35	0.37	0.49	0.64	1.52
每千米行程制动器使用次数	0.24	0.25	0.34	0.42	0.90
每千米行程变速器使用次数	0.52	0.62	1.24	2.10	3.20
百公里行程内垂直振幅大于30mm的振动次数	68	128	214	352	625

从表6-3中可以看出,道路状况和断面形状,决定了汽车总成的工况(载荷和速度域,传递的转矩、曲轴转速、换挡次数,以及道路不平所引起的动载荷等),从而影响汽车零件、总成的使用寿命,引起汽车技术状况的改变。

路面质量决定了发动机工况。显然,在运行里程相同的条件下,发动机曲轴转数越多,运行工况就越恶劣,各机构和零件的磨损就越大。

中型载货车汽油发动机磨损与曲轴转速和平均有效压力的关系如图6-2所示。当发动机曲轴转速一定时,发动机磨损随平均有效压力成比例增大。平均有效压力一定时,发动机磨损按指数关系随曲轴转速增加。汽车以一挡运行的磨损最大,直接挡运行的磨损最小。每一挡都相应有一个磨损量最小的运行速度,一挡为 7~9 km/h,二挡为 10~13km/h,三挡为 20~25 km/h,四挡为 30~35km/h,五挡为 50~60km/h。

图6-3为道路条件对汽车运行速度的影响。如滚动阻力系数从0.014增至0.05。汽车运行速度几乎降低4倍;当汽车以高速通过个别不平地面时,垂直加速度可达 20~30m/s²。道路不平度数值很大时,燃油消耗将增加50%,轮胎消耗几乎增大两倍。汽车在山区和丘陵地带的道路运行速度平均要降低20%~23%,油耗要增加15%~25%。

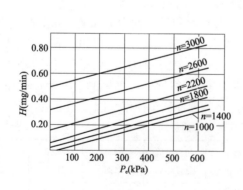

图6-2　中型载货车汽油发动机磨损量(H)与曲轴转速(n)和平均有效压力(P_e)的关系

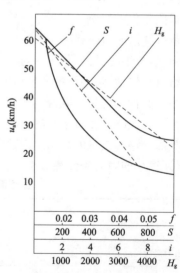

图6-3　道路条件对中型货车速度的影响
f-动阻力系数;S-路面不平度(cm/km);
i-道路坡度(%);H_g-海拔(m)

砂石土路上的尘土对汽车零件起着非常有害的作用。研究表明,汽车在沥青路面的公路上运行大气中含尘量仅 1.5mg/m³。在细砂土路上运行,贴近路面的大气含尘量高达 5.9 mg/m³,离路面 1.8~2.4m 上空的大气含尘量为 1.2~19mg/m³。在这种条件下运行的汽车零件磨损受道路尘土的影响是非常明显的。

2)运行条件的影响

运行条件是影响汽车及总成使用情况的一个因素。例如,装载质量相同的汽车,在繁华的市区与郊区(路面覆盖相同)的道路上行驶时,市区行驶车速要比郊区行驶车速降低 50% 左右;发动机转速增加 30%~36%,且变速器、制动器使用频次增加,转弯行驶频次增加。

3)运输条件的影响

在汽车运输条件中,除运行车速外,还包括装载运输货物的种类、运输行程的长度(运距)、行程利用系数、载质量利用系数、挂车利用系数等项条件。

4)气候条件的影响

气候条件不同,对车辆结构和使用性能的影响不同,因而对车辆的结构和使用提出不同的要求。我国的地域辽阔,南北地区的气温相差很大,东北地区的最低气温达 -40℃,南方的高温可达 40℃,而在同一地区的冬夏温差也达 45℃ 左右。环境温度对车辆、特别是对发动机的热力状况产生较大的影响,风沙、雨、雪、雾气候条件对车辆的行驶特性、交通安全等都会产生明显的影响。

气候条件包括环境温度、湿度、风力、风向和阳光辐射强度等参数。自然气候条件可以影响汽车总成工作温度状态,改变它们的技术性能和工作的可靠性。汽车故障率与环境温度有关,图6-4 所示为汽车故障率与环境温度之间的关系曲线。可见,在汽车的使用中存在一个故障率最低的大气环境温度区间,环境温度高于或低于这个温度都会导致汽车故障率的增加。这主要是因为汽车各总成都有一个最佳热工况区。如发动机的最佳热工况是在冷却液温度为 70~90℃,在此工况条件下运行,零件磨损最小(图6-5)。检测试验表明,环境温度每变动 1℃,将使缸体水套温度变化 0.9~0.25℃。当冷却液温度低于正常工作温度而继续降低时,润滑油与燃油黏度均随温度降低而增大,润滑油黏度增加使流动性变差,会恶化间隙配合副的润滑条件,当润滑油黏度大于 2Pa·s 时,就不能保证发动机正常润滑,必然会使零件磨损迅速增大,并明显加大发动机的摩擦损失。低温导致润滑油黏度增大后,还会使曲轴、底盘传动部件的传动阻力增大 1~1.5 倍,传动功率损失增大,使汽车的油耗增加。

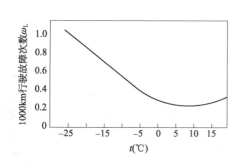

图6-4 汽车故障率与环境温度的关系

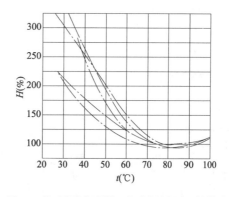

图6-5 发动机汽缸磨损 H 与冷却液温度 t 的关系

蓄电池容量随环境温度的降低而减小,环境温度从18℃降至-20℃时,温度每降1℃,蓄电池容量就减小1%,如若在低温条件下,蓄电池过度放电,还会导致电解液冻结损坏蓄电池壳。同时,在低温条件下发动机进气温度也低,燃料、润滑料黏度增大,会导致发动机起动困难,且延长发动机起动后的暖车时间,使发动机的磨损量增大。图6-6所示为发动机冷起动的汽缸磨损量与环境温度之间的关系。

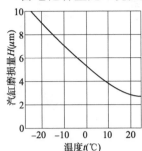

图6-6 发动机冷起动的汽缸磨损量H与环境温度的关系

环境温度太高也会恶化汽车总成的工况,降低输出功率,增加燃油消耗,并恶化驾驶人的工作条件。高温及阳光的辐射热还会加速橡胶零件的老化。

季节的交替会引起环境温度的改变和道路情况的变化,例如:夏季炎热、干燥、灰尘多;秋季、冬季雨雪多,气候湿冷,道路泥泞。因此,不同季节汽车零件的磨损强度也不相同。

环境湿度和风力主要是季节变化的反映。我国华北、华中地区春季多风沙天气;南方地区冬天和春天多雨、空气湿度大,砂石路面容易损坏;北方春天化冻时易导致道路翻浆,恶化汽车运行条件。空气湿度大、潮湿时,泥土易黏附汽车零件上,会加速汽车零件的腐蚀。湿度低、气候干燥、道路尘土多时,会恶化汽车零件的工作条件,增加零件的磨损。

3. 燃料和润滑材料品质的因素

1) 燃料的品质

燃料的使用性能直接影响发动机的工作性能。若选用不当,则易引起发动机爆燃,加剧零件的磨损和损坏,导致功率下降;同时,使润滑油变质,造成浪费,增加成本。所以只有正确合理的选用,才能获得良好的动力性、燃料经济性。

2) 润滑油的质量

润滑油对汽车发动机工作,以及其他汽车零件的耐久性、可靠性、燃料经济性和工作能力发挥具有重要作用。正确合理使用润滑油可以降低发动机功率消耗、减轻零件摩擦磨损、延长零件使用寿命,从而延长汽车使用寿命。

4. 驾驶和维修技术的影响

汽车驾驶人技术水平对汽车技术状况影响很大。如汽车的起动预热、平稳起步加速、轻踏缓放、选择合理的挡位和车速、及时换挡、控制好行车温度以及合理使用制动器、正确滑行等一整套正确合理的操作方法,都可以降低汽车各零部件的磨损和冲击。在同样的运用条件下,驾驶人技术水平对汽车技术状况也有一定影响。如表6-4所示,驾驶技术水平高的驾驶人(表6-4中A组驾驶人),不但可以提高公共汽车的车速,为乘客提供良好的运输条件,而且还能保护汽车的总成及零件少受摩擦损失。

驾驶人技术水平对汽车运用的影响 表6-4

驾驶人 技术水平	行驶 车速 (km/h)	每千米行程 曲轴转数 (r/min)	每千米行程 制动器使用次数 (次/km)	制动行程 占总行程的比例 (%)	因故障停歇 总次数比例 (%)	总使用 寿命比例 (%)
A组(好)	35.5	1780	1.7	2.1	100	100
B组(差)	33.6	2220	2.6	3.8	140	40~70

另外,可靠的维修技术及合理完善的维护制度不但可以对车辆技术状况加以保持和改善还可以延长其使用寿命。如汽车所用油、液的选用和适时更换、各种滤芯的维护更换、各项配合间隙的检查和调整以及各种零配件和总成选用和修复等都可以大大改善汽车技术状况。

车辆自投入使用以后,技术状况虽然不可避免地要有所下降,但是只要掌握了影响其变化的因素,就可以针对性地采取必要措施,改善车辆的运行环境,减缓或避免其技术状况恶化劣变,从而减少汽车运用中的故障停歇时间、延长汽车的使用寿命,使车辆技术状况达到更佳的状态,从而可以发挥最大性能,创造更大效益。

三、汽车技术状况变化规律

汽车技术状况变化规律指汽车技术状况与行驶里程或行驶时间的关系。

在使用过程中,汽车受到外部环境和内部条件多种因素的作用,其结构强度和使用条件的变化都有平稳变化的一面,同时又有不确定的一面。反映在汽车技术状况变化规律上,表现为渐发性和突发性两种变化规律。渐发性变化规律指技术状况的变化随汽车行驶时间或行驶里程单调变化,从而可用函数式表示的变化规律;突发性变化规律表示汽车或总成出现故障或达到极限状态的情况是随机的、偶发的,没有必然的变化规律,对其变化过程独立地进行观察所得结果呈现不确定性,但在大量重复观察中又具有一定统计规律。渐发性变化规律又称为汽车技术状况随行程的变化规律;突发性变化规律又称为汽车技术状况的随机变化规律。

如果运用合理,则汽车主要技术状况的变化按使用时间或行驶里程而逐渐变化,而使用过程中出现的某些具体故障则是随机发生的。

在按使用说明书的要求合理运用的前提下,汽车大部分总成、机构技术状况随行驶里程平稳而单调地逐渐变化,其特点是:汽车技术状况随行驶里程的变化过程可以用二者之间的函数关系式描述,一般可表示为 n 次多项式或幂函数两种形式。

1. n 次多项式

$$y = a_0 + a_1 L + a_2 L + \cdots + a_n L^n \tag{6-1}$$

式中： y ——汽车技术状况参数值；

L ——汽车行程或工作时间；

a_0 ——汽车技术状况初始值；

$a_0, a_1, \cdots, a_n$ ——待定系数,表征 y 与 L 的关系。

2. 幂函数

$$y = a_0 + a_1 L^b \tag{6-2}$$

式中: a_0、a_1、b ——确定汽车技术状况变化程度的系数。

实践表明:用多项式表征汽车技术状况参数与行驶里程或工作时间的关系时,使用前四项,其精度已经足够;而对制动蹄与制动鼓间的间隙、离合器踏板自由行程等参数变化规律的描述,用前两项,即用线性函数描述已足够精确。

对于主要因零件磨损所引起的汽车技术状况参数变化的规律,可用幂函数描述,如曲轴箱窜气量随行驶里程的变化过程等。

对于汽车技术状况随行驶里程或使用时间平稳变化的情况,原则上可以通过及时维护和修理措施防止故障发生;同时,由于汽车技术状况变化的单调性,可据此预测故障的发生。属于该种变化规律的技术状况参数类型有:汽车零件磨损而导致的配合间隙的变化;冷却系统和润滑系统中沉淀物的积累;润滑油消耗率及润滑油中机械杂质含量等。

3. 汽车技术状况随机变化

汽车技术状况的随机变化过程受使用中的偶然因素、驾驶操作技术水平、零部件材料的不均匀性和隐蔽缺陷等因素的影响,汽车或某总成技术状况变坏而进入故障状态所对应的行程是随机变量,与故障前的状况无直接关系。其本质原因是:在上述多种因素影响下,若机件所承受的载荷超过规定的许用标准,可使机件产生损伤并迅速超过极限值而进入故障状态。

技术状况参数随机性变化的特点是各影响因素具有随机性的反映。当给定汽车技术状况参数的极限值时,该随机性变化表现为汽车技术状况参数达到极限值所对应的行程是多种多样的,如图 6-7a) 中的 L_{p1}, L_{p2}, $\cdots$, L_{pn} 所示;而在同一行驶里程下,汽车技术状况也存在明显差异,如图 6-7b) 所示。

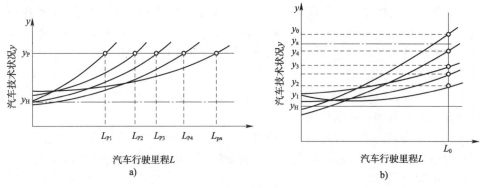

图 6-7 汽车技术状况随机变化

y_p-技术状况参数的极限值;y_a-技术状况参数的许值;y_H-技术状况参数的名义值

由于汽车技术状况的随机变化过程,不可避免地会引起汽车定期检测、维护作业超前或滞后进行,因此,只有掌握技术状况随机变化的规律,才能合理制订汽车定期检测、维护的作业周期、确定作业工作量,提高汽车检测、维护作业的质量,延长汽车的使用寿命。

四、汽车技术状况的分级

在使用过程中,汽车技术状况变化的程度随行驶里程或使用时间的不同及运行条件、使用强度、维修质量的不同而各有差异。为加强道路运输车辆技术管理,保持车辆技术状况良好,保障运输安全,发挥车辆效能,促进节能减排,2016 年 1 月,中华人民共和国交通运输部以 2016 年第 1 号令发布了《道路运输车辆技术管理规定》确定了"择优选配、正确使用、周期维护、视情修理、定期检测、适时更新"的车辆技术管理原则,并允许经营者可以自行确定维护周期,自觉组织实施车辆维护。规定还重新划分了道路运输车辆技术等级,调整了客车、危货运输车综合性能检测和技术等级评定周期和频次。

1. 汽车技术状况等级划分

汽车技术状况的内涵一方面指汽车的构造质量,如零部件的结构、形状、尺寸、材料质量、加工精度、处理质量及配合件的相对位置等。另一方面指使用中汽车所显示出来的技术经济性能和使用可靠性,包括输出功率、生产率、物化和活化劳动消耗、工作量和无故障工作时间等。

汽车技术状况参数是评价汽车技术状况的依据,可根据技术状况参数的量值,对照汽车技术文件的规定要求,将汽车的技术状态分为不同的类别,即完好、不良和极限三种情况。

完好——汽车的技术状况参数完全符合技术文件规定所要求的状况。即各种技术参数值,无论是主要的使用性能参数值,还是外观、外形等次要参数值等全部都在规定的范围之内。

不良——不符合技术文件规定的任一要求的状况。即状况参数中有任何一个参数值超出了技术文件规定的状况。此状态下对汽车的工作能力可能产生影响,也可能暂时无妨,能够坚持工作。

极限——技术状况参数达到了技术文件规定的极限值时的情况。

汽车故障——汽车部分或完全丧失工作能力的现象。即汽车任一主要性能指标不符合技术文件规定,使其无力执行规定的工作能力的状况。

汽车工作能力是指汽车按技术文件规定的使用性能指标,执行规定功能的能力。与汽车完好状态的区别在于,处于工作能力的汽车不一定是全部技术状态参数都符合技术文件规定,而只有主要的性能参数值符合要求。

判断汽车的工作能力,主要看汽车在某种条件下能否正常工作,而在判断其完好性时,不仅看其工作能力,还应包括其他要求及其使用条件。若汽车是完好的,则其必定是有工作能力的,但有工作能力的汽车不一定是完好的。例如,汽车的外壳油漆碰脱,甚至碰瘪了,但其仍不失为一辆有工作能力的汽车,因其还能保持其动力性、经济性、操纵性、通过性等性能,不会影响到工作能力的发挥。但它的外壳却是不符合要求的,整机处于不良的状态。

道路运输车辆技术等级是依据道路运输车辆的技术性能划分的技术级别。在交通运输行业,为了加强道路运输车辆的全过程技术管理,采用了分级管理的技术措施。即将从事运输经营的车辆依据其技术性能分为若干等级,运输单位要定期根据有关标准,对参与运输生产的车辆进行技术状况等级鉴定,核定其技术状况,划分出等级,以便车辆的合理运用和科学管理。

2. 车辆平均技术等级和新度系数

车辆平均技术等级是综合体现汽车运输企业技术管理水平、技术装备素质和企业发展后劲的主要技术经济指标之一,标志着汽车运输企业所有车辆的平均技术状况。车辆技术等级评定后,企业所有车辆的平均技术等级可按下式求出:

$$\bar{s} = \frac{(1 \times s_1) + (2 \times s_2)}{s_1 + s_2} \tag{6-3}$$

式中:s_1、s_2——一、二级车的数量;

$\bar{s}$——车辆平均技术等级。

新度系数 P_x 是评价运输单位车辆新旧程度的指标。可用下式计算：

$$P_x = \frac{C_e}{C_0} \tag{6-4}$$

式中：C_e——年末单位全部运输车辆固定资产净值；

C_0——年初单位全部运输车辆固定资产原值。

3. 营运车辆技术状况等级的评定

1) 道路运输车辆的通用技术分级

(1) 评定项目和评定要求。道路运输车辆技术状况等级的评定依据是《道路运输车辆技术等级划分和评定要求》(JT/T 198—2016)。技术等级评定的项目包括"核查评定项目"和"技术评定项目"。其中的技术评定项目分为"关键项""一般项"和"分级项"。技术评定项目主要评定内容包括：唯一性认定、电子控制系统、发动机、制动系统、转向系统等系统的装备情况，照明、信号装置的标示、车身、附属设备、安全防护装置，以及动力性、燃料经济性、制动性、排放性、操纵稳定性等22大类指标，含63个项目。其中汽车列车制动时序、制动协调时间、牵引车与挂车制动力分配项目暂不进行评定外，其余共有关键项39个、一般项15个、分级项8个。

"关键项"是评定车辆技术状况的重要指标，可能直接或间接影响道路交通安全或对环境有严重影响的项目。

"一般项"是指评价车辆技术状况的一般性指标，对道路交通安全或环境无严重影响的评定项目。

"分级项"是在评定项目中依据相关标注检测得到的技术指标结果的优劣而给出相应的评价或取值区间的项目。

(2) 评定规则。

评定达到一级车的条件是：

①核查评定项目中，所有项目达到一级。

②技术评定项目中的"关键项"均为合格。

③技术评定项目中的"一般项"不合格项目数不超过3项。

④技术评定项目中的所有"分级项"均达到一级。

评定达到二级车的条件是：

①核查评定项目中，所有项目至少达到二级。

②技术评定项目中的"关键项"均为合格。

③技术评定项目中的"一般项"不合格项目数不超过6项。

④技术评定项目中的所有"分级项"至少达到二级。

对于车辆的检测和评定周期，规定：道路运输车辆从首次配发《道路运输证》当月起，按照下列周期进行综合性能检测和技术等级评定：

①客车、危货运输车自首次经公安机关交通管理部门注册登记不满60个月的，每12个月进行1次检测和评定；超过60个月的，每6个月进行1次检测和评定。

②其他运输车辆自首次经公安机关交通管理部门注册登记的，每12个月进行1次检测和评定。

2)营运客车类型及等级评定

(1)类型划分。营运客车分为客车和乘用车两大类。乘用车不分类型,客车按车长分为:特大型、大型、中型和小型四种类型,见表6-5。

客车类型划分　　　　　　　　　表6-5

类型	特大型	大型	中型	小型
车长 $L(m)$	$13.7 \geqslant L > 12$	$12 \geqslant L > 9$	$9 \geqslant L > 6$	$6 \geqslant L > 3.5$

(2)等级分级。各类车型中,客车按其结构与底盘配置、安全性、舒适性(车内噪声、空调、座椅)、服务设施,乘用车按发动机排量、空气调节与控制、卫星定位系统以及行李舱容积的大小等评定的内容,分为高三级、高二级、高一级、中级和普通级等级别。

(3)评定规则。对于新客车,指汽车生产企业开发的新产品或进口的客车,是根据企业提供的技术文件(进口检验文件)及实车的检测结果,结合评定等级标准要求,统一由主管部门以"评定表"形式发布。

在用营运客车的等级是按《道路运输车辆综合性能要求和检测方法》(GB 18565—2016)以及《道路运输车辆技术等级划分和评定要求》进行性能检测,符合相应等级要求的进行核定。在进行客车等级评定时,评定的主要内容有发动机的动力性和排放、燃料消耗量、防抱死制动装置的性能、后置发动机舱内是否配备温度报警系统和自动灭火装置、座椅尺寸及间距、是否配备卫生间、影音播放设备,卧铺客车的卧铺尺寸等指标。并对新车的质量保证期作了明确的规定。《营运客车类型及等级评定》(JT/T 325—2018)对各等级车辆给出了具体的评价内容和指标要求。质保期按新车投入运营之日起计质保里程或年限,并以先到达为准。

第二节　汽车的选配及鉴定评估

一、汽车的选配

1. 从事道路运输车辆的基本条件

道路运输车辆包括道路旅客运输车辆、道路普通货物运输车辆以及道路危险货物运输车辆。根据交通运输部《道路运输车辆技术管理规定》(部令2016年第1号)文件,从事道路运输经营的车辆应当符合下列技术要求。

(1)车辆的外廓尺寸、轴荷和最大允许总质量应当符合《道路车辆外廓尺寸、轴荷及质量限值》(GB 1589)的要求。

(2)车辆的技术性能应当符合《道路运输车辆综合性能要求和检验方法》(GB 18565)的要求。

(3)车型的燃料消耗量限值应当符合《营运客车燃料消耗量限值及测量方法》(JT 711)、《营运货车燃料消耗量限值及测量方法》(JT 719)的要求。

(4)车辆技术等级应当达到二级以上。危货运输车、国际道路运输车辆、从事高速公路客运以及营运线路长度在800km以上的客车,技术等级应当达到一级。技术等级评定方法应当符合国家有关道路运输车辆技术等级划分和评定的要求。

(5)从事高速公路客运、包车客运、国际道路旅客运输,以及营运线路长度在800km以上客车的类型等级应当达到中级以上。其类型划分和等级评定应当符合国家有关营运客车类型划分及等级评定的要求。

(6) 危货运输车应当符合《汽车运输危险货物规则》(JT 617)的要求。

同时规定，道路运输管理机构应当加强从事道路运输经营车辆的管理，对不符合本规定的车辆不得配发道路运输证。在对挂车配发道路运输证和年度审验时，应当查验挂车是否具有有效行驶证件。禁止使用报废、擅自改装、拼装、检测不合格以及其他不符合国家规定的车辆从事道路运输经营活动。

2. 车辆选购配备的基本原则

道路运输企业车辆选购是保证运输生产经济、高效、优质、安全的前提条件，是运输生产技术管理的重要工作之一。根据《道路运输车辆技术管理规范》(JT/T 1045—2016) 要求，企业应建立车辆采购管理制度，内容包括车辆采购相关部门及职责、采购计划、采购流程、选型论证、合同管理和车辆验收。

企业应根据运输生产任务需求，提出车辆新增或更新采购计划，并按照采购流程实施采购。应根据车辆的用途、运量、运距和道路、气候及燃料供应等条件，对拟选车型的容载量、动力性、安全性、环保性、经济性、通过性、可靠性及维修方便性进行技术论证。应优先选购燃气、纯电动、混合动力等清洁能源或新能源汽车，以及具有自适应巡航控制系统、防撞预警系统、车道偏离预警系统等安全技术的汽车。因此，选好车辆对后续的运生产进行具有重要的意义。车辆选购配备的基本原则如下。

1) 适用

适用是车辆选择配备的基础。所谓适用，主要是考虑使用对象及要求。如：货物运输或旅客运输，自用或其他用途，运输量是大批量或是零散运输等。一般来说，批量大、运距长的货物，用大吨位车辆；对于一些专门性的运输，要考虑使用专用车辆。对于客运，短途时为求方便快捷，则用中小型车辆。长途时则用高速、舒适性好的大型、豪华车辆。在完成特殊任务时，还需要选用装有特殊装置的特种车辆，如工程车、起重车、消防车、洒水车、冷藏车、扫雪车、油罐车等。若是特殊区域、气候条件还要考虑特殊适应性，如高原、寒区、沙漠等特殊要求等。

2) 安全

安全对于运输生产来说是极为重要的，除了要保证车辆符合国家规定的安全法规外，还要对车辆的使用性能有全面的了解。因车辆的操作方便性、使用可靠性都对安全性有明显的影响。

3) 经济

所谓经济，就是选用的车辆在使用中的各项费用较低、耗费较少，才能保证使用的经济性。汽车使用中的使用费用主要是燃料费、维修费、轮胎费、资金占用利息以及工资福利费等，要考这些因素对使用经济性的影响。

4) 高效

高效是指车辆的生产率要高，即要考虑影响汽车运输生产率的诸要素中，属于汽车结构方面的因素。如载质量、平均技术速度、装卸条件等。

3. 汽车选购的方法

1) 基本步骤

购置新车时如何选择车型、厂牌，即选购。选购的主要依据是车辆的用途。选购时应遵

循的步骤是:
(1)明确用途特点、要求。
(2)研究分析各种车型使用说明书中提供的主要性能指标参数,以确定该车适用与否,同时估计出该车在使用中安全性、经济性和生产能力方面能否达到的水平。
(3)了解收集该车型使用过程中的一些经验、资料。如实际运输的耗油情况、故障情况、使用方便性等。
(4)考虑售后服务情况,零配件的供应是否有保障等。

2)车辆的评价

选购时要对车辆进行评价,评价的方法通常有两种,即主观和客观评价。主观评价的方法也称为"官能评价"或"感觉评价"。其方法就是先提出评价的项目并提出要求,然后评价人员按规定项目、顺序进行评分,再按得分多少确定合适与否。评价的人员通常为技术人员、驾驶人以及乘客。例如就汽车的性能和不适合程度进行评价,以得分越多越好,见表6-6。

车辆选购时的性能评价　　　　　　　　　　表6-6

评 价 项 目	评 价 分 级				
性能优劣	最好	好	尚可	坏	极坏
不适合度情况	全无	轻微	少许	严重	极严重
得分	5	4	3	2	1

客观评价就是按要求用试验装置和仪器测出各评价指标的结果进行评价。

选购车辆的数目比较多时通常采用招标的方式让经销商或生产厂家投标。要选购车辆的单位应提出对车型的基本要求,如使用的环境条件、特殊要求、汽车的性能、价格等。最后对各投标单位进行综合评估,选定性能价格比好的投标商作为选购的目标。

二、汽车鉴定评估的基本方法

1. 汽车鉴定评估的概念

汽车鉴定是指通过感官和运用检测设备(简单的检测设备和工具)对汽车的外观、内饰、总成和部件的使用和完好情况,整车的各项使用性能等进行评定。

汽车鉴定评估是指由评估机构(或专业评估人员)根据其经济行为,遵循法定或公允的标准和程序,运用科学的方法,对已用车辆进行检查、技术鉴定,并对其现时价格进行评定和估算的过程。其核心是对汽车在某一时点的价格进行估算。

由定义可知,汽车评估由六大基本要素组成,即汽车评估的目的、评估的主体、客体、估价标准、评估规程和评估方法。其中评估的目的表明为什么要对汽车进行评估,它直接决定估价标准和制约评估方法。评估的主体是指汽车的鉴定和评估的承担者。评估的客体是指被鉴定和评估的车辆。评估标准是指评估采用的价格计量标准。是对评估价值的质的规定,它对评估方法的选择具有一定的约束。评估规程是指汽车评估必须遵循的规则程序。评估方法是确定汽车评估值的具体手段与途径,它既受价格计量标准的制约,又要根据实际可用资料来选择。

2. 在用车鉴定评估的特点

汽车虽然属于机器设备一类的固定资产,但又区别于其他类型资产的特点:一是技术含量高。汽车是一种高科技的产品,是当今世界资本—技术密集型的综合性、大规模生产的第一商品,是科学技术发展水平的标志。二是单位价值大。一辆车少则几万元,多则几百万元。三是个体差异大。汽车品种多,不同的车型、同车型的不同配置价格截然不同,且价值损耗快,由于使用时间、使用条件、使用强度、维护水平等的不同,个体差异明显。四是政策性强。汽车的使用管理严格,税费附加值大。由于汽车的这些特点,决定了在用车鉴定评估的特点。

1)在用车评估以技术鉴定为基础

由于汽车本身具有较强的工程技术特点,其技术含量高。汽车是集机械、电子、控制和信息技术于一身的产品。对汽车进行鉴定评估涉及对其技术状况的了解。此外,汽车在长期使用中,由于机件的磨损和自然力的作用,汽车处于不断磨损的过程。因此,要评估出汽车当前的实际价值,往往需要通过技术检测来鉴定其损耗程度。

2)评估以单台为评估对象

汽车的结构较为复杂,品牌、规格型号较多,其功能配置、质量等级、奢华程度不同,单位价值相差较大。一般评估时,都需要分整车或部件逐台、逐件地进行。但有时为了简化评估程序,节省时间,提高评估的效率,对于以产权转让为目的、单位价值又较低的汽车,也可采取"提篮"作价的评估方法。

3)评估要考虑车辆的附加值

由于国家对汽车实施户籍管理,使用中还需缴纳一些种类的税、费,附加值较高。因此,对在用车进行评估时,除考虑其实体性价值外,还要考虑户籍管理的手续费用及使用过程中各种规费的价值。

3. 汽车技术状况的鉴定

1)汽车技术状况的静态检验

指在静态情况下,根据评估人员的经验和技能,辅之以简单的工具,对旧车辆的技术状况进行直观检查。静态检查的目的是快速、全面地了解车辆的大概情况。从而推断其使用年限、使用强度、技术状况,进而作为车辆技术状况鉴定的重要组成部分。汽车技术状况的静态检查主要包括对汽车的识伪检查和外观检查两大部分。

(1)识伪检查。主要鉴别走私车辆、拼装车辆或盗抢车辆等工作。

(2)外观检查。主要包括鉴别事故车辆、检查发动机舱、检查客舱和检查车底等内容。

2)动态检验

动态检查一般检查的是车辆的综合性能,包括发动机性能和状态、底盘性能和状态、加速性能、行驶稳定性、制动性能等汽车的综合性能表现,也是车辆技术状况鉴定的重要部分。

4. 事故车的检查与判断

事故车是指使用中,曾经发生过严重碰撞,或长时间泡水,或较严重过火,虽经修复并在使用,但仍存在安全隐患的车辆总称。

1)严重碰撞的车辆

只要符合以下任何一条损伤的车辆,就应该认为是事故车。

(1)车辆碰撞后,车架弯曲变形、断裂后修复。
(2)散热器及其支架被撞损伤后修复或更换。
(3)车身翼子板碰撞后被切割或更换过。
(4)车门及其门槛、B柱碰撞变形弯曲后修复或更换过。
(5)整个汽车在事故中翻滚,整个车身产生变形凹陷、断裂后修复或做过车身校正。

2)泡水车的认定

泡水车是指经过水浸泡的车辆。一般是指被水泡过,浸水深度超过车轮的1/3,车身底部部件与水长时间接触的车辆。水位超过车辆底盘为浸水车;水位超过机油尺为半泡;水位超过发动机罩、仪表板为全泡。一般检查方法是:

(1)查验座椅。在修复水淹车过程中,座椅被拆下后一般会选择晾晒,如果是皮座椅,晾晒过后的皮质与自然磨损的皮质有明显触摸区别;如果是布座椅,无论如何晾晒,都会有一种污水的腥味或异味存在。

(2)查验发动机舱线束。一旦车辆涉水,发动机舱是最容易被水侵蚀的部位。在发动机舱密布着很多线束,可以任意挑选几条线束用手掰开看看里面是否有淤泥或较厚的尘土。

(3)查验熔断器盒。考虑到线束布局较低,如果线束里面有污泥,那么要进一步判断涉水深度。如果是正常涉水行驶线束里有可能也会有污泥。发动机舱最高的部位就是熔断器盒。如果是被水浸过,则熔断器原本光泽的金属特性会消失,甚至在熔断器上有霉点。

(4)查验缸体。车辆缸体有铸铁和铝两种材质。无论哪种材质只要是长时间在污水中浸泡,其缸体上都会发现霉点或斑点等痕迹。

3)过火车认定

过火车是指由于自燃或外燃,发动机舱或乘员舱发生严重火,燃烧面积较大,机件损坏较严重的车辆。汽车局部非主要部件着火并在短时间内扑灭的情况不算过火车。车辆过火处以发动机舱为主,过火处的金属颜色会变成氧化颜色,甚至会烧变形。过火车的部件材料颜色变化普遍,线束颜色和原厂差异多。

三、鉴定评估方法的选用

1. 在用车鉴定评估业务类型

在用车鉴定评估业务类型是指鉴定评估的业务性质。按鉴定评估服务对象不同,把鉴定评估分为交易类和咨询服务类业务。

交易类业务是服务于旧车交易市场内部的交易业务,是以收取交易管理费的一部分作为有偿服务。一般是指二手车交易市场对欲参加二手车交易的车辆进行市场价格评估,评估价格作为二手车交易时买卖双方成交的参考底价,也是缴税定额、车辆交易验车备案所需要的参照基础。

咨询服务类业务是服务于旧车交易市场外部的非交易业务。它是按各地方政府物价管理部门对二手汽车鉴定估价制订的有关规定实行有偿服务。主要有:抵押贷款评估。银行为了确保放贷安全,要求贷款人以车辆辆作为贷款抵押物。放贷者为回收贷款安全,要对二手车进行鉴定评估。这种贷款的安全性在一定程度上取决于对抵押评估的准确性。法律诉讼咨询服务评估。当事人遇到车辆诉讼时,委托鉴定估价人员对车辆进行评估,有助于把握事实真相;同时,法院判决时,可以依据鉴定评估的结论,为法院司法裁定提供现时价值依据。拍卖评估。对于公务车辆、执法机关罚没车辆、抵押车辆、汽车清算车辆、海关获得的抵税和放弃车辆等,都需要对车辆进行鉴定评估,以在预期之日为拍卖车辆提供拍卖的底价。除此之外,还有企业和个人的产权变动,如:合资、合作和联营;企业分设、合并和兼并;企业出售、股份经营、企业清算或企业租赁等资产业务,也需要进行评估。

2. 汽车评估的原则及基本程序

1) 汽车评估的工作原则

评估机构与评估工作人员在评估工作中应遵循的基本原则包括:独立性原则、客观公正性原则、科学性原则、专业性原则和可行性原则。

(1) 独立性原则。是指汽车评估人员应始终坚持第三者立场,不为当事人的利益所影响。评估机构应是独立的社会公平性机构,不能为评估中的任何一方所拥有,也不隶属于任何一方。遵循这一原则,可从组织上保证评估不受有关利益方的干扰和委托者意图的影响。

(2) 客观公正性原则。要求评估结果应以事实为依据。评估者在评估过程中以公正、客观的态度收集有关数据与资料,并要求评估过程中的预测、推算等主观判断建立在市场与现实的基础之上。为了保证评估的公正、客观性,按照国际惯例,评估机构收取的劳务费用应只与工作量相关,不与被评估车辆的价值挂钩,并应受到公众的监督。

(3) 科学性原则。是指在汽车评估过程中,根据特定目的选择适用的标准和科学的方法,制定科学的评估方案,使汽车评估结果准确、合理。一是要求评估标准的选择以特定的评估目的为依据。不能以技术方法的多样性和可替代性来模糊评估标准的唯一性,影响评估结果的科学性。二是评估方法要科学。评估方法的选择与运用既受评估标准的约束,又要根据可利用的条件、数据以及被评估车辆的技术状态,选择最能达到评估标准的方法。三是要求汽车评估程序科学合理。评估过程中应根据评估的自身规律和国家的有关规定,结合具体评估业务的实际情况,确定科学的评估程序。

(4) 专业性原则。指汽车评估人员必须具有良好的教育背景、专业知识、实践经验和职业道德。汽车评估人员的专业技术水平,是保证汽车评估方法正确、评估结果公正的技术基础。

(5) 可行性原则。评估机构及人员按照法定或公允的评估程序,科学的评估方法得出的评估结论应该具有一定的法律效力并得到实践确认,在实际中是可行的。

2) 汽车评估的基本程序

汽车评估大致要经历以下几个阶段:

(1) 搜集和整理有关资料。

(2) 设计评估方案。

(3) 对车辆进行现场检查和技术鉴定。

(4) 评定与估算。收集所欠缺的资料,并对所收集的数据资料进行整理。

(5) 核对评估值,撰写评估报告。

3. 汽车价值评估方法

在用汽车价值的评估方法类似于资产评估,其方法有重置成本法、收益现值法、现行市价法、清算价格法以及快速折旧法等。

1) 重置成本法

重置成本法是指在现时条件下重新购置一辆全新状态的被评估车辆所需的全部成本（即完全更新重置成本,简称重置全价）,减去该被评估车辆的各种陈旧贬值后的差额作为被评估车辆现时价格的一种评估方法。重置成本法在旧车交易、汽车货款抵押、汽车保险和汽车作为固定资产进行评估时得到了广泛应用。

(1)基本计算公式。重置成本法的基本计算公式是：

$$被评估车辆的评估值 = 重置成本 - (实体性贬值 + 功能性贬值 + 经济型贬值) \quad (6-5)$$

或

$$被评估车辆的评估值 = 重置成本 \times 成新率 \quad (6-6)$$

(2)重置成本估算。重置成本是购买一辆全新的与被评估车辆相同的车辆所支付的最低金额。重置成本有两种形式：复原重置成本和更新重置成本。

复原重置成本指用与被评估车辆相同的材料,制造标准、设计结构和技术条件等,以现时价格复原购置相同的全新车辆所需的全部成本。

更新重置成本指利用新型材料,新技术标准、新设计等,以现时价格购置相同或相似功能的全新车辆所支付的全部成本。

在进行重置成本计算时,应选用更新重置成本。如果不存在更新重置成本,则再考虑用复原重置成本。影响车辆价值量变化的因素：一是车辆的实体性贬值。实体性贬值又称有形损耗,是指车辆在存放和使用过程中,由于物理和化学原因而导致的车辆实体发生的价值损耗,即由于自然力的作用而发生的损耗。二是功能性贬值。是由于科学技术的发展导致的车辆贬值,即无形损耗。三是经济性贬值。是指由于外部经济环境变化所造成的车辆贬值。外部经济环境,包括宏观经济政策、市场需求、通货膨胀、环境保护等。外界因素对车辆价值的影响不仅是客观存在的,而且对车辆价值影响还相当大,所以在旧车辆的评估中不可忽视。

重置成本的估算方法有多种,在用车辆评估一般采用直接法和物价指数法。

①直接法。直接法也称重置核算法,它是按待评估车辆的成本构成,以现行市场价为标准,计算被评估车辆重置全价的一种方法。也就是将车辆按成本构成分成若干组成部分,先确定各组成部分的现时价格,然后相加得出待评估车辆的重置价格。其计算公式是：

$$重置成本 = 直接成本 + 间接成本 \quad (6-7)$$

直接成本是指购置全新的同种车型时直接可以构成车辆成本的支出部分。它包括现行市场购置价格,加上运输费和办理入户手续时所缴纳的各种税费,如车辆购置税、车船使用税、入户上牌费、保险费等。

间接成本是指购置车辆时所花费的不能直接计入购置成本中的那部分成本。如购置车辆发生的管理费、专项贷款发生的利息、洗车费、美容费、停车管理费等。在实际的评估作业中,间接成本可忽略不计。

②物价指数法。是在旧车辆原始成本基础上,通过现时物价指数确定重置成本。计算公式是：

$$重置成本 = 账面原始成本 \times \left(\frac{车辆鉴定估价日的物价指数}{车辆购买日的物价指数} \right) \quad (6-8)$$

或

重置成本＝账面原始成本×(1＋车辆购买日到鉴定估价日的物价变动指数) (6-9)

如果被评价车辆是淘汰产品,或是进口车辆,当无法找到现时市场价格时,这是一种实用的方法。用物价指数法时应注意的问题是：一定要先检查被评估车辆的账面购买原价。若购买原价不准确,则不能用物价指数法。用物价指数法计算出的值,即为车辆重置成本值。

物价指数要尽可能用国家法定部门发布或提供的数据。不能选用无依据、不明来源的数据。

(3) 成新率的确定。在采用重置成本法对汽车价值进行评估时,成新率是主要指标之一。成新率除了估算汽车价值的作用之外,汽车的成新率还可以是汽车设备更新和报废的主要依据。成新率的确定方法有使用年限法、行驶里程法、综合分析法、部件鉴定法。

① 使用年限法。使用年限法的成新率 C_n 计算公式如下：

$$C_n = \left(1 - \frac{y}{y_g}\right) \times 100\% \quad (6\text{-}10)$$

式中：y_g——规定使用年限；

y——已使用年限。

规定使用年限应根据国家、地方制定的汽车报废标准规定确定。

车辆使用年限起始日期按照注册登记日期计算,但自出厂之日起超过 2 年未办理注册登记手续的,按照出厂日期计算。

已使用年限在实际评估操作中,一般按车辆从新车在公安交通管理机关注册登记之日起至评估基准日的年数确定,在计算中,应该将已使用年限和规定使用年限的年数换算成月数,这样计算的成新率更准确一些。

② 行驶里程法。在实际评估操作中也可采用行驶里程数来确定成新率,即行驶里程成新率 C_s,其计算公式如下：

$$C_s = \frac{s_g - s}{s_g} \times 100\% \quad (6\text{-}11)$$

式中：s_g——规定里程数；

s——已使用里程。

已行驶里程数可以根据车辆里程表计数器上的数据确定。

汽车规定行驶里程数根据原商务部、发改委、公安部和环境保护部 2012 年发布的《机动车强制报废标准规定》,达到下列行驶里程的车辆应当报废。

在评估的实际操作中,一般以已使用年限法和行驶里程法计算的成新率中较小者作为被评估车辆的成新率。

③ 综合分析法。是以车辆已使用年限法为基础,再综合考虑影响车辆价值的多种因素,以系数调整确定成新率的一种方法,其成新率 C_Z 计算公式为：

$$C_Z = \left(1 - \frac{y}{y_g}\right) \times \theta \times 100\% \quad (6\text{-}12)$$

式中：θ——综合调整系数。

综合调整系数可采用二种方式确定：一是车辆无需进行修理或换件的,可采用表 6-7 推荐的综合调整系数的各项调整系数,加权计算得出综合调整系数;二是车辆需要进行修理或换件的,或需进行大修的,可综合考虑表 6-7 列出的影响因素,采用"一揽子"估计的方法确定综合调整系数。综合调整系数影响因素取值的原则如下:

推荐的综合调整系数　　　　　　表 6-7

影响因素	因素分级	调整系数	权重(%)
技术状况	好	1.2	30
	较好	1.1	
	中	1.0	
	较差	0.9	
	差	0.8	
使用维护	好	1.1	25
	一般	1.0	
	差	0.9	
质量品牌	国际名牌车辆	1.1	20
	国内名牌	1.0	
	国内非名牌车辆	0.9	
使用性质	家用	1.2	15
	公务车	1.0	
	营运车	0.7	

a. 车辆技术状况系数。是在对车辆技术状况鉴定的基础上对车辆进行的分级,然后取调整系数来修正车辆的成新率,技术状况系数取值范围为 0.8 ~ 1.2。

b. 车辆使用和维护状态系数。是反映使用者对汽车使用、维护水平的评价指标。不同的使用者,对汽车的使用、维护的情况有一定的差别,因而影响车辆的使用寿命和成新率,使用和维护状态系数取值范围为 0.9 ~ 1.1。

c. 车辆质量品牌系数。确定该系数时,应了解车辆是国际名牌品牌,还是国产名牌或一般品牌。一般来说,国际名牌优于国内名牌产品,国内名牌优于一般产品。制造质量系数取值范围为 0.9 ~ 1.1。

d. 车辆工作性质系数。由于汽车工作性质不同,其繁忙程度不同,使用强度也不同。汽车工作性质分为家用车,机关企事业单位的公务用车,从事营业性生产的旅客运送、货运、城市出租用车。以普通小轿车为例,一般来说,家用车每年最多行驶约 2.5 万 km;公务用车每年不超过 4 万 km;而营运的出租车每年行驶有些高达 12 万 km。可见工作性质不同,其使用强度差异很大,车辆工作性质系数取值范围为 0.7 ~ 1.2。

e. 车辆工作条件系数。我国地域辽阔,各地自然条件差别很大,汽车的工作条件对其成新率影响也很大。工作条件又分为道路条件和特殊使用条件。

道路条件的好坏可分为好路、中等路和差路三类。好路指国家道路等级中的高速公路,一、二、三级道路,合格路面率在 50% 以上;中等路指符合国家道路等级四级的道路,合格路面率在 30% ~ 59%;差路指国家等级以外的路,合格路面在 30% 以下。

特殊使用条件主要指使用的地理条件,包括气候寒冷地区、沿海地区、多风沙地区、山区等。

根据上述工作条件调整系数可适当取值。汽车长期在道路条件为好路和中等路行驶时,工作条件系数分别取 1 和 0.9;汽车长期在差路或特殊使用条件下工作,其系数取 0.8。

从上述影响因素中可以看出,各影响因素关联性较大。一般来说,其中某一影响因素加强时,其他影响因素也随之加强;反之则随之减弱。但影响因素作用加强时,对其综合调整系数不要无限加大,一般综合调整系数取值不要超过 1。

④部件鉴定法。是对车辆按其组成部分对整车的重要性和价值量的大小来加权评分,最后确定成新率的一种方法。其基本步骤为:

先将汽车分成发动机及离合器总成、变速器及传动轴总成、前桥及转向器前悬总成、后桥及后悬架总成和制动系统等几个部分,再根据各总成部件的建造成本在汽车建造成本中的比例,按一定百分比确定权重,见表 6-8。

汽车各总成部件权重分配 表 6-8

总成部件	权重(%)			总成部件	权重(%)		
	轿车	客车	货车		轿车	客车	货车
发动机及离合器总成	25	28	25	车架总成	0	5	6
变速器及传动轴总成	12	10	15	车身总成	28	22	9
前桥及转向器总成	9	10	15	电气仪表系统	7	6	5
后桥及后悬架总成	9	10	15	轮胎	4	4	5
制动系统	6	5	5				

以全新车辆各总成、部件对应的功能标准为满分 100 分,其功能完全丧失为 0 分,根据汽车的各总成、部件的技术状况估算其各自的成新率。

将各总成部件的成新率与权重相乘,即得到各总成部件的权重成新率。

最后将各总成部件权重成新率相加,即得被评估车辆的成新率。

需要注意的是,除了有总成部件进行了大修或换件等追加投入,在采用部件鉴定法时,汽车各总成部件的成新率一般不应超过采用年限法计算得出的整车成新率。在实际评估操作中,评估人员应根据被评估对象的不同选择不同的成新率确定方法。一般说来,对于成本价值不高的汽车,可采用使用年限法。对于成本价值中等的汽车,可采用综合分析法。对于成本价值高的汽车,可采用部件鉴定法。

2)现行市价法

现行市价法又称市场法、市场价格比较法。即参照现行市场价确定被评估车辆价值的一种评估方法。现行市价法是最直接、最简单的一种评估方法。

(1)车辆的评估值计算。现行市价法的基本思路是:通过市场调查选择一个或几个与评估车辆相同或类似的车辆作为参照物,分析参照物的构造、功能、性能、新旧程度、地区差别、交易条件及成交价格等,并与评估车辆一一对照比较,找出两者的差别及差别所反映的在价格上的差额,经过调整,计算出旧车辆的价格。其基本计算公式为:

$$p_e = p_m + \sum p_{eo}(i) - \sum p_{oe}(j) \tag{6-13}$$

式中：$p_{eo}(i)$——评估对象比交易参照车辆优异的价格差额；

$p_{oe}(j)$——交易参照车辆比评估对象优异的价格差额；

p_e——车辆评估价格；

p_m——交易参照车辆的市场现行价格。

或

$$p_e = p_m \times (1 \pm k) \quad (6\text{-}14)$$

式中：k——调整系数。

现行市价法应用的前提条件一是需要有一个充分发育、活跃的旧车交易市场，有充分的参照物可取。二是参照物及其与被评估车辆有可比较的指标、技术参数等资料是可收集到的，并且价值影响因素明确，可以量化。

(2) 参照车辆价格的确定。运用现行市价法确定单台车辆价值需要确定车辆的市场现行价格，通常采用直接法和类比法。

①直接法。是指在市场上能找到与被评估车辆完全相同的车辆的现行市价，并依其价格直接作为被评估车辆评估参照价格的一种方法。所谓完全相同是指车辆型号相同。但是在不同的时期，寻找同型号的车辆有时是比较困难的。参照车辆与被评估车辆类别相同、主参数相同、结构性能相同，只是生产序号不同，并作局部改动的车辆，则可认为完全相同。

②类比法。是指评估车辆时，在公开市场上找不到与之完全相同的车辆，但在公开市场上能找到与之相类似的车辆，以此为参照物，并依其价格再做出相应的差异调整，从而确定被评估车辆价格的一种方法。所选参照物与评估基准日在时间上越近越好，实在无近期的参照物，也可以选择远期的，再作日期修正。

用市价法进行评估，要全面了解市场情况，这是市价法评估的关键。对市场了解的情况越多，评估的准确性越高。用市价法评估包含了被评估车辆的各种贬值因素，如有形损耗的贬值、功能性贬值和经济性贬值。因为市场价格是综合车辆的各种因素的体现。由于车辆的有形损耗及功能陈旧而造成的贬值，自然会在市场价格中有所体现。

(3) 现行市价法评估的步骤：

①考察鉴定被评估车辆；

②收集被评估车辆的资料，包括车辆的类别、名称、型号等，了解车辆的用途、当前的使用情况，并对车辆的性能、新旧程度等作技术鉴定，以获得被评估车辆的主要参数，为市场数据资料的搜集及参照物的选择提供依据；

③选择参照物。按照可比性原则选取参照物，车辆的可比性因素主要包括：类别、型号、用途、结构、性能、新旧程度、成交数量、成交时间、付款方式等，参照物的选择一般应在两个以上；

④对被评估车辆和参照物之间的差异进行比较、量化和调整，被评估车辆与参照物之间的各种可比因素，尽可能地予以量化、调整；具体包括销售时间差异的量化、车辆性能差异的量化、新旧程度差异的量化、销售数量、付款方式差异的量化。

3) 收益现值法

收益现值法是将被评估的车辆在剩余寿命期内预期收益用适用的折现率折现为评估基准日的现值，并以此确定车辆价值的一种评估方法。现值即为车辆的评估值，现值的确定依赖于未来预期收益。运用收益现值法进行评估时,是以车辆投入使用后连续获利为基础的。在车辆的交易中,人们购买的目的往往不是在于车辆本身,而在于车辆获利的能力,因此该方法比较适用于投资运营的车辆。

(1)收益现值法的评估值计算。运用收益现值来评估车辆的价值反映了这样一层含义:即收益现值法把车辆所有者期望的收益转换成现值,这一现值就是购买者未来能得到好处的价值体现,实际上就是对被评估车辆未来预期收益进行折现的过程。被评估车辆的评估值等于剩余寿命期内各期的收益现值之和,其基本计算公式为:

$$P_e = \sum_{t=1}^{n} \frac{A_i}{(1+i)^t} = \frac{A_1}{1+i} + \frac{A_2}{(1+i)^2} + \cdots + \frac{A_n}{(1+i)^n} \qquad (6\text{-}15)$$

式中:A_i——未来第 t 年的预期收益值,收益期有限时,它还包括期末车辆的残值,一般估算时残值可忽略不计;

n——收益年期(剩余经济寿命的年限);

i——折现率;

t——收益期,一般以年计。

当 $A_1 = A_2 = \cdots = A_n = A$ 时,即 t 从 $1 \sim n$ 未来收益分别相同为 A 时,则有:

$$\begin{aligned} P_e &= \frac{A_1}{(1+i)} + \frac{A_2}{(1+i)^2} + \cdots + \frac{A_n}{(1+i)^n} \\ &= A\left[\frac{1}{(1+i)} + \frac{1}{(1+i)^2} + \cdots + \frac{1}{(1+i)^t} + \cdots + \frac{1}{(1+i)^n}\right] \\ &= A\frac{(1+i)^n - 1}{i(1+i)^n} \end{aligned} \qquad (6\text{-}16)$$

式中:$\dfrac{1}{(1+i)^t}$——现值系数;

$\dfrac{(1+i)^n - 1}{i(1+i)^n}$——年金系数。

当未来预期收益不等值时,应用式(6-15)计算;当未来预期收益等值时,应用式(6-16)计算。

例:某企业拟将一辆某一品牌型号的中型客车转让,某客户准备将该车用作载客营运。按国家车辆报废规定,该车剩余年限为 3 年,则预测得出 3 年内各年的预期收益数据见表6-9。

车辆的预期收益表　　　　　　　　　表6-9

年　份	收益额(元)	折现率(%)	折现系数	收益折现值(元)
第一年	10000	8	0.9259	9259
第二年	8000	8	0.8573	6854
第三年	7000	8	0.7938	5557

(2)收益现值法中各评估参数的确定。

①剩余使用寿命期确定。剩余使用寿命期指从评估基准日到车辆到达报废的年限。如果剩余使用寿命期估计过长,就会高估车辆价格;反之,则会低估价格。因此,必须根据车辆

的实际状况对剩余寿命作出正确的评定。对于各类汽车来说,该参数按《汽车报废标准》确定是很方便的。

②预期收益额确定。是收益法运用中的关键。收益额是指由被评估对象在使用过程中产生的超出其自身价值的溢余额。对于预期收益额的确定应把握两点:一是预期收益额指的是车辆使用带来的未来收益期望值,是通过预测分析获得的。无论对于所有者还是购买者,判断某车辆是否有价值,首先应判断该车辆是否会带来收益。二是计量收益额的指标。收益额的构成有不同的观点,以企业为例,有三种形式。第一,企业所得税后利润;第二,企业所得税后利润与提取折旧额之和扣除投资额;第三,利润总额。为估算方便,推荐选择第一种观点,目的是准确反映预期收益额。

③折现率确定。是将未来预期收益折算成现值的比率。它是一种特定条件下的收益率,说明车辆取得该项收益的收益率水平。收益率越高,意味着单位资产的增值率越高,在收益一定的情况下,所有者拥有资产价值越低。

在计量折现率时必须考虑风险因素的影响,否则,就可能过高地估计车辆的价值。一般来说,折现率应包括无风险收益率和风险报酬率两方面的风险因素。

即折现率 = 无风险收益率 + 风险报酬率 (6-17)

(3)收益现值法评估的程序。

①调查、了解营运车辆的经营行情,营运车辆的消费结构。

②充分调查了解被评估车辆的情况和技术状况。

③根据调查、了解的结果,预测车辆的预期收益,确定折现率。

④将预期收益折现处理,确定旧车辆评估值。

收益现值法与投资决策相结合,容易被交易双方接受,能真实和较准确地反映车辆本金化的价格。但是预期收益额预测难度大,受较强的主观判断和未来不可预见因素的影响。

第三节 汽车使用寿命

汽车在正常使用过程中其综合性能将随着使用年限(或行驶里程)的增加而逐渐下降,当使用到一定期限时就应报废,这是一种自然规律。若无限制地延长汽车的使用寿命,将导致一些不良后果产生。第一,车辆老旧后,其动力性、燃料经济性大幅度下降,造成燃料和润滑材料的消耗增加,使用成本加大;第二,故障率上升,维修频繁,车辆完好率下降,导致运输效率下降,运输成本增高;第三,车辆的平均技术等级下降,造成排气、噪声等公害影响加重。因此,研究汽车使用寿命的意义就在于,保持在用车辆具有良好的使用性能,节约能源,提高运力,减少公害,充分提高车辆运用的经济效益和社会效益。

一、汽车使用寿命的评价指标

汽车使用寿命表示其开始使用到不能使用之间的整个时期,可用累计使用年数或累计行驶里程数表示。从研究的角度不同,汽车寿命分为物理寿命、技术使用寿命、经济使用寿命和折旧寿命。

1. 汽车物理寿命

汽车物理寿命,又称自然寿命。是指汽车从全新状态投入生产使用开始,直到因物理磨损而不能继续使用、报废为止所经历的全部时间。汽车的自然寿命主要是由有形磨损决定的,与汽车的制造质量、运行材料的品质、使用条件、操作使用技术及维护质量等因素有关,对汽车进行正确的使用、定期维护可延长其自然寿命,但不能从根本上避免设备的磨损。

2. 汽车技术使用寿命

汽车技术使用寿命,又称有效寿命。是指汽车从全新状态投入生产使用后,到因技术落后而被淘汰所经历的时间。随着科学技术迅速发展,人们对汽车产品的质量和性能要求越来越高,同时也不断涌现出技术上更先进、性能更完美的汽车产品,导致原有车辆虽还能继续使用,但已不能保证生产技术要求而被淘汰。由此可见,汽车的技术寿命主要是由其无形磨损所决定的。它一般比自然寿命要短,而且随着科学技术进步的速度加快,其技术寿命也越来越短。

3. 汽车折旧寿命

汽车折旧寿命是指按现行会计制度规定的折旧方法和原则,将汽车的原值通过折旧的形式转入产品成本,直到提取的折旧费与汽车的原值相等的全部时间。它与提取折旧的方法有关。汽车折旧寿命一般介于汽车技术寿命或经济寿命与物理寿命之间,由国家或企业所采取的技术政策和方针而定。

4. 汽车经济使用寿命

汽车经济使用寿命,是指汽车从全新状态投入生产开始至由于磨损而继续使用在经济上不合算而被停止使用所经历的时间。汽车经济寿命与其年折旧费和年维持费用等因素有关,汽车使用年限越长,每年所分摊的购置费(年折旧费)就越少。但是随着汽车使用年限的增长,需要更多的维修费维持原有功能;而且汽车的运行材料的耗费也会增加,年运行时间、生产效率、质量将下降。因此,汽车年折旧费的降低,会被年度运行成本的增加或收益的下降所抵消。超过这个年限,汽车在技术上虽仍可继续使用,但年平均费用上升,在经济上不宜继续使用。汽车经济使用寿命是汽车经济效益最佳时机,在汽车更新政策允许的情况下,汽车用户在更新车辆时应以经济使用寿命为依据。

年平均费用是车辆在所使用年限内每年平均折旧费用与该汽车发生的经营总费用之和。汽车使用时间越长,每年分摊的折旧费越少;但随着使用年限的增加,由于汽车有形磨损增加,汽车技术性能逐渐下降,使汽车所需要的运行材料(特别是燃料和润滑料)费用、工时费用、维修费用随之增加。延长使用年限使折旧费用的下降,有时会被经营费用的增加逐渐抵消。年均总费用是使用时间的函数,汽车使用至一定年限就会达到年均总费用的最低值,如图6-8所示。决定年均总费用最低的横坐标上标示的年限,就是汽车经济寿命,即:

$$T_0 = \sqrt{\frac{2K_0}{\lambda}} \tag{6-18}$$

式中:T_0——汽车经济使用寿命;
K_0——汽车购置费用;
λ——汽车经营费用的逐年增长值。

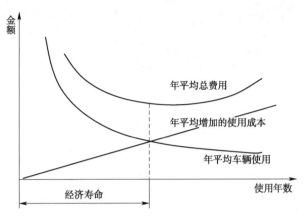

图 6-8 汽车年均总费用曲线

二、影响汽车使用寿命的因素

在确定汽车经济使用寿命时,应以提高经济效益的观点来进行分析,找出影响汽车经济使用寿命的主要因素。

首先从汽车的有形损耗和无形损耗两个方面进行分析。

无形损耗是指由于技术进步,生产的发展,出现了性能好、生产效率高的新型车或原车型价格下降等情况,促使在用车辆提前更新。实际上是旧车型对新车型的贬值。

有形损耗是指车辆在使用或闲置过程中本身的消耗。有形损耗主要与运输成本有关。

汽车运输成本一般包括:

$$C = C_1 + C_2 + C_3 + C_4 + C_5 + C_6 + C_7 + C_8 + C_9 \quad (6-19)$$

式中:C_1——燃料费用;

C_2——维护、小修费用;

C_3——大修费用;

C_4——基本折旧费用;

C_5——轮胎费用;

C_6——驾驶人工资费用;

C_7——管理费用;

C_8——养路费用;

C_9——其他费用。

其中,$C_5 \sim C_6$ 是与汽车经济使用寿命无关的因素。当用寿命确定后,C_4 基本是一个定值。只有 C_1、C_2、C_3 是随行驶里程(或使用年限)的增长、车况的下降而增加。因此对 C_1、C_2、C_3 与汽车经济使用寿命有关的因素进一步分析,从而可以按最佳经济效益确定经济使用寿命。

1. 燃料费用

汽车随着行驶里程的延长,技术状况逐渐变坏,其主要性能不断地下降,燃料消耗也不断地增加。根据行车试验,燃料费与行驶里程的变化关系曲线如图 6-9 所示。

从图中曲线可以看出,5 万~6 万 km 处是拐点,拐点后燃料费用随行驶里程的增加而增加。

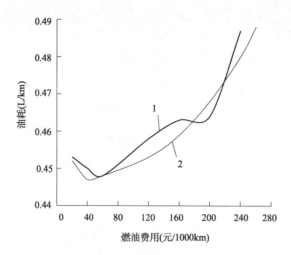

图 6-9　燃料费与行驶里程的关系曲线
1-实际使用数值曲线;2-理论曲线

2. 维修费

维修费用是指汽车在使用过程中,各级维护费用及日常小修费用的总和。它主要是由维修过程中实际消耗配件费、工时费和消耗的材料费用来确定。车辆行驶里程增加,各级维护作业中的附加小修项目和日常小修作业项目的费用也随之增加,其变化关系基本上是线性关系,如图 6-10 所示。其计算公式为:

$$C_2 = a + bL \tag{6-20}$$

式中:a——维修费用的初始值;

　　　b——由试验统计资料来确定的系数;

　　　L——累计行驶里程。

式(6-20)中的 b 值是维修费用随行驶里程增加的增长强度,不同车型和不同的使用条件,b 值也不相同,常被作为确定汽车经济使用寿命的主要依据之一。

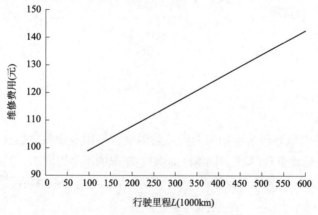

图 6-10　汽车行驶里程与维修费用的关系

3. 大修费用

汽车在使用过程中,当动力性和燃料经济性下降到一定程度,已无法用正常的维护和小修方法使其恢复正常技术状况时,就必须进行大修,随着行驶里程(或年限)的增长,大修费用也逐渐增加。另外大修间隔里程逐渐缩短。

在计算大修费用时,要把某次的大修费用均摊在此次大修至下次大修的间隔里程段内,即相当于对大修后间隔里程段的投资。

三、汽车更新理论

在设备管理工程中,更新问题普遍划分为效率不变型设备的更新和效率递减型的更新两大类。

汽车使用效率随行驶里程的增加而降低,属于效率递减型设备。在整个工作期限(寿命)内,汽车使用性能及经济指标均在明显下降,这种现象被称为"劣化"。因而有"劣化理论"作为这类设备更新的理论依据,通过大量的在用车辆调查,可看出汽车经济使用寿命的劣化过程,主要受到车辆有形磨损和无形磨损的影响。

1. 有形磨损

汽车经过一段时间的使用而产生故障导致性能下降,这些都是可以看到或者测到的。例如,汽车动力下降、油耗增加、振动加大等,都是有形磨损的具体表现。有形磨损可分为两种。

(1)第一种有形磨损。汽车在载荷作用下,因零部件摩擦磨损、变形和疲劳等损伤使汽车性能下降而引起的损耗,主要发生在使用过程中。它产生的原因主要是机件配合副的机械磨损、基础零件的变形、零件的疲劳破坏等。汽车这类有形磨损发展到一定程度,就会出现故障,使维修费用、运行材料费用增高,运输效率降低。若汽车继续使用下去,在经济上将是不合算的。

(2)第二种有形磨损。汽车在闲置过程中,由于零部件与外部介质发生化学、电化学作用,使金属零部件腐蚀,非金属制品老化变质,甚至丧失工作能力。如长期不用而生锈,日晒、雨淋使车身漆面及橡胶件老化,或因其他管理措施不善和缺乏正确的管理措施而引起的其他损失。管理不善或缺乏必要的维护,会使第二种有形磨损的速率加快。

第一种有形磨损与使用时间和使用强度成正比,而第二种有形磨损在一定程度上与闲置时间成正比。

2. 无形磨损

汽车的无形磨损,就是在科学技术进步的影响下,不断出现结构更加完善、效率更高的车辆,从而使在用车辆的原有价值降低,或者使该种车型的价值降低。车辆的价值并不取决于最初的生产耗费,而是取决于再生产所用的生产耗费。在技术进步的同时,这种耗费也是不断下降的。

无形磨损又可分为两种形式。因相同结构(同型车)车辆再生产价值的降低,而产生现有车辆价值的贬值,称为第一种无形磨损。因不断出现更完善、效率更高的车辆(新车型),而使现有车辆贬值,称为第二种无形磨损。

第一种无形磨损,是指车辆的结构、动力性和燃料经济性不变,但由于技术进步的影响,使其原始价值遭到损失。在汽车生产过程中,由于制造工艺不断改进,从而使成本不断降低,而劳动生产率不断提高,这样一来,生产车辆的社会劳动耗费降低,从而使车辆贬值。由于技术进步既影响生产部门,也影响修理部门,但对前者的影响常大于后者,车辆本身价值降低的速度比修理价值降低速度快。因此,有可能出现费用超过合理限度的情况,从而使车辆的使用寿命缩短。

第二种无形磨损,是指新车型的出现使原有车型显得落后。如果继续使用原有车型的车辆,就会降低运输生产的经济效果。第二种无形磨损发展到完全磨损之前,就出现用新车型代替现有比较陈旧车辆的必要性,即产生车辆更换问题。但是,这种更换的经济合理性不取决于出现相同技术用途的新型车辆这一事实,而是决定于现有车型的贬值程度,以及在生产中继续使用旧型车辆时其经济效果下降的程度。

3. 综合磨损

综合磨损是指车辆在有效使用期内发生的有形磨损和无形磨损的综合。

车辆的有形磨损和无形磨损在经济后果上存在异同之处,两种磨损都会引起设备原始价值的降低。有形磨损严重时常常在修复之前就使车辆不能正常运行而被迫停驶,但任何形式的无形磨损均不影响车辆的正常运行。

研究车辆更新和综合磨损的关系时,首先是分析有形磨损期和无形磨损期长短及其相互关系。推迟有形磨损,即提高车辆耐久性具有重要经济效果。增加耐久性是有经济界限的,这个界限取决于车辆的无形磨损期。

车辆综合磨损的补偿方式有局部补偿和全部补偿两种。有形磨损的局部补偿是通过维修来实现的,无形磨损的局部补偿是现代化改装。后者因汽车技术的进步速度加快,目前除了运动车之外已基本消失。有形磨损和无形磨损的全部补偿就是更换或者更新车辆。

四、汽车更新时间的确定

当一辆汽车已磨损到不能使用,且不宜大修时,换用一辆相同性能的车辆,这是一种简单的替换。这种替换没有明确的技术经济分析做依据,无所谓"最佳更新时机"。只有在技术进步高速发展的条件下,汽车运输企业应该更多地以效能更高、结构更加完善的先进车型,代替物理上不能使用和经济上不宜继续使用的老旧车辆。更换的规模越大,时间越快,汽车运输业的劳动生产率提高程度也就越大。但是,为了在提高生产率的同时取得最大的使用经济效率,就要研究车辆"最佳更新时机"的确定方法,并以此制定更新方案。

汽车使用寿命和更新时刻采用的计量单位通常有使用年限和使用里程。使用年限是按年平均行驶里程折算的汽车使用年限;使用里程是车辆开始使用到更新时的累计行驶里程数。专业运输车辆在以年限作为计量指标的同时,还常把使用里程作为参考性指标。

按使用年限或使用里程计量的汽车最佳更新时机,其确定方法的核心问题是计算汽车经济使用寿命,主要计算方法有低劣化数值法、应用现值及资本回收系数估算法、面值法以及最低计算费用法(判定大修与更新界限法)等。

1. 低劣化数值法

低劣化数值法的目标是保证设备一次性投资和各年经营费用总和为最小。

假定汽车已行驶里程 L,该车原价 K_n,轮胎购置费为 C_t,汽车残值 C_z。若令折旧费用 $K_0 = K_n - C_t - C_z$,则行驶里程的折旧率为 K_0/L。

随着汽车行驶里程的延长,单位里程折旧费不断减少。但由于车辆有形磨损和无形磨损的加剧,而使车辆经营费用(维修、燃料、大修费用)增加,称为低劣化。设 b 为车辆低劣化的增加强度(元/10^3km),则在行驶里程 L 内的平均低劣化数值为 $bL/2$。图 6-11 所示为车辆使用费用与行驶里程间关系曲线。其中,使用费用计算公式为:

$$y = \frac{bL}{2} + \frac{K_0}{L} + C_0 \qquad (6-21)$$

式中:y ——车辆使用费用;

C_0 ——固定费用(指汽车运输成本中与行驶里程无关的费用)。

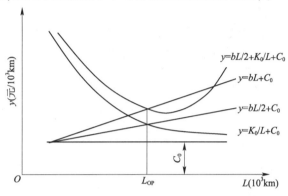

图 6-11 车辆使用费用与行驶里程的关系

若要使车辆按行驶里程计算的平均使用费用最小,只需 $dy/dL=0$,求得汽车经济寿命 L_G 为:

$$L_G = \sqrt{\frac{2K_0}{b}} \qquad (10^3 \text{km}) \qquad (6-22)$$

换算成以年计算的经济寿命 T_G 为:

$$T_G = \frac{L_G}{L_n} \qquad (年) \qquad (6-23)$$

式中:L_n ——年平均行驶里程,10^3m 。

表示汽车劣化程度的 b 值,可通过将营运费用(燃料费 + 维修费 + 大修均摊费)与汽车行驶里程进行回归计算后求得。由于回归计算所用的数据,是通过一个样本推断总体,所以应采用区间估计方法推算出 b 值的置信区间,再由式(6-20)确定汽车经济使用寿命的变化范围。

对于数理统计中一元线性函数的表达式为:

$$y = bx + a \qquad (6-24)$$

若回归系统 b 是独立正态变量 $y_1, y_2, \cdots, y_n$ 的线性组合,则仍为正态随机变量,回归值 b 的方差为:

$$\sigma^2 = \sum_{i=1}^{n}(x_i - \bar{x})^2 \qquad (6-25)$$

方差 σ^2 无偏估计 $\hat{\sigma}^2$ 为:

$$\hat{\sigma}^2 = \frac{\sum_{i=0}^{n}(y_i - \tilde{y})^2}{n-2} \qquad (6-26)$$

式中:y_i ——x_i 处的回归值。

若线性回归的效果显著,则 b 值的置信区间为:

$$\frac{\hat{b} \pm t_{\alpha/2}(n-2)\hat{\sigma}}{\sqrt{\sum_{i=1}^{n}(x_i - \bar{x})^2}} \tag{6-27}$$

式中：$t_{\alpha/2}(n-2)$——自由度为$(n-2)$的t分布；

α——置信水平；

n——样本数；

$\bar{x}$——平均数。

例：以某运输公司对某型汽车使用数据统计资料（表6-10）为例，计算如下：

某运输公司对某型汽车使用数据统计表　　　　表6-10

行驶里程段 $D(10^4\text{km})$	平均累计里程 $X(10^3\text{km})$	维修费 Y_1 （元/10^3km）	大修费 Y_0 （元/10^3km）	燃料费 Y_2 （元/1000t·km）	燃料费折算系数 $C(\text{t})$	总费用 $Y = Y_1 + Y_0 + Y_2 + C$ （元/km）
0～10	90	91.77	0	49.5105	3.33	256.4
10～15	117.65	91.79	0	48.7808	3.33	254.3
20～25	244.11	94.20	47.15	51.8829	3.33	314.4
25～30	268.76	97.34	47.15	53.2102	3.33	321.8
30～35	340.88	105.42	52.16	56.1802	3.33	344.6
45～50	486.67	115.66	58.13	52.3003	3.33	347.5
50～55	529.33	127.33	60.46	55.3093	3.33	371.7
55～60	575.55	128.06	60.46	58.5105	3.33	383.6
60～65	625.69	124.24	68.15	60.7087	3.33	394.5
65～70	676.37	123.19	68.15	59.5886	3.33	389.7
70～75	726.59	128.67	73.48	60.2703	3.33	402.5
75～80	776.29	130.27	73.48	60.9009	3.33	406.5
ΣX	5457.89				ΣY	4187.50
ΣX^2	3097781.6				ΣY^2	1492372.150

注：燃料费的折算系数是把1000t·km燃料费折算成1000车·km燃料费，$C = $（主车标记吨位 + 挂车标记吨位 × 拖挂率）× 实载率。

汽车低劣化的增加强度$b = 0.218$元/$(1000\text{km})^2$。设$K_0 = 10500$元，由式（6-22）得到经济寿命里程L_G为：

$$L_G = \sqrt{\frac{2 \times 10500}{0.218}} = 31 \times 10^4 (\text{km})$$

当年平均行驶里程$L = 3.4 \times 10^4 \text{km}$时，经济寿命年限$T_G = 31/3.4 = 9.12 \approx 9$（年）

已知$\hat{b} = 0.218, n = 12$，则：

$$\sum_{i=1}^{n}(x_i - \bar{x})^2 = \sum_{i=1}^{n}x_i^2 - \frac{1}{n}(\sum_{i=1}^{n}x_i)^2 = 615400.443$$

$$\sum_{i=1}^{n}(y_i - \tilde{y})^2 = \sum_{i=1}^{n}y_i^2 - \frac{1}{n}(\sum_{i=1}^{n}y_i)^2 = 31109.236$$

$$\hat{\sigma}^2 = \frac{\sum_{i=1}^{n}(y_i - \tilde{y})^2}{n-2} = \frac{\sum_{i=1}^{n}(y_i - \bar{y})^2 - \hat{b}^2 \sum_{i=1}^{n}(x_i - \bar{x})^2}{n-2} = 186.295$$

取置信水平 $\alpha = 0.05$，由 t 分布表，查得：

$$T_{\alpha/2}(n-2) = t_{0.025}(10) = 2.2281$$

所以，b 的置信区间按式(6-27)计算，可得：

$$0.179 \leqslant b \leqslant 0.257$$

当设 $K_0 = 10500$ 元不变时，置信水平 $\alpha = 0.05$，经济寿命里程的置信区间为：

$$\sqrt{\frac{2 \times 10500}{0.179}}\text{km} \geqslant L_G \geqslant \sqrt{\frac{2 \times 10500}{0.275}}\text{km}$$

即： $34.25 \times 10^4 \text{km} \leqslant L_G \leqslant 28.59 \times 10^4 \text{km}$

或 $8 \text{ 年} \leqslant T_G \leqslant 10 \text{ 年}$

2. 应用现值及投资回收系数估算法

在计算汽车经济寿命时，若考虑到利率对年使用费用的影响，就应把已发生的费用或预期将要发生的费用作现值计算。这样，就可在同一时间基点上，将所涉及的各项费用按现在的价值折算出总的费用，称为年使用现值。其折算公式为：

$$P = \frac{S}{(1+i)^T} \tag{6-28}$$

式中： P ——现值；

S ——未来值，即第 T 年付出的费用；

i ——利率；

$1/(1+i)^T$ ——现值系数。

设汽车使用过程中，平均每年陆续付出的费用为 R（称为年当量使用费用），每年陆续付出费用的总和为 P（以现在的费用值表示，称为现值）。则 R 与 P 之间的关系为：

$$P = \frac{R}{(1+i)} + \frac{R}{(1+i)^2} + \cdots + \frac{R}{(1+i)^{T-1}} + \frac{R}{(1+i)^T}$$

$$= \frac{R}{(1+i)^T}[(1+i)^{T-1} + \cdots + (1+i) + 1]$$

$$= \frac{R}{(1+i)^T} \frac{(1+i)^{T}-1}{i} \tag{6-29}$$

$$R = P \frac{i(1+i)^T}{(1+i)^{T}-1} \tag{6-30}$$

式中： $\frac{i(1+i)^T}{(1+i)^{T}-1}$ ——投资回收系数。

年当量使用费用 R，是为了使支出的现值可与每年由更新而获得的效益进行比较而提出的。当列表计算后，选出与年当量使用费用 R 最小的使用年限 T 时，即为经济寿命年限。

例：以表 6-10 中的数据为例，取利率 $i = 10\%$，$b = 0.218$，$K_0 = 10500$ 元，按式(6-30)列表计算，经济寿命为 11 年，结果见表 6-11。因此，考虑利率时汽车经济寿命计算值将比不考虑利率影响时稍有增加。

汽车经济寿命计算表(元)　　　　　　　　　　　　　　表6-11

年限①	年使用费用②	现值系数③	年使用费用现值④=②×③	现金合计⑤=K_0+④的累计	资本回收系数⑥	年当量使用费用⑦=⑤×⑥
1	8752	0.909	7955.57	18455.57	1.100	20301.13
2	9004	0.826	7437.30	25892.87	0.576	14914.29
3	9256	0.751	6591.26	32844.13	0.402	13203.34
4	9508	0.683	6493.96	39338.09	0.316	12430.84
5	9760	0.621	6060.96	45399.05	0.264	11985.35
6	10012	0.565	5656.78	51055.83	0.230	11742.84
7	10264	0.513	5265.43	56321.26	0.205	11545.86
8	10516	0.467	4910.97	61232.23	0.187	11450.43
9	10768	0.424	4565.63	65797.86	0.174	11448.83
10	11020	0.386	4253.72	70051.58	0.163	1141841
11	11272	0.351	3956.47	74008.05	0.154	11397.24
12	11524	0.319	3676.16	77684.21	0.147	11419.58

3. 面值法

面值法是一种仅以账面数字作为分析基础的经济分析法。与低劣化数值相比,面值法可避免数据统计困难,容易为企业所理解和接受,适用于在实际生产中分析和预估本单位车辆的经济使用寿命。

例: 假定以 $K_0=30000$ 元购入一辆新车,预计可使用10年,其价值将随着使用年限的增加而降低,而运行成本则增加。将这些有关的数据列表,并计算其总使用成本和使用期间的每年平均使用成本,则可以得到年平均使用成本最低的使用年限,见表6-12。

面值法通常列表计算,由表6-12中的数据可看出,第5年末为最经济的寿命期,因为与其他几年比较,该年的年平均使用成本为最低。

汽车年总使用成本(元)　　　　　　　　　　　　　　表6-12

年限①	汽车残值②	年折旧③=(K_0-②)/(1)	运行成本④	累计运行成本⑤=Σ④	总使用成本⑥=③+⑤	年均使用成本⑦=⑥/①
1	25000	5000	3200	3200	8200	8200
2	20000	5000	3850	7050	12050	6025
3	15000	5000	4300	11350	16350	5450
4	10000	5000	4700	16050	21050	5263
5	8000	4400	5200	21250	25650	5113
6	6000	4000	5600	26850	30850	5142
7	4000	3714	6100	32950	36664	5238
8	3000	3375	6500	39450	42825	5353
9	2000	3111	7000	46450	49561	5507
10	1000	2900	7200	53650	56550	5655

4. 判定大修与更新界限计算法

汽车在使用一定时期后,人们需要在更新或者大修两种方案这件做出判断。可修而不修,过早的更新,会损失因未达到折旧期而造成未折旧完的部分价值。应更新而未更新,过多地依靠大修使车辆重新工作,则将增加维修费用,而且使生产效率降低。因此,对一辆汽车而言,需要在大修与更新两个方案之间进行判别分析后,再行决策。

为了更合理地选择大修或更新,常采用的判别式为:

$$R_i + S_e < K_0 \alpha \beta + S_\alpha \tag{6-31}$$

式中:R_i——车辆第 i 次大修的费用,元;

S_e——使用成本的损失,其大小等于大修后车辆与新购车辆的运输成本差值乘以至下次大修期间的运输生产量(即经营损失),元;

K_0——新车的原始价值,元;

α——反映大修过后车辆运输生产率与新车辆至第一次大修之间运输生产率的比例关系;

β——反映大修后车辆至下次大修前的行驶里程与新车第一次大修前行驶里程间的比例关系。

S_α——合理更新条件下,因更新而引起的旧车尚未折旧完的损失之和。可有下式计算:

$$S_\alpha = K_0 \left(1 - \frac{L}{L_0}\right) - C_z \tag{6-32}$$

式中:L——实际行驶里程,km;

L_0——原定总折旧里程,km。

若令更新与大修两种方案的耗费之差为 B,则:

$$B = (K_0 \alpha \beta + S_\alpha) - (R_i + S_e) \tag{6-33}$$

设 E_τ 为大修耗费效果系数,即:

$$E_\tau = \frac{B}{K_0 \alpha \beta + S_\alpha} = 1 - \frac{R_i + S_\alpha}{K_0 \alpha \beta + S_\alpha} \tag{6-34}$$

则:当 $E_\tau > 0$ 时,说明更新在经济上是合理的。

例:某运输公司一种车型的实际使用统计数据见表 6-13,判定该车何时更新合理。

汽车大修次数与间隔里程、费用以及完好率的关系　　　　　表 6-13

大 修 次 数	间隔里程 (10^3km)	费用 (元)	大修间隔里程内的平均 成本(元/1000t·km)	大修间隔里程内的 平均完好率(%)
0			159.5	89
1	180	3000		
2	100	4000		
3	100	5000	180.6	82
4	80		183.1	74.18
5	80			

注:1. 新车价 $K_0 = 14500$ 元,汽车残值定为 500 元。

2. 折旧里程 800000 km。

3. 单车折算吨位为 3.33t(考虑到实载率、里程利用率、拖挂率等因素,由统计数据求出)。

解：(1) 先判定是否需要进行第 3 次大修。

已知条件可由表 6-13 直接或间接得到，即：

$$R_1 = 3000 \text{ 元}, \quad R_2 = 4000 \text{ 元}, \quad K_0 = 14500 \text{ 元}$$

$$S_e = (180.61 - 159.49) \times 3.33 \times 100 = 7032.96 (\text{元})$$

$$\alpha = \frac{82}{89} = 0.9213; \quad \beta = \frac{100}{180} = 0.56$$

$$S_\alpha = 14500\left(1 - \frac{380}{800}\right) - 500 = 7112.5 (\text{元})$$

则：大修耗费效果系数 E_τ 为：

$$E_\tau = 1 - \frac{R_i + S_e}{K_0 \alpha \beta + S_\alpha} = 1 - \frac{4000 + 7032.96}{14500 \times 0.56 \times 0.92 + 7112.5} = 0.2434$$

可见，由于 $E_\tau > 0$，汽车进行第 3 次大修在经济上是合理的，可以进行大修后继续使用。

(2) 判断是否需要进行第 4 次大修。

$$R_1 = 3000 \text{ 元}, \quad R_2 = 4000 \text{ 元}, \quad R_3 = 5000 \text{ 元}, \quad K_0 = 14500 \text{ 元}$$

$$S_e = (183.1 - 159.49) \times 3.33 \times 80 = 6289.7 (\text{元})$$

$$\alpha = 74.18/89 = 0.83; \quad \beta = 80/180 = 0.44$$

$$S_a = 14500(1 - 460/800) - 500 = 5662.5 (\text{元})$$

则，大修耗费效果系数 E_τ 的计算结果为：

$$E_\tau = -0.03$$

由于 $E_\tau < 0$，所以汽车进行第 4 次大修是不经济的，应在运行到第 4 次大修里程时进行更新比较合理。

第四节　汽车检测诊断

一、概述

1. 汽车检测诊断的概念

汽车检测与诊断是汽车检测和汽车故障诊断的统称。诊断——"科学地判断"或"根据症状判定毛病"。按《汽车维修术语》(GB/T 5624—2005)的规定，汽车检测的概念是：确定汽车技术状况或工作能力的检查。汽车诊断的概念是：在不解体（或仅卸下个别零件）的条件下，确定汽车技术状况，查明故障部位及原因的检查。

汽车诊断技术，就是在汽车运行中，或基本不拆卸的情况下，掌握汽车运行状况，判定产生故障的部位和原因，以及预测、预报汽车状态的技术。

在按照计划维护制度规定的周期对汽车进行技术维护、拆卸检查时，常常发现有两种情况：①零部件的磨损已超过极限，这会使可维修的零部件报废或增加维修的工作量；②零部件的磨损远未达到极限，这时虽然可以将零部件重新装配继续使用，但是原来的配合状态将遭受破坏（图6-12），需要重新磨合，零部件的寿命因之缩短。据资料介绍，这样的拆卸和重新装配会使寿命降低 20%~30%。

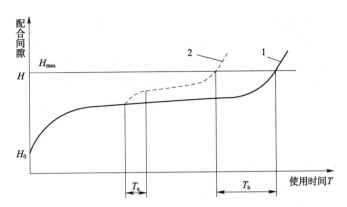

图 6-12 拆装对运动配合件寿命的影响
1-原来的磨损曲线；2-中途折半后的磨损曲线

汽车检测诊断技术是从汽车维修技术衍生而来,由汽车维修伴随着汽车技术的发展而发展的。在早期的汽车维修过程中,主要是通过有经验的维修人员发现汽车故障并作有针对性的修理。即过去人们常讲的"望"(即眼看。如通过观察汽车外观或车辆行驶状态判断故障)、"闻"(即耳听。如通过发动机等运转发声判断故障)、"问"(即询问。如通过询问驾车人员车辆使用情况或现象判断故障)、"切"(即手摸。如通过手摸感受温度、振动、压力等现象)判断故障的方式。随着现代机电测控技术进步,特别是计算机及信息技术的进步,汽车检测技术也飞速发展。现阶段人们能依靠各种先进的仪器设备,对汽车进行不解体检测,而且安全、迅速、可靠。因此,随着汽车诊断技术的发展,在进行维护作业之前,首先利用诊断设备和技术对其工作状态进行必要的检测诊断,然后根据对汽车检测诊断和鉴定的结果,进行视情处理,再施以不同的作业范围和项目,这样可以减少不必要的拆卸,避免盲目维修或失修现象的发生,能最大限度地发挥零件的使用潜力,大大提高汽车的可靠性和使用经济性。

2. 汽车检测诊断的意义

随着汽车工业的发展、汽车技术的全面提升,汽车使用的大众化,汽车研发制造、使用过程的检测检验方法手段也得到了快速的发展,汽车的检测方法、检测原理、诊断理论已融为一体,汽车检测诊断技术已经发展成为一门学科。同时,检测诊断的内涵已不仅局限于汽车使用维修的过程之中,已拓展到汽车的研发、生产制造等全领域,形成了完整的汽车检测试验体系。

汽车检测的重要意义主要体现在以下方面。

1) 汽车检测诊断是汽车生产持续发展的重要技术手段

汽车是一个含有多项高新技术应用的机电一体化产品。汽车制造业也是国民经济发展的重要产业。汽车技术复杂、需求量大,国际上,汽车生产企业遍布全球。国内,全国各地都建有汽车生产企业,形成了以部件、整车、零配件生产为特色的企业群体。随着全球经济化的发展,汽车工业已形成世界范围内的市场竞争,安全舒适、环保、经济的一系列性能指标是汽车行业企业家们追求的目标,也是决定企业发展与市场竞争力的一个重要方面,检测与诊断技术作为产品质量保证的关键环节,对汽车生产的持续发展有着重要的意义。

(1) 检测技术是生产过程质量控制的重要手段。

(2) 检测技术是外协采购零部件质量评价的重要方法。

（3）检测与诊断技术是汽车生产企业改进产品性能的重要手段。

2）汽车检测与诊断促进了维修业的发展

我国汽车生产走过了从小到大、从弱到强的发展历程，为汽车运输业提供了品种齐全的各型汽车，也在全国范围内形成了汽车维修网络，传统的经验维修方法受到了现代汽车技术应用的强烈冲击，汽车检测与诊断技术的迅速发展，促进了维修方法的变革，促进了维修制度的发展。

（1）汽车检测与诊断已成为汽车维修方法的主流。

（2）汽车检测与诊断促进了维修制度的改革与发展。

（3）检测与诊断是汽车维修的重要的技术支撑。

3）检测诊断是汽车性能与安全监测的主要手段

我国汽车拥有量不断增加，汽车性能与安全显得越来越重要，车辆性能的好坏是引起交通事故的重要因素，也是造成排放污染与噪声污染的主要原因。因为车辆性能状态差，而引起的人员伤亡和经济损失是巨大的，引起的环境污染损失是不可估量的，因而对汽车性能进行安全检测与诊断是有效控制交通事故、降低经济损失、保护环境的重要措施。对汽车的安全监控，最早是靠眼看、耳听、手摸等经验方法，现在则是以检测诊断为基础的定量监控与评定为主，以年检和临时检验相结合的科学方法进行监测，能很方便地对汽车进行准确的性能评价，效率高，发现问题及时，促使车辆所有者主动保持车辆的良好状态，确保交通安全。

3. 汽车检测诊断的种类

根据检测诊断目的，汽车检测诊断可分为以下类型。

1）安全性能检测

对汽车实行定期和不定期的安全性能方面的检测诊断，目的在于确保汽车具有符合要求的外观、良好的安全性能，以强化汽车的安全管理。

2）环保检测

对汽车定期和不定期地进行环境保护方面的检测，目的是建立汽车有害气体排放监控体系，限制汽车的环境污染程度，确保车辆具有符合要求的尾气排放物，在低环境污染状况下运行。

3）综合性能检测

对汽车实行定期和不定期的综合性能检测诊断，目的是在不解体情况下，确定运输车辆的工作能力和技术状况，对维修车辆实行质量监督，确保车辆具有良好的安全性、可靠性、动力性、燃料经济性、排气净化性和噪声污染性，提高运输效能及降低消耗，使运输车辆具有良好的经济效益和社会效益。

4）汽车故障检测

对故障汽车进行检测诊断，目的是在不解体（或仅卸下个别小件）情况下，查出故障的确切部位和产生的原因，从而确定故障的排除方法，提高排除汽车故障的效率，使汽车尽快恢复正常使用。

5）汽车维修检测诊断

根据交通运输部《道路运输车辆技术管理规定》（中华人民共和国交通运输部令 2016 年第 1 号）的要求，道路运输经营者作为道路运输车辆技术管理的责任主体，负责对道路运输车辆实行周期维护、视情修理、定期检测,保证投入道路运输经营的车辆符合技术要求。应当定期到机动车综合性能检测机构,对道路运输车辆进行综合性能检测。

汽车定期检测诊断应结合维护定期进行,以此确定维护附加项目,掌握汽车技术状况变化规律;并通过对汽车的检测诊断和技术鉴定,确定汽车是否需要大修,以实行视情修理;同时,在汽车维修过程中,利用设置在某些工位上的诊断设备,可使检测诊断和调整、维修交叉进行,以提高维修质量;对完成维护或修理的车辆进行性能检测和诊断,并对维修质量进行检验判定。

4.汽车诊断的方法

汽车诊断是由检查、分析、判断等一系列活动完成的。从完成这些活动的方式看,汽车诊断主要有三种基本方法:传统的人工经验诊断法、利用现代仪器设备诊断法和自诊断法。

(1)人工经验诊断法。是通过路试和对汽车或总成工作情况的观察,凭借诊断人员丰富的实践经验和一定的理论知识,利用简单工具以及眼看、手摸、耳听等手段,边检查、边试验、边分析,进而对汽车技术状况进行定性分析或对故障部位和原因进行判断的诊断方法。该诊断方法不需要专用仪器设备,可随时随地应用,但其缺点是诊断速度慢、准确性差,并要求诊断者具有丰富的实践经验和较高的技术水平。

(2)现代仪器设备诊断法。是在人工经验诊断法的基础上发展起来的诊断方法。该法可在不解体情况下,利用建立在机械、电子、流体、振动、声学、光学等技术基础上的专用仪器设备,对汽车、总成或机构进行测试,并通过对诊断参数测试值、变化特性曲线、波形等的分析判断,定量确定汽车的技术状况。采用微机控制的专用仪器设备能够自动分析、判断、打印诊断结果。现代仪器设备诊断法的优点是诊断速度快、准确性高、能定量分析;缺点是投资大、占用固定厂房等。

(3)自诊断法。是利用汽车电控单元的自诊断功能进行故障诊断的一种方法。其基本原理是利用监测电路检测传感器、执行器及微处理器的各种实际参数,并与存储器中的标准数据比较,从而判断系统是否存在故障。当确定系统有故障存在时,电控单元把故障信息以故障码的形式存入存储器,并控制警示灯发出警示信号。把该故障码从存储器中提取出来,然后查阅相应的"故障码表"便可确定故障的部位和原因。

5.汽车诊断参数

1)诊断参数的分类

汽车的外观和性能参数称为技术状态参数,也就是用于表征汽车的技术状态或工作能力的物理量和化学量,它们构成了汽车技术状态的评价指标。在不解体的条件直接测量结构参数(如磨损量、间隙等)常常是不可能的。因此,在进行汽车诊断时,需要找到一组与结构参数有关联,能够表征汽车、总成及机构技术状态的直接或间接标志,并通过这些标志的测量确定其技术状态的好坏。这种诊断用的,表征汽车、总成及机构技术状态的标志成为诊断参数。汽车的技术状态诊断参数按其固有属性分为:

(1)结构参数:表征汽车结构各种特性的物理量。这些参数能够反映诊断对象的具体结构要素是否满足要求,如零部件的几何尺寸、配合间隙、材料的物理力学性能等。

(2)工作过程输出参数:指汽车工作过程中所显现出的技术性能,在工作过程中输出的一些可供测量的物理量、化学量,或体现汽车、或总成功能的参数。如发动机的功率、耗油量,发电机的电压、电流等。从工作参数本身就可以确定发动机或汽车某一方面的功能。

(3) 伴随过程参数:指伴随汽车工作过程所发生的、并可定量表征的某些现象。一般不直接体现汽车或总成的功能,但却能通过其在汽车工作过程中的变化,间接地反映诊断对象的技术状态,如汽车的发热、振动、异响等。往往将这些参数用于复杂系统深入地诊断,作为汽车故障诊断的主要依据。

2) 诊断参数标准

为了定量评价汽车整体及总成的技术状态,仅有诊断参数是不够的,还需要建立诊断参数标准。诊断参数标准是从技术、经济的观点出发,表示汽车处于某种工作能力状态下所测得的最大参数界限值。作为汽车的诊断参数标准,一般应包括诊断参数初始标准、诊断参数极限标准和诊断参数许用标准。

诊断参数的初始标准相当于无技术故障的新汽车诊断参数的大小,是新汽车和大修汽车的最大标准。

极限标准是指汽车即将失去工作能力或技术性能即将变坏时所对应的诊断参数值。

诊断参数的许用值是指汽车无需维护修理可继续使用时,诊断参数的允许界限值。它是汽车维护工作中定期诊断的主要标准。当诊断结果超过许用标准时,即使汽车还有工作能力,也需要进行维护或修理,否则,其技术经济性能会下降,故障率将会上升。

诊断参数标准按其来源可分为:国家标准、行业标准和制造厂标准。

3) 汽车诊断常用参数

在汽车的技术状态诊断中,有许多参数都可作为诊断后状态判断的依据,常用的诊断参数有:

(1) 压力。压力是采用最多的一个诊断参数。压力不仅是某些部件的工作指标,如液压系统的工作压力、安全阀的开启压力、高压油泵的供油压力、喷油器的喷油压力等,而且可以用来诊断其他零部件的技术状态。例如,汽缸的压缩力,表明压缩系统——汽缸活塞组零件的磨损和技术状态,气门与气门座的配合严密性,汽缸垫压紧的均匀程度等;燃油系统柱塞副的供油压力表明其磨损程度;机油滤清器滤芯前后的压力差,表明滤芯的脏堵情况等。在使用条件下,测定发动机汽缸中的有效压力是确定发动机负荷(转矩)最精确的方法。另外,根据流通截面前后的压力差,还可以间接测量出流量等,且所用仪器比较简单,对测试规范也没有苛刻要求。

(2) 流量。流量可作为各类流体介质工作质量的度量评价指标。在汽车中,液压泵、燃油泵的工作指标都是以流量为衡量标准。根据流量还可以换算出其他重要的参数指标,如发动机的燃油消耗量就是测量消耗规定的燃油体积或一定燃油质量所经历的时间,然后换算得到。燃油消耗量和功率一样是一个综合的诊断参数。除了可用来确定发动机燃油供给系统的技术状态外,还可以用来确定其他各系统以及整机的技术状态。

此外,还可以根据系统中流体的泄漏量(如曲轴箱废气的流量、液压泵内漏油量等)诊断有关部位的密封性。

流量可以用专门的流量仪测量。一般来说,流量的测量比较麻烦且对测试规范(压力、温度、转速等)有较为严格的要求。因此,对要求不高的检测,可以用压力参数值间接表征。例如,用液压泵的最大供油压力大致表征其供油能力。

(3) 温度。汽车在运行过程中,由于某些缺陷的存在,必然在温度上有所反映。如发动机燃烧不正常时,会引起过热,排气歧管温差大等;冷却系统的故障会引起发动机过热或达不到正常的温度范围;润滑系统的故障会造成润滑部位缺油而温度升高;轴承磨损或零件损坏时发热量必然会有所增加等。因此温度能用于诊断发动机的燃烧情况、冷却系统的散热性能和各种摩擦副的运动情况等。温度的检测手段并不复杂,普遍使用接触式传感器、液体膨胀式传感器、热电偶传感器等。

(4) 声响。声响承载的诊断信息非常丰富,通过它可以诊断发动机的燃烧状况,运动副的配合间隙及运转情况,阀门的开启动作,压力气体的泄漏等。汽车的噪声值是质量评价指标之一。在汽车运行过程中,噪声的增大或出现异响意味着汽车磨损或故障的出现。对噪声或异响的测量和分析有助于诊断汽车的故障所在。噪声对人体有害,会影响听力、情绪、血压、消化功能等而使健康水平下降。此外噪声还会影响操作者对作业环境周围其他信息的获取,从而影响对紧急情况的处理决断。

对噪声的检测并不困难,但是要将诊断信息进行具体的分离,却不易做到。所以,很多情况下,只能根据噪声作出定性的诊断。

(5) 振动。所有汽车都有振动。失衡的转动零件、直线运动时的加速度等,都是产生振动的根源。另外,当配合表面不光滑、不平整时,两个零件之间的相对运动、摩擦或滚动也会引起振动。配合的间隙过大,将会出现撞击现象,也是振动来源之一。

振动对汽车会产生各种不良的影响,甚至引发灾难性后果。振动引起的附加动力会使机械部件产生疲劳损坏或逐渐增大塑性变形。振动会加剧连接件之间的磨损,可能造成连接件或固定件的松脱;振动还会影响汽车本身及安装在其上的各种仪表的正常作用和精度。振动还是汽车工作时噪声的主要来源。

异常的振动反映汽车故障。测量噪声还是测量振动,要根据具体情况选择。测量噪声时,仪器和汽车不直接接触,故比较灵活,但对故障部位不易分辨。振动测量的选择性较强,测量的结果易于复验,因此,多采用振动检测,而不采用噪声检测。检测时传感器应放在被检查的零部件上或附近。

(6) 位移。测量汽车总成或结构中的线位移计角位移,以此诊断零部件的磨损和失调。这是汽车外部检测中常用的一个诊断参数。线位移包括轴向游移量、配合间隙、皮带张紧度、前轮前束、制动距离等;角位移包括供油提前角、点火提前角、转向盘自由转角、前轮定位角等。

二、检测与年检

1. 车辆检测审验类别

1) 注册登记检验

机动车安全技术检验机构对申请注册登记的机动车进行的安全技术检验。也称为初次审验(年检)。初次审验的目的,在于审核机动车是否具备申领牌证的条件,审验的内容为:

(1) 是否有车辆使用说明书、合格证(进口车辆的商检证明),车体上的出厂见样标记是否齐备。

(2) 对机动车内外轮廓尺寸及轮距、轴距进行测量。测量的具体项目是车长、车宽、车高、车厢栏板高度及面积、轮距、轴距等。

(3)按技术检验标准逐项进行。合格后,填写"机动车初检异动登记表",并按原厂规定填写整备质量、装载质量、乘载人数、驾驶室乘坐人数。

2)在用机动车检验

机动车安全技术检验机构对已注册登记的机动车进行的安全技术检验,称为定期年检。通常也简称车辆年审(Vehicles examined),或年检,指对已经领取正式号牌和行驶证的车辆,每年一次按《机动车运行安全技术条件》进行的检验。目的在于检查汽车主要技术状况,督促加强汽车的维修,使汽车经常处于完好状态,确保汽车行驶安全。检验的主要内容为:

(1)检查发动机、底盘、车身及其附属设备是否清洁、齐全、有效,漆面是否均匀美观,各主要总成是否更换,与初检记录是否相符。

(2)检验车辆的制动性、转向操纵性、灯光、排气及其他安全性能是否符合《机动车安全运行技术条件》的要求。

(3)检验车辆是否经过改装、改型、改造,行驶证、号牌、车辆档案所有登记是否与车况相符,有无变化,是否办理了审批和异动、变更手续。

(4)车辆的号牌、行驶证及车上喷印的号牌放大字样有无损坏、涂改字迹不清等情况,是否需要更换。

(5)转籍、过户是否办理了规定的手续,在册汽车与实有汽车是否一致等。

(6)所有货车(多用途货车除外)和专项作业车(消防车除外)均是否在驾驶室(区)两侧喷涂总质量(半挂牵引车为最大允许牵引质量);其中,栏板货车和自卸车还应在驾驶室两侧喷涂栏板高度,罐式汽车和罐式挂车(罐式危险货物运输车辆除外)还应在罐体两侧喷涂罐体容积及允许装运货物的种类。栏板挂车应在车厢两侧喷涂栏板高度。冷藏车是否在外部两侧易见部位上喷涂或粘贴明显的"冷藏车"字样和冷藏车类别的英文字母。喷涂的中文及阿拉伯数字是否清晰,高度要求大于或等于80mm。

总质量大于或等于4500kg的货车(半挂牵引车除外)和货车底盘改装的专项作业车(消防车除外)、总质量大于3500kg的挂车,以及车长大于或等于6m的客车均是否在车厢后部喷涂或粘贴/放置放大的号牌号码,总质量大于或等于12000kg的自卸车还应在车厢左右两侧喷涂放大的号牌号码。放大的号牌号码字样是否清晰。

所有客车(专用校车和设有乘客站立区的客车除外)及发动机中置且宽高比小于或等于0.9的乘用车需要在乘客门附近车身外部易见位置,用高度大于或等于100 mm的中文及阿拉伯数字标明该车提供给乘员(包括驾驶人)的座位数。

2. 年检周期、基本要求和流程

1)年检周期

《中华人民共和国道路交通安全法实施条例》第十六条规定,机动车应当从注册登记之日起,按照下列期限进行安全技术检验:

(1)营运载客汽车5年以内每年检验1次;超过5年的,每6个月检验1次。

(2)载货汽车和大型、中型非营运载客汽车10年以内每年检验1次;超过10年的,每6个月检验1次。

(3)小型、微型非营运载客汽车6年以内每2年检验1次;超过6年的,每年检验1次;超过15年的,每6个月检验1次。

(4)摩托车4年以内每2年检验1次;超过4年的,每年检验1次。

(5)拖拉机和其他机动车每年检验1次。营运机动车在规定检验期限内经安全技术检验合格的,不再重复进行安全技术检验。

(6)超过报废年限的车辆不可以再过户(买卖)。但若作为非道路运输、交通工具用途可以继续使用时,买卖应先到车管所办理该车的报废手续(注销该车的档案),然后买卖。

2)基本要求

进行检验的机动车应清洁,无明显漏油、漏水、漏气现象,轮胎完好,轮胎气压正常且胎冠花纹中无异物,发动机应运转平稳,怠速稳定,无异响;装有车载诊断系统(OBD)的车辆,不应有与防抱死制动系统(ABS)、电动助力转向系统(EPS)及其他与行车安全相关的故障信息。对达不到以上基本要求的送检机动车,机动车安全技术检验机构应告知送检人整改,符合要求后再进行安全技术检验。

3)年检结果使用

(1)定期检验合格的车辆,分别在行驶证和《机动车定期检验表》加盖印章。

(2)定期检验不合格的车辆,要在规定的时间内修复,可以逾期,但仍然不合格的,车辆管理机关有权收缴不合格车辆的号牌和行驶证,则车辆将不能在道路上行驶,也不可以转籍。

因故不能参加定期审验的车辆,应事先向车辆管理机关申请延期;驻外汽车可委托所在地车辆管理机关代检,检验后将结果通知原籍车辆管理机关;无故不参加定期检验的车辆,不准在道路上行驶。

机动车在检验地检验合格后,机动车所有人(或代理人)应当填写申请表并持机动车行驶证、机动车交通事故责任强制保险凭证、《委托核发检验合格标志通知书》和机动车安全技术检验合格证明到被委托地车辆管理所申请机动车检验合格标志。有下列情形之一的,不予核发机动车检验合格标志:

①机动车号牌号码与行驶证、机动车交通事故责任强制保险凭证和机动车安全技术检验合格证明上记载的号牌号码不一致的。

②机动车涉及未处理完毕道路交通安全违法行为和交通事故的。

4)检验流程

机动车进行安全技术检验的一般流程如图6-13所示。

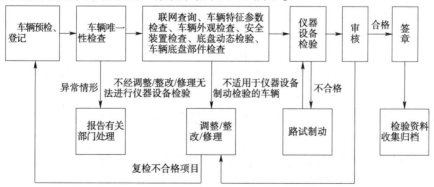

图6-13 机动车安全技术检验流程

三、检测站

1. 汽车检测站的类型

伴随着汽车检测技术的发展及普及应用,汽车检测站也出现了许多类型。根据汽车检测站所具有的功能、检测对象、检测目的以及内容的不同,检测站有不同的分类方法。

1) 根据检测站的服务功能分

根据检测站的服务功能可分为汽车安全检测站、维修检测站和综合检测站。

(1) 汽车安全检测站。安全检测站是国家的执法机构,它根据国家的有关法规,定期检查车辆行驶中与安全和环境有关的项目。它一般是针对汽车行驶安全和对环境的污染程度进行总体检测,并与国家有关标准比较,给出"合格"或"不合格"的结果,而不进行具体的故障诊断和分析。

(2) 维修检测站。通常由汽车运输企业或维修企业建立,其作用是为车辆维修部门服务。它以汽车性能检测和故障诊断为主要内容,通过对汽车维修前进行技术状况检测和故障诊断,可以确定汽车附加作业、小修项目以及车辆是否需要大修;同时通过对维修后的汽车进行技术检测,监控汽车的维修质量。

(3) 综合检测站。该类型检测站既能担负车辆安全、环保方面的检测任务,又能担负汽车维修中的技术检测,还能承担科研、制造和教学等部门的有关汽车性能试验和参数测定。这种检测站设备多而齐全,自动化程度高,既可进行快速检测,以适应年检要求;又可以进行高精度的测试,以满足技术评定的需要。这种检测站的检测结果可作为交通运输管理部门发放或吊扣营运证的依据,以及作为确定维修单位车辆维修质量的凭证。

2) 根据检测站的工作职能分

根据检测站的工作职能可分为 A 级站、B 级站和 C 级站。

(1) A 级检测站。能对汽车的安全性、动力性、可靠性、燃料经济性、环保特性进行全面的检测,并能对车辆的技术状况及维修质量进行鉴定,能全面承担检测站的任务。它能检测车辆的制动、侧滑、灯光、转向、前轮定位、车速、车轮动平衡、底盘输出功率、燃料消耗、发动机功率和点火状况,以及异响、磨损、变形、裂纹、噪声、废气排放等状况。

(2) B 级检测站。能对在用车辆技术状况、车辆维修质量进行检测和评定。它能检测车辆的制动、侧滑、灯光、转向、车轮动平衡、燃料消耗、发动机功率和点火系统状况以及异响、变形、噪声、废气排放等状况。

(3) C 级检测站。能对在用车辆的技术状况进行检测。它能检测车辆的制动、侧滑、灯光、转向、车轮动平衡、燃料消耗、发动机功率及异响、噪声、废气排放等状况。

目前国内已建立的检测站大多为汽车综合检测站。根据建站条件要求,A、B 级站汽车检测线应为双线式,即一条安全环保检测线和一条综合检测线;对于 C 级站可设置二条检测线也可设置一条检测线。其检测线的长度、宽度应符合建筑标准的要求;双线式单线检测通道的宽度应不小于 6m,长度应为本地区主流车型长度的 4 倍以上;单线式检测通道的宽度应不小于 9m,长度应为本地区主流车型长度的 5 倍以上。

3) 按检测站的规模大小分

按规模的大小,汽车检测站一般可以分为大、中、小三种类型。

(1)大型检测站。检测线较多,自动化程度较高,年检能力大,可检测多种车型。

(2)中型检测站。至少有两条检测线,因建设成本相对较低,我国目前建成或正在筹建的多为这种类型的检测站。

(3)小型检测站。主要是指具有一条或两条作用相同检测线,并且服务对象比较单一的检测站。一般来说,它不能承担较多的检测任务,例如,规模不大的安全检测站和维修检测站就属于这种类型。当只有一条检测线时,它一般能够兼顾大、小车型的检测;如果有两条检测线时,一般是一条检测线专检小型车,另一条则大、小车型兼顾。

4) 按自动化程度分

按检测线的自动化程度分类,检测站一般可分为手动式、半自动式和全自动式三种类型。

(1)手动式检测站。手动式检测站的各种检测设备由人工手动操纵,记录或打印各指示装置上的读数或检测结果,因而检测效率较低,误差较大,一般多适用于维修检测站。

(2)半自动式检测站。是在手动式检测站的基础上将部分检测设备与计算机连接起来以实现自动控制,而其他的检测设备仍然由人工手动操纵。

(3)全自动式检测站。是将检测线上的各种检测设备通过计算机连接起来,通过计算机自动控制各检测设备完成检测过程(需进行外观检查的除外),设备的起动、运转、数据采集、分析处理、显示和打印报表等全过程都实现自动化。每一项检测结果均可以在主控制室内的电脑显示器上和各工位上的检验指示器上同时显示,因此管理人员可随时监测各工位的检测情况,并向各工位的检测人员及车辆驾驶人员发出各种指令。

由于全自动式检测站的自动化程度高,检测效率高,应用较广泛,目前国内的安全检测站多为这种形式。

2. 汽车检测站(线)的设备配置

1) 汽车检测站(线)的设备配置原则

不同的检测站,由于检测的任务、目的、项目内容的差异,所要求的设备配置也是不相同。一般汽车生产企业或汽车综合检测站在配置汽车检测线时,必须充分考虑以下配置的基本原则。

(1)必须根据检测产品及对应标准要求配置检测线。

对于汽车生产企业来说,配置检测线主要目的是保证汽车产品的生产质量,对产品质量是否满足国家及企业的标准在出厂前进行测试,避免不合格产品流向市场,也可以说是质量验证型的。配置的汽车综合检测线,必须按检测产品要求满足《机动车运行安全技术条件》《机动车安全检验项目和方法》(GA 468)规定。

对于汽车修理企业或汽车综合检测线除必须按检测产品要求满足《机动车运行安全技术条件》《机动车安全检验项目和方法》标准外,还必须考虑《汽车修理质量检查评定标准整车大修》(GB/T 15746.1)、《汽车修理质量检查评定标准发动机大修》(GB/T 15746.2)、《汽车修理质量检查评定标准车身大修》(GB/T 15746.3)、《汽车技术等级评定标准》(JT/T 198)、《汽车维护工艺规范》(JT/T 201)以及《客车防雨密封性试验方法》等标准要求(GB/T 12480)。

安全性能检测线主要用于汽车年检检测,应满足《机动车运行安全技术条件》和《机动车安全检验项目和方法》标准规定的项目、功能要求。

（2）必须根据检测产品性能水平来配置汽车综合检测线。

在市场经济条件下,企业根据检测对象的性能水平来考虑投资成本是十分正常的。如果汽车综合检测线服务对象是高级轿车,那么汽车综合检测线都以选用进口检测设备为主。如果汽车综合检测线服务对象是普通轿车或汽车,那么通用检测设备建议以国产为主,关键检测设备建议以进口为主,而检测线软件系统要求能与所有检测设备连接,其使用的界面必须清晰、易操作,同时各系统之间具有较强通用性、稳定性、可靠性,具有车辆登录、规定检测项目、参数的自动内存、检测、检测结果数据的自动传输、自动生成符合标准要求的检测报告、检测数据自动存档、生成统计报表等功能,还应有强大的数据库存储功能,可随时查询日检、月检、年检车辆统计资料等。

2）检测站的组成、主要设备及布置

检测站主要由一条至数条检测线组成。对于独立而完整的检测站,除检测线外,还应包括停车场、清洗站、泵气站、维修车间、办公区和生活区等设施。

图6-14所示为综合检测站的布置平面图。一般由一条安全环保检测线和一条综合检测线组成。

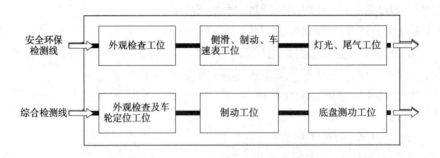

图6-14　双线综合式检测站平面布置示意图

不同类型、级别的检测站,检测项目不同,所配备的检测设备也不同,一般综合性能检测站的检测项目及设备配置见表6-14。

综合性能检测站的检测项目及设备配置　　　　表6-14

序号	检测项目	检测站类别			序号	检测项目	检测站类别		
		A	B	C			A	B	C
1	制动	√	√	√	10	发动机的功率	√	√	√
2	侧滑	√	√	√	11	点火系统状况	√	√	√
3	灯光	√	√	√	12	异响	√	√	√
4	转向	√	√	√	13	磨损	√	—	—
5	前轮定位	√	—	—	14	变形	√	√	√
6	车速	√	√	√	15	裂纹	√	√	√
7	车轮动平衡	√	√	√	16	噪声	√	√	√
8	底盘输出功率	√	—	—	17	废气	√	√	√
9	燃料消耗	√	√	√					

无论是安全环保检测线,还是综合检测线,它们都由多个检测工位组成,布置形式多为直线通道式,检测工位则是按一定顺序分布在直线通道上。

(1)安全环保检测线。手动式和半自动式安全环保检测线一般由外观检查工位、侧滑制动车速表工位和灯光尾气工位三个工位组成。全自动式安全环保检测线既可以由上述三工位组成,也可以由四工位或五工位组成。五工位一般是汽车资料输入及安全装置检查工位、侧滑制动车速表工位、灯光尾气工位、车底检查工位、综合判定及主控制室工位。图6-15所示为五工位全自动安全环保检测线的布置情况。

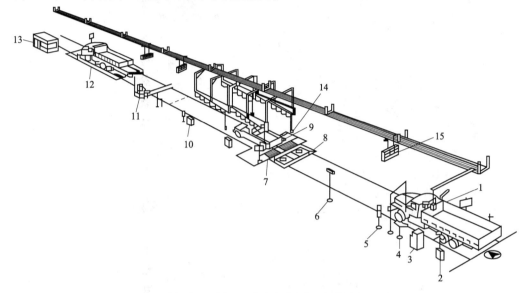

图6-15 国产五工位全自动安全环保检测线
1-检测车辆进线指使器;2-烟度计;3-汽车资料登录计算机;4-安全装置检查不合格项目输入键盘;5-烟度计检验程序指示器;6-电视摄像机;7-制动试验台;8-侧滑试验台;9-车速表试验台;10-废气分析仪;11-前照灯检验仪;12-车底检查工位;13-主控室;14-车速表检测申报开关;15-检验程序指示器

(2)综合检测线。是一种接近全能的综合检测线。它由发动机测试及车轮平衡工位、底盘测功工位、车轮定位及车底检查3个工位组成,除制动性能不能检测外,安全环保检测线上的其他检测项目均能在该线上检测。目前综合检测线常用的工位布局方式有两种,一种是按汽车安全检测线的工位进行布置。即保持一条安全环保检测线,而把底盘测功、发动机分析、四轮定位等项目的检测设置为另一条检测线。这种工位布置的方式较简单,有利于原有检测线的改造。二是按汽车性能检测项目进行工位布置。工位按动力性检测,经济性检测,制动性能检测,操纵稳定性能检测,灯光、废气、噪声、外检和整车、发动机故障诊断等布置,如图6-16所示。

3. 车辆检测的工艺组织

1)汽车安全环保检测站

一般车辆安全与环保性能检测工艺流程如图6-17所示。

首先进行被检车辆资料输入。经过清洗并已吹干的车辆由引导员驾驶,在检测线入口处等候进线。当指示灯为绿灯时,车辆进入检测线的第一工位,由工作人员根据车辆的行驶证和报检单将相关信息输入系统,也可将相关信息提前输入系统。

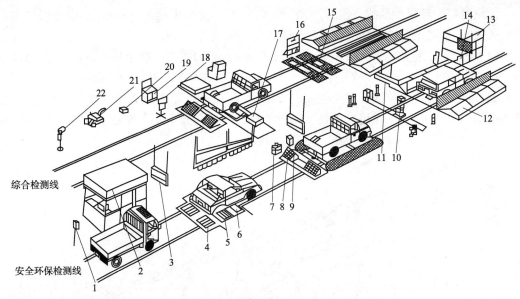

图 6-16 双线综合检测站示意图

1-进线指示灯;2-进线控制室;3-L工位检验指示灯;4、15-侧滑试验台;5-动力试验台;6-车速表试验台;7-烟度计;8-尾气分析仪;9-ABS工位检验程序指示器;10-XH工位检验程序指示器;11-前照灯检测仪;12-地沟系统;13-主控制器;14-P工位检验程序指示器;16-前轮定位监测仪;17-底盘测功试验台;18、19-发动机综合测试仪;20-机油洁净性分析仪;21-就车式车轮平衡仪;22-轮胎自动充气机

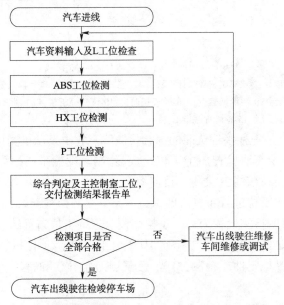

图 6-17 车辆安全与环保性能检测工艺流程

(1) 第一工位——安全装置检查工位。

受检车辆根据 LED 工位指示器提示驶入本工位后,由检查人员按规定项目进行车上部外观检查和安全装置检查(Lamps and Safety Device Inspection)。若有不合格项目,可直接将检测结果输入电脑。主控制电脑判定检查结果时,只要有一项不合格,即判定安全装置检查不合格。

(2)第二工位——侧滑制动车速表工位。

第一工位检查完毕后,根据 LED 工位指示器提示,受检车辆驶入第二工位进行侧滑制动车速表检测。本工位由侧滑检测(Alignment Inspection)、轴重检测(weight Inspection)、制动检测(Brake Test)和车速表检测(Speedometer Test)组成,简称 ABS 工位。

受检车进入第二工位后,若是一般后驱动,后驻车制动(驻车制动作用在后轮)的车,按以下程序进行。

①侧滑检测:汽车沿地面标线,以 3~5km/h 的车速匀速通过侧滑试验台(此时不可转动转向盘),当汽车通过侧滑试验台时,采集到车辆侧滑位移量数据,并经主控制系统判定是否合格。通过后,第二指示器即可显示侧滑检测结果。

②将前轮驶上轴重仪测量前轴重。

③将前轮驶上制动试验台测量前轴制动力。按工位指示器的提示,将制动踏板踩到底,即可测得前轴制动效果。此时指示器会显示出检测结果。若结果不合格,允许重测一次。

④后制动检测时,将后轮驶上制动试验台,按指示器的提示踩住制动踏板。指示器会显示后制动结果。若不合格,允许重测一次。

⑤测量驻车制动(手制动)方法与测量前、后轮制动相同。可按指示器的提示拉住驻车制动操纵杆。若不合格,允许重复检测一次。

⑥车速表校验时,将后轮驶上车速表试验台,驾驶人手持测试按钮。慢踩加速踏板(油门),当车速表指示 40km/h 时按下测试按钮。指示器可显示检测结果,若不合格允许重测一次。测完后放松加速踏板,使车轮停转。

⑦噪声或喇叭音量测试时,按提示要求按喇叭约 2s,或按要求测量车内噪声。测完后,指示器会显示检测结果。

检测顺序与驱动轮的位置以及驻车制动器安装位置有关。处理的原则,就是测完前轮的项目之后,再测后轮的项目,以免车辆倒退。

(3)第三工位——灯光尾气工位。

本工位主要由前照灯检测(Head Light Test)、排气检测(Exhaust Gas Test)、烟度检测(Diesel Smoke Test)和喇叭声级检测(Noise Test)组成,简称 HX 工位。

受检车进入该工位后,按以下步骤操作:

①将汽车停在与前照灯检测仪一定距离处(一般距离是 3m),面向正前方。前照灯仪会自动驶入,分别测量左右灯远光的发光强度和照射方向。检测结果会在工位指示器上显示。

②当前照灯检测完成后,进行排气或烟度检测。若是汽油车,检验员将排气分析仪探头插入怠速运转的汽车排气管中,抽取气样进行分析,并将分析结果输送给系统,系统判定后分别在主控制系统显示器和工位检验程序指示器上同时显示检测结果。如果是柴油车,检验员将烟度计探头插入怠速运转的柴油车排气管中,然后按照指令和操作规程进行四次自由加速。烟度计自动完成抽气取样、烟度检测和清洗等动作,并将采集数据输送给系统判定后分别在主控制系统显示器和工位检验程序指示器上同时显示检测结果。

此时若第四工位无车,指示器会提示令受检车进入第四工位。

(4)第四工位——车底检查工位。

车辆底部检查(Pit Inspection)工位,简称为 P 工位,此工位以人工方式检查车辆底部情况,如部件连接是否牢固、有无变形、断裂,水、电、油、气有无泄漏等。检测人员通过通信设备将结果送至主控微机。

(5)综合判定及主控室工位。

汽车到达本工位时检测项目已全部检测完毕,主控制微机对各工位检测结果进行综合判定后,由打印机集中打印检测结果报告单,并由检测负责人送给被检车汽车驾驶人。

2)汽车综合检测站

综合检测线一般有两种类型:一种是全能综合检测线,另一种是一般综合检测线。其中全能综合检测线设有包括安全环保检测线在内的比较齐全的工位(图6-15),通常有外观检查及四轮定位工位、制动工位、底盘测功等工位。

外观检查及四轮定位工位的检测项目有:汽车外观检查、轮胎平衡检验、车轮定位检查、前轮侧滑量检测、转向系统检测、底盘松旷量检查、传动系统游动间隙检测。

制动工位的检测项目有:轴重、各轮制动力、制动力平衡、车轮阻滞力、驻车制动力、制动系统协调时间。

底盘测功工位的检测项目有:底盘测功、车速表校验、油耗测量、排放检测、电气检测、发动机各大系统综合检测、前照灯检验、噪声测定。

一般综合检测线,其工位的设置不包括安全环保检测线的主要检测项目,它主要由底盘测功、发动机检测及四轮定位检测工位组成。

全能综合检测线工艺流程如图6-18所示。

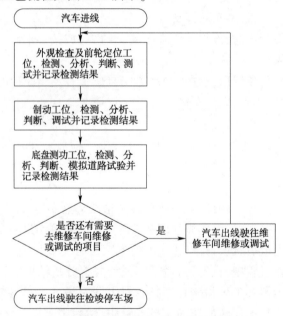

图6-18 全能综合检测线工艺流程图

四、检测及审验的内容和标准

1. 车辆安全技术检验

1)检验功能及项目

(1)检验的功能。根据国家有关政策法规的要求,目前我国的汽车安全与环保性能检测站具有以下几种基本检验功能：

①初次检验。初次检验的目的,一是保证汽车来源的合法性,二是保证汽车在技术性能方面必须符合国家有关规定的要求。目前技术检验的主要依据就是国家标准《机动车运行安全技术条件》(GB 7258—2017)等标准。

②定期检验。定期检验就是在用汽车必须按照公安车辆管理部门的要求,定期到指定的检测站进行安全技术方面的检验。通过定期检查,可及时发现技术上的问题。凡检查不合格的,不准上路,必须进行调整或修理,达到要求后方可上路。

③临时检验。除定期检验之外,在某些情况下,汽车要做临时检查。例如:新车或改装车后的汽车领取临时号牌时;机动车久置不用后,重新使用时;机动车受到严重损坏,在修复之后、上路之前;国外、境外汽车经批准在我国境内短期行驶时;车管部门规定的其他情况等。

④特殊检验。这是指在特殊情况下为特殊目的而进行的检验。例如对改装车辆、事故车辆、首长用车或外事用车等进行的检验。这类检验的内容和要求往往与一般检验有所不同。例如,对改装车辆,除按规定进行必要的检验外,还须检查其特殊性能(如密封性、绝热性等);对一些特殊用车还要重点检查外观、舒适性、平顺性、操纵稳定性以及安全性能等。

(2)检验项目。《机动车安全技术检验项目和方法》(GB 21861—2014)规定了机动车安全技术检验的检验项目、检验方法、检验要求和检验结果的处置。车辆安全技术检验机构对机动车进行安全技术检验,出入境检验检疫机构对入境机动车进行安全技术检验以及经批准进行实际道路试验的机动车和临时入境的机动车,都可参照该标准进行安全技术检验。

机动车安全技术检验项目包括车辆唯一性检查、联网查询、车辆特征参数检查、车辆外观检查、安全装置检查、底盘动态检验、车辆底盘部件检查和仪器设备检验等8个大项,各项中又有若干小项,根据车辆类型的不同要求的检测项目也不相同。

2)检验标准要求

(1)车辆唯一性查验。车辆唯一性检查是对其的号牌号码和类型、车辆品牌和型号、车辆识别代号(或整车出厂编号)、发动机号码(或电动机号码)、车辆颜色和外形进行检查,以确认送检机动车的唯一性。

(2)联网查询。联网查询目的是验查检测车辆的事故/违法信息,查验的内容有:对发生过造成人员伤亡交通事故的车辆,人工检验时应重点检查损伤部位和损伤情况;属于使用年限在10年以内的非营运小型、微型载客汽车,增加底盘动态检验及车辆底盘部件检查;对涉及尚未处理完毕的道路交通安全违法行为或道路交通事故的车辆,应提醒车辆所有人及时到公安机关交通管理部门处理。

(3)车辆特征参数核查。车辆特征参数检查是对车辆的外廓尺寸、整备质量、核定载人数等车辆主要特征和技术参数进行检查,以确认与车辆国家安全技术标准、车辆产品公告、车辆出厂合格证、车辆行驶证等技术资料凭证的符合性。

(4)车辆外观检查。包括:车身外观是否整洁、正常,标识、标注和标牌是否齐全和符合规定,外部照明和信号装置是否齐全有效,轮胎规格是否符合规定、磨损在许可的范围之内等。

(5)安全装置检查。汽车安全带、车辆用三角警告牌、灭火器配备数量应符合要求。一些特殊车辆(公路客车、旅游客车、危险货物运输车、专用校车以及2013年3月1日起注册登记的未设置乘客站立区的公共汽车、半挂牵引车、总质量大于或等于12000kg的货车)是否安装有符合要求的行驶记录装置[包括:汽车行驶记录仪或行驶记录功能符合《汽车行驶记录仪》(GB/T 19056—2012)的卫星定位装置等]。车身反光标识、车辆尾部标志板、侧后防护装置,以及客车应急锤、校车用急救箱等是否齐全符合要求。

(6)底盘动态检验。

转向系统的车辆的转向盘应转动灵活,操纵方便,无卡滞现象,最大自由转动量应符合GB 7258的相关规定:最大设计车速大于或等于100km/h的机动车为15°;三轮汽车为35°;其他机动车为25°。对于使用方向把的三轮汽车、摩托车,转向轮转动应灵活。

传动系统应满足:车辆换挡应正常,变速器倒挡应能锁止;离合器接合应平稳,无打滑、分离不彻底等现象。

制动系统在车辆正常行驶时无制动阻滞、车轮抱死现象;制动时制动踏板动作应正常,响应迅速,转向盘无抖动,无跑偏现象。

车辆配备的车速表等各种仪表和指示器不应有异常情形。

(7)车辆底盘部件。

转向系统部件应满足:各部件不应松动;横、直拉杆不应有拼焊、损伤、松旷、严重磨损等情况;转向过程中不应有干涉或摩擦现象。

传动系统部件应满足:变速器等部件应连接可靠;传动轴、万向节及中间轴承和支架不应有裂纹和松旷现象,不应有漏油现象。

行驶系统部件应满足:车架纵梁、横梁不应有明显变形、损伤,铆钉、螺栓不应缺少或松动;钢板吊耳及销不应松旷,中心螺栓、U形螺栓不应松旷;车桥与悬架之间的拉杆和导杆不应松旷和移位,减振器不应漏油。

制动系统部件应满足:制动系统应无擅自改动,不应从制动系统获取气源作为加装装置的动力源;制动主缸、轮缸、管路等不应漏气、漏油,制动软管不应有明显老化;制动系统管路与其他部件无摩擦和固定松动现象。

发动机的固定应可靠;排气管、消声器应安装牢固、不应有漏气现象,排气管口不得指向车身右侧(如受结构限制排气管口必须偏向右侧时,排气管口中心线与车辆纵向中心线的夹角应小于或等于15°)和正下方;专门用于运送易燃和易爆物品的危险货物运输车,排气管应装在罐体/箱体前端面之前,不高于车辆纵梁上平面的区域,并安装机动车排气火花熄灭器,机动车尾部应安装搭铁装置;电器导线应布置整齐、捆扎成束、固定卡紧,并无破损现象;燃料箱应固定可靠,不应漏油;燃料管路与其他部件不应有碰擦,不应有明显老化;承载式车身底部应完整,不应有影响车身强度的变形和破损;轮胎内侧不应有严重磨损、割伤、腐蚀。

(8)仪器设备检验。

底盘动态检验是在行驶状态下,定性地判断送检机动车的转向系统、传动系统、制动系统、仪表和指示器是否符合运行安全要求。主要通过仪器、试验台动态进行,主要项目有:行车制动、驻车制动、前照灯发光强度及光束照射位置,以及车速表的指示误差、转向轮横向侧滑量等。

3)检验结果处置

(1)检验结果的评判。检验结论分为合格、不合格。送检车辆所有检验项目的检验结果均合格的,判定为合格;否则判定为不合格。

(2)检验合格处置。对检验合格的车辆,机动车安全技术检验机构应出具《机动车安全技术检验报告》,报告一式三份,一份交机动车所有人(或者由送检人转交机动车所有人),一份提交车辆管理所作为机动车安全技术检验合格证明,一份留存检验机构。

(3)检验不合格处置。对于检验不合格的车辆,机动车安全技术检验机构应出具《机动车安全技术检验报告》,并注明所有不合格项目。且应通过拍照、摄像或保存数据等方式对不合格项取证留存备查,并将检测车辆的测试数据、工作现场图像等数据资料传送到机动车检验监管系统。

(4)异常情形处置。机动车安全技术检验机构发现送检机动车有拼装、非法改装、被盗抢、走私嫌疑时,检验人员应详细登记该送检机动车的相关信息,并进行拍照、录像固定证据,通过机动车安全技术检验监管系统上报,并告知送检人到当地公安机关交通管理部门处理。

2.道路运输车辆性能检测

1)概述

对于从事道路运输的车辆进行安全技术检测和综合性能检测是两种性质不同的检测,安全技术检测不能够替代车辆综合性能检测。主要是由于:

一是接受委托的机构不同。车辆安全技术检测是由公安交通管理机构委托进行的,负责社会所有机动车的安全技术检测;机动车综合性能检测则是根据《中华人民共和国道路运输条例》及地方政府主管部门的相关的法规规定、接受当地道路运输管理机构委托而进行的检测,只对营运或拟进入营运市场的车辆进行综合性能检测。

二是检测项目不同。机动车安全技术检测主要侧重于车辆的安全性能检测,包括制动、灯光、侧滑等,而机动车综合性能检测则主要针对从事运输生产车辆的使用特点进行的综合性能评价,除了进行安全性、环保性指标检测外,还进行底盘测功、悬架性能、发动机性能、维修质量监督等方面的检测。

三是采用标准不同。机动车安全技术检测主要采用标准有:《机动车运行安全技术条件》《机动车安全技术检验项目和方法》等;机动车综合性能检测是在《机动车运行安全技术条件》基础上,根据行业标准《营运车辆综合性能要求和检验方法》《营运车辆技术等级划分和评定要求》《营运客车类型划分及等级评定》《公共汽车类型划分及等级评定》等进行。机动车综合性能检测是强化道路运输车辆技术管理、提高营运车辆技术状况和保障车辆运行安全的重要手段,不能由安全性能检测所代替。

2)车辆综合性能检测站的任务

汽车检测站是综合运用现代检测技术,对汽车实施不解体检测诊断的机构。它综合运用现代检测设备与方法,检测汽车各种参数,诊断可能的故障,为全面、准确评价汽车的使用性能和技术状况提供可靠的依据。

按照《汽车综合性能检验机构能力的通用要求》(GB 17993—2017)规定,汽车综合性能检验机构(automotive multiple-function inspection agency)是按照规定的程序和方法,对汽车综合性能进行检验、评价并提供检验数据或报告的技术服务机构。

随着汽车工业的迅猛发展,汽车保有量的快速增加,如何用快速、科学、准确和现代的手段,检测、诊断车辆的技术状况,更好地发挥其动力性、经济性、安全性、可靠性、舒适性和排气净化性等使用性能,变得越来越重要。汽车检测站就是在这种情况下应运而生,并不断发展、壮大、成熟。它不仅可以代表政府相关部门对汽车技术状况进行检测和监督,而且已经成为汽车制造企业、汽车运输企业、汽车维修企业中不可缺少的重要组成部分。

在交通运输行业,汽车检测站是对道路运输车辆进行综合性能技术监督检测、汽车维修质量监督检测、汽车性能诊断检测的技术服务机构,它是道路运政管理机构从事道路运政管理的重要技术基地。按中华人民共和国交通部令第29号《汽车运输业车辆综合性能检测站管理办法》的规定,汽车检测站的主要任务如下:

(1)对在用运输车辆的技术状况进行检测诊断。

(2)对汽车维修行业的维修车辆进行质量检测。

上述两项检测任务是由运输车辆管理部门和维修管理部门根据检测制度组织并委托的车辆检测。

(3)接受委托,对车辆改装、改造、报废及其有关新工艺、新技术、新产品、科研成果等项目进行检测,提供检测结果。

(4)接受公安、环保、商检、计量和保险等部门的委托,为其进行有关项目的检测,提供检测结果。

3)检测对象及主要检测项目

《道路运输车辆技术管理规定》提出:道路运输经营者应当定期到机动车综合性能检测机构,对道路运输车辆进行综合性能检测。《道路运输车辆综合性能要求和检验方法》(GB 18565—2016)规定的检测对象和项目是:

(1)申请从事道路运输车辆。申请办理道路运输经营许可证,并拟从事道路运输经营的已注册车辆。

检验的项目有:结构、配置、防火性能和动力性、燃料经济性、制动性、排放特性及行驶稳定性等主要性能。

(2)道路运输车辆。道路运输车辆指获得道路运输许可,从事经营性道路客、货运输的车辆。

道路运输车辆检验的项目有:

①基本要求。包括车辆的唯一性认定,电子控制系统,发动机的工作性能、密封性、传动带及燃料供给,制动系统的行车制动、驻车制动,转向系统的部件连接及技术状况,行驶状态的车架、车桥、拉杆和导杆、车轮及螺栓螺母、轮胎、悬架,传动系统的离合器、变速器、传动件异响、万向节与轴承,照明信号装置的标识、电气线路及仪表,车身的外观、门窗及照明,附属设备的后视镜和下视镜、风窗刮水器、洗涤器、除霜除雾装置、排气和消声器,安全防护装置的安全带、侧面防护装置、后部防护装置、保险杠、灭火器材、警示牌和停车楔、危险货物运输车辆安全装置及标示等。

②性能要求。包括动力性,燃料经济性,制动性能的系统密封性、采用气压制动车辆的起步气压建立时间,台架检验行车制动性能的整车制动率、轴制动率和制动不平衡率、汽车列车制动时序、动力分配、路试检验行车制动性能、驻车制动,排放性能,转向操纵性能的转向轮横向侧滑量、转向盘最大自由转动量,悬架特性等。

③其他要求。包括前照灯的发光强度、远光光束和近光光束照射位置,车速表示值误差,汽车喇叭声级在距车前2m、离地高1.2m处用声级计测量应能发出连续均匀的、声压级为90~115dB(A)的声响。

4)检验采用的标准

道路运输车辆综合性能检验主要使用参照的标准有:《机动车运行安全技术条件》(GB 7258—2017),《道路运输车辆综合性能要求和检验方法》(GB 18565—2016),《汽油车污染物排放限值及测量方法(双怠速法及简易工况法)》(GB 18285—2018),《机动车安全技术检验项目和方法》(GB 21861—2014),《车用压燃式发动机和压燃式发动机汽车排气烟度排放限值及测量方法》(GB 3847—2005),《汽车动力性台架试验方法和评价指标》(GB/T 18276—2017),《道路运输车辆燃料消耗量检测评价方法》(GB/T 18566—2011),《客车结构安全要求》(GB 13094—2017),《客车结构安全要求》(GB 13094—2017),《专用校车安全技术条件》(GB 24407—2012)等。

按照交通运输部行业行政管理改革的要求,从2018年起,合并道路货运车辆安全技术检验和综合性能检测中涉及安全的检验检测项目,综合性能检测中涉及安全项目的检验检测统一适用《机动车安全技术检验项目和方法》,待汽车综合性能检测和安全技术检验标准整合后,检验检测要求、项目和方法按照新标准执行。

自2018年起,货车的综合性能检测、安全技术检验实行统一的检验检测周期,货车10年以内每年检验1次,超过10年的,每6个月检验1次,具体以该车辆的安全技术检验周期时间为准。

第五节 汽车维护与修理

一、汽车维修概述

汽车维修(vehicle maintenance and repair)是汽车维护和修理的泛称。

汽车维护(vehicle maintenance)定期对汽车相关部分进行检查、清洁、补给、润滑、调整或更换某些零件的预防性工作。目的是保持车容整洁,技术状况正常,消除隐患,预防故障发生,减缓劣化过程,延长使用周期。汽车维护的内容和要求在汽车使用说明书中有明确规定,具有一定的强制性。

汽车修理(vehicle repair)指用一切可以运用的手段和技术恢复已损坏车辆形态、性能、作用的过程及技术性行为。也就是为消除故障和故障隐患,恢复汽车总成规定的技术状况或工作能力,对损伤的零部件和总成进行修复或更换的作业总称。目的是补偿和恢复有形磨损,延长汽车的使用寿命。汽车修理包括大修和小修,汽车大修是指用修理或更换汽车任何零部件(包括基础件)的方法,恢复汽车的完好技术状况和完全(或接近完全)恢复汽车寿命的恢复性修理。而汽车小修是指用更换或修理个别零件的方法,保证或恢复汽车工作能力的运行性修理。汽车修理内容包括故障诊断、拆卸、清洗、鉴定、修理、更换、装配、磨合、涂装等基本作业,并严格执行有关汽车修理工艺规范、汽车修理质量检查评定等国家和行业标准。

汽车修理是延续汽车使用寿命不可或缺的保障措施,但不可过分依赖修理,加强维护可以降低故障率,减少修理,经济上更为合算。另外,随着使用时间的延长,汽车性能逐渐劣化是不可避免的,要正确处理汽车修理与汽车更新的关系。汽车技术进步和汽车保有量的增加,为高新技术进入汽车修理领域带来机遇,同时促进了汽车修理的技术更新和改造,各种汽车修理新工艺、新材料、新设备,以及自动化、智能化的诊断检测装置具有广泛的开发和应用前景。

汽车的技术维护及修理是保持汽车无故障、可靠地工作的决定性条件之一。维修是伴着汽车的发明、使用而产生发展的,是生产活动的一个组成部分。汽车维护是为维持汽车完好技术状况或工作能力而进行的作业,而汽车修理是为恢复汽车完好技术状况或工作能力和寿命而进行的作业。显然,汽车的维护和修理是两种性质的技术措施。汽车的维护主要任务是:减缓零件的磨损速度,预防故障发生,为延长使用寿命而采取的预防性维护措施。汽车修理的主要任务是:汽车达到极限状态时,用更换或修理零件或总成的方法,为恢复完好技术状况和使用寿命而采取的技术措施。所以,两者的任务不同,所采取的技术措施也就不同,前者是预防性强制执行措施,后者是按计划视情况需要进行的技术措施。

二、汽车维护制度

1. 配合零件的磨损特性曲线

汽车在长期使用过程中,技术状况的具体变化过程虽然比较复杂,由于汽车各种零部件结构、材质、工作条件和所起的作用不同,而在工作过程中技术状况恶化形态和规律也各不相同。虽然它们对整机的技术状况变化规律都产生影响,但是其中重要的、起决定性作用的主要零部件的磨损是具有一定的规律性的。例如发动机的曲轴与轴承、活塞与缸筒等运动配合件的基本恶化形态是配合间隙的增大,当配合间隙达到极限状态并丧失工作能力时,该发动机必须进行修理。因此,研究掌握汽车主要零部件技术状况变化规律,可以预测整机的技术状况变化趋势,以便主动及时地采取各种有效措施,控制汽车技术状况恶化的过程。

图 6-19 所示为一般间隙配合件磨损规律,图 6-19a) 中曲线表示磨损量 H(间隙)随着零件的使用期限 t(完成的作业量)的增长而增大的趋势。图 6-19b) 中为配合件的磨损强度(速度)曲线。从配合件的磨损增长可以看出,一般有三个阶段:

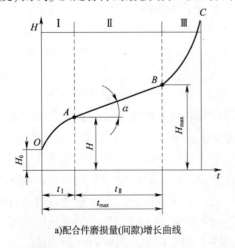
a) 配合件磨损量(间隙)增长曲线

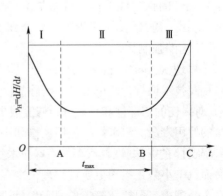
b) 配合件磨损强度(速度)曲线

图 6-19 动配合零件的磨损规律

第Ⅰ阶段(线段 OA)即初期磨合阶段。经历的时期为 t_1。此时配合件表面的金属磨损强度较大,磨损增长迅速,它主要是由于磨合加工后零件摩擦表面存在的粗糙度而产生的。

第Ⅱ阶段的磨损称为自然磨损阶段(线段 AB)。当配合件相互磨合之后,间隙的增加速率下降,并且在一个较长时间内保持相对稳定,其持续时间就是正常使用时期 $t_{Ⅱ}$。B 点为零件的最大使用期限 t_{max} 的界限。

$$t_{max} = t_1 + \frac{H_{max} - H}{\tan\alpha} \tag{6-35}$$

式中:t_1——零件磨合的持续时间;

H_{max}——配合件最大允许间隙相应的磨损量;

H——零件磨合结束时相应的磨损量;

$\tan\alpha$——零件的磨损强度。

在这个阶段的磨损强度主要受下列因素影响:

(1)工作条件。压强、负荷特性、相对速度、温度等。

(2)材料的性质。组成零件的各种材料的比例和在工作过程中的变化。

(3)配合条件、接触特性和材料的处理方式等。

(4)磨损产物的种类和性质,以及技术维护的及时性和质量。

(5)所采用的润滑油和燃油的质量、性能。

第Ⅲ阶段的磨损(线段 BC)称为事故磨损阶段。在此阶段内磨损迅速增长,配合间隙急剧增大,当配合间隙增大到极限值以后,在配合件之间将出现撞击作用和润滑条件的恶化,如果这时继续工作,会造成汽车事故损坏。

分析典型动配合件的磨损规律可以得出如下结论:

(1)在投入使用初期,即磨合时的磨损量越小、磨合后配合件工作时的磨损强度越小,正常的使用期就越长。

(2)因为正常使用期是磨损强度的函数,即 $t_{Ⅱ} = f(dH/dt)$,所以,根据零件磨损规律就可以确定配合件需要修复的期限。

(3)不允许配合件的磨损超过一定的极限,超过该极限配合件的故障率就会快速上升。

2. 维护制度的定义

所谓技术维护制度是指汽车在使用过程中为保持和恢复其正常技术状况而采取的技术组织措施规定,它包括不同时期应采取的各种技术措施的内容、进行的方式以及应达到的标准。

为延长汽车的使用寿命,使汽车经常地保持良好的技术状况,防止出现故障和事故,根据运动副零件的磨损规律以及汽车技术状况恶化的其他原因,针对汽车的不同使用阶段,提出一系列有计划的、预防产生事故、减缓技术状况恶化速度为主的技术措施,就称为计划预防维护制度。它以预防汽车早期事故损坏,保持和恢复汽车正常的技术状况,延长汽车的使用寿命为目的。

计划预防维护制度的主要内容包括以下几方面。

1)磨合

在汽车使用初期进行。主要作用是减少某些零件在图 6-19 所示的第一阶段的磨损量,即当装配间隙相同时,使初间隙 H 较小,为延长第二阶段的使用寿命打基础。

2)技术维护

技术维护也称技术保养。在汽车正常使用期间进行。主要作用是定期的恢复某些零部件的技术状况,减少运动副零件的磨损强度,从而延长它的使用寿命。如图 6-19 所示,运动副零件的使用寿命 t_{II} 可用下式计算:

$$t_{II} = \frac{H_{max} - H}{\tan\alpha} \tag{6-36}$$

可见,当运动副零件的极限间隙 H_{max} 一定时,初间隙 H 和磨损强度 $\tan\alpha$ 越小,零件的使用寿命越长。

3)正确的使用和操作

在汽车正常使用期间按使用操作规程要求,正确的使用操作可以使汽车免遭不应有的损坏。

4)科学的保管

在汽车存放待用期间,采取必要的保管措施,避免由于保管不善而造成的损失。

5)技术诊断和修理

在汽车技术状况临近恶化极限时进行。从典型零件的磨损规律可以知道,在汽车使用过程的各个阶段,其磨损的速率是不一样的,相应的故障发生概率也是不同的,要保持汽车的工作性能,延长汽车的使用寿命,就应当有针对性地采取一些措施——维护和修理。

3. 汽车维护的分类、周期

1)分类

汽车维护是按照汽车技术状况随行驶里程变化的规律,规定不同级别的作业项目内容。

图 6-20 汽车维护的分类

由于汽车的新旧程度、使用状况及使用地区条件不尽相同,故在各个时期对汽车进行维护作业的项目也不同,应该分为几个级别。

根据《汽车维护、检测、诊断技术规范》(GB/T 18344—2016)有关规定,我国现行的汽车维护可分为定期维护和非定期维护两大类,并将定期维护分为日常维护、一级维护和二级维护 3 类;而将非定期维护分为季节性维护和走合期维护两类。汽车维护分类如图 6-20 所示。

2)汽车维护的周期

汽车维护按"强制维护"的原则执行,则每一类维护都应该明确规定维护周期。汽车日常维护的周期通常分为每日出车前维护、行车中维护和收车维护三个阶段。而汽车一级和二级维护周期的确定,一般根据车辆使用说明书的有关规定,或依据汽车使用条件的不同确定。对不便于用行驶里程统计、考核的汽车,可用行驶时间间隔确定。

《汽车维护、检测、诊断技术规范》不再规定行业统一的维护周期,推荐的维护周期见表 6-15。允许道路运输经营者依据国家有关标准和车辆维修手册、使用说明书等,结合车辆类别、车辆运行状况、行驶里程、道路条件、使用年限等因素,自行确定车辆维护周期,确保车辆正常维护。

汽车强制维护周期的长短虽然各车型要求不同,但从作业的深度来看,都基本上分为两级,相当于《汽车维护、检测、诊断技术规范》中提出的一级维护和二级维护。

道路运输车辆一、二级维护推荐周期　　　　　表6-15

适用车型		维护周期	
		一级维护行驶里程间隔上限值或行驶时间间隔上限值	二级维护行驶里程间隔上限值或行驶时间间隔上限值
客车	小型客车(含乘用车)(车长≤6m)	10000km或30日	40000km或120日
	中型及以上客车(车长>6m)	15000km或30日	50000km或120日
货车	轻型货车(最大设计总质量≤3500kg)	10000km或30日	40000km或120日
	轻型以上货车(最大设计总质量>3500kg)	15000km或30日	50000km或120日
挂车		15000km或30日	50000km或120日

注:对于以山区、沙漠、炎热、寒冷等特殊运输环境为主的道路运输车辆,可适当缩短维护周期。

4. 汽车维护制度的发展过程

汽车技术维护制度是伴随着汽车的使用而产生的,同时也随着技术的进步而变化,从发展的过程看,汽车的维护制度可分为以下几种。

1)故障维护制

故障维护制也称事后维护制,即汽车一直使用到出现故障后才被迫停车进行维护,又称被迫维护制。汽车使用历史上早期采用的这种维护制度,虽然可以节省日常维护费用,并有可能使某些零部件得到充分利用(技术寿命耗尽),但是由于汽车技术状况的早期恶化,非但不能使全部汽车零件的技术寿命得到充分利用,还常常引起严重的事故损坏,使汽车无法进行修理而报废,或虽能修理,但花费过大。在这种情况下,使用者不能预防汽车故障,处于被动地位,无法保证计划性作业。因此,其主要特点可归纳为:

(1)可充分发挥每个零部件的寿命潜力,避免因盲目拆卸而引起的认为差错。

(2)由于故障的出现是随机的,维护工作无法进行计划性安排,进行组织管理比较困难。

(3)由于预先不掌握故障发生时机,无法对其进行控制,汽车可能发生严重的损坏而使修理费用增高。

(4)由于故障的随机性,汽车的可靠性降低,甚至会导致安全事故,且事故停机所造成的经济损失可能远远超过维护需要的费用。

2)定期维护制

按固定的周期对汽车进行强制性技术维护,又称强制维护制。汽车使用到了规定的周期就执行"定期维护"和"计划修理"。按计划对汽车采取维护和修理措施,预防汽车零部件加速磨损和发生故障而损坏,保持汽车的使用可靠性,具有一定的科学依据。其科学性表现在:针对使用过程中汽车技术状况的变化规律和零部件的磨损规律,规定相应的技术措施,并严加地排列衔接起来,按计划对汽车采取技术维护措施。体现了"预防为主"和以可靠性为中心的维护思想。这是一种计划预防维护制,执行也比较方便,长久以来,各种汽车都广泛采用这种制度。定期维护制的最大缺点是所确定的汽车维护周期往往难以与汽车的实际情况确切相符。按照固定的周期对汽车进行维修,常常造成汽车的过早修理或不必要的拆卸,使零部件的技术寿命得不到充分利用,甚至缩短汽车的正常使用寿命。因此,定期维护制逐渐被按需维护制所代替。

3)按需维护制

随着科学技术的发展,机械设计和制造技术水平的提高,特别是汽车技术状况诊断测试技术的发展,按需维护制应运而生,得到快速发展和应用。按需维护制也称视情维护制,即定期对汽车进行检测,按照技术状况的需要对汽车进行维护或修理。这种制度也是一种计划预防维护制。它是以故障机理分析为基础,通过诊断或检测设备,定期或连续对汽车的技术状况进行诊断或检查,根据检查结果来组织维护工作。要做到按需维护,必须:①掌握汽车的技术状况变化规律;②掌握技术状况参数的极限值;③掌握故障的现象、特性及对汽车工作能力的影响。执行这一制度,既可以保持汽车有高度的可靠性,又可以使汽车零部件的技术寿命得以充分利用,发挥其寿命潜力。故而,它是一种比较理想的维护方式。

4)检查维护(I/M)制

I/M 是英文 Inspect & Maintenance 的简称,也就是检查和维护的意思。I/M 制也可以说是按需维护制的进一步拓展。它是当今世界上工业发达的国家和地区对在用车辆进行强制性定期检测,并对出现故障的车辆进行强制修理的制度。由于汽车的排放污染严重地影响着人类的生存环境。一辆虽经检测合格投入使用的车辆,初期不会有大问题,但是经过一定时期的运行,其工况可能变化,排放是否超标则难以定论。因此,必须对每辆在用车进行有效的监控,使其稳定地保持排放在规定的标准范围之内。I/M 制度通过对在用车辆的强制定期检测,可以及时发现车辆故障,并实行强制修理,使其恢复和保持出厂时的原厂标准和符合国家规定的排放控制值。使用该维护技术取代传统的拆卸修理,用不解体的内部维护替代外部拆卸修理,用日常的维护代替"外科手术",实现免拆卸养护、在运行中养护,是一项行之有效的汽车养护的重要措施之一。

三、汽车维修工作组织

1.汽车技术维护的工艺组织

1)维护的作业原则

交通运输部颁布的《汽车运输业技术管理规定》中明文规定,道路运输经营者是道路运输车辆技术管理的责任主体,负责对道路运输车辆实行择优选配、正确使用、周期维护、视情修理、定期检测和适时更新,保证投入道路运输经营的车辆符合技术要求。

汽车维护作业作为保持车辆技术状况的保障措施,应贯彻"预防为主、定期检测、强制维护、视情修理"的原则,即汽车维护必须遵照规定的行驶里程或时间间隔进行作业,要按期强制执行,不得拖延,并在维护作业中遵循汽车维护分级和作业范围的有关规定,以保证维护质量。

"预防为主"的意思是指汽车维护是预防性的。是为了预防汽车各零部件早期损坏,尽可能延长各零部件的使用寿命而进行的,如保持车容整洁及车况良好,预先发现并消除汽车的各种故障隐患而采取一系列针对性的维护操作。

"定期检测"是指汽车必须在定期所进行的维护中,采用检测仪器或设备对其主要性能和技术状况进行检测测评。以了解和掌握汽车的综合技术状况和各相关零部件的磨损程度,并作出技术鉴定,根据鉴定结果确定该车的附加作业或小修理项目,从而结合一、二级维护作业一并进行相关附加作业或小修作业,以恢复或强化汽车的使用性能。

"强制维护"是指在计划预防维护的前提下所执行的强制性的维护制度,特别是对于投入营运的客车或货车,必须遵照汽车使用说明书规定的行驶里程或时间间隔定期进行维护工作,不得任意拖延,且每次按期进行的维护作业情况必须在车辆档案中记载备案。为了保证汽车维护的质量,交通运输管理部门要对承担维护的维修企业进行评估、考核及定期检查,以全方位体现强制维护的原则。

"视情修理"的原则体现了现代汽车维护和修理既紧密结合,又有很大区别。它们的要求不同,维护作业带有强制性,而修理作业是根据情况采取的操作。通常在车辆维护过程中可能会发现某一部位或机件将要发生故障或可能导致损坏的前兆,就必须利用正在进行维护的时机,对相关部位视情况进行修理。同样对汽车进行修理的过程中,对一些没有损坏的机件也要进行必要的维护操作,这也是很自然的事情。

2) 维护作业内容

汽车维护作业的内容主要包括清洁、检查、紧固、润滑、调整、补给等几个方面,且维护范围随着行驶里程或时间的增加而逐步扩大,内容也要逐步加深。汽车维护作业一般不得对车辆总成进行解体,也不能对汽车各主要总成大拆大卸,只有在确实发生故障需要解体时,方可进行解体操作,这也是区别与划分汽车维护和修理的界限。

(1) 清洁养护作业。清洁作业是为了提高汽车维护质量,以防止零部件腐蚀、减轻零部件磨损和降低燃油消耗为基础,并为检查、补给、润滑、紧固和调整等作业做好前期工作准备。其工作内容除了对汽车外部污泥打扫、清洗和擦拭车厢、驾驶室及各类附件,使车辆外表保持整洁、美观的清洁工作外,还包括对燃油、润滑油和空气滤清器滤芯,以及对有关总成、零部件内外部而进行的清洁作业。

(2) 检查与紧固作业。检查作业是汽车维护的重要工作之一,通过对汽车各部件的检查,以确定零部件的磨损、变异和损坏等情况。其工作内容是检查汽车各总成和机件是否齐全,连接是否紧固;是否存在漏水、漏油、漏气和漏电等现象;利用汽车上的指示仪表、报警装置以及其他随车诊断装置,检查各总成、机构和仪表的技术状况。

紧固作业是为了使汽车各部分机件连接可靠,防止机件松动。汽车在运行中,由于振动、颠簸、热膨胀等原因,会改变零部件的紧固程度,导致零部件失去连接的可靠性。紧固工作的重点是负荷重且经常变化的各部分机件,需及时对各连接螺栓进行必要的紧固和更换。

(3) 检查与调整作业。检查车辆各机构、总成和仪表的技术状况,对影响汽车安全行驶的转向、制动和灯光等工作情况应加强检查;对汽车各总成进行拆检、装配、调整时应检查各主要部件的配合间隙,必要时按使用要求进行调整。

调整作业是保证汽车各总成和机件能长期正常工作的重要环节,调整工作的好坏,对减少机件磨损、保持汽车使用的经济性和可靠性有直接的关系。内容主要是按技术要求,调整相关机件,以达到恢复总成、机件的正常配合间隙及良好工作性能等目的。

(4) 电气作业。对汽车所有电气仪表及设备进行清洁检验,调整和润滑等作业。更换或配置已损坏的零部件及导线,检验与维护蓄电池。

(5) 润滑作业。润滑作业是为了减小各构件摩擦副的摩擦力,减轻机件的磨损所进行的作业。其工作内容包括按照汽车的润滑图表和规定周期,用规定牌号的润滑油或润滑脂进行润滑;各油嘴、油杯和通气塞必须配齐,并保持畅通;发动机、变速器、转向器和驱动桥等应按规定补充更换润滑油。

(6)轮胎作业。检查轮胎气压及充气;检查外胎及清除嵌入物;更换内外胎和换位等作业。

(7)补给添加作业。补给作业是指在汽车维护过程中,对汽车的燃油、润滑油及其他所有特殊工作液进行加注补充;对蓄电池进行补充充电、对轮胎进行补气等作业。

3)汽车技术维护工艺与组织

(1)维护工艺。汽车技术维护工艺是指汽车维护的各种作业按一定方式组合、协调、有序地进行的过程。其目的通过一定顺序进行维护工作,实现高效、优质、低消耗。

汽车技术维护工艺的划分具有灵活性。可以按作业的内容单一划分,或将几个内容结合进行,也可以按汽车组成部分划分。但不管采用何种方式的工艺,首先应符合车辆运行的工作制度,做到充分利用人力、物力,有机地组织和协调生产,以获取最高效益,取得最佳效果。

根据生产实践,汽车各级维护工艺顺序大致为:

①进行外表清洁作业。

②进行检查紧固作业,与此同时或在其后进行试验调整作业、电气作业、轮胎作业和添加作业等。

③进行润滑作业和外表整修作业。

(2)维护工艺组织。汽车技术维护工艺的组织通常指在车间、工段或工位上的工艺组织。当汽车进场后,生产管理部门需要从全局出发,进行劳动组织工作。按照技术维护生产过程,正确合理地组织汽车技术维护作业,以获得最短的停场维护时间和合格的维护质量。

汽车技术维护作业组织形式的确定,与维护场地布置及企业车辆保有量有关,并与汽车维护作业方式相对应。一般维护工艺的组织形式为两种:

①综合作业法。是把人数不多的工人组织成立一个维护小组,担任一辆汽车的某一级维护作业。所有应进行的维护作业项目及维护过程中发现的小修作业,都由该维护小组完成。这种劳动组织形式适用于定位作业法,由于维护工人少、速度慢、工作效率低,因而在车辆少、车型复杂、维修设备简单的企业采用。

②专业分工法。是在维护小组内配备专业工人,每个专业工人都按固定的分工项目进行作业,这种组织方式既适用于定位作业法,也适用于流水作业法。采用定位作业法时,专业工人在车辆的不同部位平行交叉地在分工范围内进行作业。采用流水作业法时,把规定的维护作业项目按作业性质或作业部位划分,设置若干个专业工位,每个工位都配备必要的机具设备和专业工人。各工位按照维护作业顺序排列成流水作业线,车辆按顺序间歇地通过整个作业线,即可完成全部维护作业。

4)维护作业规范

规范化的操作是质量保证的前提,质量管理就是把跟质量有关系的所有流程和操作行为都用制度和规定规范化。汽车维修技术规范就是指导汽车维修作业和技术质量管理的技术文件。

(1) 日常维护作业规范。汽车日常维护的内容主要有清洁、紧固和润滑。清洁作业的目的是保持车辆内外部整洁,防止水和灰尘等腐蚀车身及内外零部件,使汽车各功能性组织处于良好的清洁环境中工作。紧固作业是因为当车辆行驶一定的里程后,车辆各部件连接处的螺栓、螺母等紧固件由于颠簸、振动等原因,可能发生松动甚至脱落,若不及时按要求拧紧或配齐,则会隐藏事故隐患,无法保证行车安全,故对各连接件要进行紧固作业。润滑作业包括发动机润滑、变速器润滑、驱动桥润滑、转向器润滑以及轮毂润滑等。润滑作业是保证车辆各运动部件正常运转、减少运动阻力、降低温度、减少磨损的重要手段。根据《汽车维护、检测、诊断技术规范》(GB 18344—2016)规定,日常维护作业有5个作业项目,14项作业内容。

(2) 汽车一级维护作业规范。汽车的一级维护是指车辆行驶到一定里程或使用时间进行的维护。除完成日常维护作业外,还应进行以清洁、润滑和紧固为中心作业内容,并检查有关制动、操纵等安全部件,一级维护的间隔是按汽车生产厂家推荐或规定,一般间隔里程为7500～15000km或6个月。

由于一级维护作业中零部件的紧固、检查、更换以及润滑油添加有些属于专业性维护作业,需要利用专业设备和专业工具按技术标准进行,所以,汽车一级维护应由维修企业负责执行,即应进厂维护。

一级维护作业的工艺流程如图6-21所示。

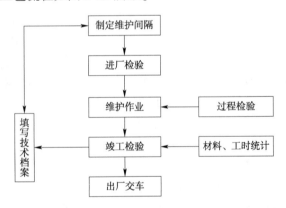

图6-21 一级维护作业的工艺流程

现代汽车一级维护除了日常维护,以清洁、润滑为作业中心内容外,还包括检查制动、操纵、行驶等大量维护作业。

(3) 汽车二级维护的作业规范。汽车的二级维护是指汽车经过一段较长时间的使用(一般为1.5万～3万km或12个月)后,除完成一级维护作业外,以检查、调整为主,并拆检轮胎,进行轮胎换位,检查发动机工况和排气污染装置等,由维修企业负责执行的车辆维护作业。其中心内容为:检查和调整。

汽车二级维护是现在维护制度中的最高级别维护,二级维护要求在维护前进行不解体检测诊断,确定附加作业项目,其目的是维持汽车各总成、系统和机构具有良好的工作性能,及时排除故障和隐患,保证汽车的动力性、经济性、环保性、操纵性及安全性能满足要求,确保汽车在二级维护间隔内能够正常进行。

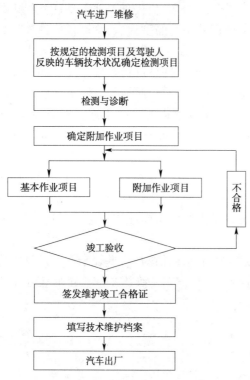

图 6-22 汽车二级维护保养工艺流程

二级维护的工艺流程及作业工艺流程如图 6-22 所示。

2. 汽车修理的工艺组织

汽车修理作业的组织形式,包括修理的基本方法、作业方法和劳动组织形式三个方面。汽车修理企业组织形式的确定根据企业生产规模、设备条件、人员素质、经济效率及外部环境等因素来合理组织生产。其中修理的基本方法是基础,什么样的修理方法决定什么样作业方式和劳动组织形式。

1) 汽车修理的基本方法

汽车修理的基本方法可分为就车修理法和总成互换修理法两种。

(1) 就车修理法。指在修理过程中,从汽车上拆下的零件、组合件、总成件除报废更换外,凡可修复的,经修理仍装回原车。这种维修方法,停车维修时间长、生产效率低,但适用于生产规模不大,承修车型复杂,送修单位不一的修理厂。

(2) 总成互换修理法。指在修理过程中,除车架和车身外,其他零件、组合件及总成都换装已修好的储备件。换下来的零件、组合件及总成修好后送入库房作备用。这种维修方法停车维修时间短、生产效率高,但需要有一定的备用周转总成。适用于生产量大、维修车型和送修单位单一的大中型汽车修理厂。

2) 汽车修理的作业方式

汽车修理的作业方式,一般分为定位作业和流水作业。

(1) 定位作业法。是指汽车的拆装作业固定在一定的工作位置上进行。此种定位作业法占地面积小,所需设备简单,适用于小型的修理厂。

(2) 流水作业法。是指由各专业工组在流水线相应的工位上顺序完成汽车的拆装及修理作业。其专业化程度高,修理质量好、生产效率高,适用于规模较大的修理厂。

3) 汽车修理的劳动组织形式

汽车修理的劳动组织形式一般分为综合作业法和专业分工法。

(1) 综合作业法。是指除车身、轮胎和机械加工等由各专业工种配合外,其他修理作业全部由一个承修组来完成。这种组织形式要求工人的技术知识全面,但熟练程度不易提高,生产效率低,修理质量差,适用于小型的汽车修理厂。

(2) 专业分工法。是指将汽车修理作业划分为若干个单元,每个单元由专人或一个专业组承担。这种组织形式工人的技术熟练程度容易提高,修理质量好、效率高,适用于大型的汽车修理厂。

四、汽车维修质量管理

1. 汽车维修质量管理的概念

汽车维修质量管理是汽车维修企业管理系统中的一项重要组成部分,包括维修的技术质量和服务质量两个方面。从技术角度讲,汽车维修质量是指汽车维修作业对汽车完好技术状况和工作能力维持和恢复的能力。从服务角度讲,汽车维修是指为用户提供的服务的满意程度,包括维修服务的态度、水平、及时性、周到性以及收费的合理性等内容。

汽车维修质量管理是为保证和提高汽车维修质量所进行的调查、计划、组织、协调、控制、检验、处理及及时反馈等各项活动的总称。

汽车维修质量管理也可以理解为一种经常性的和有计划的工作过程,应贯穿于汽车维修服务全过程,其目的在于完善工艺方法和维修组织形式,以保证修竣出厂汽车的技术状况及其使用性能的最佳水平。

2. 汽车维修质量管理职能

2016年4月,交通运输部公布了新修改的《机动车维修管理规定》,明确交通运输部主管全国机动车维修管理工作。县级以上地方人民政府交通运输主管部门负责组织领导本行政区域的机动车维修管理工作。县级以上道路运输管理机构负责具体实施本行政区域内的机动车维修管理工作。并提出"机动车维修经营者应当按照国家、行业或者地方的维修标准和规范进行维修"等维修质量标准要求,为汽车维修进行有效的质量控制和质量保证、实现汽车维修质量管理提供了依据。维修质量管理的职责是:

1)制定汽车维修质量方针和目标

汽车维修质量方针即汽车维修质量管理的政策性法规,如交通运输部发布的《机动车维修管理规定》,明确管理职责和工作要求及必须遵循的规章和标准、质量管理制度等。

汽车维修质量管理目标指经过全面质量管理汽车维修质量所要达到的质量评价指标,如竣工出厂检测一次合格率、返修率等。

2)汽车维修质量控制

汽车维修质量控制指为保和提高汽车维修质量,满足汽车技术状况要求,所采取的维修技术活动。汽车维修质量控制过程包括以下几个步骤:

(1)确定汽车维修质量的控制对象,即确定所要控制的汽车技术经济指标,如汽车二级维护竣工,发动机动力性能应满足:发动机功率应不小于额定功率的85%。

(2)制定作为汽车维修质量控制依据的标准。

(3)确定评价和衡量汽车维修质量控制对象的方法,一般应以各项标准规定的方法进行。

(4)衡量和评价被控制对象,即衡量和评价维修汽车的各项技术性能指标。

(5)说明经过维修汽车的实际技术状况与控制标准之间的差异。

(6)找出差异的原因,采取纠正措施。

3. 从事汽车维修业务的条件要求

按照《中华人民共和国道路运输条例》规定,从事机动车维修经营的,应当具备下列条件:相应的机动车维修场地;有必要的设备、设施和技术人员;有健全的机动车维修管理制度;有必要的环境保护措施。交通运输部《机动车维修管理规定》(部令2016年第37号)同时要求,车辆的维护修理应有一定基础条件、技术能力的机动车维修经营者承担。从事机动车维修经营者,是指以维持或者恢复机动车技术状况和正常功能、延长机动车使用寿命为作业任务所进行的维护、修理以及维修救援等相关经营活动的企业。

机动车维修经营依据维修车型种类、服务能力和经营项目实行分类许可。机动车维修经营业务根据维修对象分为汽车维修经营业务、危险货物运输车辆维修经营业务、摩托车维修经营业务和其他机动车维修经营业务四类。汽车维修经营业务、其他机动车维修经营业务根据经营项目和服务能力分为一类维修经营业务、二类维修经营业务和三类维修经营业务。

获得一类、二类汽车维修经营业务或者其他机动车维修经营业务许可的,可以从事相应车型的整车修理、总成修理、整车维护、小修、维修救援、专项修理和维修竣工检验工作;获得三类汽车维修经营业务(含汽车综合小修)、三类其他机动车维修经营业务许可的,可以分别从事汽车综合小修或者发动机维修、车身维修、电气系统维修、自动变速器维修、轮胎动平衡及修补、四轮定位检测调整、汽车润滑与养护、喷油泵和喷油器维修、曲轴修磨、汽缸镗磨、散热器维修、空调维修、汽车美容装潢、汽车玻璃安装及修复等汽车专项维修工作。

4. 汽车维修质量管理制度

汽车维修质量管理制度是质量管理部门或企业质量管理机构,为贯彻汽车维修质量管理方针和目标,依据有关法规、标准制定的管理规章,如明确汽车维修质量管理职责和质量管理方针及目标,提出实施汽车维修质量检验制度等。目前,汽车维修行业实施的维修质量管理制度主要有以下几方面。

1) 汽车维修质量检验人员的培训、考核及持证上岗制度

汽车维修生产中配备合格的检验人员是汽车维修质量的根本保证。《机动车维修管理规定》要求:从事一类和二类维修业务的应当各配备至少1名技术负责人员、质量检验人员、业务接待人员以及从事机修、电器、钣金、涂漆的维修技术人员。技术负责人员应当熟悉汽车或者其他机动车维修业务,并掌握汽车或者其他机动车维修及相关政策法规和技术规范;质量检验人员应当熟悉各类汽车或者其他机动车维修检测作业规范,掌握汽车或者其他机动车维修故障诊断和质量检验的相关技术,熟悉汽车或者其他机动车维修服务收费标准及相关政策法规和技术规范,并持有与承修车型种类相适应的机动车驾驶证;从事机修、电器、钣金、涂漆的维修技术人员应当熟悉所从事工种的维修技术和操作规范,并了解汽车或者其他机动车维修及相关政策法规。从事三类维修业务的,按照其经营项目分别配备相应的机修、电器、钣金、涂漆的维修技术人员;从事汽车综合小修、发动机维修、车身维修、电气系统维修、自动变速器维修的,还应当配备技术负责人员和质量检验人员。

2) 汽车维修质量检验制度

汽车维修质量检验以汽车维修企业自检为主,实行专职人员检验与维修工人自检、互检相结合的检验制度;道路运政管理机构以定期或不定期的形式对汽车维修企业的维修质量进行抽查,以加强日常的质量监督管理工作。

3) 汽车维修配件、原材料检验制度

按照《机动车维修管理规定》,汽车维修经营者不得使用假冒伪劣配件维修机动车。维修配件实行追溯制度。维修经营者应当记录配件采购、使用信息,查验产品合格证等相关证

明,并按规定留存配件来源凭证。汽车维修企业作为承修方,在汽车维修质量事故中承担"使用有质量问题的配件、油料或装前未经鉴定"的责任。为加强对汽车维修配件质量控制,避免因使用有质量问题的配件以及原材料而造成的汽车维修质量事故,企业应当落实配件、原材料的检验工作。

4) 计量管理制度

计量管理是对汽车维修、检验过程中所用计量器具、检测仪器的管理。严格执行计量器具定期检定、保证量值传递的准确性是计量管理的中心内容。

5) 汽车维修技术档案管理制度

这是质量管理工作的基础保障。只有做好汽车维修检验原始记录并妥善保存,才能为质量管理提供可靠的质量评定依据和反馈信息,有助于保证和提高汽车维修质量。按《机动车维修管理规定》要求,机动车维修经营者应当建立机动车维修档案,并实行档案电子化管理。维修档案应当包括:维修合同(托修单)、维修项目、维修人员及维修结算清单等。对机动车进行二级维护、总成修理、整车修理的,维修档案还应当包括:质量检验单、质量检验人员、竣工出厂合格证(副本)等。

6) 汽车维修竣工出厂合格制度

对进行等级维护以上维修作业的汽车,实行竣工出厂合格制度是保汽车维修质量的一项重要措施。汽车修竣后要经专职检验员按验收标准进行严格的检验,经检验合格签发出厂合格。《汽车维修竣工出厂合格》由道路运政管理机构统一印制和发放。

7) 汽车维修竣工出厂质量保期制度

汽车维修质量除要求经维修恢复汽车技术性能外,还要求汽车维修质量稳定,保有一定的使用期限。因此,实行汽车维修竣工出厂质量保期制度是提高汽车维修质量、维护用户合法权益的一项重要措施。质量保期的长短是根据维修作业的级别、作业的深度来确定的。

8) 汽车维修质量返修制度

在质量保期内,因维修质量造成汽车的故障和损坏,维修企业应优先安排返修,并承担全部返修费用,如因维修质量造成机件事故和经济损失,由承修方负责。

5. 汽车维修过程中的质量管理

这里所述的汽车维修过程,包括自汽车进厂直至汽车出厂的汽车维修全过程。

1) 组织文明生产

组织文明生产是加强汽车维修工艺过程质量管理的重要条件,也是提高生产节奏、实现均衡生产、合理组织汽车维修过程的基础工作。

2) 强化汽车维修过程中的质量管理制度

汽车维修过程是一个多工种、多工序配合的复杂过程,汽车维修过程中的每个工种或每个工序都可能会影响汽车维修的最终质量。为此必须调整工艺组织,强化汽车维修过程中的质量管理制度。包括严格控制汽车维修过程中的操作规程、工艺规范和技术标准等,加强汽车维修的工艺纪律和劳动纪律,加强汽车维修的工艺管理和职工技术培训等,以保证汽车维修过程的工艺质量,杜绝返工返修,不断提高汽车维修的最终质量。

3) 严格汽车维修过程中的质量检验制度

要实行全面质量管理,就要根据质量验收标准加强汽车维修过程中的质量检验,严格把关,保证不合格的工件不加工,不合格的零部件不组装,不合格的产品不出厂,并掌握质量动态,严格控制返工返修。

汽车维修过程中的质量检验制度包括:汽车进厂交接与检验制度;汽车维修过程中的质量检验制度(包括零件分类检验制度、工位自检与工序互检制度、外协外购件的入库检验与收发制度、计量器具与机具设备管理制度、过程专职检验与重要总成验收制度等);汽车维修竣工出厂合格证制度和质量保证制度。其中,特别要强调各工位的自检和各工序的互检,以强调汽车维修人员自身的质量保证。

4)汽车维修辅助过程的质量管理

汽车维修的辅助过程包括汽车维修物资供应质量、维修工装夹具及设备的质量管理等。也是汽车维修质量保证体系中的重要环节。

五、维修质量评定和保证

1. 汽车维修质量与评定参数

1)汽车维修质量

汽车维修是一项技术服务,因而汽车维修质量是汽车维修服务活动是否满足与托修方约定的要求,是否满足汽车维修工艺规及竣工质量评定标准的一种衡量。

汽车维修质量可分解为两个方面:一是汽车维修服务全过程的服务质量,包括维修业务接待、维修进度、维修经营管理(主要指收费)的质量水平;二是汽车维修作业的生产技术质量,具体是指维修竣工汽车满足相应竣工出厂技术条件的一种定量评价。

2)汽车维修质量的评定参数

汽车维修质量的主要衡量标志是经维修的汽车是否符合相应的竣工出厂技术条件。"技术条件"即汽车主要性能参数(也可称为质量特性参数),是汽车维修质量的主要评定参数。主要有:

(1)动力性。汽车的动力性通常用发动机功率、底盘输出功率和汽车直接挡加速时间来衡量。

(2)燃料经济性。汽车的燃料经济性通常用汽车经济车速百公里油耗来衡量。

(3)制动性能。汽车的制动性能通常用制动距离、制动稳定性或制动力、制动力平衡、车轮阻滞力、制动系统协调时间和驻车制动力来衡量。

(4)转向操纵性。汽车的转向操纵性通常用转向轮的侧滑量、转向盘操纵力及最大自由转动量来衡量。

(5)废气排放和噪声。汽车废气排放和噪声主要用怠速污染物排放量(汽油车)、自由加速烟度排放量(柴油车)和噪声级来衡量。

(6)密封性。汽车的密封性有汽车防雨、防尘密封性和连接件密封性两个方面。

(7)可靠性。汽车各总成部件的连接状况,灯光、仪表的工作状况等。

3)维修企业的汽车维修质量

维修企业的汽车维修质量反映该企业的整体服务水平和服务信誉,其主要标志是汽车维修竣工出厂质量监督抽查一次合格率、返修率、投诉率,以及汽车维修质量纠纷和质量事故发生的情况等。

2. 汽车维修质量检验

汽车维修质量检验是指采用一定的检验测试手段和检查方法,测定汽车维修过程中和维修后(含整车、总成、零件、工序等)的质量特性,然后将测定的结果同规定的汽车维修质量评定参数标准相比较,从而对汽车维修质量作出合格或不合格的判断。

对于汽车维修企业,进行汽车维修质量检验的目的是为了对汽车维修过程实行全面质量控制,判断汽车维修后是否符合有关质量标准。对竣工车辆检验也是汽车维修企业与托修方交接车辆时验收维修质量的必要程序。对于汽车维修质量管理机构,进行汽车维修质量检验,是为了实施行业质量监督。

汽车维修质量检验的方法分为两类:一是传统的经验检视方法,二是借助于各种量具、仪器、设备对其进行参数测试的方法。经验检视方法凭人的感官检查、判断,带有较大的盲目性;仪器仪表测试可通过定性或定量的测试和分析,准确地评价和掌握汽车技术状况。随着现代科学技术的进步,特别是汽车不解体检测技术的发展,人们可以在室内或特定的道路条件下,不解体测试汽车的各种性能,且可实现"安全、迅速、准确"的获得检测数据。

汽车维修质量检验是一个过程,一般包括如下工作步骤:

(1) 明确汽车维修质量要求。根据汽车维修技术标准和考核汽车技术状态的指标,明确检验的项目和各项质量标准。

(2) 测试。用一定的方法和手段测试维修汽车或总成有关技术性能参数,得到质量特性值。

(3) 比较。将测试得到的反映质量特性值的参数同质量标准要求作比较,确定是否符合汽车维修质量要求。

(4) 判定。根据比较的结果判定汽车或总成维修质量是否合格。

(5) 处理。对维修质量合格的汽车发放《汽车维修竣工出厂合格》,对不合格的维修汽车,记录所测得的数值和判定的结果,查找原因并进行反馈,以便促使维修工序改进质量。

3. 汽车维修质量检验分类及检验内容

1) 按检验对象分类

(1) 汽车维修质量检验。

(2) 自制件、改装件质量检验。

(3) 燃料、润滑油及原材料(含外购、外协件)质量检验。

(4) 机械设备、计量器具等质量检验。

2) 按检验方式分类

(1) 自检。指维修人员对自己操作完成的工作,认真地对照汽车维修技术标准,自我进行质量评定。自检是汽车维修中最直接、最基本、最全面的检验。自检中维修人员对维修质量进行自我评定,坚持实事求是的态度是自检的关键。

(2) 互检。指下一道维修工序对上一道维修工序的质量检验。过程检验员对维修过程中维修操作人员维修质量的抽检也属于互检范围。互检重点是对关键维修部位维修质量进行抽检把关,以免给后道维修工序的工作甚至维修竣工汽车造成不必要的后患、故障和返工。

(3) 专职检验。指对汽车维修过程中的关键点(维修质量控制点)进行预防性检验及整车维修竣工出厂的把关性总检验。汽车维修企业应根据其规模配备足够的专职过程检验员和竣工出厂的总检验员。

3）按汽车维修工艺过程分类

（1）进厂检验。是对送修汽车进行外部检视和交接（严格地讲，进厂送修车的外检并不属于质量检验的范畴），必要时进行简单的测量和路试以检验报修项目的准确性。

进厂送修车交接检验的目的在于填写双方认可的汽车交接清单，办理交接手续，承修方通过对送修汽车的外观和行驶检查，制订修理计划。送修汽车的进厂检验可由检验部门专职检验员配合生产部门进行，也可由生产部门的调度员兼任。

在现行的汽车维护制度中，要求汽车二级维护前应进行各部分技术性能参数的检测诊断，为确定附加作业项目提供分析依据。这种维护前检测也可归为进厂检验的一种。

汽车或总成送修前应进行修前检验，即送修技术鉴定，根据鉴定结果有针对性地安排维修，以免超前维修或失修。

（2）零件分类检验。大修汽车或总成解体、零部件清洗后，应按技术标准进行检验分类，将零件分为可用的、需修的和报废的三大类。分类的主要依据为：是否超过修理规范中的规定的"大修允许"和"使用极限"。零件磨损尺寸和形位误差在大修允许围内的为可用件；零件的磨损或形位误差超过允许值，但仍可修复使用的为需修件；零件严重损坏，无法修复或修理成本太高的，为报废件。

（3）汽车维修过程检验。又称工序检验，是汽车维修质量管理工作中的重要环节，没有过程的质量控制，就没有整体质量保。

汽车维修的过程检验按工作的属性可分为：汽车维修过程中的零件分类检验、维修工艺监督检验、关键工序的质量检验与总成验收等。汽车维修过程检验一般由承修人员负责自检，专职检验员抽检，但关键零部件、重要工序以及总成的性能试验均属于专职过程检验员的专检范畴。汽车维修从业者应根据自身的实际情况确定必要的维修质量控制点，由专职维修过程检验员进行强制性的检验。

汽车维修过程检验是控制汽车维修质量的关键，而质量控制点是汽车维修质量管理和质量保活动中需要控制的关键部位和薄弱环节。质量控制点设在关键、重要特性所在的工序或项目中，对保质量的稳定具有重要的作用。在汽车维修过程中，重复故障及合格率低的工序，对下一道维修工序影响大的工序中应设几个检验点，使影响该工序质量的因素处于受控状态是很必要的。如发动机总成修理中，汽缸的搪磨加工质量，会影响发动机装配质量和工作性能，可视为质量控制关键部位，应严加控制。

（4）汽车维修竣工出厂检验。竣工出厂检验必须由专职汽车维修质量检验员承担。一般在汽车维修竣工后、交车（或送汽车维修质量监督检验站或检测中心检测）前进行。汽车维修质量检验员对照维修质量技术标准，全面检查汽车，测试有关性能参数。汽车检验合格后签发《汽车维修竣工出厂合格证》，并向用户交付有关技术文件。汽车维修竣工出厂后在质量保期内汽车发生故障或损坏，承修方和托修方按有关规定"划分和承担相应的责任"。

汽车维修竣工出厂检验可分初检、复检和路试三个阶段。初检通常由车间检验人员负责，初检中所发现的问题只作为汽车维修过程中的收尾问题，由车间检验人员及调度人员督促完成。完成后进行复检，复检中所发现的问题即作为汽车维修过程中的质量问题，责令主修者返工。最后的复检及路试由出厂质量检验人员会同用户共同进行。竣工车辆的路试检验可分为路试前、路试中、路试后三个检验验收阶段。

（5）汽车的返修鉴定。返修是对维修质量不合格汽车的补救和纠正措施。汽车返修的检测、判断工作应由质量检验员负责。检验员通过检验和鉴定，分清责任，组织、协调和实施返修，并登记、填写汽车返修记录表。

（6）汽车维修质量评定检验。经道路运政管理机构认定的汽车维修质量监督检验站（或检测中心）对汽车维修企业的维修竣工车辆进行质量评定的抽检。

4．汽车维修质量保证

《中华人民共和国道路运输条例》明确规定，机动车维修经营者对机动车进行二级维护、总成修理或者整车修理的，应当进行维修质量检验。检验合格的，维修质量检验人员应当签发机动车维修合格证。机动车维修实行质量保证期制度。质量保证期内因维修质量原因造成机动车无法正常使用的，机动车维修经营者应当无偿返修。

机动车维修实行竣工出厂质量保证期制度。汽车和危险货物运输车辆整车修理或总成修理质量保证期为车辆行驶20000km或者100日；二级维护质量保证期为车辆行驶5000km或者30日；一级维护、小修及专项修理质量保证期为车辆行驶2000 km或者10日。其他机动车整车修理或者总成修理质量保证期为机动车行驶6000km或者60日；维护、小修及专项修理质量保证期为机动车行驶700km或者7日。

质量保证期中行驶里程和日期指标，以先达到者为准。

维修质量保证期，从维修竣工出厂之日起计算。

5．汽车修理质量评定

1）评定内容

根据《汽车修理质量检查评定方法》(GB/T 15746—2011)，汽车修理质量评定包括汽车整车修理质量、汽车发动机修理质量和汽车车身修理质量评定。各自的评定都包括维修档案评定和竣工质量评定的相关内容若干项。

维修档案的评定主要包括核查维修合同，进厂检验单、过程检验单和竣工检验单，机动车维修竣工出厂合格证，维修工时费和材料费结算清单等六个核查项目。

修理竣工质量的评定项目根据技术要求都有具体的规定。所列项目中根据对质量的影响程度或重要性分为关键项和一般项。

汽车整车修理竣工质量的评定包括整车外观及装配检查、总成机构检查及主要技术性能测试等方面的50各核查项目，其中5个关键项目。

汽车发动机修理竣工质量的评定包括发动机外观及装备检查，起动性能、运转性能检查，动力性、经济性、排放性能检测等。其中，汽油发动机和柴油发动机各16个核查项目。

汽车车身修理竣工质量的评定应包括外观尺寸、内外蒙皮及油漆的外光检查，货厢、门窗、座椅及附件的检查等。其中，货车18个核查项目。

2）评定规则

汽车修理质量评定结果用综合项次合格率表示，分为优良、合格、不合格三个等级。

每个核查项目的内容全部符合技术要求，即可判定该项目为合格，否则判定为不合格。

核查项目按其重要程度分为"关键项"和"一般项"，"关键项"中出现一项不合格的，即可判定该汽车修理质量为不合格。

"关键项"均合格时，综合项次合格率 β_0 按式(6-37)计算：

$$\beta_0 = \left(k_1 \frac{n_1}{m_1} + k_2 \frac{n_2}{m_2} \right) \times 100\% \tag{6-37}$$

式中：β_0——综合项次合格率；
　　　n_1——汽车维修档案核查合格项目数之和；
　　　n_2——汽车修理竣工质量核查合格项目数之和；
　　　m_1——汽车维修档案应核查项目数之和；
　　　m_2——汽车修理竣工质量应核查项目数之和；
　　　k_1——汽车维修档案核查的权重系数，取 $k_1 = 0.2$；
　　　k_2——汽车修理竣工质量核查的权重系数，取 $k_2 = 0.8$。

汽车修理质量的综合判定标准见表6-16。

表6-16 汽车修理质量的综合判定标准

等　级	综合判定标准
优良	"关键项"均合格，且 $\beta_0 \geq 95\%$（大型营运货车为 $\beta_0 \geq 90\%$）
合格	"关键项"均合格，$85\% \leq \beta_0 < 95\%$（大型营运货车为 $85\% \leq \beta_0 < 90\%$）
不合格	"关键项"均合格，$\beta_0 < 85\%$（大型营运货车为 $\beta_0 < 80\%$）

注：大型营运货车指最大允许总质量大于或等于25000kg的营运货车。

复习思考题

1. 汽车技术状况的概念、内涵是什么？
2. 汽车技术状况变化的标志有哪些？
3. 影响汽车技术状况的因素有哪些、怎样产生影响？
4. 汽车技术状况变化的两种典型规律是什么？
5. 简述汽车技术状况等级划分标准。
6. 汽车寿命有哪些种类？影响使用寿命的因素有哪些？
7. 什么是汽车有形损耗、无形损耗、综合磨损？
8. 汽车经济使用寿命的计算方法有哪几种？
9. 从事道路运输车辆的基本要求有哪些？选配的原则及方法是什么？
10. 在用车鉴定评估的核心、特点有哪些？
11. 如何进行汽车技术状况的鉴定？
12. 在用车鉴定评估的原则有哪些？评估程序是什么？
13. 汽车价值评估的方法有哪些？如何计算？
14. 汽车检测诊断的意义有哪些？
15. 汽车检测诊断的种类、方法有哪些？
16. 汽车检测诊断参数如何选择？诊断参数有哪些？
17. 汽车检测站任务是什么？
18. 汽车检测站的主要类型有哪些？

19. 汽车检测站的基本组成有哪些?
20. 汽车检测站一般有哪些工位? 各工位的功能如何?
21. 简要说明汽车检测站的一般检测程序。
22. 简要叙述汽车安全技术检测的内容和方法。
23. 从事道路运输车辆综合性能检测与一般车辆的安全技术检测区别在哪里?
24. 道路运输车辆综合性能检测的检验项目有哪些?
25. 汽车维护制度的定义是什么? 依据什么理论制定的?
26. 从发展的过程来看,汽车维护制度有哪些种类?
27. 汽车维护作业的内容归纳为哪几类?
28. 汽车各级维护规范的主要内容是什么?
29. 汽车修理的基本方法、作业方式有哪些?
30. 汽车维修质量评定常用参数有哪些?
31. 进行汽车维修质量检验的方法有哪些?
32. 汽车修理质量评定的规则是什么?

第七章 汽车性能试验

第一节 概　　述

汽车使用性能试验是伴随着汽车工业的建立与发展而逐渐发展起来的。汽车工业是20世纪初形成的，早期的汽车沿袭了马车的基本布置和结构，用作坊式进行生产，产品数量不多，性能不高而且成本高昂。1893年，美国人亨利·福特制成了第一辆装用小型汽油机的四轮车。1913年，他建成全世界第一条汽车总装生产流水线，使劳动生产率显著提高，成本降低，产量增加，并扩大了使用范围。20世纪初至40年代，汽车工业采用了大规模生产技术及流水生产线。这时产品的寿命和性能方面的问题表现突出，必须通过试验研究加以解决。为了适应汽车生产的需要，各厂家对汽车材料、工艺、可靠性、寿命、磨损以及使用性能方面的问题进行了大量的试验研究。这期间的试验技术除借用其他行业比较成熟的方法外，还逐渐形成汽车行业本身的试验方法，并研制了汽车专用的试验设备，如转鼓试验台、疲劳试验台等。目前这些设备除了结构和控制方面有所改进以外，其基本原理沿用至今。此时，汽车道路试验也得到了充分重视，成为汽车设计所必须依赖的一个方面，并出现了早期的汽车试验场。早期的汽车试验规模小、范围窄、试验设备比较简单，除个别厂家有试验场外，主要试验工作是在试验台架和一般道路上进行的。尽管如此，这一阶段形成的试验方法等为以后的发展打下了良好的基础。

第二次世界大战以后，汽车试验技术进入了一个新的发展时期。这一方面是由于汽车生产发展的需要，另一方面也是许多相邻工业、相邻科学发展和渗透的结果。汽车空气动力特性、车辆地面动力学、车辆结构强度与载荷、车辆工作过程等试验研究都涉及多方面的试验理论和技术，如系统分析、相似理论、误差理论、数据随机处理等。这些基础性的研究工作有力推动了汽车试验工作的发展。

汽车试验的发展与试验设备的完善也有着密切的关系。随着电子技术的发展，出现了各种数据采集、变换、放大、储存、处理、控制等方面的仪器，将这些仪器运用到汽车试验中，使汽车试验得到了较大的发展。目前，电测技术在现代汽车试验中占有十分重要的地位。通过电测技术把一些非电量信号，如速度、压力、应力、力矩等物理量变换为电信号进行测量，使得某些汽车试验项目成为可能。电子计算机的应用对汽车试验起到了巨大的促进作用。计算机在汽车性能预测、强度计算上提供了快速、准确的运算工具，如车身有限元、操纵稳定性、空气动力特性的计算等，代替了大量的多方案比较试验。计算机既是计算工具，也是试验手段。为试验数据的采集、处理和分析提供了有力的工具。汽车试验中不仅采用通用计算机、数据处理等专用计算机，而且许多试验设备中计算机已经成为一个组成部分。

一、汽车试验的目的和意义

产量大、品种多、产品使用条件复杂,对产品的性能、寿命等方面要求高是汽车工业的特点。影响汽车产品质量的因素很多。汽车产品质量不好所造成的后果是相当严重的,它不仅能够造成较大的经济损失,还直接涉及人们的生命安全,所以汽车工业特别重视试验工作。汽车发展到今天的水平是与试验研究工作密切相关的,试验研究工作已成为生产竞争的重要手段。无论是新产品设计还是老产品生产,不论在设计制造上考虑的如何周密,都必须经过试验来检验。通过试验检验其设计思想是否正确、设计意图能否实现、产品设计是否适合使用要求。另外,由于汽车的使用条件复杂,汽车工业所涉及的技术领域又极为广泛,许多理论问题研究得不够充分,不少问题还无法根据现有的理论做出可以信赖的预测。这也是汽车工业特别重视试验的原因之一。汽车试验一般根据以下某个目的来展开的。

(1) 关于汽车基础理论研究。
(2) 汽车新产品定型。
(3) 汽车零部件定型。
(4) 对于法规的适应性验证。
(5) 检验汽车制造质量。
(6) 调查实际使用情况等。

二、汽车试验的分类

汽车试验可按试验目的、试验对象、试验场所进行分类。

按试验目的可分为质量检查试验、新产品定型试验、研究性试验和整车性能试验。

质量检查试验,一般是指对汽车产品质量的定期检查试验。考核产品质量的稳定性,以便及时检查出产品存在的问题。一般情况下试验较简单,通常是针对用户意见,按产品质量定期检查试验规程进行,并做出检查结论。

新产品定型试验,在新型车辆投产之前,首先按照规程进行全面性能鉴定试验,同时要在不同地区(如我国华南亚热带、青藏高原、东北寒区等)进行适应性和实用性试验。研究性试验,为了改进现有产品或开发研制新产品,必须对车辆的新部件、新结构,采用的新材料、新工艺等进行广泛深入的研究试验。试验采用较先进的仪器设备。此外,新的试验方法与测试技术的探讨、试验标准的制定也是研究性试验的目的之一。

按试验对象可分为整车性能试验、总成试验和零部件试验。整车性能试验的目的是考核整车的主要技术性能,测出各项技术性能指标,如动力性、燃料经济性、接近角、离去角、最小离地间隙、最小通过半径等。总成试验主要考核机构及总成的工作性能和耐久性。如发动机功率、变速器效率、悬架特性及结构强度、疲劳寿命、耐久性等。零部件试验主要考核汽车零部件设计和工艺的合理性,测试其精度、强度、磨损和疲劳寿命以及研究材料的选择是否合适。

按试验场所分为实验室台架试验、室外道路场地试验、专用试验场试验。室内试验能以较高的精度来测试车辆及其部件的各种性能,并能消除不需研究的某些因素。近十几年来,车辆试验中已广泛采用电子计算机技术,室内试验广泛应用计算机控制、随机负荷加载以及自动分析记录的数据采集系统。因而台架试验可以模拟实际使用工况,在实际试验中建立台架与实车道路试验相应的关系,以代替一部分道路试验,这样不仅提高了试验精度,而且缩短了试验周期。室外道路场地试验是车辆在实际使用的道路条件下试验,可以全面考核评价车辆的技术性能,所以,这是最普遍的试验方法,但是车上空间条件的限制,使有些传感器的安装,测试参数的记录均较室内试验困难,车辆在进行道路试验时应满足汽车道路试验方法通则(GB/T 12534—1990)的要求。试验场试验是一种按照预先制定的试验项目、试验规范,在规定的行驶条件下进行的试验。试验场可以设置比实际道路更加恶劣的行驶条件和种种典型道路与环境,在这种条件和环境下进行可靠性试验、寿命试验以及环境试验,也可以进行强化试验,可缩短试验周期,提高试验结果的对比性。

三、汽车的一般试验条件

国家标准《汽车道路试验方法通则》(GB/T 12534—1990)规定了汽车道路试验方法中通用的试验条件和试验车辆的准备工作。

1. 装载质量

(1)无特殊规定时装载质量均为厂定最大装载质量或使试验车处于厂定最大总质量状态。

(2)装载质量应均匀分布,装载物应固定牢靠,试验过程中不得晃动和颠离;不应因潮湿、散失等条件变化而改变其质量。以保证装载质量的大小、分布不变。

(3)乘员平均质量按表7-1计算,可用相同质量的重物代替。

乘员质量(单位:kg)　　　　　　　　　　　　　　　　　　　　表7-1

车型		每人平均质量	行李质量	代替重物分布			
				座椅上	座椅前的地板上	吊在车顶的拉手上	行李舱(架)
载货汽车、越野汽车、专用汽车、自卸汽车、牵引汽车		65	—	55	10	—	—
客车	长途	60	13	50	10	—	13
	公交 座客	60	—	50	10	—	—
	公交 站客	60	—	—	55(地板上)	5	—
	旅游	60	22	50	10	—	22
轿车		60	5	50	10	—	5

2. 轮胎气压

试验过程中,轮胎冷充气压力应符合该车技术条件的规定,误差不超过10kPa。

3. 燃料、润滑油(脂)和制动液

试验汽车使用的燃料、润滑油(脂)和制动液的牌号和规格,应符合该车技术条件或现行国家标准的规定。除可靠性行驶试验、耐久性道路试验及使用试验外,同一次试验的各项性能测定必须使用同一批燃料、润滑油(脂)和制动液。

4. 气象

(1) 试验时应是无雨无雾天气。

(2) 相对湿度小于 95%。

(3) 气温 0~40℃。

(4) 风速不大于 3m/s。

5. 试验仪器、设备

试验仪器、设备须经计量检定,在有效期内使用,并在使用前进行调整,确保功能正常,符合精度要求。

当使用汽车上安装的速度表、里程表测定车速和里程时,试验前必须按 GB/T 12548—2016 进行误差校正。

6. 试验道路

除另有规定外,各项性能试验应在清洁、干燥、平坦的,用沥青或混凝土铺装的直线道路上进行。道路长 2~3 km,宽不小于 8 m,纵向坡度在 0.1% 以内。

7. 接车检查

(1) 记录试验样车的生产厂名、牌号、型号、发动机号、底盘号、各主要总成号和出厂日期等。

(2) 检查车辆装备完整性及装配调整情况,使之符合该车装配调整技术条件及 GB 7258—2017 的有关规定。

(3) 行驶检查,行驶里程不大于 100 km。

8. 车辆磨合

根据试验要求,对试验车辆进行磨合,除另有规定外,磨合规范按该车使用说明书的规定。

9. 预热行驶

试验前,试验车辆必须进行预热行驶,使汽车发动机、传动系统及其他部分预热到规定的温度状态。

第二节　汽车动力性的试验

汽车动力性试验方法一般采用道路试验和室内台架试验两种。

一、汽车动力性的道路试验

1. 试验条件

(1) 试验汽车的装载质量为厂定的最大装载质量,且装载物均匀分布,固定牢靠,不因潮湿等条件变化而改变其质量。

(2) 轮胎气压应符合该试验车技术条件的规定,误差不超过 ±10kPa。

(3) 试验车使用的燃料、润滑油(脂)、制动液的牌号和规格均应符合该车技术条件和现行国家标准的规定,同一次试验必须使用同一批燃料和润滑油。

(4) 试验必须在无雨无雾的天气中,相对湿度小于 95%,气温为 0~40℃,风速不大于3m/s。

(5)试验道路应是清洁、干燥、平坦的混凝土或沥青铺成的平直路面,长度为2~3km,宽度不小于8m,纵向坡度在0.1%以内。

(6)试验用仪器、设备必须经过检查,符合精度要求。

2. 试验仪器

道路试验通常采用五轮仪或非接触式汽车速度计来进行记录汽车行程、车速、时间。

五轮仪主要由主机、第五轮传感器和脚踏开关等部分组成。检测时把第五轮安装在汽车车身上(汽车本身有四个轮子,传感器为第五轮,故称五轮仪),使其能够在地面上滚动。第五轮支架上,装有一磁电式速度传感器,其磁头靠近圆盘矩形齿。第五轮旋转时,磁头与矩形齿间的间隙周期性变化,引起传感器线圈的磁通量也发生相应变化,主机可据此计算出汽车行驶距离及行驶速度。

有些五轮仪采用了光电式速度传感器,还有一些采用了非接触式速度传感器。非接触式速度传感器没有滚动的第五轮,检测时把传感器安装在汽车保险杠(或其他部位)下部,这种传感器可以向路面发射波束,并能接收路面的反射波,根据反射波的变化情况,可测出汽车的行驶速度。

五轮仪主机由单片计算机控制,有传感器信号接口、键盘、显示器、微型打印机等部分,如图7-1所示。第五轮、脚踏开关等传感器产生的电信号经电缆线输送到主机,再经主机放大、处理、运算后,在显示器上显示出检测过程的数据变化及检测结果,微型打印机可把检测结果及检测过程中汽车行驶速度的变化曲线打印出来,还可以通过键盘输入检测项目及预先设定的初始值等。

现代很多汽车装有GPS系统,可以利用该系统获取汽车的速度等参数。

a)非接触式   b)接触式   c)主机

图7-1 五轮仪

3. 试验内容

1)滑行试验

汽车滑行试验主要是测定汽车的滑行距离,同时可通过滑行试验来测定汽车行驶时的滚动阻力系数和空气阻力系数。应按照汽车滑行试验方法(GB/T 12536—2017)来进行。

(1)在足够长的试验路面两端设立标志物作为滑行区段。

(2)试验车辆在进入滑行区段前应停止加速,保持稳定的行驶状态。

(3)试验车辆即将驶入滑行区段前,对于配置手动变速器的车辆,将手动变速器挡位置于空挡并松开离合器踏板;对于配置自动变速器的车辆,将挡位置于N挡,试验车辆开始滑行。

(4)试验车辆进入滑行区域时车速应稍大于50km/h。

(5)滑行过程中,试验车辆应沿直线行驶。

(6)记录试验车辆从(50±0.3)km/h滑行到完全停止的滑行距离及滑行初速度。

(7)用GB/T 12536—2017附录A的数据校正方法得出试验车辆从50km/h滑行到完全停止的滑行距离。

(8)试验至少往返各进行三次,往返的路径应尽量重合,同方向的滑行距离的差异应不超过5%。得出往返双方向的滑行距离的各自算术平均值S_1(往)和S_2(返)。

(9)试验车辆的滑行距离的最终试验结果为往返方向S_1(往)和S_2(返)的算术平均值。

2)最高车速的测量

汽车最高车速试验应按照汽车最高车速试验方法(GB/T 12544—2012)进行,在符合试验条件的道路上,选择中间200m为测量路段,并用标杆做好标志,测量路段两端为试验加速区间。选择合适的加速区间,使汽车在驶入测量路段前能够达到最高的稳定车速。试验汽车在加速区间以最佳的加速状态行驶,在到达测量路段前保持变速器(及分动器)在汽车设计最高车速的相应挡位,节气门全开,使汽车以最高稳定车速通过测量路段,以秒表或光电测时仪记录通过时间(也可以用五轮仪直接测出汽车车速)。根据试验道路条件,依次从试验道路的两个方向进行试验或在单方向连续重复进行行驶试验,记录试验结果并进行数据处理。

3)汽车加速性能测定

汽车加速性能试验应按汽车加速性能试验方法(GB/T 12543—2009)进行。

(1)节气门全开起步加速性能试验

车辆由静止状态节气门全开加速到100km/h(如果最高车速的90%达不到100km/h,应取最高车速的90%向下圆整到5的整数倍的车速作为试验终了车速)。

车辆由静止状态节气门全开加速通过400m的距离。

记录以上项目的行驶时间。

(2)节气门全开超越加速性能试验

车辆由60km/h节气门全开加速到100km/h(如果最高车速的90%达不到100km/h,应取最高车速的90%向下圆整到5的整数倍的车速作为试验终了车速),记录行驶时间。

对于手动变速器、自动变速器及手自一体变速器的车辆应按照各自的变速器操作程序进行。试验应往返进行,每个方向至少进行3次。若一次试验发生问题,则该往返试验均应重做。

4)汽车爬坡试验

汽车爬坡试验应该按照汽车爬陡坡试验方法(GB/T 12539—2018)进行。试验坡道的坡度应与试验车的最大爬坡度相接近。坡道长度不小于20m,坡前应有不少于8m的平直路段。

(1)汽车挡位置于最低挡,如有副变速器也置于最低挡,自动挡汽车置于D挡(或按制造商要求),全驱车使用全轮驱动。

(2)将汽车停于接近坡道区域的平直路段上。

(3)起步后将节气门全开,在测试路段采集汽车的车速及发动机转速变化数据,爬坡中车速不断升高或趋于稳定通过测试路段,则爬坡成功并记录平均车速。

(4)爬坡过程中监视各仪表(如水温、机油压力)的工作情况;爬至坡顶后,停车检查各部位有无异常现象发生,并做详细记录。

(5)第一次爬坡失败时,分析爬坡失败的原因。如果爬坡过程中发动机转速未达到最大转矩点,可放宽车辆前端距坡道区域的距离,使车辆进入测试路段前发动机转速提升至最大转矩点,进行第二次爬坡,但总共不允许超过两次,第二次爬坡要在记录报告中应特别说明。

(6)越野车起步后,将节气门全开进行爬坡;当汽车处于测试路段时,靠自身制动系统停住,变速器放入空挡,发动机熄火 2min,再起步爬坡,记录发动机转速。

(7)牵引车做爬坡试验时,应在制造商规定的牵引条件和坡道上进行。

如坡度不合适(过大或过小)可用增减装载质量或使用变速器较高一挡(如Ⅱ挡)进行试验,并将试验结果折算为在汽车厂定最大总质量下,变速器使用最低挡时的最大爬坡度。

二、汽车动力性的室内台架试验

1. 室内台架试验原理

汽车动力性的室内台架试验是在底盘测功机上完成。在底盘测功机上检测汽车动力性时,驱动车轮放置在滚筒表面驱动滚轮旋转,测功机以滚筒表面模拟路面,加载装置通过给滚筒加载,模拟各种阻力;测量装置可以测出驱动车轮上的输出功率或驱动力。

底盘测功机的转毂轴端装有液力或电子测功器,测功器能产生一定阻力矩,以调节转毂转速,控制汽车驱动轮的转速,如图 7-2 所示。

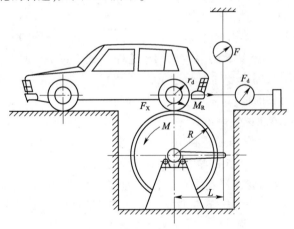

图 7-2 底盘测功机

汽车驱动轮施加于转毂的力矩由测力装置求出:

$$M = FL$$

式中:L——测功器外壳测力臂长;

F——测力臂上拉力。

此外,由固定汽车的钢丝绳上拉力表测得挂钩拉力 F_d,$F_d = F_x$。由驱动轮力矩平衡得:

$$M_t = F_x r_d + M_R$$

由转毂力矩平衡得 $M = F_x R - M_R$。则驱动力:

$$F_t - \frac{M_t}{r_d} = \frac{F_d(r_d + R) - FL}{r_d}$$

测出各种车速下,节气门全开时的 F_d 和 F 值,即可得到汽车的驱动力-车速曲线图。

2. 底盘测功机的基本构造

底盘测功机主要由滚筒装置、加载装置、飞轮装置、测量装置、控制与指示装置和辅助装置等部分组成,各部分支撑在型钢焊接成的框架上。图 7-3 所示为某型底盘测功机机械部分结构示意图。

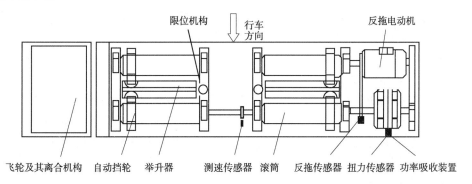

图 7-3　底盘测功机机械部分结构示意图

(1)滚筒及飞轮装置。底盘测功机的滚筒相当于一个连续移动的路面,被测汽车的车轮放置在两滚筒之间驱动滚筒旋转。在进行汽车加速性能、滑行性能检测时,为了模拟汽车行驶时的惯性,在滚筒的一端安装有飞轮组。检测时根据汽车质量的不同,挂接大小不同的飞轮。飞轮与滚筒的挂接由电磁操纵离合器或气压传动离合器控制。

(2)加载装置。底盘测功机的加载装置用于吸收和测量驱动车轮上的功率和驱动力。加载装置就是测功器,有水力式、电力式、电涡流式等。电涡流式测功器使用较多。

电涡流测功器主要由定子和转子两部分组成。在定子四周装有励磁线圈,转子与测功机主动滚筒相连,在定子中间转动。当励磁线圈通以直流电时,线圈周围的定子、转子之间产生磁场。转子的外围周上加工或镶有齿环,其齿顶与定子励磁线圈之间有很小的空气间隙。主动滚筒带动转子在磁场中转动时,转子边缘的齿环上会产生涡电流,该涡电流存在于定子磁场中,使转子产生一个与其转动方向相反的转矩。由于转子与滚筒相连,相当于给滚筒施加了一个转动阻力,这样就模拟了汽车在道路行驶上行驶的阻力。调节定子励磁电流的大小,可改变磁场强度,因而可以方便地调节测功器的制动力矩。

(3)测量装置。驱动车轮的输出功率是根据测出的转速、转矩或车速、驱动力计算得出的。测量装置包括测力装置、测速及测距装置。

(4)控制与指示装置。控制与指示装置以微机为核心,对各传感器输送过来的电信号进行运算、处理,指示出检测结果。同时,根据试验要求,对加载负荷、试验车速等进行控制调节。

(5)辅助装置。辅助装置包括举升装置。冷风装置和纵向约束装置等。举升装置是为方便汽车驶入、驶出而在两滚筒之间设立的举升器和托板,举升器主要有气压式(气缸式或气囊式)、液压式(液压缸)和机械式(机械千斤顶)等;冷风装置可以加强发动机及驱动车轮轮胎的散热；纵向约束装置是汽车前后设置的钢索或三角木，防止试验时驱动车轮驶出测功机。

3. 汽车动力性台架试验方法和评价指标

国家标准 GB/T 18276—2017 规定了汽车动力性的台架试验检测参数、评价指标、检测设备、检测准备、检测方法和检测结果评价等。并规定本标准适用于装有点燃式或压燃式发动机的在用营运车辆，其他车辆可参照适用。

1) 检测参数

汽车动力性采用汽车在底盘测功机上驱动轮的输出功率或轮边稳定车速作为检测参数。

2) 评价指标

汽车动力性评价指标如下：

(1) 汽车在发动机最大转矩工况或额定功率工况时的驱动轮输出功率；

(2) 汽车在发动机额定功率工况或最大转矩工况时的驱动轮变稳定车速。

采用驱动轮轮边稳定车速作为评价指标时，压燃式发动机车辆采用额定功率工况，点燃式发动机车辆采用最大转矩工况。

(3) 最大转矩工况检测。

引车员将汽车平稳驶上测功机，置汽车驱动轮于滚筒上，驱动轮轴线应与滚筒轴线平行，固定汽车非驱动轮。

起动汽车，逐步加速，变速器接入直接挡（自动变速器应置于"D"挡），使汽车以直接挡的最低车速稳定运转。

按速度公式确定的最大转矩工况车速设定速度，测功机进行定速测功。

测功机加载，将加速踏板踩到底，待汽车速度在设定速度下稳定 5s，读取不少于 3s 内测功机测得功率的平均值并记录。

在读数期间，实际车速应稳定在设定速度 ±0.5km/h 范围内。

(4) 额定功率工况检测。

引车员将汽车平稳驶上测功机，置汽车驱动轮于滚筒上，驱动轮轴线应与滚筒轴线平行，固定汽车非驱动轮。

起动汽车，逐步加速，变速器接入直接挡（自动变速器应置于"D"挡），使汽车以直接挡的最低车速稳定运转。

将加速踏板踩到底，测功机加载扫描最大功率点，纪录最大功率点速度，单位为 km/h。

设定测功机按最大功率点速度进行定速测功，待汽车速度在设定速度下稳定 5s，读取不少于 3s 内测功机测得功率的平均值并记录。

在读数期间，实际车速应稳定在最大功率点速度值的 ±0.5km/h 范围内。

第三节　汽车燃料经济性试验

燃料经济性试验是测量汽车在一定条件下的燃料消耗。试验可在道路上或试验室内进行。对于各种不同类型的车辆，应参照《轻型汽车燃料消耗量试验方法》（GB/T 19233—

2008)、《汽车燃料消耗量试验方法 第1部分:乘用车燃料消耗量试验方法》(GB/T 12545.1—2008)、《商业车辆燃料消耗量试验方法》(GB/T 12545.2—2001)、《重型商用车燃料消耗量测量方法》(GB/T 27840—2011)、《乘用车燃料消耗量评价方法及指标》(GB 27999—2014)等相关标准进行。

一、汽车燃料消耗量的道路试验

1. 试验条件

试验道路应为清洁、干燥、平坦的沥青或混凝土直线路段,路长2~3km,路宽不小于8m,纵向坡度在0.1%以内。除有特殊规定外,轿车为规定乘员数的一半,城市客车为总质量的65%,其他车辆为满载,乘员质量及其装载要求按《汽车道路试验方法通则》(GB/T 12534—1990)的规定。试验车辆必须清洁,关闭车窗和驾驶室通风口,只允许开动为驱动车辆所必需的设备。试验车辆必须按规定进行磨合,其他试验条件、试验车辆准备按《汽车道路试验方法通则》(GB/T 12534—1990)的规定。主要仪器车速测定仪和燃料消耗仪的精度为0.5%;计时器的最小读数为0.1s。

2. 仪器的安装

1)对于汽油车

对电喷式汽油车,安装油耗仪时应注意使压力调节器回流的多余燃油流回到油耗仪的出油口。其多余的油回到油耗仪的输出端才算正确。

如果油耗仪及燃油泵间产生负压而形成气泡,有必要加一个辅助泵。该辅助泵使燃油泵进油端的油路保持正压,气阻现象不易发生,可以进行稳定的油耗测量。

当回流管路内有阻力,压力调节器的工作压力比规定压力高时,采用回注处理用油罐,使回油向大气开放,可解决上述问题。另外,调整装置可作为燃油从油耗仪流入回流处理用油罐的作用,但是回流处理用油罐的进口端最大截止压力为50kPa,调整装置的加压部加压后,在减压部减到50kPa以下。当压力为40~50kPa时,调整装置没有必要装。当供油压力为50kPa以上时,仅使用调整装置的减压部。

2)对于柴油车

油耗仪在柴油车中的连接方法的主要特点是把油耗仪串联在油箱到高压油泵的油路当中。值得注意的是应该为其接好回油管路,并且必须把回油管路接在油耗仪的出口管路上,以免燃油被油耗仪重复计量使油耗检测数据失真。

3. 试验方法

1)等速行驶燃料消耗量的试验方法

等速行驶百公里油耗试验是一种早就广泛采用的、最简单的路上循环试验。试验路段设在路面良好、平直的道路上,长度为500 m[《商用车燃料消耗量试验方法》(GB/T 12545.2—2001规定)]。汽车变速器挡位置于常用挡位,一般是最高挡;使用自动变速器的车辆,采用高挡测量。试验车速从20km/h(最小稳定车速高于20km/h时,从30km/h)开始,以车速10km/h整数倍均匀选取车速,直到最高车速的90%,至少测定5个试验车速。例如以20km/h、30km/h等10km/h的整倍数车速等速驶过测量路段,利用燃油流量计与秒表测出通过该路段的油耗与时间,计算出相应的百公里油耗与实际平均车速,即得到百公里油耗与车速的关系曲线。现代燃油流量计,可与五轮仪或非接触式速度计连接,而直接测出速度与百公里燃料消耗量。

2)多工况燃料消耗量的试验方法

汽车在实际使用中工作状态的变化非常复杂,尤其在城市行驶中,车辆经常碰到红灯、频繁停车、低速行驶、经常制动、减速等工况。为了测量出反映汽车实际使用特点的燃料消耗量,人们针对不同车型,对大量的行驶工况进行了统计和分析,制定出了一套针对不同车型按不同的行驶工况运行的燃料消耗量试验方法。《商用车燃料消耗量试验方法》(GB/T 12545.2—2001)规定了六工况法和四工况法。

多工况试验应严格按各试验循环的规定进行。换挡应迅速、平稳;怠速工况时,离合器应接合,变速器置于空挡;从怠速工况转换为加速工况时,在转换前5s分离离合器,把变速器挡位换为低速挡。减速工况中,应完全抬起加速踏板,离合器仍接合,当车速降至10km/h时,分离离合器。必要时,减速工况中,允许使用车辆制动器。

进行多工况试验时,每循环试验后,应记录通过循环试验的燃料消耗量和通过时间。当按各试验循环完成一次试验后,车辆应迅速掉头,重复试验,以保持车辆相同的工况。试验应往返进行两次,取四次试验结果的算术平均值为多工况燃料消耗量试验的测定值。

二、汽车燃料消耗量的室内试验

多工况燃料消耗试验也可在室内底盘测功机上进行,如图7-4所示。

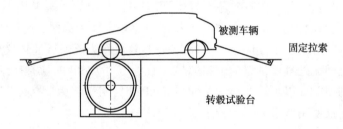

图7-4 燃料消耗量的室内试验

进行试验的测功机可有一个或两个能耦合的转鼓。前转鼓用来驱动功率吸收装置、惯量模拟装置和速度行驶距离的测量装置。

测功机应满足下列条件:

(1)当速度等于或高于50km/h时,应稳定模拟总行驶阻力,精度为±3%。

(2)在选定速度下时,将选定的吸收功率保持稳定,精度为±1%。

(3)当速度高于10km/h时,速度测量误差不超过精度为±0.5km/h,行驶距离测量误差不超过精度为±0.3%。所有驾驶人辅助装置的运行,应满足GB 18352.3—2005规定的循环公差内。

(4)当测量燃料消耗量时,应能同时启动燃料消耗量、行驶距离和所用时间的测量装置。

(5)当测量等速燃料消耗量时,为了获得更好的速度显示,可通过车辆来驱动速度和行驶距离的记录仪。

三、乘用车燃料消耗量评价方法及指标

GB 27999—2014 规定了乘用车车型燃料消耗量和企业平均燃料消耗量的评价方法及指标。

（1）对汽油、柴油、两用燃料及双燃料乘用车，应按 GB/T 19233—2008 确定车型燃料消耗量。

（2）对压缩天然气乘用车，应按照 GB/T 29125—2012 在底盘测功机上模拟城市、市郊和综合循环燃料消耗量试验，确定气体燃料消耗量，并按照 GB/T 19233—2008 的碳平衡法折算为汽油燃料消耗量。

（3）对液化天然气、液化石油气乘用车，应按照 GB/T 29125—2012 在底盘测功机上模拟城市、市郊和综合循环燃料消耗量试验，确定气体燃料消耗量，并按照 GB/T 19233—2008 的碳平衡法折算为汽油燃料消耗量。

（4）对插电式及非插电式混合动力乘用车，应按照 GB/T 19753—2013 确定车型燃料消耗量及电能消耗量；其电能消耗量应折算成对应的汽油或柴油燃料消耗量。

（5）对纯电动乘用车，应按照 GB/T 18386—2017 测定电能消耗量，并折算成对应的汽油燃料消耗量。

（6）对燃料电池乘用车，其燃料消耗量按零计算。

第四节 汽车制动性能试验

一、汽车制动性的道路试验

汽车制动性能通过空载、满载情况下的道路试验确定。对于不同类型的汽车，需参照《乘用车制动系统技术要求及试验方法》（GB 21670—2008）、《商用车辆和挂车制动系统技术要求及试验方法》（GB 12676—2014）、《汽车防抱死制动系统（ABS）性能检测方法》（GB/T 36987—2018）、《汽车制动性能动态检测方法》（GB/T 36986—2018）等标准进行。

1. 道路条件

路试制动距离应在平坦（坡度不应超过 1%）、干燥和清洁的硬路面（轮胎与路面之间附着系数不小于 0.7）上进行，在试验路面上应划出与制动稳定性要求相应宽度的试车通道边线。

2. 车辆准备

在被测汽车的制动踏板上安装提供信号用的踏板套，在汽车适当位置装上速度计、第五轮仪和惯性式减速度计等检测仪器。

3. 试验方法

汽车制动试验应该按照《商用车辆和挂车制动系统技术要求及试验方法》（GB 12676—2014）进行。试验时，将被测汽车沿着试车道的中线行驶至高于规定的初速度后，置变速器于空档（自动变速汽车可置于 D 位），当滑行到规定初速度时，急踩制动踏板，使汽车停住，并同时操作速度计或第五轮仪等检测仪器，测出汽车的制动距离和制动减速度等。在紧急

制动的同时,检查汽车制动的稳定性,看制动时汽车是否超出试车通道边线。对除气压制动外的汽车还应同时测取制动踏板力。

所有车辆均应进行 O 型试验(冷态制动时的一般性能)、Ⅰ 型试验(衰退试验)、Ⅱ 型试验(下坡工况试验)等。

冷态制动试验时的制动盘或制动鼓摩擦表面测得的温度应低于 100℃。车辆应满足规定的制动距离和充分发出的平均减速度两项要求。

衰退试验包括重复制动试验(M、N 类车辆)和连续制动试验(O 类车辆)。重复制动试验是汽车通过重复制动来加热制动器。每次制动的初速度为 $0.8v_{max}$,末速度为初速度的一半。制动减速度为 $3m/s^2$,制动循环周期为 55~60s,制动循环次数为 15~20 次。

O_2 和 O_3 挂车的连续制动应在车辆满载条件下进行,调整挂车制动的控制力,使挂车阻力保持恒定(等于挂车最大静态载荷的 7%)。制动器的能量输入等于在相同时间内、满载车辆以 40km/h 的稳定车速、在 7% 的坡道上,下坡行驶 1.7km 所记录的能量。

下坡工况试验,应确保机动车辆满载试验时的能量输入等于在相同时间内、满载车辆采用适当的挡位并利用缓速制动系统(如装有)、以 30km/h 的平均车速在 6% 的坡道上,下坡行驶 6km 时所记录的能量。

汽车具有防抱死制动系统(ABS)时的性能检查和验证需按照《汽车防抱死制动系统(ABS)性能检测方法》(GB/T 36987—2018)进行。

二、汽车制动性的室内试验

室内试验用制动试验台按测重方式的不同分为平板式和滚筒式两种,目前使用最多的是滚筒反力式制动试验台。

1. 反力式滚筒制动试验台的结构

图 7-5 所示为单轴反力式滚筒制动试验台的示意图。它主要由驱动装置、滚筒装置、测量装置、举升装置、指示与控制装置等组成。

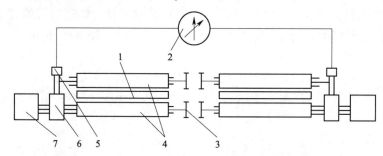

图 7-5 单轴反力式滚筒制动试验台
1-举升装置;2-指示装置;3-链传动;4-滚筒装置;5-测量装置;6-减速器;7-电动机

驱动装置由电动机、减速器和链传动组成。电动机动力经减速器驱动主动滚筒,主动滚筒又通过链传动带动从动滚筒旋转。减速器壳体为浮动支承,可以绕主动滚筒轴线摆动。滚筒装置由左、右独立设置的两对滚筒构成。被测车轮置于两滚筒之间,滚筒相当于活动路面,用来支承被检车轮并在制动时承受和传递制动力。

测量装置由测力杠杆和传感器组成,测力杠杆一端与减速器浮动壳体连接,另一端与传感器相连。被测车轮制动时,减速器浮动壳体带动测力杠杆绕主动滚筒轴线摆动并作用于传感器上,传感器将测力杠杆传来的力或位移转变成电信号,送入指示与控制装置。另外,由于对汽车制动性的评判与轴重有关,因此目前有部分制动试验台直接带有轴重测量装置,能方便测量汽车轴负荷。

举升装置由举升器、举升平板和控制开关等组成。举升器有液压式、气压式和电动式等多种类型。举升装置的功用是便于汽车平稳地出入制动试验台。

目前制动试验台的控制与指示装置都采用电子式。为提高检测过程的自动化与智能化程度,有的控制装置中配置微机。控制装置用来控制检测时举升装置的升降、滚筒电动机的转动与停止、测力传感器信号的采集与处理,并输出或打印检测结果。指示装置有数字显示和指针式两种,带微机的控制装置多配置数字式显示器,它可根据检测项目要求显示汽车制动性指标的各种检测数据,并显示整车制动性技术状况的评判结果。

2. 反力式滚筒制动试验台检测原理

检测时,将被测汽车驶上制动试验台,车轮置于主、从动滚筒之间,放下举升器。通过延时电路起动电动机,电动机则通过减速器及链传动驱动滚筒从而带动车轮低速旋转。当驾驶人踩制动踏板,在制动器摩擦力矩 T_u 的作用下[图7-6a)],车轮开始减速旋转。此时电动机驱动滚筒,而滚筒则对车轮轮胎周缘的切线方向作用着制动力 F_{x1}、F_{x2},以克服制动器摩擦力矩,维持车轮继续旋转。与此同时,车轮轮胎对滚筒表面切线方向作用着与制动力数值相等而方向相反的反作用力 F'_{x1}、F'_{x2}。在 F'_{x1}、F'_{x2} 对滚筒轴线形成的反作用力矩作用下,其浮动的减速器壳体与测力杠杆一起朝滚筒转动相反的方向摆动[图7-6b)],而测力杠杆另一端的力 F_1 经传感器转换成与制动力大小成比例的电信号。此信号经放大变换处理后,由指示装置显示左、右车轮的制动力。在制动过程中,当左、右轮制动力之和大于某一数值时,微机即开始采集数据,采集过程所经历的时间是一定的。经历了规定的采集时间(如3s)后,微机发出指令使电动机停转,以防止轮胎剥伤。检测过程结束后,将举升器举起,车辆即可驶离试验台。

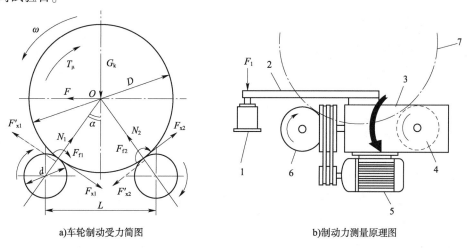

a)车轮制动受力简图　　b)制动力测量原理图

图7-6　制动力检测原理图

1-传感器;2-测力杠杆;3-减速器;4-主动滚筒;5-电动机;6-从动滚筒;7-车轮

制动协调时间的测量是与测量制动力同步进行的。它以驾驶人踩制动踏板的瞬间作为计时起点,由制动踏板上套装的踏板开关向控制装置发出一个"开关"信号,开始时间计数,直至制动力达到标准规定的制动力的75%时为止。其计时终点通常由试验台微机执行相应的程序来控制。

车轮阻滞力的测量是在汽车和驻车制动装置处于完全释放状态,变速器置于空挡位置时进行。此时,电动机通过减速器、链传动及滚筒来带动车轮维持稳定转动所需的力,即为车轮的阻滞力,该力可通过指示装置读取。

3. 反力式滚筒制动试验台检测方法

(1)做好试验台的准备工作,滚筒表面应干燥,没有松散物质及油污,滚筒表面当量附着系数不应小于0.75。

(2)试验台电源开关打开,并使举升器在升起位置。

(3)将汽车垂直于滚筒方向驶入试验台,使前轴车轮处于两滚筒之间的举升平板上。

(4)汽车停稳后,置变速器于空挡,使行车制动、驻车制动处于完全放松状态,把脚踏开关套装在制动踏板上。

(5)降下举升器,至轮胎与举升器完全脱离为止。

(6)带有轴重测量装置的试验台,此时测得轴荷。

(7)起动电动机,使滚筒带动车轮转动,2s后测得车轮阻滞力。

(8)踩下制动踏板,测取制动力增长全过程中的前轴左、右轮制动力差和各轮制动力的最大值,同时也测出了制动协调时间。

(9)升起举升器,驶出已测车轴,驶入下一车轴,按上述同样方法检测后轴车轮阻滞力、制动力、左右轮制动力差和制动协调时间。

(10)当与驻车制动相关的车轴在试验台上时,检测完行车制动后,应重新起动电动机,在行车制动完全放松的情况下,用力拉紧驻车制动手柄,检测驻车制动性能。

(11)所有车轴的行车制动性能和驻车制动性能检测完毕后,升起举升器,汽车驶出试验台。

(12)切断制动试验台电源。

4. 反力式滚筒制动试验台检测特点

(1)检测迅速、经济、安全,不受外界条件的限制,测试车速低,测试条件稳定,重复性较好。

(2)检测参数全面,能定量测得各车轮制动力、左右轮制动力差值、制动协调时间、车轮阻滞力。因而,可全面评价汽车制动性能,并给制动系统的故障诊断、维修和调整提供可靠依据。

(3)检测时,由于汽车没有平移运动,因而实际制动时因惯性作用而引起的轴负荷前移效应完全没有,这往往使得前轴车轮容易抱死而难以测到前轴制动器能够提供的最大制动力,从而导致整车的制动力不够,易引起误判。

(4)检测时,由于汽车没有实际行驶,因而其制动性检测结果不能反映其他系统(如转向系统、行驶系统)的结构、性能对制动性能的影响。

(5)对于防抱死制动系统汽车,由于检测时车轮防抱死不起作用,因而无法测得实际制动时的最大制动力,不能准确反映防抱死制动系统汽车的制动性能。

第五节　汽车操纵稳定性的试验

　　汽车操纵稳定性试验主要在汽车试验场的专用场地上进行。试验前要注意检查轴荷分配、轮胎充气压力与胎面等是否符合要求。试验按照《汽车操纵稳定性试验方法》(GB/T 6323—2014)进行。

　　汽车操纵稳定性路上试验所需仪器有:车速仪、转向盘力矩、转向盘转角测量仪,汽车操纵稳定性测试仪、秒表、多通道数据采集系统。测定的参数包括:转向盘转角、横摆角速度、车身侧倾角、侧向加速度、汽车前进速度、质心侧偏角、转向盘力矩、转向盘直径、转向盘加速度等。

　　下面以蛇行试验为例介绍该项目的测试仪器、测量参数、试验方法等。数据处理方法参见国家标准《汽车操纵稳定性试验方法》(GB/T 6323—2014)。

一、测试仪器

(1)转向盘力矩、转向盘转角测量仪。
(2)汽车操纵稳定性测试仪。
(3)秒表。
(4)多通道数据采集系统。

二、测量参数

(1)转向盘转角。
(2)横摆角速度。
(3)车身侧倾角。
(4)通过有效标桩处时间。
(5)侧向加速度。

三、试验方法

(1)在试验场地上按图7-7及表7-2的规定,布置标桩10根。
(2)接通仪器电源,使之预热到正常工作温度。
(3)试验驾驶人应具有较丰富的驾驶经验。在正式试验前,按图7-7所示路线,练习五个往返。

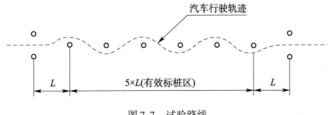

图7-7　试验路线

(4)首次试验时,试验车速为表7-2所规定的基准车速1/2并四舍五入为10的整数倍,以该车速稳定直线行驶,在进入试验区段之前,记录各测量变量的零线,然后按图7-7所示路线蛇行通过试验路段,同时记录各测量变量的时间历程曲线及通过有效标桩区的时间。

(5)逐步提高试验车速(车速间隔自行选择),重复(4)的过程,共进行10次(撞倒标桩的次数不计在内)。最高车速不超过80km/h。

标桩间距及基准车速　　　　　　　　表7-2

汽车类型	标桩间距 $L(m)$	基准车速(km/h)
M_1类、N_1类和 M_1G、N_1G类车辆	30	65
M_2类、N_2类和 M_2G、N_2G类车辆	30	50
M_3类及最大总质量小于或等于15t 的 N_3类和 M_3G、N_3G类车辆	50	60
M_3类(铰接客车)及最大总质量大于15t 的 N_3类和 M_3G、N_3G类车辆	50	50

第六节　汽车平顺性试验

汽车平顺性的试验按照《汽车平顺性试验方法》(GB/T 4970—2009)进行。

一、试验仪器和装置

1. 试验仪器

平顺性试验仪器系统包括加速度传感器、放大器数据采集仪、车速仪、滤波器等。由试验仪器构成的测试系统应适宜于冲击测量,其性能应稳定、可靠。

2. 脉冲试验用凸块

脉冲输入应采用图7-8所示三角形状的单凸块。根据试验条件不同,脉冲输入也可用其他高度的凸块或减速带。图7-8中:$h=40\text{mm}$;B——按需要而定,但必须大于轮宽。

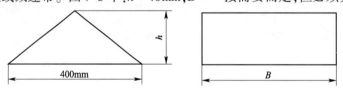

图7-8　三角形凸块

二、试验方法

1. 加速度传感器安装的位置

(1)M类车辆驾驶人及同侧最后排座椅坐垫上方、座椅靠背、脚部地板上。

(2)N类车辆:驾驶人座椅坐垫上方、座椅靠背、脚部地板、车厢地板中心以及与驾驶人同侧距车厢边板、车厢后板各300mm处的车厢地板上。

座椅坐垫上方、座椅靠背、脚部地板上需测量三个方向的振动,加速度时间历程包括垂直(Z轴向)振动、横向(Y轴向)振动和纵向(X轴向)振动。车厢地板处的加速度传感器只需测量垂直振动。座椅靠背上的传感器布置如图7-9所示;脚部地板上的传感器布置在驾驶人(或乘员)两脚中间位置。

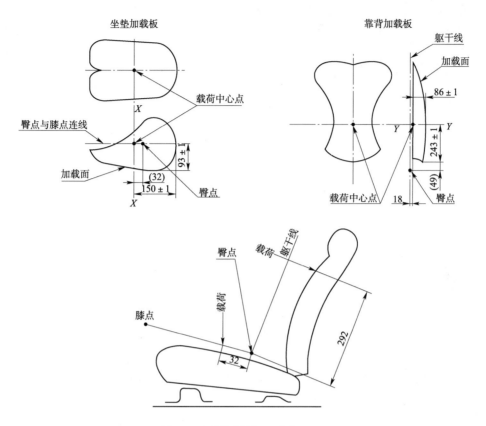

图 7-9 座椅传感器位置(单位:mm)

安装在座椅坐垫上方、座椅靠背上的传感器应与人体紧密接触,座椅坐垫上方传感器结构如图 7-10 所示,座椅靠背传感器结构如图 7-11 所示。

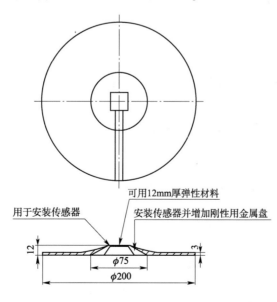

图 7-10 座椅坐垫上方传感器结构图(单位:mm)

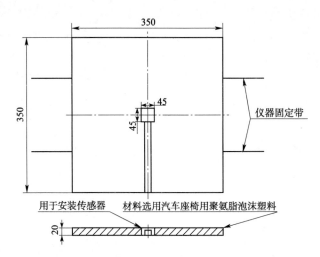

图 7-11 座椅靠背传感器结构图（单位：mm）

可根据需要适当增加测点。

2．脉冲输入行驶试验方法

(1)将凸块放置在试验道路中间，并按汽车轮距调整好两个凸块间的距离。为保证汽车左右车轮同时驶过凸块，应将两个凸块放在与汽车行驶方向垂直的一条直线上。

(2)试验时，汽车以规定的车速匀速驶过凸块。在汽车通过凸块前 50m 应稳住车速。当汽车前轮接近凸块时开始记录，待汽车驶过凸块且冲击响应消失后，停止记录。

(3)每种车速的有效试验次数应不少于 5 次。

3．随机输入行驶试验方法

(1)试验时，汽车应在稳速段内稳住车速，然后以规定的车速匀速驶过试验路段，测量各测试部位的加速度时间历程。

(2)样本记录长度应满足数据处理的最少数据量要求。

复习思考题

1．汽车试验可分为哪几类？

2．《汽车道路试验方法通则》中规定了哪些内容？

3．怎样进行汽车的加速试验？

4．在燃油经济性试验中，对于各种不同类型的发动机，仪器的安装有哪些不同？

5．商用车辆与乘用车的制动系统技术要求和试验方法是否相同？

6．汽车操作稳定性试验要测量哪些参数？蛇行试验的试验方法是什么？

7．平顺性试验中，如何安装加速度传感器？

第八章　电动汽车的运用技术

电动汽车是主要以动力电池为能量源、全部或部分由电机驱动的汽车。在节能环保、治理大气雾霾的背景下,以电动汽车为主的新能源汽车成为交通领域实现节能减排的有效途径之一。

与传统燃油汽车相比,电动汽车能量利用效率高。据测算,将原油提炼成汽、柴油并用于燃油汽车驱动时,平均能量利用率仅为12%左右。纯电动汽车即使仅使用燃烧重油发的电,其能量经重油提炼、电厂热电转换、电力输配、电池充电和电机损耗等环节,在电机输出轴也可得到20%左右的能量,所以电动汽车从原油到汽车车轮驱动的能量转换效率比燃油汽车高约50%。如果电动汽车还应用其他发电方式,能量利用率将更高。

电动汽车可以改变能源消耗结构。因为电动汽车不再纯粹依赖于化石能源,故不受石油资源的限制,可利用核能、煤炭、水力、太阳能、风能和地热等一切可以用来转化为电能的能量,拓宽了能源获取的渠道,有效缓解了我国的石油能源安全问题。

雾霾天气严重影响了人们的日常生活,2013年中国环境科学研究院的研究显示:汽车尾气排放是PM2.5的重要来源之一,这使得推广电动汽车的应用迫在眉睫。低碳发展绿色城市,应用电动汽车代替燃油汽车,可以从源头上控制对环境的污染,缓解日益严重的雾霾天气。特别是对于在城市中运行的车辆而言,电动汽车具有极大的环保意义。

第一节　电动汽车的分类及其特点

一、电动汽车的分类

电动汽车可分为纯电动汽车(Battery Electric Vehicle,BEV)、混合动力电动汽车(Hybrid Electric Vehicle, HEV)和燃料电池电动汽车(Fuel Cell Electric Vehicle, FCEV)3种类型。

1. 纯电动汽车

纯电动汽车是指驱动能量完全由电能提供的、由电机驱动的汽车。与燃油汽车相比,纯电动汽车具有下述优点:①零排放、零污染、噪声小。②结构简单,使用维修方便。③能量转换效率高,同时可回收制动和下坡时的能量,提高能量的利用效率。④可在夜间利用电网的廉价"谷电"进行充电,起到平抑电网的峰谷差的作用。

纯电动汽车作为机械、电子、能源、计算机、信息技术等多种高新技术的集成,是典型的高新技术产品,其最终目标是实现智能化、数字化和轻量化,关键技术主要包括动力电池、驱动电机、电机控制、车身和底盘设计及能量管理技术等。从结构上来说,纯电动汽车由机械子系统、电力电子子系统等部分组成。机械子系统由底盘和车身、驱动装置、变速器等组成,与之相关的因素包括道路特性、防撞性、汽车的内部空间、装配时间、适用性以及价格等。电力电子子系统由动力网、电机及其控制器和能源系统组成,与之相关的因素有安全、规则、标准、效率、可靠性、质量以及价格等。

2. 混合动力汽车

混合动力汽车是指能够从可消耗的燃料以及可再充电能/能量储存装置中获得动力的汽车。汽车的行驶功率依据实际的汽车行驶状态由单个动力传动系统单独或多个动力传动系统共同提供。如果其中一个动力传动系统为纯电动汽车动力传动系统,则该混合动力汽车为混合动力电动汽车。混合动力电动汽车按照动力系统结构形式的不同,可以分为串联式混合动力电动汽车、并联式混合动力电动汽车和混联式混合动力电动汽车。

3. 燃料电池电动汽车

燃料电池电动汽车的动力系统主要由燃料电池、燃料存储装置(主要用于储氢)、驱动电机等组成,采用燃料电池发电作为主要能量源,通过电机驱动车辆前进。燃料电池是利用氢气和氧气(或空气)在催化剂的作用下直接经电化学反应产生电能的装置,具有无污染、排放物只有水的优点。燃料电池作为电动汽车的动力来源,其特点主要表现在:①能量转化效率高。燃料电池的能量转换效率可高达60%~80%,是内燃机的2~3倍。②不污染环境。燃料电池的燃料是氢和氧,生成物是清洁的水,它本身工作不产生CO和CO_2,也没有硫和微粒排出,没有高温反应,也不产生NO。如果使用车载的甲醇重整催化器供给氢气,仅会产生微量的CO和较少的CO_2。但现阶段,燃料电池的许多关键技术还处于研发试验阶段。

二、电动汽车的主要特点

电动汽车与燃油汽车的主要区别在于它们的驱动系统不同:传统的燃油汽车用液态的汽油或柴油作为燃料,内燃机驱动;而电动汽车用电机驱动,用动力电池、燃料电池等作为相应的能源。尽管大多数的电动汽车参数是从发展成熟的燃油汽车体系中借鉴的,但鉴于电机驱动独有的一些特点,所以其结构、性能与技术参数具有独有的特征。

与燃油汽车相比,电动汽车的结构特点是灵活,这种灵活性源于电动汽车具有以下几个独特的特点:

1. 能量传递方式不同

电动汽车的能量主要是通过柔性的电缆电线而不是通过刚性联轴器和转轴传递的,因此,电动汽车各部件的布置具有很大的灵活性。

2. 电动汽车驱动系统的布置不同

独立的四轮驱动系统和轮毂电机驱动系统等会使系统结构区别很大,采用不同类型的驱动电机也会影响电动汽车的质量、尺寸和形状。

3. 储能装置不同

不同类型的储能装置也会对电动汽车的结构、质量、尺寸和形状产生影响。不同的补充能源装置需要不同的硬件和机构。例如动力电池可通过感应式和接触式的充电机充电,或者采用替换动力电池的方式,再对替换下来的动力电池进行集中充电。

通常的电动汽车系统可包括以下三个子系统:电驱动子系统、能源子系统和辅助控制子系统。其中,电驱动子系统由电子控制器、功率转换器、电机、机械传动装置和驱动车轮组成;能源子系统由主电源、能量管理系统和充电系统构成;辅助控制子系统具有动力转向、温度控制和辅助动力供给等功能。根据从制动踏板和加速踏板输入的信号,电子控制器发出相应的控制指令来控制功率转换器中功率装置的通断,功率转换器的功能是调节电机和电源之间的功率流。当电动汽车制动时,再生制动的动能被电源吸收,此时功率流的方向为反向。能量管理系统和电控系统一起控制再生制动及其能量的回收,能量管理系统和充电机一同控制充电并监测电源的使用情况。辅助动力供给系统供给电动汽车辅助系统不同等级的电压并提供必要的动力,它主要给动力转向、空调、制动及其他辅助装置提供动力。除了从制动踏板和加速踏板给电动汽车输入信号外,转向盘输入也是一个很重要的输入信号,助力转向系统根据转向盘的角位置来决定汽车能否灵活地转向。

三、续驶里程

电动汽车上动力电池组充满一次电后的最大行驶里程称为电动汽车的续驶里程。电动汽车的续驶里程短,是近一个世纪以来落后于内燃机汽车发展的重要原因。因此,如何降低不同行驶工况下电动汽车的能量消耗、提高电动汽车的效率、增加续驶里程是电动汽车必须解决的问题。

电动汽车续驶里程主要决定于电动汽车上动力电池组充满电的总能量以及电动汽车行驶时单位里程的比能耗。而单位里程的比能耗除了与电机能发出的有效功率、行驶过程遇到的外部阻力功率有关外,汽车底盘、内部空调等消耗能量的设施和因素也有较大影响。同时动力电池存在放电效率、放电深度、放电电流以及自放电现象等都会影响动力电池组的输出总能量。因此,影响电动汽车续驶里程的因素较为复杂,主要来自电动汽车行驶的外部条件与本身的结构条件。

1. 环境状况

在相同的车辆条件下,道路与环境气候影响着电动汽车的能量消耗,道路状况较差、交通拥挤等都会使车辆的能量消耗增加,降低电动汽车的续驶里程;反之,道路状况良好、交通畅通等就会相对节省车辆的能量消耗,进而增加电动汽车的续驶里程。

2. 环境温度

环境温度对电动汽车的续驶里程有着重要的影响。首先,温度对动力电池的性能影响较大,每种动力电池都有自己最佳的工作温度,且在不同的温度时,动力电池组放出的能量及内阻等有很大的差别。温度过低时,可用的能量和容量大为减少,动力电池的内阻也会呈非线性增长,严重制约了电动汽车续驶里程。其次,汽车内部各润滑部分、气泵、转向油泵的工作效率以及空气阻力等都与环境温度有一定的关系。

3. 电动汽车的总质量

对电动汽车车身的要求与普通燃油车基本一致,在满足刚度和强度要求的情况下,应力求车身的轻量化。在工况一定时,电动汽车的能耗和质量基本呈线性关系。

4. 辅助装置的能量消耗

电动汽车上制动系统的空气压缩机、转向系统的油泵等均需要辅助电机驱动,其他还有照明、音响、通风、取暖、空调都需要消耗动力电池的电能。除空调之外,这部分能量消耗约占电动汽车总能耗的6%~12%。

5. 电池的性能

电池的性能参数主要是指动力电池的能量密度、额定容量、放电率、放电电流、放电深度、动力电池内阻,特别是动力电池组的一致性等是影响电动汽车能量消耗和续驶里程的重要因素。例如电池持续在高倍率的充放电状态下,动力电池的可用放电容量和能量就会减少许多,使得电动汽车的续驶里程减少;动力电池组在充放电的过程中,如果并联电池组中的电池性能存在差异,电压高的电池组会对电压低的电池组进行充电,易引起充电时过充电,放电时过放电,这就会消耗动力电池组对外的输出功率,影响续驶里程。

第二节　驱动电机及其应用

一、电动汽车驱动电机

驱动电机是电动汽车驱动系统的核心部件,其性能的好坏直接影响电动汽车驱动系统的性能。电动汽车经常采用的驱动电机有直流电机、交流异步电机、永磁同步电机和开关磁阻电机。最早应用于电动汽车的是直流电机,这种电机的特点是控制性能好。随着电子技术、机械制造技术和自动控制技术的发展,交流异步电机、永磁同步电机和开关磁阻电机表现出比直流电机更加优越的性能,这些类型的电机正在逐步取代直流电机。表 8-1 是电动汽车常用的四种驱动电机性能比较。

电动汽车常用的四种驱动电机的性能比较　　表 8-1

性　　能	电机类型			
	直流电机	交流异步电机	永磁同步电机	开关磁阻电机
功率密度	低	中	高	较高
转矩性能	一般	好	好	好
转速范围(r/min)	4000~6000	9000~15000	4000~10000	>15000
功率因素	—	0.82~0.85	0.90~0.93	0.60~0.65
峰值效率(%)	85~89	94~95	95~97	85~90
负荷效率(%)	80~87	90~92	85~97	78~86
过载能力(%)	200	300~500	300	300~500
恒功率区比例	—	1:5	1:2.25	1:3
电机尺寸/质量	大/重	中/中	小/轻	小/轻
可靠性	差	好	优良	好
结构的坚固性	差	好	一般	优良
控制操作性能	优良	好	好	好
控制器成本	低	高	高	一般

与工业生产机械、家用电器等领域用的电机相比,电动汽车车用驱动电机的工作环境有明显不同。

(1)电机工况变化频繁。电动汽车经常起动/停车、加速/减速、上坡/下坡等,电机的输出转矩和功率变化频繁。

(2) 电机在冲击、振动的环境下工作。电动汽车的颠簸和振动都会传递给电机,此外,电机还要承受汽车在紧急制动、急转弯、急加速时的惯性力。

(3) 车载电源能量有限。电动汽车的电源能源是有限的,当能量用尽时,需要停止运行,进行充电或添加燃料来恢复其消耗的能量。

(4) 电机本身也是负载。电机及其控制器本身的质量也是车辆质量的一部分。

由于电动汽车特殊的工作环境,对电动汽车车用驱动电机的要求要比普通电机高,主要体现在以下几个方面:

(1) 高比功率。高比功率可减小对有效车载空间的占用,减小系统的质量。

(2) 高效率。在复杂路况、行驶方式频繁改变以及低负荷运行时都要有较高的效率,以节约电能。

(3) 高可靠性。耐候及耐潮性能强,能在较恶劣的环境下长时间工作。

(4) 高电压。在允许的范围内应尽可能采用高电压,以减小电机的尺寸和降低逆变器的成本。

(5) 高电气系统安全性。各种动力电池组和电机的工作电压可达到 300V 以上,电气系统的安全性和控制系统的安全性,都必须符合相关车辆电气控制的安全性标准和规定。

1. 直流电机在电动汽车上的应用

直流电机体积和质量大,存在换向火花、电刷磨损以及电机本身结构复杂等问题,随着交流变频调速技术的发展,交流调速电机在电动汽车上的应用发展迅速。但是直流电机控制方法和结构简单,起动和加速转矩、电磁转矩控制特性良好,调速比较方便,不需检测磁极位置,技术成熟,总体成本低,所以现在仍在很多场合使用,如城市中的无轨电车和电动叉车较多地采用直流驱动系统,很多电动观光车和电动巡逻车上也使用直流电机。

2. 交流异步电机在电动汽车中的应用

交流异步电机是一种应用广泛的电机,它运行可靠、转速高、成本低。从技术水平看,交流异步电机驱动系统是电动汽车用驱动系统的理想选择。但是,在高速运行时转子容易发热,需要对电机进行冷却,且其提速性能较差。因而,交流异步电机适合大功率、低速车辆,尤其是驱动系统功率需求较大的大型电动客车。如国内主流客车企业生产的广汽 GZ6120EⅥ1、金龙 XMQ6126YE、申沃 SWB6121EV2 等电动客车均采用交流异步电机系统。

3. 永磁同步电机在电动汽车上的应用

与传统的电励磁电机相比,永磁同步电机特别是稀土永磁同步电机具有结构简单、运行可靠、体积小、质量小、损耗少、效率高、电机的形状和尺寸可以灵活多变等显著优点,在电动汽车电驱动系统中具有很高的应用价值。现在很多电动乘用车均使用永磁同步电机,如日系车中的丰田 2010 普锐斯、本田 INSIGHT 和日产 LTIMA。在欧洲各国也大多采用永磁同步电机,如大众奥迪 A8 Hybrid、宝马 Active Hybrid7;我国现阶段推广应用的主要车型比亚迪 E6、北汽 C30 等也普遍采用永磁同步电机。我国永磁材料资源储备丰富,永磁同步电机制造成本也将进一步降低,相对于其他种类的电机,其优势必将更加显著。

4. 开关磁阻电机在电动汽车中的应用

开关磁阻电机转子上没有绕组和永磁体，其结构是四种电机中最坚固的，而且这样的结构使得电机制造简单、成本低、散热特性较好。相对于直流电机和交流电机，开关磁阻电机具有更高的效率，而且可以在较宽的功率和转速范围内高效率运行，这种特性十分符合电动汽车驱动的要求。但是，由于外加电压的阶跃性变化，使得定子电流、电机径向力变化率突变，使得开关磁阻电机工作时产生较大的脉动，再加上其结构和各项工作时的不对称，导致开关磁阻电机工作时产生较大的噪声和振动，这是开关磁阻电机在电动汽车驱动系统中应用普遍存在和急需解决的问题。开关磁阻电机作为最新一代无级调速系统尚处于深化研究开发、不断完善提高的阶段，其应用领域也在不断拓展之中。

二、驱动电机的维护

电动汽车在运行过程中，由于汽车内部机构的变化和受到外界各种条件的影响，车辆各部机构和零件必然会产生不同程度的自然松动、磨损和机械损伤。如果不及时进行维护，电动汽车的动力性、机构的功能及机件的安全可靠性必然随之变坏，甚至会发生意想不到的损坏或事故。作为电动汽车的核心部件，需对驱动电机进行日常维护。

(1) 每天开车前，检查散热器是否有冷却液，如冷却液太少或没有，则必须补充。

(2) 检查电机及其控制器各固定点，检查螺栓是否松动。

(3) 检查电机及其控制器可见线束及插件是否存在松动、老化、破损、腐蚀等现象。

(4) 每两个月检查电机本体及控制器冷却液管道是否通畅，如果冷却液管道有堵塞现象，则应及时清理堵塞物。

(5) 每半年检查清理一次电机本体及控制器的表面灰尘。清理方法：断开动力电源，用高压气枪清理电机本体及控制器表面灰尘。

(6) 电机轴承在一个大修周期内，不需要加油脂。当轴承发生故障时，需解体电机，更换轴承。

(7) 当电机很长时间未用，建议测量电机的绝缘电阻。检查绝缘电阻应使用500V兆欧表，其值不低于5MΩ；否则应对绕组进行干燥处理，以去除潮气。

三、驱动电机的常见故障

电机是电能与机械能转换、实现车辆驱动的关键部件，是典型的机电混合体。电机故障涉及因素很多，如电路系统、磁路系统、绝缘系统、机械系统和通风散热系统等。任何一个系统工作不良或其相互之间配合不好都会导致电机出现故障，因此，电机故障要比其他设备的故障更复杂，电机故障诊断所涉及的技术范围更广。另外，电机的运行还与其负载情况、环境因素有关。电机在不同的状态下运行，表现出的故障状态各不相同，这进一步增加了电机故障诊断难度。一般来说，电机的故障可分为机械故障和电气故障。机械方面的主要故障有定子铁芯损坏、转子铁芯损坏、轴承损坏和转轴损坏，其故障原因有由振动、润滑不充分、转速过高、静载过大、过热而引起的磨损、压痕、腐蚀、电蚀和开裂等；电气方面的故障则主要是定子绕组故障和转子绕组故障，故障原因有电机绕组搭铁、短路、断路、接触不良和笼型转子导条断条等。驱动电机常见故障及处理方法见表8-2。

驱动电机常见故障及处理方法　　　　　　　　　表8-2

序号	故障现象	故障原因	处理方法
1	电机在空载时不能起动	①电源未接通；②逆变器控制原因；③定子绕组故障（断路、短路、搭铁和连接错误等）；④电源电压太低	①检查开关、接触器触点及电机引出线头，查出后修复；②检查逆变器；③检查定子绕组，找出故障并修复；④检查电源电压和每个连接处
2	电机通电后，电机不起动，"嗡嗡"响	①定子、转子绕组断路；②绕组引出线始末端接错或绕组内部接反；③电机负载过大或被卡住；④电源未能全部接通	①查明断路点进行修复；②定子绕组中通入直流，检查绕组极性（用指南针），判定绕组首末端是否正确；③检查设备，排除故障；④紧固接线柱松动的螺钉，用万用表检查电源线某相断线或假接故障，然后修复
3	定子过热	①输电线一相断线或定子绕组一相断路，造成走单相；②过载；③绕组匝数不对；④通风不良	①按第1条①、③检查；②减少负载或增加容量；③检查绕组电阻；④检查风机是否正常
4	绝缘电阻低	①绕组受潮或被水淋湿；②绕组绝缘粘满粉尘、油垢；③引出线绝缘老化破裂；④绕组绝缘老化	①进行加热烘干处理；②清洗绕组油垢，并经干燥、浸漆处理；③重包引线绝缘；④经鉴定可以继续使用时，可经清洗干净，重新涂漆处理，如果绝缘老化，不能安全运行时，需更换绝缘
5	电机振动	①轴承磨损，间隙不合格；②气隙不均匀；③转子不平衡；④笼型转子导条断条；⑤定子绕组故障（短路、断路、搭铁和连接错误等）；⑥转轴弯曲；⑦铁芯变形或松动	①检查轴承间隙，应符合设计要求；②调整气隙；③重新校对平衡；④更换转子；⑤查出绕组故障点并进行处理；⑥校直转轴；⑦校正铁芯或重新叠装铁芯
6	电机空载，运行时空载电流不平衡，且相差很大	①绕组首端接错；②电源电压不平衡；③绕组有故障（匝间短路、某线圈组接反等）	①查明首末端，改正后再起动电机试验；②测量电源电压，找出原因消除；③拆开电机检查绕组极性和故障，并改正和消除故障

续上表

序号	故障现象	故障原因	处理方法
7	电机运行时有杂音,不正常	①轴承磨损,有故障; ②定子、转子铁芯松动; ③电压不平衡; ④绕组有故障(如短路、接错等); ⑤轴承缺少润滑脂; ⑥气隙不均匀,定子、转子相擦	①检修并更换轴承; ②检查振动原因,重新压装铁芯; ③测量电源电压,检查电压不平衡原因并处理; ④检查绕组故障并处理; ⑤清洗轴承,添加规定量的润滑; ⑥调整气隙,提高装配质量
8	轴承发热超过规定	①润滑脂过多或过少; ②脂质不好,含有杂质; ③轴承与轴配合过松或过紧; ④轴承与端盖配合过松或过紧; ⑤油封间隙配合太紧; ⑥轴承内盖偏心,与轴相擦; ⑦电机两侧端盖或轴承盖未装平; ⑧轴承有故障、磨损、杂物等; ⑨轴承间隙过大或过小	①拆开轴承盖,检查油量,按规定增减润滑脂量; ②检查油脂内有无杂质,更换洁净润滑脂; ③采取措施,使轴承与轴配合符合要求; ④采取措施,使轴承与端盖配合符合要求; ⑤更换或修理油封; ⑥修理轴承内盖,使其与轴的间隙合适; ⑦按正确工艺将端盖或轴承盖装入止口内,然后均匀紧固螺钉; ⑧更换损坏的轴承,对含有杂质的轴承要彻底清洗,换油; ⑨更换新轴承

第三节 动力电池及其应用

动力电池是一种把化学反应所释放的能量直接转变成直流电能的装置。要实现化学能转变成电能的过程,必须满足如下条件:

(1)必须使化学反应中失去电子的氧化过程(在负极进行)和得到电子的还原过程(在正极进行)分别在两个区域进行。

(2)两电极间必须具有离子导电性的物质。

(3)化学变化过程中电子的传递必须经过外线路。

为满足构成电池的条件,电池须包含以下基本组成部分:正极活性物质、负极活性物质、电解质、隔膜、外壳以及导电栅、汇流体、极柱、安全阀等零件。

自电动汽车诞生以来,提高动力电池的功率密度、能量密度、使用寿命以及降低成本一直是电动汽车动力电池技术研发的核心。

一、动力电池及其管理系统

1. 锂离子动力电池

自20世纪90年代面世以来,锂离子电池就以其能量密度高、循环寿命长、无记忆效应、环境友好等优点成为动力电池应用领域研究的热点。近年来,锂离子电池已经成为电动汽车用动力电池的主体。

锂离子电池根据正极材料的不同,分为铅酸锂锂离子电池、锰酸锂锂离子电池、磷酸铁锂锂离子电池和三元材料锂离子电池等。根据所用电解质材料不同分为液态锂离子电池(Lithium-Ion Battery,LIB)和聚合物锂离子电池(Polymer Lithium-Ion Battery,LIP)两大类。三元材料锂离子电池以其能量密度高、安全性好等优点在电动汽车上得到了广泛的应用。

相对于其他类型电池,锂离子电池具有以下显著的优点。

(1)工作电压高。钴酸锂锂离子电池的工作电压为 3.6V,锰酸锂锂离子电池的工作电压为 3.7V,磷酸铁锂锂离子电池的工作电压为 3.2V,而镍氢、镍镉电池的工作电压仅为 1.2V。

(2)比能量高。锂离子电池正极材料的理论比能量可达 200W·h/kg 以上,实际应用中由于不可逆容量损失,比能量通常低于理论值,一般可达 140W·h/kg,但仍为镍氢电池比能量的 2 倍左右。

(3)循环寿命长。目前,锂离子电池在深度放电的情况下,循环次数可达 1000 次以上;在低放电深度条件下,循环次数可达上万次,其性能远远优于其他同类电池。

(4)自放电。锂离子电池月自放电率仅为总电容量的 5%～9%,大大缓解了传统的二次电池放置时由自放电所引起的电能损失问题。

(5)无记忆效应、环保性高。传统的铅酸电池、镍镉电池甚至镍氢电池废弃可能造成环境污染问题,而锂离子电池中不包含汞、铅、镉等有害元素,是真正意义上的绿色电池。

2. 燃料电池

燃料电池与普通化学电池相似,均通过化学反应将化学能转换成电能;但从实际应用角度来看,两者之间存在较大差别。普通化学电池只是一个有限的电能输出和储存装置;而燃料电池更类似于汽油或柴油发动机,它的燃料(主要是氢)和氧化剂(纯氧或空气)不是储存在电池内,而是储存在电池外的储罐中。当电池发电时,需连续不断地向电池内送入燃料和氧化剂,排出反应生成物水。

3. 动力电池管理系统

电池管理系统(Battery Management System,BMS)是用来对蓄电池组进行安全监控及有效管理、提高蓄电池使用效率的装置。对于电动汽车而言,通过该系统对电池组充放电的有效控制,可以达到增加续驶里程、延长使用寿命、降低运行成本的目的,并保证动力电池组应用的安全性和可靠性。动力电池管理系统已经成为电动汽车必不可少的核心部件之一。

1)基本构成

人们对电池管理系统功能和用途的理解是随着电动汽车技术的发展逐步丰富起来的。最早的电池管理系统仅仅进行电池一次测量参数(电压、电流、温度等)的采集,之后发展到二次参数(荷电状态 SOC、内阻)的测量和预测,并根据极端参数进行电池状态预警。现阶段电池管理系统除完成数据测量和电池状态估算外,还通过数据总线直接参与车辆状态的控制。

图 8-1 所示为主从式电池管理系统的拓扑结构,它采用一个主控单元和多个从控单元(HMU)的结构形式。电池管理系统的主要工作原理可简单归纳为:数据采集电路采集电池

状态信息(电压、电流、温度等)数据后,通过 CAN 总线将数据传送给电子控制单元进行数据处理和分析,然后电池管理系统根据分析结果对系统内的相关功能模块发出控制指令(如控制风机开、关等),并向外界传递参数信息;同时,电池管理系统也能通过 CAN 总线与组合仪表及充电机等进行通信,实现参数显示、充电监控等功能。

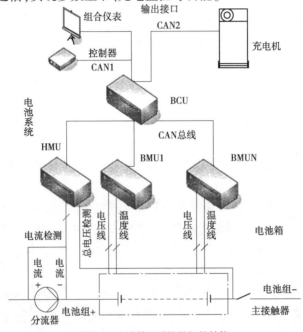

图 8-1 电池管理系统的拓扑结构

2)主要功能

电池管理系统的主要功能包括数据采集、电池状态估计、能量管理、热管理、安全管理和通信功能等,如图 8-2 所示。

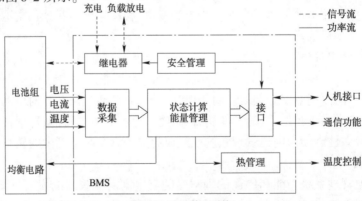

图 8-2 电池管理系统

(1)数据采集。电池管理系统的所有算法均以采集的动力电池数据作为输入,采样速率、精度和前置滤波特性是影响电池系统性能的重要指标。电动汽车电池管理系统的采样速率一般要求大于 20Hz(50ms)。

(2)电池状态计算。电池状态计算主要包括荷电状态(State of Charge,SOC)和电池组健康状态(State of Heath,SOH)两方面。SOC 用来提示动力电池组剩余电量,是计算和估计电动汽车续驶里程的基础。SOH 用来提示电池技术状态、预计可用寿命等健康状态的参数。SOC 是防止动力电池过充电和过放电的主要依据,只有准确估算电池组的 SOC,才能有效提高动力电池组的利用效率,保证动力电池组的使用寿命。在电动汽车中,准确估算电池 SOC,可以保护电池,提高整车性能,降低对动力电池的要求以及提高经济性等。

(3)能量管理。能量管理主要包括两个部分:一是以电流、电压、温度、SOC 和 SOH 为输入进行充电过程控制;二是以 SOC、SOH 和温度等参数为条件进行放电功率控制。

(4)安全管理。安全管理主要用于监视电池电压、电流、温度等是否超过正常范围,防止电池组过充电、过放电。现在,对电池组进行整组监控的同时,多数电池管理系统已经发展到对极端单体电池进行过充电、过放电、温度过高等安全状态管理。安全管理系统主要有以下功能:烟雾报警、绝缘检测、自动灭火、过电压和过电流控制、过放电控制、防止温度过高及在发生碰撞情况下的电池组裂解等。

(5)热管理。热管理主要用于电池工作温度高于适宜工作温度上限时对电池进行冷却,低于适宜工作温度下限时对电池进行加热,使电池处于适宜的工作温度范围内,并在电池工作过程中保持电池单体间温度的均衡。对于大功率放电和高温条件下使用的电池,电池的热管理尤为必要。热管理主要有以下功能:电池温度的准确测量和监控、电池组温度过高时的有效散热和通风、低温条件下的快速加热、有害气体产生时的有效通风及保证电池组温度场的均匀分布。

(6)均衡控制。电池组的工作状态由组内最差电池单体决定,电池的一致性差异直接影响电池组的性能。在电池组各个电池之间设置均衡电路、实施均衡控制,是为了使各单体电池充放电的工作情况尽量一致,提高整体电池组的工作性能。

(7)通信功能。通过电池管理系统实现电池参数和信息与车载设备或非车载设备的通信,为充放电控制、整车控制提供数据依据是电池管理系统的重要功能。根据应用需要,数据交换可采用不同的通信接口,如模拟信号、PWM6 信号、CAN 总线或 12C 串行接口。

二、动力电池组的使用寿命

无论哪种电池类型,其单体电池的电压和容量都无法满足电动汽车的需求,必须通过串、并联的方式组成电池组为电动汽车提供能量。由于电池组内单体间不一致性的存在,在动力电池组使用过程中,电池组的最大可用容量与单体的可用容量下降速度不同步,也将导致各单体电池的 SOC 各不相同。电池组的性能并不等于各单体电池性能的简单相加,而是存在类似于木桶短板效应的问题,因此电池组寿命和电池单体相比有明显降低。

1. 动力电池单体寿命的影响因素

动力电池单体在充放电循环使用过程中,由于一些不可避免的副反应的存在,可用活性物质逐步减少,性能逐步退化。其退化程度随着充放电循环次数的增加而加剧,其退化速度与动力电池单体充放电的工作状态和环境有着直接的联系。影响动力电池单体寿命的因素主要包括充电截止电压、充放电倍率、放电深度、环境温度、存储条件、电池维护过程、电流波纹以及过充电量和过充频度等。

2. 动力电池的一致性与电池组寿命

电池一致性是指同一规格型号的单体电池组成电池组后,其电压、荷电量、容量及其衰

退率、内阻及其变化率、寿命、温度影响、自放电率等参数存在一定的差别。但有时电池不能表现出一致性,主要表现在两个方面:

(1)制造过程中的差异引起的单体原始差异。由于工艺上的问题和材质的不均匀,使得电池极板活性物质的活化程度和厚度、微孔率、连条、隔板等存在很微小的差别,这种电池内部结构和材质上的不完全一致性,就会使同一批次出厂的同一型号电池的容量、内阻等参数不可能完全一致。

(2)在装车使用时的环境差异引起的单体退化差异。由于电池组中各个电池的温度、通风条件、自放电程度、电解液密度等差别的影响,在一定程度上增加了电池电压、内阻及容量等参数的不一致性。

3. 动力电池系统的维护

动力电池系统由动力电池、电池箱以及电池管理系统构成。作为整车的动力源,动力电池对整车性能具有重要的影响。动力电池组具有高电压、强电流的特点,对其进行保护和检查非常必要。动力电池需要每三个月或每行驶 5000km 后进行一次电池单体电压检测。每次更换电池时,均需要检查连接插头是否有磨损、松动、烧蚀等故障。每运行 1000km,需要对电池箱进行一次清理,并检查内外箱体及各个组成部件是否完好。

三、动力系统常见故障及处理方法

电动汽车中高压系统的功能是保证整车系统动力电能的传输,并随时检测整个高压系统的绝缘故障、断路故障、搭铁故障和高压故障等。电动汽车的主要部件动力电池系统属于高压部件,其设计好坏直接影响整车安全性和可靠性。在动力电池系统中,从故障发生的部位看,有传感器故障、执行器故障(接触器故障)和部件故障(电芯故障)等。这些故障在电动汽车系统中一旦发生,轻者造成系统性能下降,重者引发事故,造成人员和财产的巨大损失。

动力电池系统故障按故障发生的部位可以分为三类:单体电池故障、电池管理系统故障、线路或连接件故障。

1. 单体电池故障

单体电池的故障包括三种。

(1)故障电池性能正常,无须更换。对应故障有单体电池 SOC 偏低和单体电池 SOC 偏高。如单体电池 SOC 偏低,则该电池在汽车行驶过程中,电压最先达到放电截止电压,使电池组实际容量降低,应对该单体电池进行补充充电。如单体电池 SOC 偏高,则该电池在充电末期最先达到充电截止电压,影响充电容量,应对该单体电池进行单独补充放电。

(2)故障电池性能衰退严重,应及时更换。对应故障有单体电池容量不足和单体电池内阻偏大。在电池组中,最小的单体电池容量也限制了整个电池组的容量,所以发生单体电池容量不足故障会影响车辆续驶里程。锂离子电池内阻如过大,会严重影响电池的电化学性能,如充放电过程中的极化严重、活性物质利用率低、循环性能差等。

(3)故障电池影响行车安全。对应故障有单体电池内部短路、单体电池外部短路、单体电池极性装反;在强振下锂离子电池的极耳、极片上的活性物质、接线柱、外部连线和焊点可能会折断或脱落,引发单体电池内部短路或者外部短路故障。

一般情况下,造成单体电池前两种故障的原因可能有两个:一是动力电池成组时单体电池一致性问题,单体电池的 SOC、容量、内阻本身就有差异;二是单体电池在成组应用过程中由于应用环境差异(如温度、充放电电流)导致的一致性差异增加,加剧单体电池的不一致性。

2. 电池管理系统故障

电池管理系统对于保障电池组的安全和使用寿命,最大限度发挥电池系统效能具有重要作用。电池管理系统一般对单体电压、总电压、总电流和温度等进行实时监控采样,并将实时参数反馈给整车控制器。电池管理系统除对电池性能参数进行监控、实施电性能管理以外,还具备热管理为主的应用环境管理,实施对电池的加热和冷却,保证电池的良好应用环境温度以及温度场的一致性。如果电池管理系统发生故障,就失去了对电池的监控,无法估计电池的 SOC,容易导致电池的过充、过放、过载、过热以及不一致性问题的增加,影响电池的性能、使用寿命和行车安全。电池管理系统故障包括 CAN 通信故障、总电压测量故障、单体电压测量故障、温度测量故障、电流测量故障、继电器故障、加热器故障和冷却系统故障等。

3. 线路或连接件故障

线路或连接件故障的诊断对于保证行车安全和整车的可靠性同样重要。例如,由于车辆的振动,电池间的连接螺栓可能会出现松动,电池间接触电阻增大,发生电池间虚接故障,导致电池组内部能量损耗增加,造成车辆动力不足和续驶里程短,在极端情况下还能导致高温、产生电弧、融化电池电极和连接片,甚至造成电池着火等极端电池安全事故。在电动汽车运行过程中,单体电池之间可能出现相对跳动,造成两电池间的连接片折断。电池箱与电动汽车的电气连接也是故障的高发点,电插接器在经历长时间振动后容易虚接,出现易烧蚀、接触不良等故障。动力电池系统常见故障及处理方法见表 8-3。

动力电池系统常见故障及处理方法　　　　表 8-3

故障部位	故障现象	故障后果	处理方法
单体电池	单体电池 SOC 偏低	电池组容量降低,电动汽车续驶里程短	对单体电池单独充电
	单体电池 SOC 偏高		对单体电池单独放电
	单体电池容量不足	电池组充电不足、使用寿命减少,电动汽车续驶里程短	更换单体电池
	单体电池内阻偏大	电池组充电不足、使用寿命减少,电动汽车动力不足、续驶里程短	
	单体电池过充电	电池内部短路、电池热失控,严重时会起火、爆炸	检查电池管理系统
	单体电池过放电		
	单体电池内部短路	电池热失控,严重时会起火、爆炸	更换单体电池
	单体电池外部短路		排除短路故障、更换单体电池
	单体电池接性装反		更换单体电池

续上表

故障部位	故障现象	故障后果	处理方法
电池管理系统	CAN 通信故障	无法监控电动汽车	检查 CAN 网络
	总电压测量故障	无法监控总电压	检查总电压测量模块
	单体电压测量故障	无法监控单体电压	检查单体电压测量模块
	温度测量故障	无法监控电池温度	检查温度测量模块
	电流测量故障	无法监控电池电流	检查电流测量模块
	冷却系统故障	电池温度偏高	检查冷却风扇控制线路
线路或连接件	电池间虚接	电动汽车动力不足、续驶里程短	紧固电池连接
	电池间断路	电动汽车无法起动	检查电池连接
	快速熔断器断开		检查快速熔断器
	动力电插接器断开		检查动力电插接器
	动力电插接器虚接	插接器易烧蚀,电动汽车动力不足	检查动力电插接器
	信号电插接器故障	无法监控电动汽车	检查信号电插接器
	正极接触器故障	电动汽车无法起动	检查接触器
	负极接触器故障		
	电源线短路	电池热失控,严重时会起火、爆炸	检查电源线

第四节 电动汽车的充电设施

充电设施是电动汽车能源供给的基础,是电动汽车进入商业化运营的保障,直接关系到电动汽车的产业化推广应用。动力电池的能量补给形式除了直接充电外,还可以采用机械式更换与充电相结合的方式。

一、充电机

充电机是与交流电网连接、为动力电池等可充电的储能系统提供电能的设备,一般由功率单元、控制单元、计量单元、充电接口、供电接口及人机交互界面等部分组成,实现充电、计量等功能,并扩展具有反接、过载、短路、过热等多重保护功能及延时起动、软起动、断电记忆自起动等功能。充电机技术涉及以下两个方面。

(1)充电机的集成和控制技术。主要是通过研究充电过程对动力电池使用寿命、温度、安全性等方面的影响,选择合理的拓扑结构,采取合适的充电方式实现充电过程的动态优化及智能化控制,从而实现最优充电。

(2)充电监控技术。主要是规范充电机和充电站监控系统之间的通信协议,实现对多台充电机状态和充电过程的实时监控,并达到和其他监控系统、运营收费等系统通信的功能。

1. 充电机的类型

电动汽车充电机根据安装位置可分车载充电机和非车载充电机;按输入电源可分为单

相充电机和三相充电机;按连接方式可分为传导式充电机(接触式)和感应式充电机(非接触式)。

1) 车载充电机

车载充电机安装于电动汽车上,通过插头和电缆与交流插座连接。车载充电机的优点是在动力电池需要充电的时候,只要有可用的供电插座,就可以进行充电。其缺点是受车上安装空间和质量限制,功率小,只能提供小电流慢速充电,充电时间一般较长。按照连接方式的不同,车载充电机可分为传导式充电机和感应式充电机两种。其中传导式充电机的供电部分与受电部分有着机械式的连接,即输出电能通过电力电缆直接连接到电动汽车充电接口上,电动汽车上不装备电力电子电路。这种充电机结构相对简单,容易实现,但操作人员不可避免地要接触到强电,所以容易发生危险。感应式充电机利用了电磁能量传递原理,采用电磁感应耦合方式向电动汽车传输电能,供电部分和受电部分之间没有直接的机械连接,二者的能量传递只是依靠电磁能量的转换,这种充电方式结构设计比较复杂,受电部分安装在电动汽车上,受到车辆安装空间的限制,因此功率受到一定的限制,但由于不需要充电人员直接接触高压部件,其安全性高。

2) 非车载充电机

非车载充电机一般安装于固定的地点,与交流输入电源连接,直流输出端与需要充电的电动汽车充电接口相连接。非车载充电机可以提供大功率电流输出,不受车辆安装空间的限制,可以满足电动汽车大功率快速充电的要求。

2. 充电机的性能要求

为实现安全、可靠、高效的动力电池组充电,充电机需要达到如下的基本性能要求。

(1) 安全性。保证电动汽车充电时操作人员的人身安全和动力电池组的充电安全。

(2) 易用性。充电机要具有较高的智能性,不需要操作人员对充电过程进行过多的干预。

(3) 经济性。降低充电机的成本,对降低整个电动汽车使用成本、提高运行效益、促进电动汽车的商业化推广有重要的意义。

(4) 高效性。保证充电机在充电的全功率范围内效率高,在长期使用中可以节约大量的电能。提高充电机能量的转换效率对电动汽车全寿命的经济性有重要的意义。

(5) 对电网的低污染性。由于充电机是一种高度非线性设备,应减少在使用中对电网的污染。

3. 充电技术发展趋势

随着电动汽车技术的不断发展,对充电系统的要求也越来越高,为了适应电动汽车的快速发展,充电系统需要尽量向以下目标靠近。

(1) 快速化。在目前动力电池比能量不能大幅度提高、续驶里程有限的情况下,提高充电速度,从某种意义上可以缓解电动汽车续驶里程短而导致的使用不方便的问题。

(2) 通用性。电动汽车应用的动力电池具有多样性,在同种类电池中由于材料、加工工艺的差异也存在各自的特点。为了节约充电设备投入,增加设备应用的方便性,就需要充电机具有充电适用的广泛性和通用性,能够对不同种类的动力电池组进行充电。

(3) 智能化。充电系统应该能够自动识别电池类型、充电方式及电池故障等信息,以降低充电人员的工作强度,提高充电安全性和充电工作效率。

(4)集成化。目前电动汽车充电系统是作为一个独立的辅助子系统而存在的,但是随着电动汽车技术的不断成熟,本着子系统小型化和多功能化的要求,充电系统将会和电动汽车能量管理系统以及其他子系统集成为一个整体,从而为电动汽车其余部件节约出布置空间并降低电动汽车的生产成本。

(5)网络化。对于一些公共场合,例如大型购物中心及办公场所的停车场、公交车总站等,为了适应数量巨大的电动汽车充电要求,就必须配备相当数量的充电机,如何对这些充电机进行有效的协调管理是一个不可忽视的问题。基于网络化的管理体制可以使用中央控制主机来监控分散的充电机,从而实现集中管理、统一标准、降低成本的目的。

二、充电桩

充电桩可分为直流充电桩和交流充电桩,一般电动汽车充满电需要6~8h。智能交流充电桩和直流充电桩作为电动汽车充电的辅助设备,实现提供充电接口、人机接口等功能,对电动汽车的充电进行控制。充电桩由经二次开发后的嵌入式单片机作为主控制器,包括IC卡管理、充电接口管理、凭据打印、联网监控等功能,具有充电操作人员进行操作的人机界面(图8-3)。充电桩主要功能包含以下几个方面。

图8-3 充电桩实物图

(1)界面显示。显示提示信息、用户IC卡信息、充电相关信息等内容,是充电装置提供给用户和管理员的唯一可视内容。

(2)身份识别。读取IC卡内信息,识别用户身份及相关信息。

(3)充电操作。提供操作按钮,用于用户充电操作和管理员管理操作。

(4)控制输出接触器。管理输出接触器,实现对充电输出的控制。

(5)与充电机交互。向充电机发送控制指令、开关量信号,控制充电机起动与停止,获取充电机工作状态信息。

(6)管理电能表。与电能表通信,获取充电电量信息。

(7)费用收取。收取充电费用,进行卡内余额信息的读写操作。

(8)票据打印。打印用户充电费用的票据。

(9)数据管理。管理各项数据,保护数据的完整性、安全性,提供管理员查询、拷贝、删除等功能。

(10)系统配置及远程监控。管理员进行系统配置,实现不同充电装置的相关设置。远程监控主要接收远程监控主机的指令,传送相关数据信息,执行控制。

三、充电站及其他充电设施

1. 充电站

充电站是快速高效、经济安全地为各种电动汽车提供运行中所需电能的服务性基础设施。为提高电动汽车的使用率和使用方便性,除采用动力电池车载充电以外,还可采取电动汽车动力电池系统与备用电池系统更换的方案使电动汽车获得行驶必需的电能。

充电站的主要功能决定其总体布局。一般来说,一个功能完备的充电站由配电室、监控室、充电区、电池更换区和维护区这五个基本部分组成,如图8-4所示。

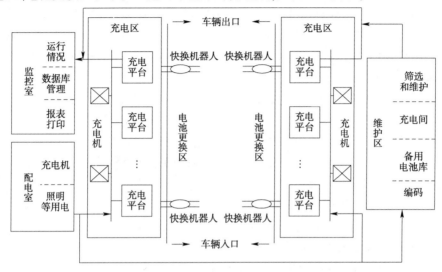

图8-4 充电站总体结构

根据充电站规模和服务功能的差异,在功能区设置上存在一定的差异。例如:不需要对电池进行更换的充电站,将不需要设置更换区,也不需要配备电池更换设备和大量电池的存储设备。

(1)配电室。配电室为充电站提供所需的电源,不仅给充电机提供电能,而且要满足照明、控制设备的需要。内部建有变配电所有设备、配电监控系统。配电室是整个充电站正常运行的基础。根据配电功率的需要,一般采用充电用电、监控用电和办公用电分开供应的形式。

(2)充电区。充电区完成动力电池组电能的补给,是整个充电站的核心部分,配备各种形式的充电机,建设充电平台以及充电站监控系统网络接口,以满足多种形式的充电需求,提供方便、安全和快捷的全方位充电服务。

(3)电池更换区。电池更换区是电动汽车更换电池和电池调度的场所,需要配备电池更换设备,同时应建设电池存储区域,用于存放备用动力电池组。

(4)维护区。维护区是对所有的动力电池实时进行数量、质量和状态管理,开展电池重新配组、电池组均衡、电池组实际容量测试,以及电池故障应急处理和日常维护等工作的场地。

(5)监控区。监控区用于监控整个充电站的运行情况,包括充电参数监控、烟雾监控、配电监控等,并可以扩展具备车辆运行参数监控、场站安保监控等功能,完成管理情况的报表打印等。各监控子系统可通过局域网和TCP/IP协议与中央监控室以及上一级的监控中心进行连接,实现数据统计汇总、故障显示以及监控功能。充电站监控系统的构架一般采用分级并行结构。配电监控系统要通过现场总线实现配电站供电系统信息的交换和管理。除实现常规的二次设备继电保护、安全自动装置、测量仪表、操作控制、信号系统等功能之外,该系统需要和监控系统实现通信,保证当充电系统出现故障时,配电系统能够采取适当的措施进行处理。烟雾报警监视系统主要监视充电平台上的电池状态,当电池发生冒烟、燃烧等危险时发出警报。该系统独立于电池管理系统,也是电池安全措施的一部分。充电机监控系统完成充电过程的监控,充电机数据以及电池数据通过通信传输到监控计算机,监控计算机完成数据分析以及报表打印等。监控计算机也可以通过通信对充电机起停以及输出电流、电压实现控制。视频监视系统对整个充电站的主要设备运转以及人员进行安全监视。

2. 家庭充电设施

在家对电动汽车进行充电,普遍采用车载充电机。因为只需将车载充电机的插头插到停车场或其附近的电源插座上即可进行充电,所以对于需要为电动汽车充电的用户而言,在家里充电是最可取的方式,一个晚上即可将动力电池充满,汽车便可行驶超过100km的里程。由于充电速度较慢,而且需几千瓦的功率,充电时间通常为5~8h。总的来说,由于在家充电通常是在晚上或用电低谷期,因而有利于电能的有效利用。因此,电力部门也愿意采取打折等措施以吸引电动汽车用户在用电低谷期充电。

家用充电设施的基本要求是要有一个配有电源的车库或停车场地,有两种不同的方式:①对于拥有私人车库的家庭来说,只需安装一个专用的充电接口。②对带有停车场的公寓或多层住宅来说,可安装带保护回路的室外电源插座,保证它能够独立运行,而且应保证不经允许,居民不得靠近电源插座。

家用充电设施的计费方案相当简单,电动汽车可以视为一种用电设备,因此现有的计价表和收费方法可以直接采用。很明显,由于不需要什么额外的装置和其他贵重的仪表,家用充电方式相应的初始成本比较低。

3. 公共充电设施

公共充电设施基本上就是一些公共充电站或充电桩。公共充电站或充电桩应分布广泛,以保证电动汽车用户能够随时为电动汽车充电。

1)常规充电站

常规充电站是为带车载充电机的电动汽车设计的,采用常规充电电流充电类充电站一般分布在居民区或工作场所附近,在这些场所电动汽车一般要停放这5~8h。这类充电站的设计规模一般比较大,以便能够同时为很多电动汽车用常规充电电流充电。相应的充电电极通常是模块化设计,包括控制端和输电端。实际应用时,电动汽车驾驶人只需将车停放在充电站指定的位置,接上电线即可开始充电。常规充电站的充电接口是由国家规定并专门设计的,在充电过程中插头应具有锁止保护功能。

2)快速充电站

快速充电也称为迅速充电或应急充电,其目的是在短时间内给电动汽车充电,充电时间应该与燃油汽车的加油时间接近。很明显,快速充电站是为电动汽车提供快速充电设施的场所。当然,快速充电的效果会受到动力电池充电特性的影响,普通动力电池不能进行快速充电,因为在短时间内接受大量的电量会导致动力电池过热。快速充电时使电池容量快速达到80%所需要的时间为20min。这意味着每充电1min,就可使电动汽车的行驶里程增加8km。如果沿途有足够多的快速充电站,电动汽车总的行驶里程就会大大增加。快速充电站的关键是能够在短时间内给电动汽车补给高能量,所以对充电机的要求比较高,一般应输出大于 50kW 的功率,甚至更高的功率,相应的额定充电电压和电流分别为 200~750V 和 65~250A,保证电动汽车在充电 20min 内达到行驶 50km 的能量需求。由于功率和电流的额定值都很高,应该把这种充电设施建在检测站或服务中心。为了避免动力电池出现过充电和过热,充电站的快速充电组件和电动汽车上的电池监测回路之间应有信息交流,这样可以实时监测动力电池的状态,同时可以实时调整充电电流的大小。

复习思考题

1. 电动汽车与燃油汽车的主要区别有哪些?
2. 哪些因素影响电动汽车的续驶里程?
3. 电动汽车用驱动电机有哪些要求?哪些类型的电机能够使用?
4. 驱动电机的常见故障有哪些?怎样对它进行日常维护?
5. 电动汽车用锂离子电池有哪些优点?动力电池管理系统的主要功能是什么?
6. 怎样延长动力电池的使用寿命?
7. 电动汽车的充电设施有哪些?各有什么特点?

参考文献

[1] 李岳林. 汽车排放与噪声控制[M]. 北京:人民交通出版社股份有限公司,2017.
[2] 陈焕江. 汽车运用工程[M]. 北京:人民交通出版社股份有限公司,2016.
[3] 鲁植雄. 汽车运用工程[M]. 北京:机械工业出版社,2015.
[4] 刘晶郁,李晓霞. 汽车安全与法规[M]. 2版. 北京:人民交通出版社股份有限公司,2015.
[5] 许洪国. 汽车运用工程[M]. 北京:人民交通出版社股份有限公司,2014.
[6] 赵英勋,宋新德. 汽车运用工程基础[M]. 北京:北京大学出版社,2014.
[7] 陈焕江. 汽车运用工程[M]. 北京:机械工业出版社,2013.
[8] 麻友良,严运兵. 电动汽车概论[M]. 北京:机械工业出版社,2013.
[9] 潘公宇,等. 汽车运用工程[M]. 北京:国防工业出版社,2012.
[10] 王震坡,孙逢春. 电动车辆动力电池系统及应用技术[M]. 北京:机械工业出版社,2012.
[11] 陈焕江,胡大伟. 汽车运用工程[M]. 北京:人民交通出版社,2011.
[12] 崔胜民,韩家军. 新能源汽车概论[M]. 北京:北京大学出版社,2011.
[13] 许洪国. 汽车运用工程[M]. 北京:人民交通出版社,2009.
[14] 王毅. 汽车运用基础[M]. 重庆:重庆大学出版社,2006.
[15] 高延龄. 汽车运用工程[M]. 北京:人民交通出版社,2001.
[16] 余志生. 汽车理论[M]. 北京:机械工业出版社,2009.
[17] 陈焕江. 汽车运用基础[M]. 北京:机械工业出版社,2001.
[18] 赵英勋. 汽车运用技术[M]. 北京:机械工业出版社,2009.
[19] 王海林,迟瑞娟. 汽车运用技术[M]. 北京:北京理工大学出版社,2007.
[20] 鲁植雄. 汽车运用工程[M]. 南京:东南大学出版社,2007.
[21] 杨益明. 汽车使用性能与检测[M]. 北京:人民交通出版社,2002.
[22] 姜玉波. 汽车运用基础[M]. 北京:机械工业出版社,2006.
[23] 黄会奇. 汽车使用性能与检测[M]. 北京:电子工业出版社,2003.
[24] 戴汝泉. 汽车运行材料[M]. 北京:机械工业出版社,2005.
[25] 李岳林,王生昌. 交通运输环境污染与控制[M]. 北京:机械工业出版社,2003.
[26] 徐中明. 汽车运用工程基础[M]. 重庆:重庆大学出版社,2005.
[27] 刘仲国. 现代汽车检测与故障诊断[M]. 北京:人民交通出版社,2006.
[28] 龚金科. 汽车排放污染与法规[M]. 北京:人民交通出版社,2005.